राधावल्लभ सम्प्रदाय
एवं संगीत

राधावल्लभ सम्प्रदाय एवं संगीत

ऋचा उपाध्याय

राधावल्लभ सम्प्रदाय एवं संगीत

ISBN: 978-93-5324-094-3

भारत में सन् 2020 में प्रकाशित

कल्पाज पब्लिकेशन

सी-30, सत्यवती नगर,

दिल्ली-110052

Phone: 9212142040

ई-मेल: kalpaz@hotmail.com

मुद्रित: जी. प्रिंट प्रोसेस, दिल्ली

विषयानुक्रमणिका

समर्पित पुष्प

किसी भी कार्य की पूर्णता में उससे जुड़े विभिन्न माध्यमों का सहयोग ही उसे पूर्णता के मार्ग पर अग्रसर करता है। जिनके बिना इस कार्य की परिणति असम्भव–सी बात है। अतः सर्वप्रथम मैं अपने शोध प्रबन्ध कार्य के समापन पर उन सभी व्यक्तियों तथा सम्बन्धित अन्य माध्यमों के प्रति कृतज्ञता ज्ञापित करना अपना प्रथम कर्तव्य समझती हूँ।

सबसे पहले मैं उस परमपिता परमेश्वर को कोटि–कोटि नमन करती हूँ जिनकी असीम अनुकम्पा से मेरी अल्पबुद्धि इस शोध प्रबन्ध के रूप में परिणित होकर मूर्त रूप प्राप्त कर सकी।

इस कार्य की परिसमाप्ति हेतु गुरु की स्नेहिल कृपा के प्रति मैं श्रद्धानमन करती हूँ जिनके लिए आभार व्यक्त करना शब्द परिसीमा से परे है। अतः उनकी स्नेहिल कृपा की सदैव प्रार्थी हूँ। इसी क्रम में मेरी निर्देशिका तथा गुरुवर्या प्रो. शर्मिला टेलर जी के प्रति कृतज्ञ हूँ। जिनकी अभिप्रेरणा पूर्ण निर्देशन, प्रज्ञा एवं गम्भीर ज्ञान लोक से मेरा यह श्रम साध्य कार्य सिद्ध हो सका। उनके प्रति हार्दिक अभिनन्दन प्रस्तुत करते हुए भविष्य में उनके इसी पाण्डित्यपूर्ण एवं बोधगम्य निर्देशन प्राप्ति हेतु नम्र निवेदन करती हूँ। चूंकि गुरु के कुशल निर्देशन के बिना कोई भी कार्य सिद्ध होना सम्भव नहीं है। अतः निम्नलिखित पंक्तियों के माध्यम से मेरे हृदयोद्‌गार व्यक्त करती हूँ –

''जो गुरु चरन रेनु सिर धर ही,
ते जनु सकल विभव बस कर हीं।''

(रामचरितमानस, अयोध्याकाण्ड 2/3)

मैं अपने संगीत विभाग की विभागाध्यक्षा प्रो. ईना शास्त्री जी के प्रति धन्यवाद ज्ञापित करती हूँ जिनकी सर्वतोभावेन सहायता, प्रेरक अभिलाषाएँ एवं उत्साहवर्धन सर्वदा मुझे इस लेखन कार्य के दौरान प्रोत्साहित करता रहा। जिनके द्वारा प्रदत्त अनुकूल वातावरण तथा विभाग का पारिवारिक माहौल मेरे इस कार्य की पूर्णता का सशक्त माध्यम साबित हुआ। इसी क्रम में मैं अपने गुरुजन डॉ. किन्शुक श्रीवास्तव जी, डॉ. चेतना बनावत जी व इनके अतिरिक्त हमारे संगीत विभाग के सभी विद्वजनों, गुरुजनों जिन्होंने समय–समय पर मुझे मूल्यवान सुझाव दिये, उन सभी को सादर आभार व्यक्त करती हूँ।

इस शोध कार्य को पूरा करने में कई विद्वानों व संगीतज्ञों से सम्पर्क स्थापित किया गया। उन सभी के प्रति कृतज्ञता ज्ञापन हेतु मेरे पास शब्दों का अभाव है। विषय को मौलिक स्वरूप प्रदान कर पाना उन्हीं के कृपापूर्ण सहयोग का परिणाम है। इस कार्य सम्पादन में श्री स्वामी हरिदास संस्थान के श्री जयेश खण्डेलवाल जी (समाज संगीत राधावल्लभ सम्प्रदाय मुखिया) द्वारा मुझे इस सम्प्रदाय के ग्रन्थों को, वाणी को समझने, पाण्डुलिपियों को पढ़ने, दुर्लभ चित्र व पुस्तकें प्राप्त करने में बहुमूल्य सहयोग प्राप्त हुआ। श्री गोपाल सुल्तानिया जी (पखावज वादक) के बिना तो शायद मेरा कार्य सम्भव ही नहीं हो पाता, आपने स्वयं मुझे वहाँ के मन्दिरों, विद्वजनों, समाज गायकों से परिचित करवाया साथ ही रहने इत्यादि की व्यवस्था भी आपके सहयोग एवं परिश्रम से सम्भव हो सकी। आपके इस अनुपम सहयोग व आशीष के लिए मैं सदैव आपकी ऋणी रहूँगी। इनके अतिरिक्त सांगीतिक दृष्टि से मेरे कार्य को दिशा–निर्देश श्री राजेन्द्र प्रसाद बनर्जी द्वारा प्राप्त हुआ। जिनकी मैं हृदय से आभारी हूँ।

अपने प्रातः स्मरणीय परम आदरणीय माता श्रीमती निरूपमा उपाध्याय व पिता श्री गिरजा प्रसाद उपाध्याय की उपकृत हूँ जिन्होंने सदैव मेरे साथ रहकर मुझे प्रगति के मार्ग पर अग्रसर होने हेतु प्रेरित

किया एवं विभिन्न विपरीत परिस्थितियों में भी मुझे सदैव कर्मरत होने की प्रेरणा दी। मेरे नाना श्री गिरीश दत्त उपाध्याय जी की प्रबल इच्छा ही मेरे इस ओर अग्रसित होने की प्रेरणा है। जिसके कारण मैंने शोध कार्य करने का निर्णय लिया। आपके चरणों में मैं श्री वन्दन करती हूँ। आप सभी के इस प्रेम को मैं आभार व्यक्त कर समाप्त ना करते हुए आजीवन सानिध्य प्राप्त करने की शुभाकांक्षी हूँ। साथ ही अपने भ्राता सुधांशु उपाध्याय के प्रशंस्य सहयोग के लिए आभार नहीं अपितु स्नेह व्यक्त करती हूँ।

मैं वनस्थली विद्यापीठ के केन्द्रीय पुस्तकालय एवं संगीत विभाग के सभी गुरूजनों व कार्यकर्ताओं के प्रति भी उपकृत हूँ जिन्होंने मुझे शोध कार्य हेतु अपना हर सम्भव सहयोग प्रदान किया।

साथ ही मैं अपने मित्रगणों प्रगति तिवारी, सिन्धुजा यादव, रीना दीदी, अंजलि दीदी, ज्योति दीदी, श्वेता दीदी, अनुराधा दीदी व मेरे अनुजों, अग्रजों के प्रति धन्यवाद ज्ञापित करती हूँ जिन्होंने समय–समय पर मुझे कर्तव्य के प्रति जागरूकता प्रदान करने हेतु उत्साहित किया।

अन्त में मैं अपनी कई वर्षों की साधना को ईश्वर के चरणों में समर्पित करती हूँ व त्रुटियों के लिए क्षमा प्रार्थना करती हूँ।

आशीर्वचनों की शुभाकांक्षी

ऋचा उपाध्याय

भूमिका

कला प्रारम्भ से ही धर्म का आधार लेकर विकसित हुई है। संगीत सदैव ही मोक्ष प्राप्ति का सबसे सशक्त व सरल माध्यम माना गया है। संगीत को ही आधार बना कवि एवं भक्त संगीतज्ञों ने अपनी पद रचना को भावपूर्ण व रसमयी बनाकर पदावली को दिव्यात्मकता प्रदान करके हृदयाग्राही बनाने का प्रयत्न किया है। प्राचीन काल में सामगान के रूप में भक्ति व संगीत का एक्य रूप हमें प्राप्त होता है जो स्पष्ट करता है कि संगीत भक्ति मार्ग में अत्यन्त महत्वपूर्ण स्थान रखता है। भक्ति को संगीत के उद्गम एवं विकास का एक अविरल स्त्रोत कहा जाए तो कुछ गलत न होगा क्योंकि प्रारम्भ काल में संगीत की राग–रागिनियाँ, रागनियम, तालें आदि सांगीतिक पक्षों का विकास संगीत के धर्म से जुड़ जाने के कारण ही हो सका। इसी के माध्यम से संगीत का कलात्मक पक्ष सजीव एवं सारगर्भित रूप प्राप्त कर सका। मध्यकाल में भक्ति संगीत अत्यन्त तीव्र गति से विकसित एवं विस्तारित हुआ। जिसका कारण बाहरी आक्रमणों व शासकों से क्षुब्ध जनता को एक स्थायित्व व आत्मिक आनन्द की आवश्यकता थी। भक्ति में संगीत में अनुपम मेल के कारण जनता उस ओर स्वतः खिंची चली गयी। इस प्रकार जब एक मत के मानने वालों की संख्या बढ़ी तो उक्त समूह को सम्प्रदाय का रूप प्राप्त हुआ।

इस प्रकार मध्यकाल में अनेकानेक सम्प्रदाय प्रकाश में आए इन्हीं में से एक गोस्वामी श्री हितहरिवंश चन्द्र जी द्वारा प्राकट्यिक सम्प्रदाय 'राधावल्लभ सम्प्रदाय' है। जैसा कि इस सम्प्रदाय के नाम से ही स्पष्ट

है कि इस सम्प्रदाय में राधा–कृष्ण की युगल उपासना का विधान है जिसमें श्री राधा को सर्वोपरिता स्वीकृत है।

राधावल्लभ सम्प्रदाय में राधा–कृष्ण युगल की प्रेम और आनन्दमयी लीलाओं के ध्यान और मनन को परमानन्द प्राप्ति का साधन माना गया है और इसी के द्वारा माधुर्य भाव की प्रेम भक्ति का प्रचार भी किया गया। इस सम्प्रदाय के संस्थापक श्री हिताचार्य का जन्म ब्रज में होने के कारण व अपनी आयु के मध्य काल में यहाँ के मनोरम वातावरण से मुग्ध हो जाने के जीवनपर्यन्त यहीं निवास व भक्ति करने के कारण इस सम्प्रदाय का पूर्ण विकास ब्रज मण्डल में ही अधिक हुआ। ब्रज में विकसित राधावल्लभ सम्प्रदाय में हित जी का श्री लाडिलीलाल के प्रति दिव्य प्रेम तथा श्री राधा के रूप माधुर्य का दिव्य वर्णन शास्त्रीय संगीत की दिव्य रसधार से ओतप्रोत है। मध्यकाल में ग्रन्थों के मुद्रण की सुविधा उपलब्ध न होने के कारण ही श्री हिताचार्य जी ने साहित्य एवं संगीत को सुरक्षित रखने के लिए 'समाजगान' पद्धति का प्रचलन किया जो ब्रजभूमि की ही देन है। इस पद्धति के अन्तर्गत माधुर्योपासक भक्तिपरक संगीत का ही अन्तर्भाव रहा, इसलिए राधावल्लभ सम्प्रदाय की उपासना पद्धति में मुख्यतः स्वर–पद–प्रधान तथा रसभावाभिव्यंजनात्मक रूप से शास्त्रीय संगीत की परिपक्व शैली ध्रुपद–धमार को प्रमुखता दी गई। जिससे वे अपनी समाज पद्धति को विशुद्ध (ध्रुपद प्राचीन भक्तिपरक विशुद्ध शैली मानी जाती है) स्वरूप प्रदान कर सके।

राधावल्लभ सम्प्रदायाचार्यों की रचनाओं के विश्लेषणात्मक रूप से अध्ययन से हमें यह ज्ञात होता है कि इनकी वाणियों में हमें सांगीतिक पारिभाषिक शब्द, पदों के अन्तर्गत तथा शीर्ष पर रागों व तालों के नामांकन, अनेक वाद्यों तथा नृत्य से सम्बन्धित शब्दावली, पाटाक्षर तथा विभिन्न नृत्य मुद्राओं आदि का उल्लेख हमें इस सम्प्रदाय के भक्त संगीतज्ञों की रचनाओं में देखने को मिलता है। यह सभी प्राप्त तथ्य राधावल्लभ सम्प्रदाय में भक्ति व संगीत की घनिष्ठता को दर्शाते हैं।

साथ ही इस सम्प्रदाय के आचार्यों की सांगीतिक विद्वता को स्वतः सिद्ध करते हैं।

राधावल्लभ सम्प्रदाय में भक्त संगीतज्ञ आज भी विद्यमान हैं जिन्होंने 'समाज संगीत' परम्परा को आज भी अक्षुण्ण बनाये रखा है। साथ ही साथ प्राचीन उपासना परम्परा एवं परम्परागत रचनाओं के क्रियात्मक स्वरूपों को भी सुरक्षित रखा है और आज अधिकतर ग्रन्थों के प्रकाशन का कार्य भी चल रहा है जिससे इस सम्प्रदाय के पद, आने वाले समय के लिए संरक्षित हो जायेंगे। भिन्न–भिन्न स्थानों पर बसे रसिकों के पास आज भी राधावल्लभ सम्प्रदाय की अमूल्य धनराशि, पाण्डुलिपियों के रूप में इन भक्त संगीतज्ञों के पास सिंचित है।

राधावल्लभ सम्प्रदाय के समाज गायकों के पदों को श्रवण करने के उपरान्त सम्प्रदाय में प्रयुक्त राग–रागिनियों, तालों, गेय विधाओं, संगीत व साहित्य के मिश्रण का अवलोकन करना, पारम्परिक गायन को स्वरलिपिबद्ध कर संरक्षित करना तथा प्रयुक्त रागों व तालों आदि सांगीतिक तथ्यों को लिपिबद्ध करना ही मेरे शोध प्रबन्ध का उद्देश्य है। अभी तक सांगीतिक दृष्टि से अनेक सम्प्रदायों पर शोध कार्य किये जा चुके हैं किन्तु इस सम्प्रदाय की 500 वर्ष पुरानी 'समाज पद्धति' पर किसी ने प्रकाश नहीं डाला है। साथ ही इस दृष्टि से भी यह आवश्यक है कि 'समाज पद्धति' का प्रादुर्भावक यही सम्प्रदाय था जिसका बाद में अन्य सम्प्रदायों ने अनुगमन किया है। उक्त वर्णित तथ्यों को प्रकाश में लाना तथा इस पद्धति को आने वाले समय के लिए संरक्षित करने की दिशा में प्रयास ही मेरे शोध प्रबन्ध कार्य का उद्देश्य है।

मेरा शोध प्रबन्ध कार्य कुल छह अध्यायों में विभक्त है –

प्रथम अध्याय – इस अध्याय के अन्तर्गत मैंने धर्म सम्प्रदाय का अर्थ एवं परिभाषा देते हुए सम्प्रदायों का विकासक्रम बताते हुए राधावल्लभ सम्प्रदाय के उद्भव एवं विकास को विस्तारपूर्वक इस अध्याय में दिया है।

द्वितीय अध्याय – इसके अन्तर्गत मैंने राधावल्लभ सम्प्रदाय के स्वरूप एवं सिद्धान्तों को, उपासना के विभिन्न तत्वों व सिद्धान्तों को इस सम्प्रदाय के सन्दर्भ में प्रकाश डालते हुए दिया है।

तृतीय अध्याय – इस अध्याय में मैंने राधावल्लभ सम्प्रदाय की साहित्यिक भावभूमि को स्पष्ट करने के लिए इसके अन्तर्गत मैंने राग रस, राग समय सिद्धान्त, भाषा शैली, अलंकार, छन्द तथा विभिन्न ऋतुओं के पदों व विभिन्न संग्रहालयों से प्राप्त पद संग्रहों को दिया है।

चतुर्थ अध्याय – इस अध्याय के अन्तर्गत राधावल्लभ सम्प्रदाय में प्रयुक्त संगीत समाज गान व अन्य प्राप्त सांगीतिक तत्वों की विस्तारपूर्वक व्याख्या प्रस्तुत करने का प्रयत्न किया है। जैसे – समाज शब्द की व्याख्या, उत्पत्ति, स्वरूप निर्मिति, समाज गान–विधान तथा समाज को ऐतिहासिक विवेचन के साथ ही साथ इस गायन शैली में प्रयुक्त चतुर्विध वाद्यों, गायन शैलियों, नृत्य तथा अन्य सांगीतिक तत्वों की विवेचनाएँ प्रस्तुत की हैं।

पंचम् अध्याय – इस अध्याय के अन्तर्गत मैंने समाज संगीत के कुछ पदों को स्वरलिपिबद्ध करने का प्रयत्न किया है। साथ ही कुछ रागों का परिचय देने का भी प्रयत्न किया है।

षष्ठम् अध्याय – इसके अन्तर्गत मैंने राधावल्लभ सम्प्रदाय के कुछ अतीव प्रमुख सन्त, कवि एवं संगीतकारों का परिचय व उनके द्वारा रचित ग्रन्थों को भी दिया है साथ ही इन कवियों के अतिरिक्त अन्य कवियों का नामोल्लेख भी किया है।

अन्त में उपसंहार के अन्तर्गत मैंने अपने सम्पूर्ण कार्य से प्राप्त निष्कर्ष को प्रस्तुत किया है।

आमुख

लेखिका ने वनस्थली विद्यापीठ (राजस्थान) से संगीत में (गायन) विषय में उत्तर स्नातक (एम.ए.) की डिग्री प्राप्त की। तदुपरान्त एम. फिल की डिग्री भी वनस्थली विद्यापीठ से संगीत गायन में प्राप्त की। तत्पश्चात संगीत में अभिरुचि होने के कारण तथा पारिवारिक रूप से ब्रज क्षेत्र से विशेष जुड़ाव होने के कारण लेखिका ने 'राधा वल्लभ संप्रदाय एवं संगीत विषय को संरक्षित एवं भविष्य के लिए समाज ज्ञान शैली को सुरक्षित करने हेतु इस विषय को अपने शोध का क्षेत्र बनाया व पी.एच.डी. की डिग्री अपने कठिन परिश्रम से प्राप्त की।

ऋचा जी के परिवार का ब्रज की ओर विशेष रुझान होने के कारण समय–समय पर इन्हें वहाँ जाने का, वहाँ के संगीत को सुनने समझने का सुअवसर प्राप्त हुआ और यही कारण बना इस विषय पर शोध करने का।

वर्तमान में ऋचा जी गत 4–5 वर्षों से सोना–देवी सेठिया पी.जी. गर्ल्स कॉलेज, सुजानगढ़ (चुरू), राजस्थान में संगीत विभागाध्यक्ष के रूप में संगीत साधना और साहित्य सेवा में लीन हैं।

मध्यकाल की उपज है राधा वल्लभ संप्रदाय। राधा दृ कृष्ण की भक्ति से ओत–प्रोत इस संप्रदाय का प्राकट्य गोस्वामी श्री हितहरिवंश चन्द्र जी द्वारा हुआ। राधा कृष्ण के युगल की प्रेम भक्ति को संगीत के माध्यम से भावाभिव्यक्ति प्रदान करने का विधान इसमें सर्वोपरि माना जाता है। जिसे 'समाजगान' कहा जाता है। तत्कालीन समय में मुद्रण

सुविधा उपलब्ध ना होने के कारण श्री हितहरिवंश जी ने साहित्य संगीत को सुरक्षित रखने के लिए राधा वल्लभ संप्रदाय के अंतर्गत समाजगान के माध्यम को बनाया था। वर्तमान स्थिति यह है कि मुद्रण सुविधा उपलब्ध है किन्तु समाजगान लुप्त तो नहीं कहेंगे किन्तु बहुत हद तक कम होता जा रहा है। साथ ही उसमें परिवर्तनशीलता के आसार भी दृष्टिगोचर हो रहे हैं।

यह हर्ष का विषय है कि ऋचा उपाध्याय द्वारा राधा वल्लभ संप्रदाय के उत्पत्ति स्वरूप व योगदान का विवेचन कर उसके समाजगान का संकलन व स्वरलिपिबद्ध कर उसे पुस्तक रूप में सुरक्षित करने का कार्य किया है। जो संगीत जगत के लिए लाभप्रद होगा। यह एक प्रशंसनीय कार्य है जिसके लिए मैं उन्हें बहुत–बहुत बधाई एवं सुभाशीष देती हूँ। आशा करती हूँ कि आप आगे भी अपना लेखनी कार्य को एक मूर्ति रूप देती रहेंगी।

शर्मिला टेलर
प्रोफेसर
संगीत विभाग
वनस्थली विद्यापीठ
वनस्थली (राजस्थान)–304022
यहां

शोध प्रबन्ध में प्रयुक्त सांकेतिक शब्दों की अर्थ–बोधिका

वाणी ग्रन्थ –

1.	श्री ह.च.	–	श्री हरिवंश चरित्र
2.	भ.मा.की टी.,प्रि.दा.,	–	भक्त माल की टीका प्रियादास
3.	हि.कु.शा.	–	हित कुल शाखा
4.	ज.कृ.की वा., (हि.कु.शा.)	–	जयकृष्ण जी की वाणी
5.	हि.प.व.प.	–	हित परिकर वन्दन पत्रिका
6.	प्रा.ह.लि.प्र.	–	प्राप्त हस्तलिखित प्रति (बिना नाम की)
7.	र.अ.मा., भ.मु.	–	रसिक अनन्य माल भक्ति मुदित
8.	हि.भ.का. में र.धा.औ. उ.वा.सा.	–	हिन्दी भक्ति काव्य में रस भक्ति धारा और उसका वाणी साहित्य
9.	प.प्र.मा.	–	पद प्रसंग माला
10.	क.पु.की.वा.	–	कल्याण पुजारी जी की वाणी
11.	हि.चौ.स., टी.	–	हित चौरासी संस्कृत, टीका
12.	चा.वृ.दा., प्रा.ह.लि.प्र.	–	चाचा वृन्दावनदास द्वारा प्राप्त हस्तलिखित प्रति
13.	से.च., प्रि.दा.	–	सेवक चरित्र प्रिया दास
14.	स्फु.वा.गो.हि.ह.	–	स्फुट वाणी गोस्वामी हितहरिवंश
15.	हि.रू.च.बे.	–	हित रूप चरित्र बेली
16.	वृ.प्र.मा.	–	वृन्दावन प्रकाश माला

17. ब.प्र.,च.चा.वृ.दा. – बसन्त प्रबन्ध चाचा वृन्दावन दास
18. हि.शा. – हित शास्त्र
19. ह.मा.,प्रा.ह.लि.प्र. – हस्त मालक प्राप्त हस्त लिखित प्रति
20. श्री रा.का.व.(द्वि.ख.1) – श्री राधा काव्य वाणी (द्वितीय खण्ड – भाग–1)
21. ब्र.की रा.ली – ब्रज की रास लीला
22. व्या.वा. – व्यास वाणी
23. हि.ह.च.ली. – हित हरिवंश चरित्र लीला

शोध प्रबन्ध की पारिभाषिक शब्दावली

1.	माधुर्य	–	मिठास, लावण्य, (काव्य) जिसमें माधुर्य गुण की प्रधानता हो।
2.	वाङ्.मय	–	वाक्य समूह, ग्रन्थ, ग्रन्थ–समूह, साहित्य।
3.	परिशोधन	–	पूर्णतया शुद्ध करने की क्रिया, संशोधन।
4.	संक्रमण काल	–	प्रगति, भ्रमण, संक्रमित रोग की तरह जो उक्त काल में फैल जाता है।
5.	उन्मेष	–	खुलना, खिलना, स्फुरण, प्रकाश, दीप्ति।
6.	सुदृढ़ पीठिका	–	बहुत मजबूत, सुरक्षित।
7.	विधि–निषेध	–	विधिपूर्वक की जाने वाली अथवा निश्चित सामग्री, निश्चित समय पर की जाने वाली पूजा का निषेध।
8.	ब्रह्मचार	–	
9.	उपास्य	–	जिसकी उपासना की जाती है।
10.	उपासक	–	जो उपासना करती है।
11.	मायावाद	–	माया को माध्यम बनाना।
12.	स्वकीय	–	अपने लोग, अपना, निजी मिलन है विरह नहीं।
13.	परकीय	–	पराये लोग, विरह का सुख है किन्तु मिलन नहीं।
14.	अनुषंग	–	अर्थपूर्ति के लिए किसी वस्तु की प्रासंगिक चर्चा या शब्दादि की आवृत्ति, सम्बन्ध, लगाव।

15. प्रत्युत – इसके विपरीत, बल्कि, वरन्।
16. समावृत – घिरे हुए।
17. पाणिग्रहण – अपनाने के लिए कहा।
18. निर्गुण – जो दिखाई ना दे ऐसा स्वरूप।
19. सगुण – जो दृश्य हो, ईश्वर का मूर्तिवत् रूप।
20. सिद्ध–केलि–स्थलो – साम्प्रदायिक सिद्ध उपासना स्थल जिसे राधावल्लभ सम्प्रदाय में 'सिद्ध केलि–स्थल' कहते हैं।
21. द्वैत – जोड़ा, युगल।
22. अद्वैत – एकीकृत रूप, ब्रह्मस्वरूप।
23. मर्यादा भक्ति – ऐसी भक्ति जो निश्चित सिद्धान्तों पर आधारित हो।
24. नित्र्याचन – नित प्रायः किया जाने वाला।
25. विग्रह – मूर्ति या उपास्य स्वरूप।
26. सैव्य स्वरूप – जिसकी सेवा की जाती है ऐसा स्वरूप।
27. विपुल – काफी अधिक मात्रा में।
28. सर्वांगपूर्ण – सम्पूर्ण, पूरा।
29. रागबद्ध – ऐसे पद या काव्य जो रागों में बंधे हो।
30. नियोजन – नियुक्त करने की क्रिया, किसी कार्य में प्रवृत्त करना।
31. प्रसाधन – श्रृंगार में प्रयोग की जाने वाली सामग्री, श्रृंगार।
32. रसिक – रस के माध्यम से उपासना करने वाले।
33. अमोघ – अचूक, अव्यर्थ, उदित और अस्त होने के बीच की सूर्य की किरण।
34. प्रतिध्वनित – गूँजा हुआ।
35. प्रतिबिम्बित – जिसका प्रतिबम्ब पड़ा हो, दर्पण आदि में प्रतिफलित।

36.	उद्दीपन	– अन्दर की भावना को जागृत करना।
37.	विच्छिन्न	– विभक्त, जुदा, अलग, विभिन्न रंगों से चित्रित।
38.	आद्य	– गन्ध, सुगन्ध।
39.	अखिल रसामृत	– पूर्ण रस रूपी अमृत।
40.	मण्डलपरकता	– सामूहिक रूप।
41.	अनुश्रुति	– श्रुति–परम्परा से प्राप्त कथा या ज्ञान।
42.	किंवदन्ती	– लोक मान्यताएँ
43.	अद्यावधि	– आज भी
44.	निज रूप	– विभिन्न लीलाओं का अपनी अन्तःआत्मा द्वारा आभास करना।
45.	विपुलता	– अधिकाय मात्रा में।
46.	किंवा	– अथवा
47.	स्वप्नादेश	– स्वप्न आज्ञा
48.	आलाप–संलाप	– वार्तालाप

1

राधावल्लभ सम्प्रदाय की उत्पत्ति एवं विकास

1. धर्म सम्प्रदाय की शाब्दिक व्युत्पत्ति

भारत को सदैव से धर्म और सम्प्रदायों का देश कहा गया है। इस देश में मुख्य रूप से तीन धर्मों का प्राधान्य रहा है। वैष्णव धर्म, बौद्ध धर्म और जैन धर्म। जिसमें से वैष्णव धर्म सर्वाधिक प्रचलित रहा है। भारत के साहित्य जीवन, दर्शन, धर्म, संस्कृति और कला को सर्वांगीण बनाने वाले दो आलम्बन ही हमेशा से माने गये हैं – राम और कृष्ण। इन्हीं दो आराध्य इष्ट देवों के विग्रह विविध रूप में पूजा–अर्चना के लिए स्वीकृत हुए हैं।

यदि मध्ययुगीन तथा परवर्ती हिन्दी साहित्य का अनुसंधानात्मक दृष्टि से अनुशीलन किया जाये तो यह तथ्य स्पष्ट रूप से प्रमाणित होता है कि राम की अपेक्षा कृष्ण–भक्ति विषयक काव्य प्रचुर परिमाण में लिखा गया उनका चरित्र आदर्श और अनुकरणीय है, निःसन्देह महान है। रामकथा की प्रौढ़ परम्परा में सांस्कृतिक मूल्यों की स्थापना का स्पष्ट संकेत मिलता है। 'रामदिवत् प्रवर्तितव्यम्'[1] की शिक्षा भी जनमानस को आन्दोलित करती है। रामकाव्य की देश–देशान्तरव्यापी परम्परा होने पर भी उसको वैसी व्यापक स्वीकृति नहीं मिली, जैसी कृष्ण–चरित्र को भारतीय वाङ्मय में प्रारम्भ से मिलती रही है। पुराण

साहित्य का तो सर्वाधिक चर्चित एवं प्रिय अवतार श्रीकृष्ण ही है। संस्कृत का ललित काव्य–साहित्य भी कृष्ण चरित्र के उन प्रसंगों पर अच्छा प्रकाश डालता है जो ऐश्वर्य तथा माधुर्यपरक हैं। ऐश्वर्यपरक कृष्ण–लीलाओं का वर्णन महाभारत में तो भरा पड़ा है, किन्तु वेणी संहार, शिशुपाल वध, किरातार्जुनीयम्, मुरारिविजय आदि काव्यों तथा नाटकों में भी विपुल मात्रा में पाया जाता है। वैदिक वाङ्मय, संस्कृत, प्राकृत और अपभ्रंश की इस सुदीर्घ परम्परा के बाद मध्यकालीन हिन्दी साहित्य में कृष्ण–विषयक रचनाओं का सूत्रपात होता है। इन सभी उदाहरणों से स्वतः ही यह स्पष्ट हो जाता है कि कृष्ण–विषयक काव्य ही प्रत्येक ग्रन्थ, प्रत्येक काल का मुख्य आकर्षण रहा है।

लोकरंजन के लिए जिन लीलाओं का इन कवियों द्वारा चयन किया गया उनमें कुछ ऐसी लीलाएँ भी हैं जो ऐश्वर्य भाव द्योतक हैं और जिसमें कृष्ण को धर्म–संस्थापक के रूप में भी स्वीकार किया गया है।

धार्मिक सम्प्रदाय से तात्पर्य धर्म एवं सम्प्रदाय के सम्मिलित रूप से है। जिसको समझने के लिए सर्वप्रथम हमें धर्म व सम्प्रदाय शब्द को पृथक रूप से समझना आवश्यक है।

1.1 धर्म की शाब्दिक व्युत्पत्ति

मानव समाज में धर्म का अत्यन्त महत्वपूर्ण स्थान है। प्रत्येक व्यक्ति का किसी न किसी रूप में धर्म से सम्बन्ध रहता है। ''धर्म शब्द 'धृ' धातु से बनता है, इसका अर्थ है – 'धारयतीति धर्म्मः' अर्थात् जो धारण किया जाता है, वही धर्म है। इस प्रकार के लक्षण वेद में भी वर्णित हैं।''[2]

> ''धारणाद्धम्मर्मित्यांहुर्धर्म्मो धारयते प्रजाः।
> यत्स्माद्धारणसंयुक्तं स धर्म्म इति निश्रयः।।''[3]

अर्थात् जिसे मनुष्य धारण करता है। इसीलिए 'धर्म्म' कहा गया है, धर्म्म प्रजाओं को धारण करता है, जो धारण करने की योग्यता रखता है।

इसी प्रकार श्रीमद्भागवत के 12वें अध्याय के भक्ति योग में भक्ति को धर्म रूपी अमृत की संज्ञा दी गई है –

"येतु धर्म्यामृतमिदं यथोक्तं पर्युपासते।
श्रद्धाना मत्परमा भम्तास्तेऽतीव में प्रियाः।।"[4]

धर्म जीवन का सत्य उन्नायक एवं पोषक है। धर्म से ही यह सृष्टि है। अन्यथा यह सृष्टि कभी की एक बदसूरत शक्ल में बदल जाती।

"धर्म एक तरह का जीवन और अनुभव है। वह दर्शन और अनुभव की वस्तु है। यह अनुभूति किसी प्रकार का भावावेग है यह मन की कल्पना नहीं बल्कि पूरे व्यक्तित्व का, अखण्डित चैतन्य का केन्द्रीय सत्ता के प्रति उन्मुखी भाव है।"[5] धर्म वैदिक काल से प्रवाहित होता हुआ चला आ रहा है। "वेदोऽखिलो धर्ममूलम्"[6] अर्थात् वेद भारतीय संस्कृति, धर्म का मूल है।

According to James Frazer – "By religion...........I understand a proportion or conciliation of powers superior to man which are believed to direct and control the courses of nature and of human life."[7]

"अर्थात् धर्म से मेरा मतलब सर्वोच्च शक्ति के साथ समझौता है, जिसमें विश्वास इस आधार पर किया जाता है कि वह मानव जीवन और प्रकृति को नियन्त्रित करता है, साथ ही उनका पथ प्रशस्त करता है।"[8]

"जिस प्रकार से मनुष्य में धर्म की ठीक–ठीक प्रवृत्ति होती है, मनुष्य से भिन्न अन्य जीवों में वैसी नहीं होती। अत्यन्त दीन होने पर भी मनुष्य को दुःखों से घबराना नहीं चाहिए; क्योंकि चाण्डाल की भी मनुष्य योनि है जिसको प्राप्त करके भी मनुष्य शुभ कर्मों को करता हुआ अन्त में मुक्ति पद को प्राप्त हो सकता है।"[9]

1.2 सम्प्रदाय की शाब्दिक व्युत्पत्ति

जब एक समूह अपने विचारों व सोच के अनुरूप एक अलग मत की स्थापना करता है और वह पीढ़ी दर पीढ़ी चलता रहे तो वह सम्प्रदाय कहलाता है। इस मत विशेष को मानने वालों के अलग नियम होते हैं।

"सम्प्रदाय समय और परिस्थितियों के अनुरूप गतिविधियाँ अपनाने की ऐसी विधि व्यवस्था है, जो अनेक बार बदली और समय–समय पर बदली जाती रहेंगी।"[10]

जब किसी सम्प्रदाय के नियम एवं व्यवस्था रूढ़िगत हो कर विकृत हो जाते हैं। तब वह सम्प्रदाय धीरे–धीरे लुप्त होने लगता है और उसके संशोधन एवं परिशोधन के रूप में नवीन सम्प्रदाय का उद्भव होने लगता है जो नितान्त आवश्यक भी है।

1.3 सम्प्रदाय का धार्मिक परिप्रेक्ष्य

हिन्दू धर्म की सर्वमान्य शास्त्रोक्त संज्ञा धर्म है। धर्म का लोक व्यवहार व समाज पर उनके अलग–अलग प्रकार के आचरणों व मतों का उपक्रम हुआ, वे ही 'धार्मिक सम्प्रदाय' कहलाते हैं।

अर्थात् जन सामान्य को धर्म के रूप में भागवत् प्राप्ति के लिए सन्तों द्वारा विभिन्न स्थलों, तरीकों व नामों का उल्लेख किया, आगे चलकर वही धार्मिक सम्प्रदाय के रूप में प्रकट होने लगे।

"आज समूचा मानव जीवन भौतिकतावाद के झंझावत से ग्रस्त हो रहा है। व्यक्ति तृष्णा, स्वार्थ एवं अहम् की श्रृंखलाओं से जकड़ा हुआ है। ईर्ष्या, घृणा एवं पाखण्ड से जीवन त्रस्त है। ऐसी स्थिति में हम ज्यों–ज्यों विचार करते हैं हमें अनुभव होता है कि सन्तों की अनुभव वाणी जितनी 300 वर्ष पूर्व उपयोगी थी, आज उससे भी अधिक उपयोगी है क्योंकि इसमें ही मानव में छुपी दानवता व उपर्युक्त दुर्गुणों को दूर करने की सच्ची शिक्षा निहित है। इस दृष्टि से स्पष्ट

हो जाता है कि सन्तवाणी की जितनी आज आवश्यकता है उतनी पहले नहीं थी।

> ''सन्तरूप हुय साहिब आया।
> देह धर कर सन्त कहाया।।'' [11]

ऐसी सन्त–वाणियों के रचयिता एक–दो सन्त नहीं हुए हैं, अपितु आवश्यकतानुसार स्वयं जगन्नियन्ता प्रभु ही सन्त रूप से जगत् में सदा सर्वदा विराजमान रहते हैं। ऐसे सन्तों के द्वारा विभिन्न स्थलों, तरीकों व नामों द्वारा प्रकट किया गये उपदेश ही विभिन्न सम्प्रदाय, मत व पन्थ आदि नामों से प्रख्यात हुए हैं।

धर्म सम्प्रदायों के माध्यम से जन सामान्य के लिए धर्म को समझना आसान हो गया। जो कि प्रायः पहले जनसामान्य के लिए कठिन प्रतीत होता था। क्योंकि देखा जाए तो सामान्यतः धर्म की कोई सीमा या परिधि नहीं होती और बिना परिधि या सीमा के मार्ग पर चलना उसी प्रकार है मानो किसी निर्जन, भयावह वन में चलना और उसमें भटक जाना। किन्तु धर्म सम्प्रदायों के माध्यम से भक्ति या मत की एक अनदेखी परिधि बन ही जाती है और ये घने वन में भटक जाने वाले के लिए एक मानचित्र का कार्य करते हैं। ये मानव को अपने लक्ष्य तक पहुँचाने में मार्गदर्शक व सहायक होते हैं। अतः मानव समाज के उत्थान हेतु धर्म सम्प्रदायों का होना अत्यन्त आवश्यक है।

''हिन्दू धर्मान्तर्गत सम्प्रदायों एवं मत–मतान्तरों की बहुलता सनातन धर्म के खोखलेपन को नहीं अपितु इसकी रहने की शक्ति हमारे विकास के लिए नितान्त आवश्यक है।''[12] स्वामी विवेकानन्द ने लाहौर में सन् 1897 में दिये गये अपने भाषण में कहा है कि – ''सम्प्रदाय रहे पर साम्प्रदायिकता दूर हो जाये। साम्प्रदायिकता से संसार में कोई उन्नति नहीं होगी, पर सम्प्रदायों के न रहने से संसार का काम नहीं चल सकता।''[13] धार्मिक सम्प्रदायों का होना एक अन्य कारण से भी आवश्यक है। ''वह है वैयक्तिक विभिन्न एवं रूचि वैचित्रय। मनुष्य

स्वभावतः भिन्न–भिन्न रूचि रखता है और उसमें वैयक्तिक विभिन्नता भी होती है। अतः उनकी रूचि, योग्यता और शक्ति के अनुकूल आध्यात्मिक साधना पद्धतियाँ भी भिन्न–भिन्न होना नितान्त आवश्यक है। उस पर एक–सी व्यवस्था अथवा एक ही प्रकार साधना पद्धति थोपना उतना ही असंगत है जितना कि एक ही नाप की कमीज पहनने के लिए सबको बाध्य करना और यदि वह किसी के शरीर में नहीं बैठती हो तो उसे यह कहना कि पहनो तो यह कमीज हाजिर है अन्यथा नग्न रहो।''[14]

वास्तव में सभी धार्मिक सम्प्रदायों का लक्ष्य मूलतः एक ही होता है या यूँ कहें कि भगवत प्राप्ति ही सबका लक्ष्य होता है। किन्तु वहाँ तक पहुँचने के मार्ग अलग–अलग होते हैं, जैसे कि – ''किसी विद्यालय में तीन छात्रों को उनके सदाचरण और उत्कृष्ट चरित्र के लिए पुरस्कृत किया गया। पुरस्कार में तीनों को सम्मिलित रूप से एक सिक्का दे दिया गया कि आपस में बाँट लें। छात्रों में से एक भारतीय था, दूसरा पारसी, तीसरा अंग्रेज इस कारण वे एक दूसरे की भाषा समझ पाने में असमर्थ थे। सिक्के का बँटवारा करने में समस्या खड़ी हुई। अंग्रेज लड़के ने अपनी भाषा में कहा हिन्दुवाना चाहिए और भारतीय ने कहा तरबूज चाहिए। एक दूसरे की भाषा से अपरिचित होने के कारण तीनों ने अपनी माँग के लिए रट शुरू कर दी। तभी वहाँ से एक व्यक्ति गुजरा जो तीनों की भाषा को समझता था उसने पैसे लिये और एक बड़ा तरबूज लाकर सामने रख दिया। तीनों प्रसन्न थे, उनकी मनचाही वस्तु मिल गयी।'' अर्थात् सभी प्रचलित धर्म सम्प्रदायों का लक्ष्य मूलतः एक ही होता है। वह है – ''मानवीय व्यक्तित्व को परिपूर्ण बनाना तथा जीवन लक्ष्य की प्राप्ति में सहायक बनना। यह धर्म के शाश्वत सिद्धान्तों को हृदयागंम करने तथा आचरण में उतारने से ही सम्भव हो पाता है। सम्प्रदाय धर्म का वह कलेवर है जो समय–समय पर देशकाल की विभिन्न परिस्थितियों एवं आवश्यकताओं के अनुरूप अनेकों रूपों में विकसित हुआ है। यह

परिवर्तनशील है। अपरिवर्तनशील, शाश्वत तत्व धर्म के वे सिद्धान्त एक हैं जो हर काल में एक जैसे रहते हैं तथा सभी धर्म–सम्प्रदायों में एक से पाये जाते हैं। सम्प्रदायों का विशालकाय कलेवर इसीलिए चुना गया होता है कि वे उच्चस्तरीय सिद्धान्तों के परिपोषण में अपना योगदान दें।''[15]

वैष्णव सम्प्रदाय

↓

वेदान्त–परक सम्प्रदाय

↓

श्री सम्प्रदाय	ब्रह्म सम्प्रदाय	सनक सम्प्रदाय	रूद्र सम्प्रदाय	गौडीय सम्प्रदाय
रामानुज	मधव	निम्बार्क	वल्लभ	चैतन्य
↓	↓	↓	↓	↓
1037–1137	1199–1203	11वीं शताब्दी	11वीं शताब्दी	1485–1533
लक्ष्मीनारायण विषिष्टाद्वैत	विष्णु द्वैत	कृष्ण, द्वैताद्वैत	कृष्ण शुद्धाद्वैत	कृष्ण,अचिन्त्य भेदाभेद

अन्य वैष्णव सम्प्रदाय

↓

महापुरूषिया	रामदासी	उद्धति	राधावल्लभीय	टट्टी–सम्प्रदाय
शंकरदेव	रामदास	सहजानन्द	हितहरिवंष	हरिदासी
↓	↓	↓	↓	↓
1449–1568	1608–1681	1780–1829	1585ई.	16वीं शताब्दी

2. सम्प्रदायों का क्रमिक विकास

''भक्ति आन्दोलनों के प्रारम्भ काल में भारतवर्ष में बौद्ध मतों का पर्याप्त प्रचार था। ईसा की प्रथम शताब्दी से लेकर छठी तक देश में गुप्त साम्राज्य की समाप्ति के साथ बौद्ध और शैव मतों को उत्तरी भारत में अपने प्रचार का सुअवसर प्राप्त हो सका। उस संक्रमण काल में दक्षिण भारत से वैष्णव सम्प्रदायों का उत्थान हुआ और आलवार सन्तों द्वारा प्रवर्तित एवं आचार्यों द्वारा पोषित भक्ति आन्दोलन ऐसा व्यापक हुआ कि सम्पूर्ण भारत उससे आच्छादित हो गया।''[16]

"वैष्णव–भक्ति भावना को दार्शनिक आधार देकर फिर से एक सम्प्रदाय का रूप देकर स्थापित करने वाले आचार्यों का युग प्रायः ग्यारहवीं शताब्दी से प्रारम्भ होता है।"[17] आलवारों की भावधारा से प्रेरणा प्राप्त करके वैष्णव धर्म के दक्षिणार्थ आचार्यों ने समस्त उत्तर भारत में कृष्ण भक्ति का प्रचार किया। इस सम्बन्ध में जनश्रुति है कि "भक्ति का जन्म दक्षिणी भारत में हुआ था और रामानन्द के द्वारा यह परम्परा उत्तरी भारत में लाई गई थी।"[18] परन्तु श्री सी.वी. वैद्य का मत है कि "भक्ति का यह प्रवाह दक्षिण से नहीं अपितु पूर्वी भारत से आया था तथा मध्ययुग में प्राचीन वैष्णव भक्ति का प्रचार देशव्यापी रूप में हुआ था और भारत में कोई भी उससे अछूता नहीं बचा था। अतएव वैष्णव भावना का पूर्वी भारत में भी उन्मेष का अनुमान किया जा सकता है। परन्तु हिन्दी के मध्ययुगीन कवियों द्वारा की गई दार्शनिक विवेचनाएँ, उनकी रचनाओं में वर्णित परम्पराएँ एवं जन श्रुतियाँ उत्तर भारत में विकसित भक्ति के प्रवाह को दक्षिण से आया हुआ सिद्ध करती हैं।

दक्षिण में नाथमुनि की परम्परा में पुण्डरीकाक्ष, राममिश्र और यमुनाचार्य विशेष रूप से उल्लेखनीय हैं। रामानुजाचार्य का विशिष्ट द्वैत का सिद्धान्त यमुनाचार्य के ही मत पर आधारित है। यद्यपि इन दक्षिणात्य आचार्यों को भक्ति की प्रेरणा आलवारों को दिव्य एवं ललित पदावली से प्राप्त हुई थी तथापि दार्शनिक क्षेत्र में उन्हें शंकर के अद्वैतवाद, मायावाद एवं वैराग्यवाद का भी समाधान अभिप्रेत था। अतएव उन्होंने भक्ति साधना को अद्वैत सम्मत दार्शनिक भूमिका प्रदान कर जीव और ब्रह्म के सम्बन्धों की प्रेम भक्तिपरक व्याख्या की। भक्ति और दर्शन के तत्वों से समन्वित होकर उनका विवेचन भारतीय चिन्तनधारा एवं साहित्य के लिए अत्यन्त उपादेय सिद्ध हुआ। अनुभूति और दर्शन के विलक्षण संयोग से भाषा साहित्य को एक सुदृढ़ पीठिका प्राप्त हुई। इन्हीं आचार्यों द्वारा वैष्णवी भावना का उत्तर भारत की ओर

आगमन हुआ। इसी राजनीतिक परिवर्तन के कारण शून्य पड़ी हुई जनता के हृदय–क्षेत्र में फैलने के लिए पूरा स्थान मिला।''

इन सम्प्रदायों ने अन्धकार में पड़ी जनचेतना को जागृत किया। उन्हें शून्य से उठाकर उनका मार्ग प्रशस्त किया। जिसका श्रेय मुख्य रूप से चतुःसम्प्रदायों (श्री सम्प्रदाय – श्री रामानुजाचार्य, द्वैताद्वैतवादी सम्प्रदाय – आचार्य निम्बाकाचार्य, द्वैतवादी वैष्णव सम्प्रदाय – माधवाचार्य, शुद्धाद्वैतवाद – आचार्य विष्णु स्वामी) को जाता है। जिनका प्राश्रय लेकर कई नवीन सम्प्रदायों ने अस्तित्व ग्रहण किया या कहें चतुःसम्प्रदाय ही नवीन सम्प्रदायों के निर्मिति का मूल है। इसीलिए हमें पहले जड़ अर्थात् चतुःसम्प्रदाय को जानना आवश्यक है तभी हम शाखा रूपी विभिन्न नवीन सम्प्रदायों के समक्ष हो सकेंगे। चतुःसम्प्रदायों का विवरण निम्नलिखित है –

3. चतुःसम्प्रदाय का संक्षिप्त वर्णन

मध्ययुग में धार्मिक सम्प्रदायों के रूप में बहुत अस्थिरता प्राप्त होती है। इस युग में कपालिकों, घोर–पंथियों, तान्त्रिकों आदि का बोलबाला था। इन्होंने अपने वीभत्स कृत्यों द्वारा धर्म को विकृत कर रखा था। चारों तरफ धार्मिक अन्धविश्वास छाया हुआ था। धर्म में ज्ञान, कर्म और भक्ति तीनों के समन्वित रूप का सर्वथा अभाव था। वहीं दक्षिण भारत में वैष्णव धर्म का प्रचार–प्रसार जोरों पर था। आलवारों भक्तों के पश्चात् दक्षिण में कई ऐसे आचार्यगण हुए जिन्होंने शंकर के मायावाद का खण्डन करके सिद्धान्त मार्गों की स्थापना की। साथ ही इन्होंने ही उत्तर भारत में वैष्णव भावना का पुनरुत्थान किया। जिसका प्रभाव उत्तर भारत की शून्य में पड़ी जनता पर भी पड़ा। जिसका श्रेय चतुः अर्थात् प्रमुख रूप से प्रचलित चार सम्प्रदाय को जाता है, जो निम्नवत् हैं –

(1) श्री सम्प्रदाय या द्वैत सम्प्रदायः– ''11वीं शती में श्री रामानुजाचार्य जी ने 'श्री' नामक सम्प्रदाय की स्थापना

की। शास्त्रीय पद्धति से सगुण वैष्णवी भक्ति का निरूपण करके इन्होंने अपने विशिष्टता–द्वैतवाद सिद्धान्त का प्रचार किया। इनके शिष्य स्वामी रामानन्द हुए जिनके द्वारा 'रामानन्दी' सम्प्रदाय की स्थापना की गई। ये दक्षिण भारत से उत्तर भारत में रहने लगे और विष्णु जी के अवतार राम की प्रतिष्ठा की। इनके शिष्य कबीर, रैदास, तुलसीदास आदि हुए। इनमें से उत्तर भारत में दो धाराएँ प्रवाहित हुई एक तुलसीदास द्वारा विष्णु अवतार राम की सगुण उपासना की, वहीं कबीरदास द्वारा राम के निर्गुण भक्ति को आलम्बन बनाया।''[19]

(2) द्वैताद्वैतवाद सम्प्रदायः– ''12वीं शताब्दी में दक्षिण में आचार्य निम्बाकाचार्य जी का जन्म हुआ। ये तेलगू प्रदेश से आकर वृन्दावन में बस गए। इनके शिष्य 'गीत गोविन्द' रचयिता जयदेव थे। निम्बाकाचार्य जी ने द्वैताद्वैतवादी सिद्धान्त की स्थापना की। साथ ही राधाकृष्ण की उपासना का प्रवर्तन किया। इसी सम्प्रदाय से प्रेरित होकर 16वीं सदी में स्वामी हरिदास जी ने 'सखी सम्प्रदाय' की स्थापना की।''[20]

(3) द्वैतवादी वैष्णव सम्प्रदायः– ''तृतीय है प्रसिद्ध आचार्य स्वामी माधवाचार्य जी (सन् 1197–1276ई.) जिन्होंने द्वैतवादी वैष्णव सम्प्रदाय की स्थापना की। इनके द्वारा भी वैष्णव भक्ति को विशेष प्रश्रय प्राप्त हुआ। गोस्वामी श्री हितहरिवंश जी (जन्म सन् 1502ई.) इन्हीं से प्रभावित माने जाते हैं।''[21]

(4) शुद्धाद्वैतवाद या 'बारकरी' सम्प्रदायः– ''चतुर्थ है आचार्य विष्णुस्वामी जिन्होंने अद्वैतवाद को मायारहित मानकर शुद्धाद्वैतवाद की नींव डाली। यह सम्प्रदाय प्रमुख रूप से महाराष्ट्र में प्रचलित हुआ। इनके शिष्यों में महाराष्ट्र भक्त ज्ञानेश्वर प्रचलित जनश्रुति के आधार पर सन्त श्री नामदेव, श्री ज्ञानदेव, केशव, त्रिलोचन, हीरालाल, श्रीराम विष्णुस्वामी

आदि मतावलम्बी प्राप्त होते हैं। यह सम्प्रदाय बाद में 'बारकरी' सम्प्रदाय के नाम से जाना जाने लगा था।"[22]

उपरोक्त वर्णित चतुःसम्प्रदायों के प्रभाव और प्रेरणा के फलस्वरूप भक्ति के अनेकानेक सम्प्रदाय अस्तित्व में आए जैसे – रामानन्दीय, चैतन्य (गौड़ीय सम्प्रदाय) आदि।

गोस्वामी हितहरिवंश जी ने विभिन्न सम्प्रदायों की पद्धतियों का मनन करने के उपरान्त अपनी स्वतन्त्र प्रणाली से इस सम्प्रदाय की स्थापना की थी। विधि–निषेध के ब्रह्मचार को तो उन्होंने एकदम उपेक्षणीय तक कह डाला था। यदि हम 400–500 वर्ष पूर्व के इतिहास पर दृष्टिपात करें तो प्राप्त होता है कि इतिहास ने इस बात को प्रमाणित कर दिया है कि उत्तरी भारत में क्रान्तिकारी विचारधारा को जिन वैष्णव भक्तों में स्थान दिया है उनमें गोस्वामी श्री हितहरिवंश जी प्रमुख हैं। जिस प्रकार से आपने माधुर्य भाव की प्रेम लक्षणा भक्ति का स्वरूप अपनी वाणी से व्यक्त किया है वैसा इससे पूर्व नहीं हुआ था।

चतुःसम्प्रदाय से प्रेरित होकर 16–17वीं शताब्दी में कई ऐसे आचार्य हुए जिन्होंने भक्ति सिद्धान्त पर नवीन दृष्टि से विचार किया। वल्लभाचार्य, चैतन्य महाप्रभु, गोस्वामी हितहरिवंश और स्वामी हरिदास इन्हीं आचार्यों में से हैं किन्तु इस समय (16वीं–17वीं शताब्दी) तक वैष्णवों में यह मान्यता थी कि उक्त चारों आचार्यों (रामानुज, निम्बाकाचार्य, विष्णुस्वामी और माधवाचार्य) द्वारा प्रवर्तित सम्प्रदाय ही केवल वैष्णव सम्प्रदाय है। ये धारणा इतनी प्रचलित हो चुकी थी कि इनसे इतर प्रत्येक सम्प्रदाय के आचार्य या उनके अनुयायियों को अपने नवीन दार्शनिक सिद्धान्त, मन्तव्य तथा अभिनव साधन मार्ग होने पर भी उक्त चतुःसम्प्रदायों के साथ किसी रूप में सम्बन्ध स्थापित करना पड़ता था। यदि कोई आचार्य अपने सम्प्रदाय को स्वतन्त्र मानकर उसके पार्थक्य पर बल देता था तो उसे चतुःसम्प्रदाय वाले वैष्णव स्वीकार

नहीं करते थे। इस प्रवृत्ति के फलस्वरूप अधिकांश आचार्यों ने इच्छा अथवा अनिच्छा से चतुःसम्प्रदाय के संकीर्ण विचारों को स्वीकार करके अपने को वैष्णव समाज में शामिल किया है।

चतुःसम्प्रदाय की परिमित सीमा में बँधकर अपने को वैष्णव घोषित करने की प्रवृत्ति के परिणामस्वरूप भक्ति सिद्धान्त, पूजा पद्धति और आचार–व्यवहार की दृष्टि से सर्वथा भिन्न अनेक सम्प्रदायों को परस्पर सम्बद्ध किया गया किन्तु यह निश्चित रूप से कहा जा सकता है कि इस प्रकार विशाल और व्यापक वैष्णव धर्म को चतुःसम्प्रदायों में आबद्ध करने का प्रयत्न केवल अति अन्धविश्वास के कारण है। इसीलिए ज्यों–ज्यों इस विषय में भ्रम और अज्ञान दूर होता जा रहा था। अनेक सम्प्रदाय अपनी स्वतन्त्र सत्ता स्थापित करने का आग्रह कर रहे थे। मेरे विचार से यह आवश्यक भी है क्योंकि ये नवीन और विलक्षण थे। जिनके कारण इस प्रकार सिद्धान्ततः भिन्न सम्प्रदायों को परस्पर सम्बद्ध करना समीचीन नहीं है। उन्हें स्वतन्त्र मानना ही उचित है। वैसे देखा जाय तो चतुःसम्प्रदाय के अन्तर्गत नवीन सम्प्रदायों को रखने के पीछे उन सम्प्रदायों की संकीर्ण मानसिकता सोच स्पष्ट होती है जो कहीं ना कहीं स्पष्ट करती है कि सम्प्रदायचार्य नहीं चाहते थे कि अन्य नवीन सम्प्रदाय प्रकाश में आए और उनकी प्रसिद्धि पर किसी प्रकार से कोई आँच आये और उनके स्थान पर कोई अन्य सम्प्रदाय प्रसिद्धि प्राप्त करे।

इसी मान्यता का खण्डन करते हुए राधावल्लभ सम्प्रदाय के प्रवर्तक श्री हितहरिवंश जी ने स्पष्ट किया था कि "उनका सम्प्रदाय वैष्णव धर्म के अन्तर्गत ही है किन्तु यह सम्प्रदाय के रूप में एक पृथक रूप व स्थान रखता है। ये चतुःसम्प्रदाय में समाविष्ट नहीं हो सकता है।"[23]

साहित्यिक परिस्थिति

साहित्य समाज का प्रतिबिम्ब होता है; इस तथ्य को इन शब्दों में

भी व्यक्त किया जा सकता है कि साहित्य प्रत्येक काल की संस्कृति का, धर्म का, राजनीति का तथा भाषा, वेशभूषा और विभिन्न विचारधाराओं का साक्षी होता है क्योंकि उसका निर्माण ही तत्कालीन सामग्री से हुआ होता है। 16वीं शताब्दी गोस्वामी हितहरिवंश जी का आविर्भाव काल का साहित्यिक धरातल इस समय की प्रचलित निर्गुण भक्ति धारा तथा सगुण भक्ति धारा से अभिसिंचित था।

सगुण भक्ति की भव्य भूमि में उपास्य के सिंहासन पर मर्यादा पुरूषोत्तम भगवान श्री राम की तथा लीला पुरूषोत्तम श्री कृष्ण रूप की प्रतिष्ठा हो चुकी थी। स्वामी श्री रामानन्द जी ने विष्णु के स्थान पर राम रूप की, आचार्य वल्लभ तथा श्री चैतन्य देव ने भगवान श्री कृष्ण रूप की स्थापना कर दी थी। भक्तगण इन रूपों के नाम, रूप लीला तथा महिमा का चिन्तन–मनन और कथन–श्रवण करने लगे थे।

इस समय देश के किसी भाग में काव्य भाषा का कोई रूप स्थिर नहीं था। अतः देश के किसी भाग में सौरसेनी अपभ्रंश से आविर्भूत–नवजात ब्रजभाषा में, किसी भाग में अवधी भाषा में, किसी अंचल में डिंगल–पिंगल भाषा में, फुटकर रचनाएँ हो रही थी। एक ओर श्री रामानन्द जी व शिष्यों द्वारा राममूलक रचनाएँ हो रही थी तो एक ओर सन्त कबीर निर्गुण राम को बताकर रहस्यवादी रचनाएँ कर रहे थे। वहीं नामदेव जी निर्गुण और सगुण दोनों की महिमा गान कर रहे थे। इन भक्त कवियों की भाषा अस्थिर रूप वाली हिन्दी थी जिसमें ब्रजभाषा, अवधी तथा राजस्थानी भाषा का मिश्रण रहता था। इस काल में महाभारत, भागवतादि पुराण तथा ज्योतिष और आयुर्वेद के सुसंस्कृत ग्रन्थों के हिन्दी अनुवाद भी अस्थिर रूपवाली भाषा में हुआ करते थे। फुटकर भक्तिपरक रचनाएँ ही उस समय हिन्दी भक्ति काव्य को पल्लवित और पुष्पित कर रही थी। इसे हिन्दी भक्ति काव्य का उदीयमान काल की संज्ञा दे देना अनुचित न होगा। श्री कृष्ण के नाम रूप तथा महिमा का गान भी होता तो था किन्तु प्रायः संस्कृत में ही होता था।

काव्य के क्षेत्र में भरत द्वारा जिस रस परिपाटी का उदय विक्रम संवत् की आठवीं शताब्दी में हुआ था; उस रस परिपाटी का सोलहवीं शताब्दी के तृतीय चरण तक पूर्ण विकास हो चला था। इन नव रसों का सामान्यजन आनन्द प्राप्त करने लगे थे। संस्कृत काव्य ग्रन्थों का निर्माण हो चुका था इनके द्वारा रसानुभूति होती तो थी किन्तु कृत्रिम रूप में ही क्योंकि इनसे एक काल में किसी एक की ही अनुभूति होती थी। अतः वह सब अपूर्ण है। वहीं रसराज श्रृंगार रस भी अन्य रस मुखापेक्षी तथा रस विरोधी होने के कारण अपूर्ण था। इसका पूर्ण रूप अभी भी एक प्रकार से अदृश्य ही बना हुआ था। इसी साहित्यिक वातावरण में गोस्वामी हितहरिवंशोदित रस भक्ति द्वारा 'आद्य–रस' पूर्ण रस के माध्यम से नवीन भक्ति मार्ग प्रशस्त किया। अपने सरल काम के द्वारा इसे सामान्यजन के सदृश्य किया।

5. राधावल्लभ सम्प्रदाय का उद्‌भव एवं विकास

16वीं शताब्दी तक वैष्णव सम्प्रदायों के विषय में एक सिद्धान्त सर्वमान्य हो चुका था कि "किसी सम्प्रदायों को वैष्णव सम्प्रदाय कहलाने के लिए प्रस्थानत्रयी (उपनिषद्, गीता, ब्रह्मसूत्र) पर साम्प्रदायिक दृष्टिकोण से भाष्य रचना करना अनिवार्य है। जब तक इन तीन ग्रन्थों पर अपना अभिमत व्यक्त न किया जाए तब तक कोई भी आचार्य वैष्णव सम्प्रदाय की स्थापना नहीं कर सकता।"[24] यथार्थ में तीनों ग्रन्थों पर अद्वैतपरक भाष्य की रचना शंकराचार्य की देन है। जिससे 'मायावाद' की भावना जनसामान्य तक पहुँची एवं वे अद्वैत के चक्कर में फँसकर वैष्णव भक्ति भावना को भूलने लगे। इसी समय रामानुजाचार्य ने तीनों ग्रन्थों पर भाष्य रचना करके विशिष्टद्वैत की स्थापना की। इसके बाद से यह परम्परा प्रचलित हो गई।

"राधावल्लभ सम्प्रदाय के प्रवर्तक हितहरिवंश जी के समक्ष जब यह प्रश्न उपस्थित हुआ तो उन्होंने निर्भयतापूर्वक अपने सम्प्रदाय को सर्वथा स्वतन्त्र वैष्णव सम्प्रदाय कहा। चतु:सम्प्रदायों के भीतर कहीं भी

अन्तर्भाव करने का मोह उन्हें अपनी ओर आकृष्ट न कर सका। चतुःसम्प्रदायों के अन्तर्गत होकर वैष्णव कहलाने की शर्तों पर भी उन्होंने ध्यान नहीं दिया तथा विधि निषेध से अतीत विधान प्रस्तुत कर अपना स्वतन्त्र सम्प्रदाय स्थापित किया।"[25] श्री हितहरिवंश गोस्वामी ने ब्रह्मसूत्रों पर कोई भाष्य नहीं लिखा।

राधावल्लभ सम्प्रदाय में 'राधावल्लभ' शब्द 'राधा' और 'वल्लभ' दो स्वतन्त्र अक्षरों से मिलकर बना है। हितहरिवंश द्वारा स्थापित यह सम्प्रदाय माधुर्य भक्ति को विशेष मानने वाला है। इस सम्प्रदाय में कृष्ण की अपेक्षा राधा को प्रधानता प्राप्त है। राधा को प्रधानता देकर स्वतन्त्र माधुर्योपासना का प्रवर्तन करने के कारण मध्ययुग के आचार्यों में गोस्वामी हितहरिवंश का व्यक्तित्व अनुपम है। इसके पूर्व में श्रीमद्भागवत् से राधा के परकीया भाव का समर्थन करने के कई प्रयास हुए किन्तु राधा का अस्तित्व न होने के कारण उसे प्रामाणिकता न मिली। राधा को सर्वतन्त्र अधिष्ठात् का पद देकर उसकी शक्ति स्वरूप और व्यापकता का जैसा वर्णन श्री हितहरिवंश जी ने किया वैसा किसी पूर्ववती आचार्य, भक्त अथवा कवि ने नहीं किया था। राधा कृष्ण के युगल रूप की प्रेम आनन्दमयी लीलाओं के ध्यान व मनन को परमानन्द प्राप्ति का साधन माना गया है। "आचार्य हितहरिवंश ने परकीया तथा स्वकीया दोनों भावों को एकदेशीय तथा अपूर्ण माना है, क्योंकि स्वकीया में जहाँ मिलन है, विरह नहीं। वहाँ परकीया में विरह है पर मिलन का सुख नहीं। आचार्य प्रवर ने इस स्थिति का स्पष्ट रूप चकई–सारस के संवाद के रूप में प्रकट किया है।"[26]

इस विषय का स्पष्टीकरण 'श्री बलदेव उपाध्याय' ने इन शब्दों में किया है – "प्रेम विरहा ही राधावल्लभीय पद्धति का सार है। मिलने में भी विरह जैसी उत्कण्ठा इसका प्राण तत्व है। इस सम्प्रदाय में राधा कृष्ण के मिलन में प्रेम की क्षीणता नहीं प्रत्युत्–प्रतिक्षण नूतनता का स्वाद है। प्रेमासव का अनवरत पान करने पर भी अतृप्ति रूपी महान्

छाया सदा बनी रहती है, प्रतीत होता है – "मिलेहि रहत मानो कबहुँ मिलै ना।"[27] इस सम्प्रदाय में 'राधा' की प्रधानता 'इष्ट देवी' के रूप में है और अनुषंग रूप से कृष्ण की भी वन्दना की जाती है। डॉ. 'लाजवन्ती भटनागर' इस सम्प्रदाय के विषय में लिखती हैं कि "राधावल्लभ सम्प्रदाय में भक्ति सिद्धान्त का मूलाधार तत्व है 'श्री कृष्ण' तथा 'श्री राधा' इस सम्प्रदाय के उपास्य हैं। भक्ति में माधुर्य भावधारा को पल्लवित कर भावपूर्ण माधुर्य उपासना का श्रेय 'गोस्वामी हितहरिवंश जी' को है। इस सम्प्रदाय में 'नित्य बिहारी जी युगल' उपासना की जाती है परन्तु भाव प्रधान में राधा की प्रधानता है।"[28] 'सुधर्म बोधिनी' के अनुसार श्री राधा के चरणों में सुन्दर श्याम की अधिक आसक्ति देखकर हितहरिवंश उन पर रीझे हैं। इसमें राधा इष्ट है, प्रेमस्वरूपा है। कृष्ण राधा के प्रेम में पड़ सृष्टि रचना और पालन की बात तो दूर, नारद आदि राधा के प्रेम के साम्राज्य में स्वकीया है तथा परकीया भी। राधावल्लभ सम्प्रदाय में रास को अत्यन्त महत्व दिया गया है। उज्जवल रस (प्रेम) को प्रधानता दी है। यह सम्प्रदाय सभी भाव से ही ओत–प्रोत है।"[29]

यह सम्प्रदाय वृन्दावन का प्रमुख सम्प्रदाय है। श्री कृष्ण तथा राधा इस सम्प्रदाय के उपास्य हैं। भक्ति के माधुर्य भाव का इस सम्प्रदाय में पूर्ण विकास हुआ है। इस सम्प्रदाय में गृहस्थ घर में रहकर भक्ति साधना करते थे। हितहरिवंश जी के मोहक व्यक्तित्व, विशिष्ट भक्ति सिद्धान्त, सरस पद गान और श्री बिहारी जी की आकर्षक सेवा से राधावल्लभ सम्प्रदाय में राधा की उपासना का विशेष महत्व रहा।

राधावल्लभ सम्प्रदाय का उद्‌भव काल

'राधावल्लभ सम्प्रदाय' के उद्‌भावक के रूप में 'गोस्वामी श्री हितहरिवंश जी' माने जाते हैं। उन्होंने ही सर्वप्रथम वृन्दावन में श्री कृष्ण भगवान व राधा जी को हित रूप में स्थापित किया था अर्थात्

जब गोस्वामी श्री हितहरिवंश जी का वृन्दावन आगमन हुआ। उसी समय में राधावल्लभ सम्प्रदाय का एक तरह से शिलान्यास हुआ। श्री हिताचार्य जनशून्य वृन्दावन में प्रथम पदन्यास विक्रम संवत् 1590 में हुआ और वे अकेले नहीं थे वरन् उनके साथ उनका लघु परिवार तथा उनके आराध्य राधावल्लभलाल जी का शैव्य स्वरूप भी था।

श्री हिताचार्य का वृन्दावन पदन्यास और प्रभाव

श्री हिताचार्य के वृन्दावन पदन्यास पर प्रकाश डालते हुए रसिकों ने वर्णित किया है कि 31 से 32 वर्ष तक आपने देववन में निवास किया। तत्पश्चात् 32वें वर्ष में आपने अपनी गुरूवर्या (श्री राधा) की स्वप्नाज्ञा से वृन्दावन की ओर प्रस्थान किया। मार्ग में रात्रि हो जाने के कारण आपको 'चिरथावल' नामक ग्राम के निकट निवास करना पड़ा। रात्रि स्वप्न में श्री राधा ने पुनः आपको दर्शन दिये और कहा कि प्रातःकाल तुम्हारे पास एक ब्राह्मण आयेगा और तुमसे प्रार्थना करेगा कि आप मेरी दोनों कन्याओं से विधिवत् विवाह करके उन्हें अपनी पत्नी बनाना स्वीकार करें। तुम उसकी प्रार्थना स्वीकार कर लेना। वह कन्यादान के साथ–साथ मेरा एक श्री विग्रह भी देगा; उसे लेकर तुम वृन्दावन प्रस्थान कर जाना।

"तब श्री श्यामा आज्ञा दई। वृन्दावनहि चलहु रसमई।
चले आपु सब छाँडिकैं, इष्ट वचन रस लीन।
मारग चलत जु श्रम भयौ, सांझ बसेरौ कीन।।
ले प्रसाद पौढे सुखदाई। श्री श्यामा सुपने तब आई।।
चिरथावल में द्विज सम्पन्न। प्रेमभक्ति जुत महा अनन्य।
द्वै कन्या सो तुमकौ दैहै। अपनौ भाग्य मानि वह लैहै।।
तिनकौ पारिग्रहण जु कीजौ। भक्ति सहायक ही गनि लीजौ।
तिहि ठाँ और मम रूप। द्विज लै मिलिहै परम अनूप।
ताकौ लै वृन्दावन जैहौ। सेवन करि सबकौ सुख दैहौ।।"[30]

''वृन्दावन में मेरी सेवा पद्धति का, वृन्दावन धाम का और वृन्दावन धाम के कुन्जों में नित्य होने वाले विलास या नित्य विहार पर प्रकाश डालना। प्रियादास जी गौड़ीय कृत टीका भक्तमाल में भी इस घटना का उल्लेख है, जो निम्नलिखित है –

''आये गृह त्यागि राग बढ़यौ प्रिया–प्रीतम सौ,
विप्र बड़भागी हरि आज्ञा दई जानिये।
तेरी उभै सुतो व्याह देउ लेउ नाम मेरौ, इनकौ जो वंश सो प्रशंश जग जानिये।।''[31]

श्री राधा का वही स्वप्नादेश उस ब्राह्मण को भी हुआ था। अतः अगले दिन उसने अपनी दोनों पुत्रियों का विवाह श्री हितहरिवंश जी से करा दिया साथ ही दहेज में श्री राधावल्लभलाल जी का शैव्य स्वरूप भी उन्हें प्रदान कर दिया। श्री हिताचार्य ने 'कृष्णदासी' तथा 'मनोहरी' नामक दोनों पत्नियों और श्री राधावल्लभलाल जी को साथ लेकर पंचकोसी वृन्दावन में प्रस्थान किया। जिसका उल्लेख निम्नलिखित शब्दों में ग्रन्थों में मिलता है –

''श्री वृन्दावन के उत्साह। मारग मधि कीने द्वै व्याह।।
कृष्णदासी रूप मनोहरी नाम। परम सुशील रूप गुन–धाम।।''[32]

वृन्दावन में प्रथम पदन्यास की तिथि

''श्री हिताचार्य के वृन्दावन आगमन काल का वर्णन करते हुए कृष्णदास जी ने लिखा है कि जब श्री हिताचार्य की आयु का बत्तीसवें वर्ष का वय–क्रम चल रहा था (पूर्ण नहीं हुआ था) उस समय वृन्दावन की यात्रा प्रारम्भ की।''[33]

''बत्तिस वरष वय क्रम जान्यौ। प्रगट वास वन कौ मन मान्यौ।
श्री वृन्दावन के उत्साह। मारग में कीनै द्वै व्याह।।''[34]

श्री उत्तमदास सहित अन्य सभी हित चरित्र विषय में लिखने वाले लेखकों ने भी यह लिखा है कि वृन्दावन आने वाले मार्ग में उन दो नव–वधुतियों को लेकर वे वृन्दावन पधारे थे।

''द्वै डोला दुलहिन होऊ अरू प्रभु कौ चौडोल।
रथ सकटन में सौंज बहुत भूषन वसन अमोल।।
आये निजु वृन्दावन धाम। दल–फल–फूलन श्यामा–श्यामा।।''[35]

''विक्रम संवत् 1591 की कार्तिक शुक्ल त्रयोदशी के दस्युराज नरवाहन नवनिर्मित सुन्दर मन्दिर में उन्होंने अपने शैव्य स्वरूप (श्री राधावल्लभलाल जी) को विराजमान करके पाटोत्सव भी किया था।''[36]

श्री हिताचार्य का वृन्दावन आगमन विक्रम संवत् 1590 का कार्तिक मास ऐतिहासिक तथ्यों को आधार बनाकर विद्वद् सम्मत शैली से ये समय स्थिर किया गया है। क्योंकि देववन से वृन्दावन आने वाले मार्ग में स्थित चिरथावल ग्राम में श्री हिताचार्य का विवाह कार्तिक शुक्ल एकादशी पूरे भारत में 'अबूझ सावा' के नाम से प्रचलित है। यह तिथि ऐसी होती है जिसमें विवाह का मुहूर्त पंचांग में ढूँढने की कोई आवश्यकता नहीं होती है। इससे पूर्व इनका विवाह देवशयन के कारण सम्भव नहीं था। इससे यह स्पष्ट होता है कि ये 1590 की कार्तिक शुक्ल दशमी को प्रारम्भ हुई। उसी दिन वे संध्या को चिरथावल ग्राम पहुँच गये। दूसरे दिन विक्रम संवत् 1590 की कार्तिक शुक्ल एकादशी को अबूझ सावे के शुभ मुहूर्त में उनका विवाह ब्राह्मणदेव ने अति शुभ मुहूर्त देखकर उसी दिन करा दिया। तत्पश्चात् कार्तिक शुक्ल द्वादशी को वहाँ से चलकर वे विक्रम संवत् 1590 की कार्तिक शुक्ल त्रयोदशी को वृन्दावन आ पहुँचे।''[37]

''1590 विक्रम संवत् की कार्तिक शुक्ल त्रयोदशी को श्री हिताचार्य ने वृन्दावन में प्रथम पदन्यास किया और उसी दिन आपने

श्री राधावल्लभलाल जी रविजा तटस्थ एक लता भवन में प्रियाजी की गद्दी सेवा के साथ विराजमान कराया गया।

"ब्रजवासिन मिलि आदर करयौ। प्रभु डोला रविजा तट धरयौ।
लता भवन में प्रभु पधराये। अनुरागी सब दरसन आये।।" [38]

श्री वन–प्रागट्य एवं मधुर प्रभाव

"जब श्री हिताचार्य वृन्दावन आये यहाँ चारों तरफ लताएँ, फल–फूल से लदे वृक्ष आदि से परिपूर्ण एक सघन कुन्ज के रूप में था। चारों ओर यमुना में कलरव करते शुक, पिक, सरस, हंस आदि पक्षियों आदि से समावृत्त था। कहीं–कहीं ऊँचे टीले पर कुछ लोग जो स्नान हेतु आये थे, दिख जाते थे। वहाँ के लोगों को पता चला कि आप इस निर्जन वन में उनके साथ रहेंगे वे सब अत्यन्त प्रसन्न हुए और आपको तीर थमा दिया कि आपका तीर जिस स्थान तक जाएगा वह आपकी अधिकृत भूमि होगी।"[39]

"हिताचार्य ने जहाँ से तीर चलाया 'निवासालय' उसी स्थान को बनाया और जहाँ तीर गिरा, कालान्तर में वह स्थान 'तीर घाट' और बाद में 'चीर घाट' के नाम से प्रसिद्ध हो गया।

"आये निज वृन्दावन धाम। दल फल–फूलन श्यामा–श्यामा।।
देखत भये कुंज रस ऐन। सेवत सगन आलौकिक मैन।।
जमुना चहुँ ओर फिरि आई। शुक–पिक–सारस–शिखि धुमि लाई।।
ऊँची टेर भानुजा तीर। जहं ब्रजवासिन ही की भीर।।
वचन परस्पर कहे सुहाये। वन वसिवौ सुनि सबै सिहाये।।
कही गुसाँई भूमि जु चहियै। तहँ प्रभु सेवत करि सुख लहियै।।"[40]

"तीर छोड़ने का स्थान जहाँ इनके वंशज परिवार सहित निवास करते हैं। उसे 'कोयलिया घाट' और जहाँ पर तीर गिरा था। (वर्तमान में 'गोविन्द घाट' से संलग्न है)। जिस समय हिताचार्य वृन्दावन आये

यहाँ घना जंगल था किन्तु यहाँ व आस–पास के स्थानों में ब्रजवासियों व मवासियों का निवास था। इन मवासियों में 'नरवाहन' नामक मवासी अत्यन्त बलशाली था। उसने अपने बल से सम्पूर्ण ब्रज देश पर अपना अधिकार कर रखा था। एक बार जब उसे अपने गुप्तचरों से पता चला कि एक महापुरूष इस ब्रज मण्डल में पधारे हैं उनके चमत्कारी प्रभाव से हिंसक जानवरों ने भी अपनी हिंसकता छोड़ दी है तो वो कौतुहलवश ऐसे महापुरूष को देखने चल पड़ा। जब वहाँ पहुँचा तो प्राप्त हुआ कि हिताचार्य उस समय अपने शिष्यों तथा ब्रजवासियों से समावृत थे और 'नवल' नामक शिष्य के साथ कुछ आलाप संलाप कर रहे थे। राजा नरवाहन हिताचार्य के प्रभाव से अछूता ना रह सका वार्तालाप सुनकर उसे अपनी वृत्ति पर बहुत खेद हुआ। उसने अत्यन्त दु:ख प्रकट कर हिताचार्य से स्वयं को शरण में लेने की प्रार्थना की।''[41]

''कबहुँक श्री वृन्दावन आयौ। श्री हित जू कौ दरसन पायौ।
चरचा होत नवल अरू आप। नरवाहन सब सुन्यौ आलाप।।''[42]

श्री हिताचार्य ने उसकी निष्कपट वाणी सुनकर मन्त्रदान के साथ–साथ मधुर उपदेश भी दिये जिससे उसके जीवन का आमूलचूल परिवर्तन हो गया।

श्री राधिकावल्लभलाल जी की आज्ञा से ही उनके धाम को हिताचार्य जी ने प्रकट किया। इनकी सेवा व आगमन से पूर्व सभी भक्तगण इस पंचकोसी वृन्दावन से अपरिचित थे। आपके द्वारा ही इस परम पावन स्थान को प्रकट किया गया।

''द्वै डोला दुलहिनि दोऊ अरू प्रभु को चौडोल।
रथ सकटनि में सौंजबहु भूषन–बसत अमोल।।
कृष्ण दारिन मनोहरि नाम। नख–शिख सुन्दर पूरन काम।।
आये निजु वृन्दावन धाम। दल–फल–फूलन श्यामा–श्याम।।''[43]

श्री हिताचार्य द्वारा तीर–प्रक्षेपण

गोस्वामी श्री हितहरिवंश जी जब 1590 में वृन्दावन में प्रथमतः पधारे तब वृन्दावन निर्जन ही था। इन्हें सपरिवार आया देख व हिताचार्य के प्रभावशाली तेज व सौन्दर्य को देख वहाँ पंचकोसी वृन्दावन के निकटवर्ती ब्रजवासीगण इकट्ठे हो गये। जब ब्रजवासियों को श्री हितहरिवंश जी को वृन्दावन में ही वास करने की मंशा का ज्ञान हुआ तब उन्होंने प्रसन्नता व आश्चर्य के वश होकर हिताचार्य जी को तीर कमान देकर कहा –

''आये निजु वृन्दावन धाम। दल–फल फूलन श्यामा–श्याम।।
देखत भये कुंज रस ऐन। सेवत सगन अलौकिक मैन।।
जमुना चहूँ और फिर आई। शुक पिक–सारस–शिखि धुनिलाहे।।
ऊँची टेर भानुजा तीर। जहँ ब्रजबासिन ही की थीर।।
इनको देखि सबै घिरि आये। भेंट करति सुन्दर दीध लाये।।
कही गुसाँई भूमि जु चहियै। तहँ प्रभु सेवन करि सुख लहियै।।
तब तौ मगन भये ब्रजवासी। दीनी कर कमान इक गाँसी।।
लीजै भूमि गुसाँई इतनी। पहुँचै तीर तिहारी तितनी।।'' [44]

गुसाँई जी! आप यह तीर चलाइये; आपका यह तीर जहाँ तक पहुँचेगा वहाँ तक की भूमि आपकी अधिकृत होगी।

''श्री हिताचार्य द्वारा तीर प्रक्षेपण की यह घटना एक बार सभी को विस्मयान्वित अवश्य करती है और यह कल्पना करने का अवसर भी प्रदान कर सकती है कि यह घटना तो केवल रसिकों की भावना मात्र ही है ऐतिहासिक तथ्य नहीं; किन्तु श्री हिताचार्य द्वारा तीर प्रक्षेपण की कुशलता की अन्यान्य ऐतिहासिक ग्रन्थों के लेखक भी प्रमाणित करते हैं।''[45]

''श्री हिताचार्य ने जिस स्थान से तीर फेंका था उसी स्थान पर लता विनिर्मित मन्दिर या पर्ण कुटी में श्री राधावल्लभलाल जी को

विराजमान कर दिया और यहीं पर अपने निवास के लिए किसी प्रकार का निवासमय बनाकर श्री राधावल्लभलाल जी की अष्टायामी सेवा करते रहे जब तक उन्हीं के कृपापात्र राजा नरवाहन द्वारा नवीन मन्दिर का निर्माण नहीं हुआ था। राजा नरवाहन ने श्री राधावल्लभलाल जी का नवीन मन्दिर उसी स्थान पर बनवाया था जहाँ पर श्री हिताचार्य सपरिवार निवास करते थे। नवीन मन्दिर निर्माण हो जाने पर विक्रम संवत् 1591 की कार्तिक शुक्ल तेरस को श्री हिताचार्य ने श्री राधावल्लभलाल जी को उसमें विराजमान किया और विशेष समारोह के साथ पाटोत्सव भी मनाया।''[46]

''ब्रज बासिन मिलि आदर कर्‌यौ। प्रभु डोला रविजा तट धर्‌यौ।।
लता भवन में प्रभु पधराये। अनुरागी सब दरसन आये।।'' [47]

अतः कहा जा सकता है कि श्री राधावल्लभ सम्प्रदाय का उद्‌भव काल लगभग 15वीं शताब्दी के अन्त और 16वीं शताब्दी के शुरू में हुआ।

उद्‌भव की बात कर रहे हैं तो हमें यह भी जान लेना चाहिए कि श्री हिताचार्य को श्री राधावल्लभ जी का शैव्य स्वरूप कहाँ और कैसे मिला तथा वे वृन्दावन कैसे आये क्योंकि इस सम्प्रदाय की नींव वहीं दबी हुई है, जिसका हमें अवश्य ही ज्ञान होना चाहिए।

''हिन्दी साहित्य के सम्बन्ध में किये गये इस शोध कार्य के तर्कसंगत जो कुछ प्रामाणिक सामग्री उपलब्ध हुई है, उससे रसावतार श्री हितहरिवंश महाप्रभु का जीवन वृतान्त पूर्णतया प्रमाणित रूप में हमारे सामने आ गया है। इसके लिए सम्प्रदायगत साक्ष्य अत्यन्त सहकारी बन सके, जिनमें श्री अतिवल्लभ जी की वाणी, उत्तमदास जी का रसिक–माल, श्री जयकृष्ण जी की वाणी, श्री भगवतमुदित कृत रसिक अनन्यमाल, चाचाजी, वृन्दावन दास कृत श्री हितहरिवंश सहस्त्रनाम तथा जन्मोत्सव के उपलक्ष्य में गाये जाने वाले अनेकों बधाई के पद हैं। साहित्य के इतिहास ग्रन्थों में जो कुछ भी लिखा

गया है उसका भी परिष्कार अब पूर्णतया हो चुका है। परम्परा से प्राप्त किंवदन्तियों का योगदान भी पर्याप्त मिला है क्योंकि गुरु परम्परा से प्राप्त किंवदन्तियों का अपना एक विशिष्ट महत्व है जिनमें श्रद्धा मूल रूप से बैठी रहती है, जिससे परिवर्तन की सम्भावना कम ही रहती है। लोकोत्तर चरित्र की चमत्कारपूर्ण घटनाओं के सम्बन्ध में विश्वास इसीलिए सार्थक है कि इस वैज्ञानिक युग में भी इन चमत्कारों को सामान्य जीवन में जब देखा गया तो महापुरूषों में चमत्कार या सिद्धियाँ सहज होना स्वाभाविक ही हैं।''[48]

जब श्री हरिवंश जी गृहस्थाश्रम का त्याग कर भक्ति पद्धति में लीन होने के लिए भगवान की लीलास्थली में जप रहे थे अर्थात् देववन से प्रस्थान कर आप जहाँ भी रात्रि हो जाती विश्राम करते हुये वृन्दावन की ओर अग्रसर हो रहे थे, एक रात्रि आपको श्री राधाजी के स्वप्न में दर्शन हुए – ''आगे एक चिरथावल गाँव में आत्मदेव ब्राह्मण रहते हैं, मेरी ही आज्ञा से अपनी दो कन्याओं का विवाह तुम्हारे साथ करेंगे, तुम इनके इस प्रस्ताव को सहर्ष स्वीकार कर लेना, निषेध मत करना। इस विवाह से भक्ति पथ में कोई अन्तराल उत्पन्न नहीं होगा। इस विवाह के द्वारा तुम दाम्पत्य जीवन का उच्च आदर्श प्रतिष्ठित करके यह दिखा सकोगे कि विवाहित जीवन में भी भगवान की असीम अनुकम्पा प्राप्त हो सकती है और देखना उसी ब्राह्मण द्वारा दहेज में एक विग्रह की प्राप्ति होगी, उसे वृन्दावन ले जाकर आत्मवत् सेवा करना।''

ऐसा ही स्वप्न आत्मदेव ब्राह्मण को भी हुआ जब श्री हरिवंश पैदल–पैदल यात्रा करते हुए चिरथावल ग्राम पहुँचे; ब्राह्मणदेव पहले से ही श्री महाप्रभु ने श्री हित महाप्रभु का यथायोग्य स्वागत–सत्कार किया और श्री राधा जी का आदेश सुनाते हुये दोनों कन्याओं का पाणिग्रहण करने की प्रार्थना की। गृहस्थ आश्रम को छोड़कर आते हुये भी। श्री स्वामिनी को इच्छा जान विवाह की अनुमति दे दी। विवाह की अवस्था हुई। दहेज में धन–सम्पदा के साथ–साथ श्री राधावल्लभ जी

का परम सौन्दर्ययुक्त विग्रह, जिनकी श्री अंग सेवा–पूजा वे स्वयं बड़े भक्ति भावपूर्वक करते थे, भेंट स्वरूप प्रदान किया।

कुछ दिन चिरथावल में विश्राम के बाद दोनों पत्नियों के साथ पैदल ही ब्रज–यात्रा प्रारम्भ कर दी। आगे श्री राधावल्लभ को एक पालकी में विराजमान किये, मार्ग में विश्राम करते हुये लगभग दो मास पश्चात् फागुन वदी एकादशी को आप श्री धाम वृन्दावन में आ पहुँचे। सर्वप्रथम श्री यमुना जी के निकट मदन टेर पर आपने डेरा डाला। श्री यमुना जी की आठ श्लोकों के द्वारा भाव–विभोर होकर वन्दना की। जो आज भी 'श्री यमुनाष्टक' के नाम से प्रचलित है।''[49]

इस प्रकार श्री हरिवंश जी को श्री राधावल्लभ जी का विग्रह प्राप्त हुआ।

राधावल्लभ सम्प्रदाय के उद्‌भव के समय सामाजिक परिस्थिति

सम्प्रदाय के उद्‌भव के समय मुस्लिम बल प्रयोग द्वारा जबरन हिन्दुओं को विवश कर रहे थे। इस कारण हिन्दू समाज के लोगों में वर्ण संकरता का आना स्वाभाविक ही था। हिन्दू लोग कुछ मजबूरी के चलते, कुछ प्रलोभन के कारण अपने धर्म को त्याग कर इस्लाम धर्म से दीक्षित हो रहे थे। साम्प्रदायिक भावना के कारण धर्मान्धता और हठधर्मिता का प्रभाव अधिक था। ''समर्थ और मेधावी व्यक्ति अपने–अपने नवीन सम्प्रदायों का झण्डा लेकर इस युग में आगे आ रहे थे। कुछ वैरागी साधुओं ने गृहस्थ धर्म की निन्दा करके उसके प्रति विद्रोह का स्वर ऊँचा किया हुआ था। गृहस्थ धर्म की उपेक्षा से तत्कालीन हिन्दू समाज पर स्वस्थ प्रभाव नहीं पड़ा, प्रत्युत कुछ अकर्मण्य और निष्क्रिय जनसमुदाय साधु के रूप में समाज पर छा गया। सामाजिक मर्यादाओं के पालन में भी शिथिलता आ गयी थी, जिसके फलस्वरूप चारित्रिक दुर्बलताएँ भी दृष्टिगत होने लगी थीं।''[50] यदि उस काल की सामाजिक

परिस्थितियों की विवेचना की जाये तो निष्कर्षतः वह काल सामाजिक नियमों के उन्मूलन का युग था। "श्री हरिवंश जी ने सामाजिक मर्यादाओं की स्थापना के लिए किसी परम्परा का समर्थन नहीं किया, वरन् अपने स्वतन्त्र दृष्टिकोण से गृहस्थ धर्म को श्रेयस्कर बताते हुए गृहस्थाश्रम में ही भक्ति पथ के अनुगमन का उपदेश दिया। वैराग्य के प्रति आपने किसी प्रकार की रूचि प्रदर्शित नहीं की। समाज की मर्यादा को ध्यान में रखते हुए आपने जनता को बाह्य वैराग्य और कठोर तपस्या के मार्ग से हटाया। वैराग्यवाद के उस युग में गृहस्थ धर्म का उपदेश सचमुच बड़ा साहसिक कार्य था किन्तु गोस्वामी हरिवंश जी ने इस कार्य को बड़ी सफलता से निभाया। यदि उस समय गृहस्थ धर्म का विधिवत उपदेश देकर जनता का पथ प्रदर्शन न किया जाता तो अकर्मण्यता, कुण्ठा और निष्क्रिय भाग्यवादिता से देश और अधिक पतन को चला जाता।"[51]

राजनीतिक परिस्थितियाँ

तत्कालीन राजनीतिक परिस्थितियों को देखा जाए तो उस समय के अल्पकाल में ही आठ शासकों ने दिल्ली की गद्दी पर शासन किया। जिनमें सिकन्दर लोदी, इब्राहीम लोदी, मुगल बादशाह बाबर, हुमायूँ, शेरशाह सूरी, जलाल इस्लाम शाह और सभी राजाओं के शासनकाल में युद्ध और संघर्ष का माहौल बना रहा और युद्ध का मौहाल स्वाभाविक ही धार्मिक उत्थान के लिए कठिन था। किन्तु आश्चर्य की बात यह है कि यही समय मध्यकाल के भक्ति काल का या सर्वाधिक उत्कर्ष का काल था।

उस काल के साधकों ने तत्कालीन राजनीतिक परिस्थितियों से ध्यान हटाकर भगवान की सेवा, आराधना में ही अपना भला समझा। इसी कारण उनके ग्रन्थों में राजनीति का वर्णन नहीं के बराबर सामने आता है। फिर भी यत्र–तत्र उस समय की दर्दनाक परिस्थिति का वर्णन करते हुए भगवान की शरण में जाने का सन्देश मिला।

"उदवस विश्व भयौ सब देस, धर्म रहित मेदिनी नरेस।
म्लेच्छ सकल पहुमी बढे।।
सब जन करहिं आधुनिक धर्म, वेद विहित जाने नहिं कर्म।
मर्म भक्ति कौ म्यौ लहै।।
धर्म रहित जानी सब दुनी, म्लेच्छ भार दुःखित मेदिनी।
धनी और दूजो नहीं।।" [52]

हमारे लिए यह कहना उचित न होगा कि यह काल हिन्दू संस्कृति और धर्म के लिए पतन का काल रहा। तथापि उन प्रतिकूल परिस्थितियों में भी तत्कालीन सन्तों ने साधारणजन के लिए आध्यात्म धर्म और संस्कृति का मार्ग प्रशस्त किया।

तत्कालीन धार्मिक परिस्थिति

तत्कालीन धार्मिक परिस्थितियों का निरीक्षण किया जाए तो हम देखेंगे कि वह काल निर्गुण और सगुण भक्ति के विकास का भी चरम काल था। भक्तगण नवधा भक्ति या दसधा– 'प्रेम लक्षणा' के माध्यम से भगवान की उपासना करने लगे थे।

"श्री हिताचार्य ने तत्कालीन परिस्थिति का सूक्ष्म शब्दों में संकेत करते हुए लिखा है कि कोई तो ब्रह्मानन्दवादी (ब्रह्म की वन्दना करने वाला) है तो कोई भगवदानन्त (भगवान की वन्दना आदि नवधा भक्ति से प्राप्त आनन्द) में ही मस्त है। अन्य लोग श्री कृष्ण के सख्य आदि (सख्य, वत्सल और मधुर भाव के आनन्द) अनुपम परमानन्द का आस्वादन करते हैं।" [53]

"ब्रह्मानन्दैक वादाः कतिचन भगवद्वन्दनानन्द मत्ताः।
केचिद् गोविन्द सख्याद्यनुपम परमानन्दमन्ये स्वदन्ते।।" [54]

"धार्मिक दृष्टि से श्री हरिवंश जी ने निर्गुण और सगुण मार्ग को भली–भांति हृदयागंम कर निर्गुण का सर्वथा त्याग और सगुण का

प्रेममय रूप ग्रहण करने में अपनी एक विशेषता का परिचय दिया है। सगुण मार्ग में राम और कृष्ण के जो रूप उस काल में स्वीकृत हुए थे उन पर अवतारवाद का गहरा प्रभाव था। श्री हरिवंश जी ने अवतारवाद के सिद्धान्त के आधार पर अपना सम्प्रदाय स्थापित नहीं किया और इसीलिए कृष्ण की अपेक्षा राधा का महत्व भी साभिप्राय अधिक ठहराया।''[55] सोलहवीं शताब्दी ब्रजमण्डल की उन्नति व अभ्युदय की सदी कही जा सकती है। इसी सदी में चैतन्य प्रभु की शिष्य मण्डली के रूप में बंगाल के शड्गोस्वामी, वल्लभाचार्य और विट्ठलनाथ की शिष्य मण्डली में अष्ठछाप के कवि हरिवंश जी के सेवक जी और व्यास जी समान शिष्य तथा हरिव्यास देवाचार्य, श्री भट्ट जी जैसे निम्बार्कीय अनुयायी, हरिदासी शिष्य बीठल विपुल और बिहारिनदास जैसे रसिक भक्तों ने ब्रजमण्डल में रहकर स्वयं को धन्य किया व ब्रजभूमि को सामान्य जन भक्तों के लिए उपास्य बना दिया।

कहना न होगा कि 'राधावल्लभ सम्प्रदाय' के उद्भवकाल के समय अर्थात् मध्यकाल में देश की सामाजिक व राजनीतिक परिस्थितियाँ ठीक नहीं थीं तथापि धर्म के संस्थापन का उत्कृष्ट समय भी यही था। उस समय भक्तजन वैराग्य की ओर उन्मुख होते हुए गृहस्थाश्रम का त्याग करने में अपनी रूचि अधिक दिखा रहे थे जो कि समाज के लिए एक प्रकार से सर्वथा हानिकारक ही था तथापि उसका निर्वाह करते हुए भक्ति करने के सन्देश का प्रचार किया। चूंकि श्री हरिवंश जी सभी प्रकार की रूढ़ि एवं अन्य परम्पराओं को व्यर्थ मानते थे। इसीलिए उन्होंने अपनी गुरु रूप में श्री राधा जी को ही स्वीकार किया। विधि–निषेध के भंवर–जाल में न फँसकर उन्होंने एक ऐसे गुरु की शरण पकड़ी थी जो इस संसार से ऊपर था। कोई भी सांसारिक गुरु उन्हें विधि–निषेध के चक्र से बाहर निकल कर नहीं जाने देता।

''लिखन्तु भुजमूलतो न खलु शंखचक्रादिकं
विचित्र हरिमन्दिरं न रचयन्तियालस्थले,

लसत्तुलसिमालिकां दधति कंठ पीठेन वा
गुरोर्भजन विक्रमात् क इह दे महाबुद्यः।।'' [56]

श्री नागरीदास जी ने अपने 'अष्टक' में श्री राधा को ही हरिवंश जी का गुरु बताया है –

''रसिक श्री हरिवंश सर्वशं श्री राधिका।
राधिका सर्वशं हरिवंश वंशी।।
हरिवंश गुरु, शिष्य हरिवंश प्रेमावली,
हरिवंश धन धर्म, राधा प्रशंसी।।'' [57]

गोस्वामी श्री हितहरिवंश जी ने लगभग 16वीं शताब्दी में राधावल्लभ सम्प्रदाय की स्थापना कर जनसामान्य के लिये गृहस्थ धर्म में रहते हुए व बाह्य प्रपंचों से रहित एक सरस व रसमय मार्ग का अवतरण किया। जिस कारण से उनका आभार कदापि भूल नहीं सकते।

राधावल्लभ सम्प्रदाय का क्षेत्र विस्तार

राधावल्लभ जी का प्रथम मन्दिर

सर्वप्रथम श्री हिताचार्य जब वृन्दावन आये तब जिस स्थान से उन्होंने ब्रजवासियों के कहने पर तीर प्रक्षेपण किया। उसी स्थान से एक पर्णकुटी में श्री राधावल्लभलाल को विराजमान कर उनकी अष्टायामी सेवा करने लगे तथा स्वयं के लिए किसी प्रकार का निवासालय बनाकर निवास करने लगे।

राजा नरवाहन ने श्री राधावल्लभलाल का प्रथम मन्दिर उसी स्थान पर बनाया जहाँ से उन्होंने तीर प्रक्षेपित किया था। श्री हिताचार्य ने 1591 की कार्तिक शुक्ल तेरस को राधावल्लभ जी को बड़े समारोह के साथ 'पाटोत्सव' करके मन्दिर में विराजमान किया। ''इस घटना का भी कोई ऐतिहासिक प्रमाण नहीं मिलता केवल वाणी ग्रन्थों में भावनापरक शैली से वर्णन है।''

राधावल्लभ जी का द्वितीय मन्दिर

संवत् 1641 में श्री हितात्माज गोस्वामी गोपीनाथ जी के शिष्य सुन्दरदास जी कायस्थ थे।

"श्री हरिवंश कुमार कौ सेवक सुन्दरदास।
मंदिर करि सनमुख रह्यौ; निरख्यौ रास विलास।।
गुरु श्री गोपीनाथ गुसाँई। इनकी बात सबै सुनि पाई।।" [58]

यह मन्दिर श्री हिताचार्य की अधिभूत भूमि के ऊँचे स्थान पर स्थित है। यह मन्दिर लाल पत्थर से बनवाया गया है। कायस्थ सुन्दरदास भटनागर बादशाह अकबर के नवरत्न सभा के सदस्य अब्दुर्ररहीम खानखाना के दीवान थे।

"श्री हरिवंश सुधर्म उजागर। सुन्दरदास कायस्थ भटनागर।।
खानखाना के हुते दिवान। अकबर शाह करै सनमान।।
तिनके राज सबै सुख पावै। अपने अपने धर्मनि सब ध्यावै।।" [59]

चूंकि उन्हें अब्दुर्ररहीम खानखाना ने विशेष तौर से निर्देश दिये थे कि मन्दिर निर्माण में किसी प्रकार की कमी न रह जाए इसीलिए सुन्दरदास जी ने मन्दिर निर्माण में प्रचुर धन लगाया। हित ध्रुवदास जी ने सुन्दरदास जी द्वारा श्री राधावल्लभ जी का मन्दिर बनवाने का उल्लेख 'भक्त नामावली' में इस प्रकार किया है –

"सुन्दर मन्दिर की टहल, कीनी अति रूचि मानि।
सफल करी सम्पति सकल, लगी ठिकाने आनि।।
अंगीकृत ताकौ कियौ, परम रसिक सिरमौर।
करूनानिधि बहु कृपा करि, दीनी सनमुख ठौर।।" [60]

प्रीतमदास जी 'हित चन्द्र प्रकाश' ग्रन्थान्तर्गत 'रसिक नामावली' वर्णन सन्दर्भ में सुन्दरदास का संक्षिप्त परिचय देते हुए लिखा है कि यह मन्दिर उन्होंने विक्रम संवत् 1641 में बनवाया था –

"सुन्दरदास महा अनुरागी। मन्दिर थरप्यौ अति अनुरागी।।
सनमुख ठौर हित प्यारे। कुंजमहल निरख्यौ सुख सारि।।
सोलह सौ इकतालिस वरषहि। सम्वत् मन्दिर रचि हिय हरषहि।।"[61]

"लाल पत्थर का यह मन्दिर आज भी वृन्दावन में स्थित है परन्तु इसमें प्राचीन विग्रह नहीं है। इस समय यह मन्दिर पुरातत्व विभाग के संरक्षण में है। इस मन्दिर में श्री राधावल्लभ जी का विग्रह संवत् 1726 तक विराजमान रहा किन्तु जब वृन्दावन पर औरंगजेब के दुर्दान्त आक्रमण हुए और हिन्दू मन्दिरों को ध्वस्त करना प्रारम्भ हुआ तब यह मन्दिर भी उसके कोप से बच न सका। मन्दिर के पार्श्व भाग को उसने तुड़वा डाला, किन्तु सौभाग्य से श्रद्धालु भक्तगण पहले ही मूर्ति को उठाकर कामवन ले गये थे और इस प्रकार मूर्ति को नष्ट होने से बचा लिया गया। कामवन में श्री जी का विग्रह 115 वर्ष तक रहा।"[62]

श्री राधावल्लभ जी का वर्तमान मन्दिर

"वर्तमान काल में श्री राधावल्लभ जी जिस मन्दिर में विराजमान हैं, वह मन्दिर भी सुन्दरदास जी द्वारा विक्रम संवत् 1641 में बनवाये गये लाल पत्थर वाले प्राचीन मन्दिर से ही संलग्न है और श्री हिताचार्य की अधिकृत भूमि पर ही स्थित है। इस मन्दिर का निर्माण गुजरात प्रान्तान्तर्गत भड़ोच नामक नगर निवासी दयालदास के सुपुत्र लल्लू भाई ने करवाया था। ये लल्लू भाई गोस्वामी रूपलाल अग्रज गोस्वामी मुकुन्दरलाल सुवन गोस्वामी घनश्यामलाल जी के शिष्य थे।"[63]

"गुर्जर धर सु भड़ौच में, लल्लू अति धर्म–ध्वजी।
श्री व्यासनन्द की कृपा वेषे नित सन्तनि सेवै।
प्रलय काल आकाल आंच लख सर सन मेलें।।
तन–धन–गृह–भण्डार–सुता–सुत हित के जानैं।
गुरु–गुरुकुल अरू इष्ट भाव भरि अधिक प्रमानैं।
प्रभु मन्दिर करवाइकै, परम धरम की मग सजी।।"[64]

जैसा कि हम पहले बता चुके हैं कि श्री जी का विग्रह 115 वर्ष तक कामवन में रहा किन्तु वहाँ भी 1841 में मुस्लिम उत्पात के कारण कामवन से वृन्दावन लाया गया।

''श्री कामवन के मन्दिर में म्लेच्छनि करि जो उतपात भयौ ताकौ हेत जो रसिकनि के विचार में आयौ सौ लिष्यौ है। संवत् 1841 जेठ सुदि कौ उतपात भयौ; आसोज सुदी दोज कौ श्री वृन्दावन आये।।''[65]

उस समय लल्लूभाई द्वारा निर्मित मन्दिर निर्माणाधीन होने के कारण श्री राधावल्लभलाल जी के शैव्य स्वरूप को रूपराम कटारे द्वारा निज निवास हेतु बनवायी गई नई हवेली में विराजमान किया गया।

''संवत् 1841 क्वार सुदि 2 गुरौ कौ श्री राधावल्लभ जी कामवन ते वृन्दावन आये।। रूपराम कटारे वारी चौक की हवेली में विराजे।।''[66]

''इस ऐतिहासिक तथ्य का उल्लेख उसी समय विद्यमान केलिदास जी द्वारा प्रतिलिपित की गई 'करिकला बेली' नामक ग्रन्थ की एक प्राचीन हस्तलिखित प्रति के प्रथम पृष्ठ पर हंसिया भाग में लिखा प्राप्त होता है।''[67]

रूपराम कटारे द्वारा बनवायी गई हवेली में श्री जी का विग्रह पूरे एक वर्ष तक विद्यमान रहा। अब जब कि श्री जी के विग्रह को 1841 में कामवन से वृन्दावन लाये तब लल्लूभाई द्वारा बनवाये जाने वाले मन्दिर के निर्माणाधीन होने के कारण कटारे जी के हवेली में विद्यमान रहा जिससे मन्दिर का काल निश्चित रूप से 1842 होगा।

''लल्लू गुजराती हित आयौ। श्री जी मंदिर सरस बनायौ।।
सवत् ठारह सै जु दो, चालिस बरसहि जान।
श्री राधावल्लभलाल कौ, मंदिर थरप्यौ आन।।[68]

चार सिद्ध केलि स्थल

''वृन्दावन में निवास करते हुए श्री हरिवंश जी ने साधना के निर्मित चार सिद्ध केलि–स्थलों का प्राकट्य किया। मानसरोवर, सेवाकुन्ज,

रासमण्डल और वंशीवट नाम से आज भी ये चार स्थान वृन्दावन में विख्यात है। इनमें से प्रथम तीन आज भी राधावल्लभीय सम्प्रदाय के स्थल हैं। वंशीवट के विषय में अनुभूति है कि इस स्थल को किसी साधु ने निम्बार्कीय किसी साधु के पास गिरवी रख दिया था। अतः वह सम्पत्ति रूप में निम्बार्क सम्प्रदाय के पास है। इन स्थलों पर वर्ष में यथा समय साम्प्रदायिक उत्सव आदि होते रहते हैं।''[69]

सम्प्रदाय की अधिकृत भूमि

इन मन्दिरों के अतिरिक्त वृन्दावन में कई और भी स्थल हैं जो कि राधावल्लभ सम्प्रदाय के अधिकृत हैं। कई ऐसे स्थल हैं जिन पर किन्हीं अन्य सम्प्रदायों या साधुओं ने अपना हक जमा लिया परन्तु जो पहले राधावल्लभ सम्प्रदाय के ही अधिकृत था।

हित घाट

यह घाट राधावल्लभ जी के पुराने मन्दिर के निकट है। यह घाट वर्तमान में भी स्थित है, परन्तु इस घाट का नाम 'हित घाट' वर्तमान में विलुप्त जैसा ही हो गया है। 'हित घाट' इस नाम से केवल इतिहासवेत्ता ही परिचित रह गये हैं।

शाहलाल की कुन्ज

यह जुगल घाट पर स्थित ठाकुर जुगलकिशोर जी के मन्दिर के निकट थी, परन्तु वर्तमान में इस नाम से कोई स्थल विख्यात नहीं है। इस स्थल पर अन्य–अन्य व्यक्तियों ने अपने–अपने मकानों का निर्माण करा दिया है। लेकिन इन मकानों के मध्य एक प्राचीन वृहद् छतरी आज भी सुरक्षित है।

जुगलघाट और ठाकुर श्री जुगलकिशोर मन्दिर

शाहलाल की कुन्ज से आगे वाली गली को पार करते ही जुगल

घाट और इस पर श्री हरिदास द्वारा बनवाया गया श्री जुगलकिशोर जी का शिखर युक्त मन्दिर है।

ठाकुर श्री राधामोहन जी का घेरा

जुगल घाट के दाहिने पार्श्व में ऊँचे स्थान पर ठाकुर श्री राधामोहन जी का मन्दिर है जो गोस्वामी हितहरिवंशात्मज गोस्वामी कृष्णदास जी के शैव्य हैं। इस मन्दिर के आस–पास की भूमि को 'राधामोहन घेरे' के नाम से जाना जाता है। प्राचीन काल से ही ठाकुर श्री राधामोहन जी की अष्टायामी सेवा राधावल्लभीय गोस्वामीगण करते चले आ रहे हैं और आज भी कर रहे हैं।

दूसरा कुन्ज और ठूसर घाट

इस घाट का निर्माण श्री हिताचार्य के कृपापात्र रेवाड़ी निवासी श्री नवलदास ठूसर वंशीय किसी धर्मी ठूसर ने कराया था। यह कुन्ज और घाट जुगलकिशोर मन्दिर और उससे संलग्न बगीचे से जमुना प्रवाह की ओर आगे बढ़ने पर है। वर्तमान में यह कुन्ज और घाट अत्यन्त जीर्ण–शीर्ण हो गया जिन पर अन्यान्य व्यक्तियों ने अपना अधिकार जमा लिया है।

गोस्वामी सुखलाल जी की कुन्ज और समाधि

यह ठूसर कुन्ज से आगे बढ़ते ही स्थित है। गोस्वामी सुखलाल जी ने विक्रम संवत् 1760 के आसपास इस कुन्ज का निर्माण कराया जबकि सुखलाल जी की समाधि का निर्माण उनके निकुन्ज गमन के पश्चात् उनके पुत्र–पौत्रादिकों ने किया। वर्तमान में इस समाधि पर तो गोस्वामी सुखलाल जी के वंशजों का ही अधिकार है किन्तु गोस्वामी सुखलाल जी की कुन्ज में जहाँ उन्हीं के वंशज गोस्वामी जतनलाल जी के शैव्य ठाकुर श्री राधामोहन जी विराजमान हैं। अन्यान्य व्यक्तियों ने अपना अधिकार जमा लिया है।

गो. हलधरजू की कुन्ज

गोस्वामी सुखलाल जी की कुन्ज से आगे बढ़ने पर गोस्वामी हलधरजी की कुन्ज बनी हुई है। इस कुन्ज में तथा कुन्ज के परिसर में गोस्वामी विलासदास वंशीय गोस्वामी परिवार तथा हितकुल के अन्य अनेक गोस्वामीगण निवास करते हैं।

नया घाट

गोस्वामी हलधर जी की कुन्ज में स्थित घाट का पुनर्निर्माण गोस्वामी श्री हित आनन्दलाल जी 'अधिकारी' के एक शिष्य किशोरीलाल नामक सेठ ने कराया था। तभी से यह घाट 'नये घाट' के नाम से प्रसिद्ध हो गया।

जमुना बाई की कुन्ज एवं घाट

नये घाट से आगे चलकर श्री जमुना बाई जी की कुन्ज है। यह कुन्ज इन्हीं जमुना बाई के द्वारा बनवाये हुये यमुना जी के विविध छत्री संयुक्त घाट पर बनी हुई है। आज यह कुन्ज अत्यन्त जीर्ण–शीर्ण हो चुकी है। घाट की कुछ सीढ़ियाँ भी टूट चुकी हैं। घाट पर स्थित दोनों छतरियाँ अपने पूर्व रूप में सुरक्षित है। वर्तमान में इस कुन्ज पर राधावल्लभीय गोस्वामीगणों का ही अधिकार है।

बिहार घाट और ठाकुर श्री अटलबिहारी जी

श्री यमुना बाई जी की कुन्ज से आगे बने तीन छत्री संयुक्त बिहारघाट पर ठाकुर श्री अटल जी का मन्दिर है। बिहार घाट पर आज ठाकुर श्री अटल बिहारी जी तो विराजमान हैं किन्तु इस मन्दिर पर राधावल्लभ सम्प्रदाय का अधिकार नहीं रह गया है। अटल बिहारी जी का यह मन्दिर आज 'नागाजों की कुन्ज' के नाम से विख्यात है।

रामरतन की डोल (हिंडोलस्थल)

ठाकुर श्री अटल बिहारी जी के मन्दिर के सन्निकट की गली से अन्दर थोड़ी दूर चलने पर सामने ही 'हिंडोल स्थल' नामक लीला स्थल है। यह लीला स्थल श्री हिताचार्य द्वारा स्थापित है। कालान्तर में श्री हितात्मज गोस्वामी वनचन्द्र जी के शिष्य रामरतन राठौर ने इस हिंडोल स्थल को पक्का बनवा दिया, तभी से यह स्थल राम रतन की डोल के नाम से भी प्रसिद्ध है।

वर्तमान में यह स्थल पंचकोसी वृन्दावन अठखम्भा नामक मुहल्ले के सन्निकट है।

सादौ घाट

राधावल्लभीय रसिक सन्त श्री दयासखी जी के स्थान से ही मिला हुआ यमुना जी का सादा घाट है; जहाँ सन्तों की कुटी भी बनी हुई है और जिनमें सन्तजन भजन का आनन्द लेते हैं।

श्री हित रास मण्डल

प्राचीन काल से आज तक इस स्थल पर श्री हिताचार्य के बाद कुलीय विरक्त हित रसिकों का ही अधिकार है।

श्री हित चरण पादुका जिस विशाल कुन्ज में विराजमान थी वे आज भी है। वह स्थान 'श्री राधावल्लभीय निर्मोही अखाड़ा' नाम से जाना जाता है।

श्री नरवाहन मण्डल

यह मण्डल आज भी स्मारक रूप में स्थित है। ये सारे घाट व कुन्ज राधावल्लभ सम्प्रदाय अधिकृत भूमि थी किन्तु कालान्तर में सम्प्रदाय अधिकृत कई स्थलों पर अन्यान्य लोगों ने अपना–अपना अधिकार जमा लिया।

महली घाट

जमुना पर स्थित दो घाटों के तलघर में सुन्दर घाट बने हुये हैं; जहाँ केवल महिलायें ही स्नान करती हैं। इसीलिए ये दोनों घाट 'महली घाट' के नाम से प्रसिद्ध है। महली घाट को अब 'अंधेरे घाट' के नाम से जाना जाता है।

गोस्वामी ब्रजलाल जी की कुन्ज और राधारंगी (श्री जी का घाट) घाट

इस कुन्ज में लता–द्रुमाच्छादित एक मण्डल शोभायमान है। इस कुन्ज में एक तिबारी और दो छतरियों से संयुक्त एक घाट सुशोभित है जो 'श्री जी – का घाट' नाम से विख्यात है। आज यह कुन्ज पूर्णरूपेण ध्वस्त हो चुका है केवल घाट, दो छतरियाँ सुरक्षित दिखाई देती हैं। कुन्ज पर अभी भी राधावल्लभीय गोस्वामी ब्रजलाल जी के वंशजों का अधिकार है।

लल्लू भाई की घाट

वर्तमान में इस घाट की सीढ़ियाँ और दो छतरियाँ ही दिखाई देती हैं। इस भू–भाग पर आज तक श्री हिताचार्य के वंशज गोस्वामियों का ही अधिकार है।

राणापत घाट और कुन्ज

वर्तमान में इसे 'राय कुन्ज' के नाम से जाना जाता है। इस कुन्ज के घाट की दोनों छतरी, दोनों तिबारियाँ और कूप सभी विद्यमान हैं। आजकल इस कुन्ज में अनेक बंगाली परिवार निवास कर रहे हैं।

हितकुल की निकुन्ज

वर्तमान में यह नाम पूर्णरूपेण बदला हुआ दिखाई देता है। यह विशाल कुन्ज दो भागों में विभक्त हो गई है। कुन्ज के आभ्यंतरीय

भाग में राधावल्लभीय गोस्वामी बिहारीलाल जी का मण्डल आज भी पूर्ण रूप से विद्यमान है।''[70]

इन मुख्य स्थलों के अतिरिक्त अन्य कई स्थल भी हैं किन्तु यहाँ पर मैंने सिर्फ प्रमुख स्थलों को ही दिया है।

सन्दर्भ ग्रन्थ सूची

1. 'सुरस', डॉ. मुरारी लाल शर्मा, हिन्दी कृष्ण काव्य परम्परा का स्वरूप विकास, पृ. (viii)
2. दयानन्द, स्वामी, धर्म चन्द्रिका, (भारत धर्म प्रेम में मुद्रित)
3. वेदव्यास, महर्षि, महाभारत का कर्णपर्ण, श्लोक सं. 69, 58।
4. वेदव्यास, महर्षि, श्रीमद्भागवत गीता (भक्ति योग), 12वाँ अध्याय, श्लोक 12, 20।
5. सिंह, कृष्णकिंकर, अनुवादक, हिन्दुओं का जीवन दर्शन, सर्वपल्ली राधाकृष्णन, पृ. 13।
6. मनुस्मृति, अध्याय–2, श्लोक–6
7. Frazer, Sir Zames , The Gulden Bough, P. No. 459.
8. दयानन्द, स्वामी, धर्म चन्द्रिका, पृ. 9।
9. आचार्य, श्रीराम, धर्म तत्व का दर्शन और मर्म, पृ. 623।
10. शास्त्री, पुरूषोत्तम दास, श्री मदाध रामस्नेही सम्प्रदायः श्री प्रहलाद राम पटेल हेतु आर्शीवचन, पृ. xxxiv.
11. वही, पृ. 3।
12. स्वामी विवेकानन्द का सन् 1897 को लाहौर में दिया गया भाषण–1।
13. शास्त्री, पुरूषोत्तम दास, श्री मदाध रामस्नेही सम्प्रदायः श्री प्रहलाद राम पटेल हेतु आर्शीवचन, पृ. 4।
14. शर्मा, पं. श्री राम, धर्म तत्व का दर्शन और मर्म (भ्रान्तियाँ ही विद्वषों का मूल कारण), पृ. 6.22।
15. वही।
16. शुक्ल, रामचन्द्र, (2002), हिन्दी साहित्य का इतिहास, पृ. 58।
17. डॉ. रूपनारायण, ब्रज भाषा के कृष्ण काव्य में माधुर्य भक्ति, पृ. 84।
18. भक्ति द्रविड़ उपजी लाये रामानन्द। परगट किया कबीर ने सात द्वीप नौ खण्ड।।

19. उपाध्याय बलदेव, भागवत सम्प्रदाय, प्रथम संस्करण, 2010, पृ. 186।
20. वही, पृ. 309।
21. वही, पृ. 207।
22. वही, पृ. 163।
23. डॉ. रूपनारायण, ब्रजभाषा के कृष्ण में माधुर्य भक्ति, पृ. 86।
24. भजन भूमि – अनन्य रसिकों का भजन मार्ग, वेणु प्रकाशन, वृन्दावन।
25. वही।
26. 'अलि', किशोरीशरण, हि.भ.का. में र.भ.धा. और उ.वा.सा., पृ. 699।
27. वही।
28. वही।
29. वही।
30. श्री ह.च., उ.दा., छं. सं. 99, 101 से 107, 109 तक।
31. भ.मा.टी,टी, प्रि.दा., छं. सं. 361, 362।
32. हि.कु.शा., ज.कृ.दा., छं. सं. 21, 22।
33. 'अलि', किशोरीशरण, हि.भ.का. में र.भ.धा. और उ.वा.सा., (द्वितीय भाग), पृ. 145।
34. ज. कृ. की वा., (हि.कु.शा.) ज.कृ.दा., छं. सं. 20, 21।
35. श्री ह.च., उ.दा., छं. सं. 117, 118।
36. 'अलि', किशोरीशरण, हि.भ.का. में र.भ.धा. और उ.वा.सा.,(द्वितीय भाग), पृ. 145 (1,101)।
37. हि.प.व.प., चा.वृ.दा., छं. सं. 117, 118।
38. प्रा.ह.लि.प्र., पृ. 17।
39. 'अलि', किशोरीशरण, हि.भ.का. में र.भ.धा. और उ.वा.सा., (द्वितीय भाग), पृ. 148।
40. श्री ह.च., उ.दा., छं. सं. 118 से 121, 123, 127।
41. 'अलि', किशोरीशरण, हि.भ.का. में र.भ.धा. और उ.वा.सा., (द्वितीय भाग), पृ. 149।
42. र.अ.मा., भ.मु., नरवाहन जी की परचई।
43. श्री हरिवंशचरित्र, उत्तमदास जी, छं. सं. 117 से 119।
44. श्री हरिवंशचरित्र, उत्तमदास जी, छं. सं. 126 से 127।
45. 'अलि', किशोरीशरण, हि.भ.का. में र.भ.धा. और उ.वा.सा., (द्वितीय भाग), पृ. 159।

46. वही, पृ. 117।
47. दास जी, चाचा वृन्दावन, हित परिकर वन्दन पत्रिका, छं. सं. 117, 118।
48. स्मारिका ग्रन्थ, पृ. 41।
49. वही, पृ. 47, 48।
50. स्नातक, विजयेन्द्र, राधावल्लभ सम्प्रदायः सिद्धान्त और साहित्य, पृ. 80।
51. वही।
52. सेवक वाणी, श्री हितयश विलास प्रकरण, पद सं. 45।
53. 'अलि', किशोरीशरण, हि.भ.का. में र.भ.धा. और उ.वा.सा., पृ. 110।
54. हितहरिवंश, श्री, गो., राधासुधानिधि, श्लोक सं. 147।
55. स्नातक, विजयेन्द्र, राधावल्लभ सम्प्रदायः सिद्धान्त और साहित्य, पृ. 81, 82।
56. हितहरिवंश, श्री, गो., राधासुधानिधि, अष्टक नागरीदास, श्लोक सं. 81, पृ. 117।
57. वही।
58. मुनि जी, भगवत, रसिक अनन्य माल, सुन्दरदास कायथ की परचई।
59. वही।
60. ध्रुवदास जी, हित, बयालिस लीला, भक्त नामावली (सन्दर्भ), छं. सं. 59–60।
61. प्रीतमदास जी, हितचन्द्र प्रकाश रसिक नामावली, छं. सं. 294 से 296, पृ. 130, 131।
62. स्नातक, विजयेन्द्र, राधावल्लभ सम्प्रदायः सिद्धान्त और साहित्य, पृ. 81, 82।
63. 'अलि', किशोरीशरण, हि.भ.का. में र.भ.धा. और उ.वा.सा., (द्वितीय भाग), पृ. 190।
64. अली जी, गोविन्द, रसिक भक्ति गाथा, छं. सं. 96।
65. कामवन विलास लाडलीदास, पृ. 206 (प्राचीन हस्तलिखित प्रति)।
66. वही।
67. 'अलि', किशोरीशरण, हि.भ.का. में र.भ.धा. और उ.वा.सा., पृ. 192, 193।
68. प्रीतमदास जी, हित चन्द्र प्रकाश, छं. सं. 242।
69. स्नातक, विजयेन्द्र, राधावल्लभ सम्प्रदायः सिद्धान्त और साहित्य, पृ. 104।
70. 'अलि', किशोरीशरण, हि.भ.का. में र.भ.धा. और उ.वा.सा., पृ. 220, 255।

2

राधावल्लभ सम्प्रदाय का स्वरूप एवं सिद्धान्त

राधावल्लभ सम्प्रदाय शुद्ध रसमार्गीय भक्ति सम्प्रदाय है। इस सम्प्रदाय का मूलाधार 'प्रेम तत्व' है। राधावल्लभ सम्प्रदाय के भक्ति सिद्धान्त द्वैत अथवा अद्वैतपरक किसी विशिष्ट दर्शन–मार्ग पर आधारित नहीं हैं। सम्प्रदाय के प्रवर्तक आचार्य श्री हितहरिवंश गोस्वामी जी द्वैत और अद्वैत की जटिलता से बचकर एक ऐसा मार्ग प्रशस्त करना चाहते थे जिसका अनुगमन करने वाले प्रेमी भक्त को किसी दुरूह एवं शुष्क दर्शन की उलझन में फँसकर अपने प्रेमपथ का त्याग न करना पड़े। वह यह नहीं चाहते थे कि सामान्यजन अद्वैत को (दृश्य) स्वीकार कर माया के बन्धन में पड़े अथवा शुद्धाद्वैत (अदृश्य), द्वैताद्वैत या विशिष्टाद्वैत के प्रपंच में पड़कर रस की सरसता से न वंचित हों। दूसरे शब्दों में यदि कहें तो यह कह सकते हैं कि इस सम्प्रदाय में न तो दार्शनिक जटिलता है और न ही भक्ति सिद्धान्त का शास्त्रीय विवेचन ही वरन् (बल्कि) हृदय की रस–स्निग्ध भावनाओं की सहज स्वीकृति और सरस अभिव्यक्ति ही राधावल्लभीय भक्ति सिद्धान्त की नींव और रसोपासना का आधार है। भक्ति सिद्धान्त का मूलाधार है प्रेम या हित तत्व। जिसे भली–भांति हृदयंगम किये बिना राधावल्लभीय भावना का बोध कदापि सम्भव नहीं। 'रस दर्शन' का आधार न तो दार्शनिक

जटिलता है और न ही ब्रह्माचार की रूढ़ियों में भक्ति की दार्शनिक ऊहापोह के स्थान पर इस सम्प्रदाय में 'नित्यविहार' का वर्णन है और उसी को 'रस दर्शन' कहा जाता है और कहीं–कहीं इसे 'वृन्दावन रस' भी कहा गया है। श्री हितहरिवंश जी ने अपने ग्रन्थों में कहीं भी दार्शनिक विषयों पर मत प्रस्तुत नहीं किया है, जैसे – ब्रज, जीव, जगत, माया, मोक्ष आदि। इनका इस विषय पर यह मानना था कि इन सभी विषयों पर चिरकाल से विचार होता आ रहा है और इसे सुलझाने का प्रयत्न निरन्तर होता आ रहा है किन्तु फिर भी आज तक कोई एकमत स्थिर नहीं हो सका। "नैको मुनिर्यस्य मतं न भिन्नम्" के मर्म को समझकर इस उलझन से दूर रहकर अपनी प्रेमभक्ति का ही प्रतिपादन करना समीचीन (उचित) समझा।

1. रसोपासना में विधि–निषेध मर्यादा

माधुर्योपासना करने वाले सम्प्रदायों में भक्ति के दो भेद माने जाते हैं– 1. रस भक्ति, 2. शास्त्र भक्ति।

शास्त्र भक्ति को 'मर्यादा भक्ति' भी कहते हैं। मर्यादा मार्ग से भक्ति करने पर साधन–पालन अनिवार्य होता है। साधनों में रत रहने से स्नेह की हानि होती है। रस मार्ग की भक्ति के अन्तर्गत स्नेह की प्रधानता और परिपूर्णता ही साध्य और साधन है। अतः ब्रह्माचार पर बल नहीं दिया जाता। रसरूपाभक्ति के भाव, मान, प्रणय, स्नेह, राग और अनुराग ये 'षट् भेद' बताए गए हैं। उनके लिए साधनों की विशेष आवश्यकता नहीं समझी गई।

"श्री हितहरिवंश जी ने जिस भक्ति का प्रतिपादन अपने सम्प्रदाय में किया, वह 'रस–भक्ति' है। अतः शास्त्रोक्त विधि–निषेध की कठोर मर्यादा का उस पर आरोप करना उन्हें उचित नहीं लगा। वैष्णव सम्प्रदायों में शास्त्र मर्यादा की अवहेलना किसी प्रकार भी सम्भव नहीं होती। छोटे–छोटे कर्मकाण्ड की कठोरता के कारण वैष्णव सम्प्रदाय

सरस और स्निग्ध नहीं रह पाते हैं। स्नेह का आभाव हो जाने से राधा–कृष्ण के नित्यविहार की स्थिति का आनन्द लाभ प्राप्त करने की उनमें क्षमता नहीं रहती। प्रेम की स्वछन्द लीलाओं को यदि शास्त्र की श्रृंखला से जकड़ दिया जाए तो उनमें चित्त को द्रवित करके अपने में रमाने की सहज शक्ति का अभाव हो जाता है। जो प्रेम मार्ग को स्वीकार कर चुका उसके लिए तप, जप, यज्ञ, पूजा, पाठ, व्रत आदि की आवश्यकता भी क्या है?''[1]

2. सम्प्रदाय के सिद्धान्त :

राधावल्लभ सम्प्रदाय की साधना पद्धति (प्रणाली) बड़ी ही गूढ़ व रहस्यमयी है। इस सम्प्रदाय का साधक सामान्य न होकर कोई विशेष निष्ठावान व्यक्ति ही हो सकता है। अन्य सम्प्रदायों से तुलना करने पर इस सम्प्रदाय की उपासना तत्व की विलक्षणता स्वतः स्पष्ट हो जाती है। इस सम्प्रदाय के उपासना तत्व के विषय पर श्री हितहरिवंश महाप्रभु का मानना है कि परकीया तथा स्वकीया दोनों ही भाव अपूर्ण हैं। क्योंकि स्वकीया भाव में मिलन है, पर विरह नहीं। वहीं परकीया भाव में विरह है, किन्तु मिलन का पूर्ण सुख नहीं। इसलिए प्रेम के साम्राज्य में स्वकीया–परकीया की भावना केवल एकदेशीय तथा एकांगी भावनाएँ है। प्रेम की पूर्णता उस भाव में है जहाँ स्वकीया तथा परकीया दोनों का बोध नहीं तथा जहाँ नित्य मिलन में भी विरह का सुख या ललक नित्य स्थित रहती है।

वैष्णव सम्प्रदायों में नवधा भक्ति स्वीकृत है किन्तु राधावल्लभ सम्प्रदाय में इसका स्वीकार्य प्राप्त नहीं होता है।

2.1 नवधा भक्ति

प्रथम भगति – अरण्य काण्ड 35वां दोहा (अनुवादित)।

1. संतों का साथ
2. कथा सुनना

3. गुरु पदपंकज की सेवा
4. भगवान के गुणगान
5. मन्त्र जाप
6. घमण्ड का नाश, इन्द्रियों का विग्रह, संतपुरूषों के आचरण पर चलना।
7. जगत् भर के सभी जीव अंश में ईश्वर का दर्शन।
8. जो मिले उसमें सन्तुष्टि, पराये दोषों को न देखना।
9. सरलता और कपट रहित बर्ताव और हृदय में भगवान का निरन्तर जाप किसी भी स्थिति में ईश्वर पर भरोसा रखना।

राधावल्लभ सम्प्रदाय में प्रेम की उस स्थिति को स्पृहरणीय माना जाता है जहाँ प्रिया–प्रियतम पल भर के लिए भी वियुक्त नहीं होते, साथ रहने पर भी विरह–सदृश अतृप्ति अनुभव करते हुए अधिक सामीप्य की कामना से पुलकित रहते हैं। प्रेम में नित–नवीनता और आस्वाद्यता बनाये रखने के लिए इस मत में सूक्ष्म विरह की अनोखी सृष्टि की गई है। श्री ध्रुवदास जी के अनुसार –

"महा प्रेम निज मधुर अति सब तें न्यारो आहि।
तहां न मिलिवौ बिछुरवौ जीवत रूपहि चाहि।।" [2]

यह सब होने पर भी इस मत में मान और विरह की कल्पना एक नूतन रूप में दिखाई देती है। यहाँ पर मिलन की घड़ियों में भी विरह का विचित्र आकुलतापूर्ण रूप हितहरिवंश जी के पद में द्रष्टव्य है –

"हरि उर मुकुर विलोकि सपनुपौ विभ्रम विकल मान जुत भोरी।
चिबुक सुचारू प्रलोय प्रबोधित प्रिय प्रतिबिम्ब जनायनिहोरी।।
नेति नेति, वचनामृत सुनि सुनि ललितादिक देखति दुरि चोरी।
(जै श्री)हितहरिवंश कर कर धूनन प्रणय कोप मालावलि तोरी।।" [3]

विरह का भाव और मान के भाव की सांसारिक निवृत्ति से भी मिलन के सातत्य पर कोई आघात नहीं होता। 'रहस्य मंजरी' के

निम्नलिखित पद से मान और विरह की अलौकिकता, नित्यता देखी जा सकती है –

"न आदि न अन्त, बिहार करैं दोऊ लाल प्रिया में भई न चिन्हारी।
नयी नयी भांति नयी छवि कांति नई नवला नव नेह विहारी।
रहै मुख चाहि दिये चित आहि परै रस प्रीति सुसर्वसु हारी।
रहैं इक पास करै मृदु हास सुनौ ध्रुव प्रेम अकत्थ कथारी।।"[4]

प्रेम में विरह और मिलन की विलक्षण दशा को समझने के लिए श्री हितहरिवंश जी ने स्फुट वाणी में दो कुण्डलियाँ लिखी हैं। इसके अन्तर्गत श्री हितहरिवंश जी ने चक्रवाक–दम्पति तथा सारस–युगल के प्रेम तथा त्याग में चरमावस्था का चित्रण जनसामान्य के समक्ष प्रस्तुत किया है। चकई जो कि अपने प्रिय से मिलन की आशा में विरह–व्यथा का संताप सहती रहती है वहीं सारस है जो कि अपने प्रियतम से बिछुड़ कर अपने प्राण त्याग देती है। श्री हितहरिवंश जी ने इसे चकई, सारस के संवाद के रूप में इस तथ्य की अभिव्यक्ति की है। सारस की दृष्टि में चकई का प्रिय के विरह में भी जीवित रहना प्रेम की परम न्यूनता है –

"चकई प्रान जु घट रहै पिय बिछुरत निकज्ज।
सर अंतर अरू काल निसि तरफ तेज घन गज्ज।
तरफ तेज घन गज्ज लज्ज तुव बदन न आवै।
जल विहून करि नैन भोर किहिं भाव बतावै।
हितहरिवंश विचारि बादि अस कौन जु बकई।
सारस यह संदेह प्राण घट रहै जु चकई।।"[5]

परन्तु चकई की रागभरी दृष्टि में सारस का प्रेम एकांगी है, क्योंकि वह अपने नित्य मिलन के सुख में विरह–सुख का अनुभव नहीं करता। सारस का प्रेमानुभव भी अपूर्ण और अधूरा है –

सारस सर बिछुरत कौ जौ पलु सहै सरीर।
अगिनि अनंग जु तिय भखै तौ जानै पर पीर।।[6]

इस प्रकार की सभी विषम स्थिति में हरिवंश महाप्रभु का प्रेम मार्ग एक निराला, विरला मार्ग है। अपने सिद्धान्तों का वर्णन करते हुए आप लिखते हैं –

"जै श्री हितहरिवंश विचारि 'प्रेम विरहा' बिनु वा रस।
निकट कन्त नित रहत मरम कहा जानै सारस।।"[7]

राधावल्लभीय पद्धति का सार 'प्रेमाविरहा' ही है। प्रिया प्रीतम के नित मिलन में भी विरह जैसी उत्कण्ठा इसका प्राण है। इनके (राधावल्लभलाल जी) नित्य मिलन में वियोग की कल्पना तक नहीं है परन्तु फिर भी युगल किशोर श्री राधावल्लभलाल के इस मिलन में प्रेम की क्षीणता नहीं है, वरन् प्रत्युत प्रतिक्षण नूतनता का स्वाद है, चाह तथा चटपटी है। प्रेमासव का निरन्तर अनवरत रूप से पान करने पर भी अतृप्तिरूपी महान् विरह की छाया सदा बनी रहती है, प्रतीत होता है –

"मिलेहि रहत मानौं कबहुँ मिलै ना।"[8]

इस प्रकार राधावल्लभ सम्प्रदाय का इष्ट तत्व है स्वकीया–परकीया, विरह–मिलन एवं स्व पर भेदरहित नित्य विहाररस ही श्री हितमहाप्रभु का इष्ट तत्व है।

श्री हरिवंश महाप्रभु श्रीराधा को ही अपना इष्ट स्वीकारते हैं साथ ही उन्हें पराशक्तिरूपा, महासुखरूपा और सैव्या–आराध्या मानते हैं।

3. उपासना की रस–रीति एवं निर्वाह

उपासना किसी भी भक्ति सम्प्रदाय के लिए एक आवश्यक तत्व है। 'उपासना' शब्द का विद्वद् सम्वेद्य वैयाकरणीय अर्थ है – 'उपास्य की उपासक द्वारा समीप से सेवा'। अर्थात् जिसके द्वारा भक्त अपने आराध्य के प्रति श्रद्धा प्रेम प्रकट करता है या ये भी कह सकते हैं कि ऐसा तरीका जिसमें प्रेम भाव में सराबोर होकर व्यक्ति स्वयं को

भूलकर जो सेवा इष्ट की करता है, वही उपासना है। उपास्य का नित्य सामीप्य और ऐसी विधि–विधान जिससे उपास्य का, यह नित्य सामीप्य प्राप्त होता है; वह 'उपासना विधि', 'उपासना पद्धति' तथा 'भजन' की रीति आदि–आदि नामों से अभिसंज्ञात है।

उपासना के अन्तर्गत – उपास्य, उपासक, उपासना विधा, सहायक तत्व और बाधक तत्व – इन पाँच अंगों को लेकर पूर्ण होती है। श्री हिताचार्य जी ने स्वरचित ग्रन्थों में उपासना के पाँच अंगों पर पूर्णरूपेण प्रकाश डाला है किन्तु फिर भी अन्य वैष्णव सम्प्रदायों की भांति इस सम्प्रदाय में नवधा भक्ति का विधान प्राप्त नहीं होता है। राधावल्लभ सम्प्रदाय शुद्ध रसमार्गीय भक्ति सम्प्रदाय है इसीलिए यहाँ नवधा भक्ति को कठोरता स्वीकार्य नहीं है और सम्भवतः यही कारण है कि भक्ति पथ का अभ्यास करने के लिए इसे प्रारम्भिक सरणिमात्र मानकर इसे ग्राह्य बताया गया है; यह भक्ति का साध्य या ध्येय न होकर साधन मात्र है।

3.1 भक्ति का बाह्य विधान

श्री हितहरिवंश महाप्रभु जी द्वारा रचित पदों में भक्ति के बाह्य विधान का कोई उल्लेख हमें प्राप्त नहीं होता है। किन्तु उसके बाद के परवर्ती ग्रन्थों में भक्ति के बाह्य विधानों में सेवा परिचर्या का विधान प्राप्त होता है। ''श्री हिताचार्य के जीवनकाल में प्रथम पाटोत्सव सम्वत् 1591 में हुआ और उसी समय श्री राधावल्लभ जी का विग्रह पूरी विधिपूर्वक स्थापित किया गया। सम्भवतः विग्रह स्थापना के पश्चात् ही यह आवश्यकता महसूस की गई होगी कि मन्दिर में अर्चना–पूजा, आरती, अष्टयाम सेवा आदि का विधान भी स्थिर किया गया साथ ही 'पाटोत्सव' सम्पन्न करने का विधान भी स्थिर किया गया होगा। इस सम्प्रदाय द्वारा श्री राधावल्लभ जी का जो विग्रह स्थापित किया गया वह अन्य सम्प्रदायों के विग्रहों से सर्वथा नूतन था। राधावल्लभ जी के मन्दिर में श्री राधा जी की कोई मूर्ति स्थापित नहीं की गई, केवल

श्री लाल जी का विग्रह स्थापित किया गया। यह नवीनता इस सम्प्रदाय की अपनी विशेष पद्धति समझी जानी चाहिए।''[9]

श्री हिताचार्य ने सेवा के दो रूप प्रकट किये हैं – मानसी सेवा और प्रगट सेवा।

3.2 मानसी सेवा

''ऐसी सेवा जो केवल बाह्य उपादानों पर आधारित नहीं होती वरन् केवल मन द्वारा ही की जाती है, उसे 'मानसी सेवा' कहते हैं। इस सेवा में सैव्य रूप, सेवा की सम्पूर्ण सामग्री और सेवक रूप; भाव–भावना द्वारा ही संसृष्ट होते हैं। शारीरिक इन्द्रियों से सर्वथा अनापेक्ष केवल मन के भावों द्वारा किये जाने के कारण ही यह सेवा 'मानसिक सेवा' किंवा 'मानसी भावना' नाम से अभिसंज्ञात है। श्री हिताचार्य और तद्नुगत रसिकों की वाणियों में इस विषय पर कहना है कि भक्त केवल मानसी भावना से अपने निज रूप का निर्माण करता है। जिसके द्वारा यह संसृष्ट लीलाओं का दर्शक मात्र ही नहीं प्रत्युत लीलाओं का अभिन्न अंग बन कर, कभी लीलाओं का विधायक बनकर कभी संचालक बन अपने इष्ट की सेवा भी किया करता है। 'प्रगट सेवा' स्थूल देह और देशकाल में आबद्ध होकर कभी बाहर जा सकता है परन्तु 'मानसी सेवा' (भावना) में मन स्वयं ही भावना देश का निर्माता, प्रेरक और संचालक है।''[10]

निष्कर्षतः यह कह सकते हैं कि प्रगट सेवा से तन स्थिर होता है; किन्तु मानसिक सेवा से तन और मन दोनों स्थिर हो जाते हैं।

'प्रगट सेवा' में अष्टयाम सेवा के अन्तर्गत आने वाली लीलाएँ जैसे – जल विहार, गेंद क्रीड़ा तथा रासलीला आदि लीलाओं का दर्शन प्राप्त नहीं होता। 'मानसी भावना' द्वारा इन सभी लीलाओं का दर्शन तथा सेवा करने का अवसर भी सहज ही प्राप्त हो जाता है।

3.3 प्रगट सेवा

"पार्थिव शरीर और जीवन में व्यवहृत भौतिक पदार्थों द्वारा निष्पन्न होने वाली इष्ट सेवा का नाम ही 'प्रगट सेवा' है।"[11] श्री हिताचार्य जी ने मन की चंचलता की उपेक्षा जैसी करके 'प्रगट सेवा' का विधान किया; जिसका अर्थ यह था कि उपासक का तन तो इष्ट की सेवा में निरन्तर–रत रहेगा साथ–साथ निरन्तर सेवा करते–करते मन भी अचंचल होकर इष्ट की सेवा में लग जाएगा।

3.4 प्रगट सेवा का मूर्त विधान

श्री हिताचार्य जी ने विधि निषेध शून्य इस प्रगट सेवा का प्रारम्भ विक्रम संवत् 1566 में ठाकुर श्री रंगीलाल जी के प्रादुर्भाव के साथ किया। श्री हिताचार्य ने देववन में श्री रंगीलाल जी और पंचकोसी वृन्दावन में श्री राधा वल्लभलाल जी इन दो सैव्य स्वरूपों की प्रगट सेवा विराजमान करके सात भोग और पाँच आरती करने का मूर्त विधान किया। श्री हितहरिवंश जी ने ठाकुर श्री रंगीलाल जी के वाम पार्श्व में स्वामिनी श्रीराधा की 'गादी' स्थापित करके उस गादी को ही श्रीराधा के समस्त वस्त्राभूषणों से समलंकृत करने का मूर्त विधान किया। इसी प्रकार वृन्दावन आने पर भी श्री राधावल्लभलाल जी के स्वरूप के पास श्रीराधा की गद्दी विराजमान की तथा स्वयमेव पाँच आरती और सात भोग समर्पण करके विधि निषेध शून्य 'प्रगट सेवा' का मार्ग प्रशस्त किया।[12]

गोस्वामी दामोदर जी ने भी अपने शिष्यों को आज्ञा देते हुए कहा कि श्री हिताचार्य की उपासना में श्रीराधा की पृथक प्रतिमा प्रतिस्थापित करने की आज्ञा नहीं है। अर्थात् श्री राधावल्लभलाल जी के एक ही स्वरूप में प्रेमामूर्ति अद्वय युगल का दर्शन करैं –

..................ज्यौं दूजे श्रूप प्रकट की आज्ञा नाहीं।[13]

3.5 गादी स्थापना के उद्देश्य

श्री हिताचार्य जी ने विक्रम सम्वत् 1590 में श्रीराधा की गादी ही विराजमान की और यह उद्घोषणा भी की कि यह स्वरूप एक दूसरे के अंश पर भुजाएँ रखे हुए प्रेम विग्रह श्यामा–श्याम का ही एक रूप है किन्तु श्री राधावल्लभ इस एक ही स्वरूप में परस्पर अंश पर भुजाएँ रखे हुए युगल 'प्रेम' के दर्शन मेरे नेत्रों से देखने पर ही हो सकेंगे –

"निकसि कुंज ठाढ़े भये भुजा परस्पर अंश।
श्री राधावल्लभ मुख–कमल निरखि नयन हरिवंश।।" [14]

श्रीराधा की गद्दी विराजमान करने का एक उद्देश्य –

1. उपासक वर्ग में नारी और पुरूष दोनों ही होते हैं। पुरूष उपासक के द्वारा श्रीराधा के प्रत्यंग का स्नान तथा श्रृंगार आदि करना नैतिकता, सामाजिकता और वैष्णवता सभी दृष्टियों से ही अनुचित था। सम्भवतः इसलिए भी श्री हिताचार्य ने श्रीराधा की प्रगट मूर्ति विराजमान न करके उनकी गद्दी सेवा विराजमान करने का मूर्त विधान किया।
2. एक उद्देश्य – 'इष्ट के साथ गुरु का नित्र्याचन भी था। श्री हिताचार्य की मन्त्रदात्र्री गुरु उनकी इष्ट श्रीराधा ही है। अतः उन्होंने श्रीराधा की गादी सेवा में गुरु का नित्र्याचन भी था।'[15]

हित रसिक जगत में प्रगट सेवा के तीन रूप प्रचलित देखे जाते हैं। श्रीराधा की गादी संयुक्त सैव्य स्वरूप विग्रह की सेवा जिसका वर्णन ऊपर दिया जा चुका है। नाम सेवा और चित्र सेवा।

4. स्वरूप विग्रह की सेवा के प्रकार–

4.1 नाम सेवाः जो उपासक इष्ट के सैव्य विग्रह की सेवा करने में असमर्थ होते हैं वे एक पट्टिका पर 'श्री राधावल्लभो जयति' या 'श्री राधावल्लभ श्री हरिवंश' नामांकित करवाकर उसी को स्नान, वस्त्र

आदि धारण कराते हैं। पंचकोसी वृन्दावन के रासमण्डल, मानसरोवर तथा हिंडोल स्थल (वनचन्द्र जी का डोल) आदि लीला स्थलों में चिर पुरातन समय से नाम सेवा ही विराजमान है।

4.2 चित्र सेवा: ये उनके लिए है जो 'नाम सेवा' भी विराजमान करने में असमर्थ हैं। वे विग्रह के स्थान पर इष्ट का चित्र ही विराजमान करके उसी की अष्टयामी सेवा किया करते हैं।

समाज: राधावल्लभ सम्प्रदाय में श्री हितहरिवंश द्वारा रचित पदों का गायन होता है। जिसे इस सम्प्रदाय में 'समाज गायन' नाम से जाना जाता है।

समाज गायन जिसका सर्वप्रथम प्रचलन इसी सम्प्रदाय में देखने को मिलता है। इसके विषय में आगे आने वाले अध्याय में हम विस्तारपूर्वक चर्चा करेंगे। इस सम्प्रदाय में पदों के संग्रह को वर्षोत्सव कहते हैं। जिसमें वर्ष भर आने वाले उत्सवों के पदों का संग्रह होता है।

4.3 अष्टयाम सेवा: अष्टयाम सेवा के अन्तर्गत –

1. मंगला 2. श्रृंगार 3. राजभोज
4. उत्थापन 5. सन्ध्या 6. शयन
7. शैया समय।

अष्टयाम सेवा से तात्पर्य आठों प्रहर की जाने वाली सेवा है, जिसमें प्रत्येक सेवा के साथ, उस सेवा के अपने अलग पद होते हैं। इन पदों का गायन भी श्री हिताचार्य द्वारा ही आविर्भूत 'समाज संगीत' संज्ञक मौलिक गान पद्धति से होता है।[16] इस प्रकार यह प्रगट सेवा प्रातःकाल से लेकर रात्रि शयन पर्यन्त की अष्टयामी सेवा है।

5. वर्षोत्सवों की तालिका

(क) श्री राधावल्लभ जी के मन्दिर के समाज में उपयोग में आने वाले कई वर्षोत्सव हैं। गोस्वामी श्री रूपलाल जी, गोस्वामी

बाबा बंशीदास जी, बाबा तुलसीदास जी के पास वर्षोत्सवों का अच्छा संग्रह है। इसी वर्ष बाबा तुलसीदास जी ने एक विशाल वर्षोत्सव पद–संग्रह प्रकाशित कराया है।

(ख) बरसाना में एक प्राचीन प्रति है जिसमें वर्षोत्सव लिखे हैं, वृषभानु बाबा के मन्दिर में है। बठैनगांव, कोसी, नन्दगांव, ज़ाव (ग्राम) आदि में भी प्रतियाँ हैं।

(ग) बाद ग्राम के मन्दिर में वर्षोत्सवों की प्राचीन प्रतियाँ सुरक्षित हैं। इन वर्षोत्सवों के अध्ययन से भक्त महानुभावों के रचनाकाल का ऐतिहासिक क्रम भी स्थिर करने में सहायता मिलती है। यदि दो–चार प्राचीन वर्षोत्सव प्रकाशित कर दिये जायें तो साम्प्रदायिक उत्सवों के अनुशीलन का मार्ग प्रशस्त हो सकता है।[17]

6. साम्प्रदायिक नैमित्तिक उत्सव

राधावल्लभ सम्प्रदाय में नैमित्तिक उत्सवों की परम्परा श्री हितहरिवंश जी के समय से चली आ रही है। सर्वप्रथम 'पाटोत्सव' के बाद श्री राधावल्लभ जी के मन्दिर में इन उत्सवों को बड़े समारोह के साथ मनाये जाने का वर्णन वाणी–ग्रन्थों में पाया जाता है। वर्तमान समय में जो प्रचलित है उनकी संख्या बढ़ गई है। आचार्य कुल के गोस्वामी के जन्मोत्सव भी इसमें सम्मिलित कर लिये गये हैं। प्राचीन उत्सवों में प्रमुख रूप से दस उत्सवों का ही वर्णन पाया जाता है। श्री लाड़लीदास जी ने अपने सैद्धान्तिक ग्रन्थ 'सुधर्म बोधिनी' में इस प्रकार दशोत्सव का वर्णन किया है –

"फागु, डोल, चन्दन वसन, तीत हिंडौलै झूल।
सरद, पाट उत्सव, तहां गुरु पूजा रस मूल।।
दीपमालिका प्रतिपदा, वन विहार चित चाह।
खिचरी और वसन्त ये अपने दस उत्साह।।[18]

'समय प्रबन्ध' ग्रन्थ में श्री गोस्वामी कमलनयन जी ने सोलह उत्सवों का वर्णन किया है। अन्य सम्प्रदायों की भांति यहाँ व्रतोपवास का विधान नहीं है। आधुनिक समय में कतिपय राधावल्लभीय वैष्णव इन व्रतों के प्रति निष्ठा रखते हुए देखे जाते हैं, यह अन्य वैष्णव सम्प्रदायों का ही प्रभाव मात्र है अन्यथा सैद्धान्तिक रूप से व्रतोपवास का इस सम्प्रदाय में कोई स्थान नहीं है।

6.1 तिलक और कंठी

इस सम्प्रदाय में तिलक भाल के प्रदेश नासिका से ऊर्ध्व भाग अर्थात् त्रिकुटी तक रहता है जिसमें दो सीधी पतली रेखाएँ भाल स्थल से विशुद्ध चक्र तक आती हैं और बीच में काली बिन्दी रहती है। जिसमें तिलक की सीधी रेखा कृष्ण रूप और श्याम बिन्दी को राधा स्थानीय माना जाता है: 'तिलकं कृष्णरूपेण बिन्दुरूपेण राधिका।' कुछ विद्वानों का मानना है कि रोली तिलक इस सम्प्रदाय में सौभाग्य सूचक माना जाता है और पाटोत्सव, जन्माष्टमी, राधाष्टमी आदि उत्सवों पर श्री जी को रोली का तिलक किया जाता है।[19]

इस सम्प्रदाय में दीक्षा के उपरान्त कंठी धारण करना अनिवार्य है। 'निज मन्त्र' करने पर ही व्यक्ति वैष्णव समाज का अंग बनता है। इनकी कंठी दो लड़ी की होती है जिसमें तुलसी दल के छोटे–छोटे मनके होते हैं जिनमें संख्या का महत्व नहीं है 'दुलड़ी' होना आवश्यक है।

6.2 उत्सव वर्णन

हिन्दी भक्ति काव्य में रस भक्ति धारा, भाग–1, पृ. 654 में ''श्री हिताचार्य ने अपनी वाणी में उपास्य के जिस क्रीड़ा धाम वृन्दावन का परिचय दिया है, उस वृन्दावन में नित्य ही शरद और बसन्त बनी रहती है। ऐसे शारदीय तथा बासन्ती सुषमा से संयुक्त वृन्दावन में प्रेम और मदन की लोल लहरियों से सदा ललित, लाड़िली लाल रस की

मधुर केलियाँ किया करते हैं। सम्भवतः इसीलिए उन्होंने नित्य विवाहोत्सव के साथ शरद, बसन्त और वर्षा ऋतु के नित्य उत्सवों का ही वर्णन किया है। किन्तु परवर्ती कतिपय रसिकों ने रास, बसन्त, होली, वनबिहार, जलबिहार, झूला तथा होली डोलोत्सव के अतिरिक्त साँझी, खिचरी, श्यामा–श्याम की जन्म बधाई गान, श्री हिताचार्य का जन्मोत्सव तथा श्रीसेवक जन्मोत्सव गान को भी अपनी वाणी का विषय बनाकर रसिक वाणी साहित्य को विपुलकार बनाया है।

यहाँ पर मैं 'राधावल्लभ सम्प्रदाय' में आयोजित होने वाले उत्सवों की पूरे एक वर्ष की क्रमवार सूची प्रस्तुत कर रही हूँ, जो निम्नवत् है –

7. उत्सव निर्णय पत्र

हिताब्द 540 सम्वत् 2070 वि. सन् 2013–14

चैत्र शुक्ल पक्ष

सेवा–रासवंश 11.4.2013 रात्रि से 26.4.13 तक

ता.	*माह*	*तिथि*	*वार*	*उत्सव*
11	अप्रैल	1	गुरुवार	– पराभवनाम संवत्सराम्भ, 2070, लाल पोशाक धारण।
16	अप्रैल	6	मंगलवार	– श्री यमुना जी कौ महोत्सव।
19	अप्रैल	9	शुक्रवार	– रामनवमी।
22	अप्रैल	11	सोमवार	– कामदा एकादशी (मुकुट धारण), श्री हितोत्सव कौ मंगलपाठ श्री रास मण्डल पर हितोत्सव की बधाई समाज प्रारम्भ।

चन्द्रग्रहण स्पर्श रात्रि 1:22 से प्रारम्भ तथा मोक्ष 1:53 पर होगा।

वैशाख कृष्ण पक्ष

(सेवा–विलासवंश 26.4.2013 रात्रि से 26.5.2013 तक)

2	मई	7	गुरुवार	– श्री हित रूपलाल जी महाराज का जन्मोत्सव।
5	मई	11	रविवार	– बरूथिनी एकादशी (मुकुट धारण)।
10	मई	30	शुक्रवार	– अमावस्या (काली पोषाक व ताज धारण)।

वैशाख शुक्ल पक्ष

13	मई	3	सोमवार	– अक्षय तृतीया चंदनोत्सव, चंदन के पद समाज में, श्रीचरण श्रृंगार, चंदनी पोशाक।
18	मई	8	शनिवार	– आज से 4 दिन चाव उत्सव प्रारम्भ, लाल पोशाक धारण।
20	मई	10	सोमवार	– श्रीरासमण्डल पर रात्रि जागरण, ढाँढ़ी–ढाँढ़िनि नृत्य, बधाई–गायन।
21	मई	11	मंगलवार	– मोहिनी एकादशी (मुकुट धारण), श्री हितहरिवंशचन्द्र महाप्रभु जन्मोत्सव, अरूणोदय में जन्म, श्री जी के बड़े मन्दिर में मंगला से पूर्व बधाई प्रारम्भ, हिताब्दारम्भ 540वाँ। (पीली पोशाक धारण)।
25	मई	15	शनिवार	– पूर्णिमा (मुकुट धारण) श्री हितमहाप्रभु का बधाई गान।

ज्येष्ठ कृष्ण पक्ष

(सेवा–रासवंश 26.5.2013 रात्रि से 24.6.2013 तक)

26	मई	1	रविवार	– छठी उत्सव, श्रीहित महाप्रभु जी का बधाई गायन। वन विहार, रात्रि में समाज के साथ श्री वृन्दावनधाम परिक्रमा।
30	मई	6	गुरुवार	– श्रीहित महाप्रभु जी कौ दष्ठौन उत्सव।
4	जून	11	मंगलवार	– अपरा एकादशी (मुकुट धारण)।

8	जून	30	शनिवार	– अमावस्या। काली पोशाक व ताज धारण।

ज्येष्ठ शुक्ल पक्ष

19	जून	10	बुधवार	– गंगा दशहरा। तिथ्युदये (हस्त्यर्क्षेवशात् पूर्वदिनेऽपि)
20	जून	11	गुरुवार	– निर्जला एकादशी। (मुकुट धारण), जल विहार उत्सव, जल विहार के पद समाज में श्रीजी पुष्प नौका में या पुष्प कुन्ज में विराजते हैं।
23	जून	15	रविवार	– पूर्णिमा। (मुकुट धारण)

आषाढ़ कृष्ण पक्ष

(सेवा–विलासवंश 24.6.2013 रात्रि से 23.7.2013 तक)

3	जुलाई	11	बुधवार	– योगिनी एकादशी (मुकुट धारण)
8	जुलाई	30	सोमवार	– सोमवती अमावस्या, काली पोशाक व ताज धारण।

आषाढ़ शुक्ल पक्ष

10	जुलाई	2	बुधवार	– रथयात्रा, लाल बागौ धारण, वर्षा ऋतु के पद।
19	जुलाई	11	शुक्रवार	– देवशयनी एकादशी (मुकुट धारण)।
20	जुलाई	15	सोमवार	– गुरु पूर्णिमा, श्रीजी के मन्दिर में सेवक – चरित्र पाठ प्रारम्भ (मुकुट धारण)।

श्रावण कृष्ण पक्ष

(सेवा–रासवंश 23.7.2013 रात्रि से 14.8.2013 तक)

2	अगस्त	11	शुक्रवार	– कामदा एकादशी (मुकुट धारण)। श्रीसेवक जी महाराज जन्म बधाईगान 7 दिन पर्यन्त।
6	अगस्त	30	मंगलवार	– अमावस्या हरियाली (हरी पोषाक धारण)।

श्रावण शुक्ल पक्ष

8	अगस्त	2	गुरुवार	– रात्रि को समाज में मेंहदी श्रृंगार के पद, आज रात्रि शयन समय सिंधारे की समस्त वस्तुएँ शैयागृह में रखी जाती है।
9	अगस्त	2/3	शुक्रवार	– हरियाली तीज (झूलनोत्सव प्रारम्भ), श्रीसेवक जी का जन्मोत्सव।

(सेवा–विलासवंष 14.8.2013 रात्रि से 7.9.2013 तक)

17	अगस्त	11	शनिवार	– पवित्रा एकादशी (मुकुट धारण)।
21	अगस्त	15	बुधवार	– पूर्णिमा (रक्षा बन्धन), रक्षाबन्धन के पद, झूलन समाप्ति के पद आज से ही श्री लाल जी की बधाई प्रारम्भ।

भाद्रपद शुक्ल पक्ष

(सेवा–रासवंश 7.9.2013 रात्रि से 20.9.2013 तक)

10	सितम्बर	5	मंगलवार	– आज से चार दिन तक चाव उत्सव।
12	सितम्बर	7	गुरुवार	– लाल पोशाक धारण, रात्रि शयन आरती के पश्चात् पुनःदर्शन सम्मुख में ढाँढ़ी–ढाँढ़िन का नृत्य समाज, आज औलाई दर्शन नहीं होते।
13	सितम्बर	8	शुक्रवार	– श्री राधाष्टमी, श्री राधिका जन्मोत्सव अरूणोदय के पूर्व मंगला आरती पर समाज, मध्यान्ह में दधिकांदौ (ब्रजवासियों का फिर गोस्वामी स्वरूपों का) रात्रि में बधाई गान, बड़ी चाव बड़ी सरकार से, समाज में बधाई पूर्णिमा तक होगी।
15	सितम्बर	11	रविवार	– परिवर्तिनी एकादशी (मुकुट धारण)।
18	सितम्बर	14	बुधवार	– श्रीप्रियाजी कौ छठी, समाज में बधाई गान।
19	सितम्बर	15	गुरुवार	– पूर्णिमा (मुकुट धारण), साँझी उत्सव प्रारम्भ।

आश्विन कृष्ण पक्ष

(सेवा–विलासवंश 20.9.2013 रात्रि से 19.10.2013 तक)

22	सितम्बर	3	रविवार	– दष्ठौन प्रियाजी कौ।
30	सितम्बर	11	रविवार	– इन्दिरा एकादशी (मुकुट धारण), आज से अमावस्या तक रंगों की साँझी बनेगी।
5	अक्टूबर	30/1	शनिवार	– अमावस्या, काली पोषाक व ताज धारण। (पितृ विसर्जन पूर्व दिन)

आष्विन शुक्ल पक्ष

13	अक्टूबर	9	रविवार	– विजयादशमी, दशहरा के पद। (अपराहे श्रवण दशमी योगात्)।
15	अक्टूबर	11	मंगलवार	– पापांकुश एकादशी (मुकुट धारण)।
18	अक्टूबर	15	शुक्रवार	– शरदपूर्णिमा (मुकुट धारण), शरद के पद।

कार्तिक कृष्ण पक्ष

(सेवा–रासवंश 19.10.2013 रात्रि से 18.11.2013 तक)

20	अक्टूबर	2	रविवार	– द्वितीय शरद, लाल पाग धारण।
27	अक्टूबर	8	रविवार	– अहोई अष्टमी, श्री राधाकुण्ड स्नान अर्द्धरात्रि में।
29	अक्टूबर	10	मंगलवार	– गोस्वामी श्रीमोहनचन्द्र प्रभु कौ जन्मोत्सव।
30	अक्टूबर	11	बुधवार	– रमा एकादशी (मुकुट धारण)।
1	नवम्बर	13	शुक्रवार	– धनत्रयोदशी (हरी जरी कौ बागौ धारण)।
2	नवम्बर	14	शनिवार	– छोटी दीपावली (लाल जरी कौ बागौ धारण)।
3	नवम्बर,	30	रविवार	– अमावस्या, श्री जी चौपड़ खेलेंगे, दीपावली, दीपदान।

कार्तिक शुक्ल पक्ष

4	नवम्बर	1	सोमवार	– अन्नकूट, श्री गोवर्धन पूजा, व्याहुला।
5	नवम्बर	2	मंगलवार	– यम द्वितीया, भैयादूज के पद।
10	नवम्बर	8	रविवार	– गोपाष्टमी, गौचारण की पोशाक छड़ी, धारण नटवर भेष।

11	नवम्बर	9	सोमवार	– अक्षय नवमी, वृन्दावन–मथुरा युगल परिक्रमा।
13	नवम्बर	11	बुधवार	– देवोत्थान एकादशी (मुकुट धारण)।
15	नवम्बर	13	शुक्रवार	– श्री राधावल्लभलाल जी का पाटोत्सव एवं श्री वृन्दावन प्राकट्योत्सव, गोस्वामी श्रीवनचन्द्र महाप्रभु की गादी उत्सव। सेवाकुन्ज में छप्पन भोग दर्शन।
17	नवम्बर	15	रविवार	– पूर्णिमा (मुकुट धारण)।

मार्गषीर्ष कृष्ण पक्ष

(सेवा–विलासवंश 18.11.2013 रात्रि से 18.12.2013 तक)

19	नवम्बर	2	मंगलवार	– आज से माघ शुक्ला 4 तक बयालीस लीला के पद समाज में होंगे।
24	नवम्बर	6	रविवार	– छींठ छठ (हेमन्त ऋतु श्रृंगार प्रारम्भ)।
29	नवम्बर	11	शुक्रवार	– उत्पन्ना एकादशी (मुकुट धारण)।
2	दिसम्बर	14	सोमवार	– सोमवती अमावस्या। काली पोशाक व ताज धारण।

मार्गषीर्ष शुक्ल पक्ष

13	दिसम्बर	11	शुक्रवार	– मोक्षदा एकादशी (मुकुट धारण)।
14	दिसम्बर	12	शनिवार	– अन्जन द्वादशी।
17	दिसम्बर	15	मंगलवार	– पूर्णिमा (मुकुट धारण)।

पौष कृष्ण पक्ष

(सेवा–रासवंष 18.12.2013 रात्रि से 17.1.2014 तक)

28	दिसम्बर	11	शनिवार	– सफला एकादशी (मुकुट धारण)।
1	जनवरी	30	बुधवार	– अमावस्या। काली पोशाक व ताज धारण। (सन् 2014 प्रारम्भ)।

पौष शुक्ल पक्ष

3	जनवरी	2	शुक्रवार	– खिचड़ी उत्सव प्रारम्भ (एक मास पर्यन्त)। मंगला के पश्चात् श्रीजी की छद्य भेष की झाँकी होती है।

11	जनवरी	11	शनिवार	– पुत्रदा एकादशी (मुकुट धारण) श्री बिहारी जी की झाँकी।
14	जनवरी	14	मंगलवार	– मकर संक्रान्ति।
15	जनवरी	14	बुधवार	– शंकर जी की झाँकी।
16	जनवरी	15	गुरुवार	– पूर्णिमा (मुकुट धारण) दाऊजी की झाँकी।

माघ शुक्ल पक्ष

31	जनवरी	1	शुक्रवार	– श्री युगल दर्शन।
1	फरवरी	2	शनिवार	– टोपा दुशाला धारण, मोह भोग के पद।
4	फरवरी	5	मंगलवार	– बसन्त पंचमी, श्रृंगार आरती के समय बसन्तोत्सव बसन्त के पद प्रारम्भ, श्रीमहल सेवाकुन्ज में मध्यान्होत्तर बसन्त समाज।
8	फरवरी	9	शनिवार	– गोस्वामी श्रीकृष्णचन्द्र प्रभु का जन्मोत्सव।
10	फरवरी	11	सोमवार	– जया एकादशी (मुकुट धारण)।
14	फरवरी	15	शुक्रवार	– पूर्णिमा (मुकुट धारण), रात्रि में समाज में होली के पद प्रारम्भ।

फाल्गुन कृष्ण पक्ष

(सेवा–रासवंश 16.2.14 रात्रि से 17.3.14 तक)

29	फरवरी	11	मंगलवार	– विजया एकादशी (मुकुट धारण), मानसरोवर मेला, रात्रि में मानसरोवर में रासमण्डल पर समाज।
28	फरवरी	14	शुक्रवार	– शिव चतुर्दशी, समाज में जोगियावारौ छद्य।

फाल्गुन शुक्ल पक्ष

3	मार्च	2	सोमवार	– फुलेरा दौज, समाज में रसिया पद प्रारम्भ, श्रीमहल सेवाकुन्ज में छद्य समाज आरम्भ। श्रीजी कमर में गुलाल की फेंट बाँधे, कपोल पै गुलाल लगावै एवं श्रृंगार संध्या आरती पर गुलाल उड़ावै।
12	मार्च	11	बुधवार	– आमलकी एकादशी (मुकुट धारण), रंगीली होली, होली की सवारी श्रीजी के मन्दिर से निकलेगी। श्रीजी सपरिवार

				गुलाल उड़ाते हुए पूरे वृन्दावन में भ्रमण करते हैं। तदुपरान्त श्रीजी में एवं सभी मन्दिरों में रात्रि को होली का खेल प्रारम्भ होता है, ब्याहुला मुकुट धारण।
14	मार्च	13	शुक्रवार	– प्रातः युगल दर्शन कुन्ज में होली।
16	मार्च	15	रविवार	– पूर्णिमा (मुकुट धारण) होलिका दहन।
17	मार्च	1	सोमवार	– धुलण्डी, डोलोत्सव।

चैत्र कृष्ण पक्ष

(सेवा–विलासवंष 17.3.2014 सोमवार रात्रि से)

20	मार्च	4	गुरूवार	– बादग्राम में समाज के साथ रात्रि जागरण।
21	मार्च	5	शुक्रवार	– रंगपंचमी। बादग्राम में डोलोत्सव समाज।
22	मार्च	6	शनिवार	– गोस्वामी श्रीवनचन्द्र महाप्रभु का जन्मोत्सव।
27	मार्च	11	गुरुवार	– पापमोचनी एकादशी (मुकुट धारण)।
30	मार्च	30	रविवार	– अमावस्या, वर्षावसान। लाल पोशाक धारण।।"

ये उत्सव वर्णन क्रमवार मुझे श्री जयेश खण्डेलवाल जी, मुखिया, राधावल्लभ सम्प्रदाय के द्वारा दिनांक 11.3.2013 को लिये गये साक्षात्कार के उपरान्त प्राप्त हुए हैं।

8. राधावल्लभ सम्प्रदाय की समकालीन सखी सम्प्रदाय से तुलना

राधावल्लभ सम्प्रदाय और इसके समकालीन सखी अथवा हरिदासी सम्प्रदाय को मोटे तौर पर देखा जाए तो इनमें समकालीन होने के कारण इनमें कई समानताएँ दृष्टिगोचर होती हैं किन्तु जैसे–जैसे हम इनके समीप जाते हैं इनमें विभिन्नताएँ स्पष्ट होने लगती है।

अपने शोध प्रबन्ध में इसे देने का कारण केवल इतना है कि राधावल्लभ सम्प्रदाय और हरिदासी सम्प्रदाय के मध्य स्थित समानताओं–विभिन्नताओं को और अधिक स्पष्ट किया जा सके।

8.1 सखी सम्प्रदाय एवं राधावल्लभीय सम्प्रदाय की मुख्य विशेषताएँ या समानताएँः–

1. प्रेम ही परतत्व है।
2. उसका प्रकाशन श्याम–श्यामा के रूप में होता है।
3. श्याम–श्यामा नित्य–विहार में निमग्न रहते हैं।
4. शक्ति शक्तिमान जैसे सम्बन्ध इन दोनों के पारस्परिक सम्बन्ध को व्याख्याचित नहीं कर सकते।
5. प्रेम और भक्ति के क्षेत्र में राधा का स्थान प्रमुख है।
6. अन्य सारे अवतार बिहारी जी के ही अंश हैं, पर सृष्टि के पालन, सृजन या संहार से उनका प्रत्यक्ष सम्बन्ध नहीं है। यों संसार की सृष्टि भी उनकी माया ही है, पर वास्तविक नित्य स्वरूप नित्य विहार में ही है।
7. यह रूप नित्य–किशोर अजन्मा है।
8. ब्रज, मथुरा, द्वारका आदि की काव्य–पुराणादि वर्णित लीलाओं से इन सम्प्रदायों का कोई प्रत्यक्ष सम्बन्ध नहीं है। यहाँ तक कि ब्रजलीला का माधुर्य–रस इस विहार–रस के एक कण के छलक जाने से उत्पन्न है।
9. इसी कारण परिकर एवं धाम की जो विस्तृत विवेचना गौड़ीय वैष्णवों में उपलब्ध है, यहाँ पर उसका अभाव है, पर यह अभाव किसी प्रकार की हीनता का सूचक नहीं है। यह आवश्यकता न होने के कारण है।
10. गुरु श्रीराधा के समान होता है। दोनों ही सम्प्रदायों ने अपने संस्थापकों को उपास्य के पद तक पहुँचा दिया है।
11. जीव को उपासना सहचरी भाव से करनी चाहिए।
12. सहचरी–भाव में पुरूष–भाव का अभाव हो जाता है, तन–मन निर्विकार हो जाते हैं एवं नित्य–कुन्ज–बिहार में सेवा करने की उत्कण्ठा तथा विहार–दर्शन की ही लालसा रहती है।

13. सहचरी लाल–लाड़िले के सुख में ही सुखी रहती हैं, इसलिए उसके भाव को तत्सुखी भाव कहते हैं।
14. सहचरी के स्वरूप में प्रेम, दास्य एवं सरज्य का अद्‌भुत संयोग रहता है।
15. नित्य–विहार–दर्शन ही जीवन का परम पुरूषार्थ है।

8.2 दोनों सम्प्रदायों में विभिन्नताएँ:– दोनों सम्प्रदायों में विभिन्नताओं के सन्दर्भ में "डॉ. विजयेन्द्र स्नातक जी का सुचिन्तित मत है कि: "श्री स्वामी हरिदास जी तो हितहरिवंश जी के समसामयिक थे। स्वामी जी ने सखी–भाव के साथ नित्यविहार और निकुन्जलीला का ठीक उसी रूप में गायन किया जिस रूप में श्री हितहरिवंश जी ने प्रस्तुत किया था। उनका तथा उनकी शिष्य–परम्परा का जो भक्ति–साहित्य मिलता है, उसमें तथा राधावल्लभीय भक्ति साहित्य मिलता है, उसमें विचारधारा और भावना का विशेष अन्तर नहीं है। प्रायः एक ही भावभूमि पर दोनों ने साहित्य–सृजन किया है।"[20] स्नातक जी ने इनके बीच स्थित सामान्य भिन्नताओं की भी चर्चा की है। उनके अनुसार मुख्य अन्तर हैं–

"स्वामी हरिदास जी की साधना में वैराग्य का प्राधान्य था तथा सम्प्रदाय में स्वकीया भावना को महत्व प्राप्त है जबकि राधावल्लभीय सम्प्रदाय में लौकिक दृष्टि से स्वकीया की स्वीकृति होने पर भी राधा को स्वकीया परकीया भेद विवर्जित माना गया है। साथ ही यहाँ गृहस्थ आश्रम को मान्यता प्राप्त है।"[21]

हरिदासी सम्प्रदाय के अष्टाचार्यों की वाणी के अध्ययनोपरान्त यह ज्ञात होता है कि इन आचार्यों के समक्ष नित्य–विहार या निकुन्जलीला का वर्णन का कोई आदर्श पहले से प्रतिष्ठित था जिसका अनुकरण यह करते थे और इस सम्प्रदाय के पूर्व हितहरिवंश जी यहाँ पधारे थे इसलिए यह कहा जा सकता है कि इसी सम्प्रदाय का अनुसरण इन आचार्यों ने किसी न किसी रूप में किया है।

मुख्य रूप से राधावल्लभीय सिद्धान्तों का प्रत्यक्ष या परोक्ष प्रभाव हम ब्रजमण्डल के समसामयिक भक्ति सम्प्रदायों में इन रूपों में भी देख सकते हैं:–

1– "रास की परिपाटी में राधा को प्राधान्य दिया जाता है जो सम्प्रदाय कृष्ण को इष्टदेव तथा राधा को परकीया मानते हैं वे भी रास में राधा को प्रथम स्थान देते हैं।

2– रासमण्डल बनवाने की प्रथा श्री हितहरिवंश के रास मण्डल निर्माण से ही प्रचलित हुई। उनसे पहले का कोई रासमण्डल ब्रज में उपलब्ध नहीं होता।

3– गद्दी–सेवा की स्थापना का श्रेय भी राधावल्लभ सम्प्रदाय को ही है। यद्यपि इसके अतिरिक्त श्री बिहारी जी के मन्दिर में और श्री राधारमण जी में इसका प्राकट्य काल क्रमशः 1595 और 1595 है जो कि राधावल्लभ जी के मन्दिर के परवर्ती हैं। राधावल्लभ जी का प्रतिष्ठाकाल 1592 है जिससे इन दोनों के अनुकरण करने की बात स्वयं प्रमाणित हो जाती है।

4– वृन्दावन में चलने वाली सात क्रम की सेवा का प्रवर्तन भी राधावल्लभ जी के मन्दिर से ही हुआ।

5– प्रसाद का महत्व ब्रजमण्डल में राधावल्लभीय भक्तों के कारण ही व्यापक और विषद् हुआ।

6– अष्टयाम सेवा को रासलीला में दृष्य–काव्य के रूप में दिखाने की परिपाटी भी राधावल्लभीय अष्टयाम सेवा के अनुरूप अन्य सम्प्रदायों ने ग्रहण कर ली है। यह ऐसा प्रभाव है जो प्रत्यक्ष रूप से आज भी देखा जा सकता है।

7– राधावल्लभीय भजन पद्धति की प्रशंसा तो अनेक सम्प्रदायों के वैष्णव भक्तों की है। प्रबोधानन्द सरस्वती, स्वामी हरिदास, अलि भगवान्, भगवत मुदित, वल्लभ रसिक आदि ने मुक्तकण्ठ से राधावल्लभीय भक्ति–पद्धति तथा श्री हितहरिवंश की प्रशंसा की है और उसे माधुर्य भाव का मुकुटमणि बताया है।

सखी सम्प्रदाय में कृष्ण, नन्द, सुवन जैसे नामों का प्रयोग नहीं होता है जबकि राधावल्लभ सम्प्रदाय में प्रारम्भ से इनका उपयोग हुआ है। इस सम्प्रदाय की रचनाओं में हमें कृष्ण, नन्दनन्दन, गोवर्धन घर, ब्रजनाथ एवं वृषभानु नन्दिनी जैसे शब्दों का प्रयोग प्राप्त होता है। श्री हिताचार्य जी ने राधा एवं कृष्ण के जन्म की बधाइयाँ गायी हैं, जैसे –

चलौ वृषभानु गोप के द्वार।
जन्म लियौ मोहन हित श्यामा आनन्द निधि सुकुमार। [22]

राधावल्लभ सम्प्रदाय में रास के अनेकानेक वर्णन प्राप्त होते हैं उनमें एक स्थान पर स्पष्ट रूप से भागवत की परम्परा में वे युवतियों को उचित रूप से परिरंभन आदि का सुख कृष्ण से प्रदान करवाते हैं। इस प्रकार से श्री कृष्ण के नाम, रास का विस्तारपूर्वक वर्णन व युवतियों का इस प्रकार का वर्णन सखी सम्प्रदाय में नितान्त विरल है।

राधावल्लभ सम्प्रदाय में सखियों को ललितादिक कहा है जो पौराणिक ललितादिक सखियों की ओर संकेत करता है। वहीं हरिदासी सम्प्रदाय में केवल ललिता (हरिदासी) सखी का ही नाम लिया है। हितहरिवंश जी ने आठ प्रमुख सखियाँ और उनकी आठ–आठ सखियों तथा अन्य सखियों का उल्लेख किया है। ललिता, विशाखा, रंगदेवी, चित्रा, तुगविद्या, चंपकलता, इन्दुलेखा एवं सुदेवी अष्ट प्रमुख सखियाँ हैं।

परन्तु हरिदासी सम्प्रदाय में इस प्रकार सखियों का कोई निरूपण अथवा विभाजन हमें प्राप्त नहीं होता। हरिदासी सम्प्रदाय में यदि मुख्य सखी कोई है भी तो स्वयं हरिदासी (या ललिता), शेष सब सखियाँ मात्र सखी हैं।

राधावल्लभ सम्प्रदाय में राधा का रूप अधिक उभरता हुआ प्रतीत होता है। श्री राधा ही उपास्या है, गुरु है, श्री कृष्ण की उपास्या और

सबसे श्रेष्ठ स्थान पर इस सम्प्रदाय में विराजमान है जबकि श्री राधा का यह स्वरूप हमें सखी सम्प्रदाय में प्राप्त नहीं होता है।

उपासनीय रस में श्री राधा, श्री राधावल्लभ, सखियाँ तथा वृन्दावन धाम मुख्य तत्व हैं। यह विशेष उल्लेखनीय है कि हरिदासियों के उपासना जगत में इन तत्वों को विशेष महत्व देने की प्रथा नहीं है। मेरे मत से यही इन दोनों सम्प्रदायों का मुख्य भेद है।

नैतिकता और पवित्रता की दृष्टि से देखा जाए तो राधावल्लभ सम्प्रदाय इस दृष्टि से हरिदासी सम्प्रदाय की अपेक्षा कम बल ही दे सका।

राधावल्लभियों के बीच प्रचलित गोपी तत्व को बहुत कुछ प्रश्रय दे डालने और लीलाओं में वैविध्य की बानगी उपस्थित करने के तरीके हरिदासियों को मान्य नहीं हो सकते।

राधावल्लभ सम्प्रदाय हिन्दी साहित्य के क्षेत्र में बहुत महत्वपूर्ण स्थान रखता है। वैष्णव सभी सम्प्रदाय की तुलना में लगभग दुगुनी के बराबर इस सम्प्रदाचार्यों ने ग्रन्थ रचना की है जिसकी बराबरी कोई नहीं कर सका। इस सम्प्रदाय की 'श्री सेवक जी की वाणी' तथा 'श्री हित चौरासी' सबसे महत्वपूर्ण ग्रन्थ है।

"राधावल्लभ सम्प्रदाय ने कृष्ण को राधा का आज्ञावर्ति घोषित करके परोक्ष रूप से पारिवारिक जीवन में नारियों को प्रमुखता से अंगीकार किया है।"[23]

निष्कर्ष:

निष्कर्षतः हम यह कह सकते हैं कि दोनों सम्प्रदायों में कुछ समानताएँ अवश्य है किन्तु राधावल्लभ सम्प्रदाय का अपना एक अलग अस्तित्व है। इस सम्प्रदाय में श्री राधा की सर्वोपरिता ही इसे सबसे अलग स्थान पर स्थापित करती है।

सन्दर्भ ग्रन्थ सूची

1. व्यास, श्री गोपाल प्रसाद, स्नातक, डॉ. विजयेन्द्र – सम्पादकः ब्रज–विभाव, हिन्दी साहित्य सम्मेलन प्रकाशन, दिल्ली, पृ. 396।
2. शर्मा, डॉ. कृष्णदेव, भक्तिकालीन कृष्ण काव्य का अध्ययन, पृ. 226।
3. वही।
4. वही।
5. उपाध्याय, बलदेव, भागवत सम्प्रदाय, पृ. 439।
6. वही।
7. वही, पृ. 440।
8. वही।
9. साक्षात्कारः श्री जयेष खण्डेलवाल जी, समाज (मुखिया), राधावल्लभ सम्प्रदाय, वृन्दावन, दिनांक 14.2.13।
10. वही।
11. 'अलि', किशोरीशरण, हिन्दी भक्ति काव्य में रसभक्ति धारा और उसका वाणी साहित्य, पृ. 445 (भाग–1)।
12. हरिवंश, गो. हित, स्फुट वाणी, अन्तिम दोहे।
13. प्र., प्रा. ना, छन्द सं. 191।
14. हरिवंश, गो. हित, स्फुट वाणी, अन्तिम दोहे।
15. 'अलि', किशोरीशरण, हि.भ.का. में र.ध. और. उ.वा.सा., पृ. 447।
16. समाज गान पद्धति का विस्तृत विवेचन प्रबन्ध के परिशिष्ट भाग में दृष्टव्य है।
17. स्नातक, विजयेन्द्र, राधावल्लभ सम्प्रदायः सिद्धान्त और साहित्य, पृ. 255।
18. श्री लाड़लीदास कृत, सुधर्म बोधिनी, पृ. 721।
19. The Sect mark of the Radha Vallabh is made in the front of a loop the round position below meeting near the eye brows. Monograph on the religious sects in India amont the Hindus- by- D.A. Pai, p. 54.
20. अवस्थी, डॉ. देवीशंकर, अठारहवीं शताब्दी के ब्रजभाषा काव्य में प्रेमभक्ति, पृ. 218।
21. वही।
22. हितहरिवंशः स्फुटवाणी, 4, 7, 8, 11, 15, 16, 18, 19 हित चौरासी –18, 30, 33, 43, 45, 48 आदि।
23. वर्मा, श्री सांवलिया बिहारीलालः विश्व धर्मदर्शन (1953) पृ. 288

3

राधावल्लभ सम्प्रदाय की साहित्यिक भावभूमि

राधावल्लभ सम्प्रदाय के वाणी साहित्य की विपुलता साहित्य के क्षेत्र में सदैव ही आकर्षण का केन्द्र बनी हुई है और बनी रहेगी। कारण है इस सम्प्रदाय का वाणी साहित्य का विषय वैविध्य और रचनाओं की अपरिमितता। इस सम्प्रदाय के बहुत कुछ विपुल वाणी साहित्य विनष्ट या बिखर जाने पर भी संस्कृत तथा ब्रजभाषा में आज भी इतने अधिक परिमाण में विद्यमान है कि यदि उसे हम ब्रज साहित्य से पृथक कर दें तो ब्रज साहित्य के ग्रन्थ अंगुलियों पर गिनने लायक शेष रह जायेंगे। किशोरीशरण 'अलि' जी द्वारा विक्रम संवत् 2007 में प्रकाशित 'साहित्य रत्नावली' नामक ग्रन्थ इस तथ्य का पुष्ट प्रमाण है। "इन वाणी ग्रन्थों की अनेकानेक प्राचीन हस्तलिखित प्रतियाँ वृन्दावन, मथुरा, बरसाना, संकेतवट, सिवार ग्राम, नन्द ग्राम, राधाकुण्ड, बैठन, बादग्राम, हाथरस, कुसुमसरोवर, गोवर्धन, अलीगढ़, बड़ौन, जयपुर, जोधपुर, कोटा, उदयपुर, अलवर, भरतपुर, छतरपुर, कोलारस, अहमदाबाद, बड़ौदा, सूरत, उन्नाव, पटना, मिर्जापुर, दतिया, बनारस, इलाहाबाद, कानपुर, दिल्ली, नीमकाथाना, शिवपुरी, डुंगासरा, झांसी, लखनऊ, हर्दीगंज, ग्वालियर, आगरा, भिण्ड, छत्तीसगढ़, कलकत्ता, कासगंज, बीकानेर आदि स्थानों के व्यक्तिगत संग्रहों तथा राजकीय संग्रहालयों

में सुरक्षित है।"[1] मैंने स्वयं भी हस्तलिखित पदों को जयपुर के तीन संग्रहालयों – संजय शर्मा संग्रहालय, वृन्दावन के राधावल्लभ मन्दिर संग्रहालय व श्री जयेश खण्डेलवाल जी के व्यक्तिगत संग्रहालय तथा इलाहाबाद के संग्रहालयों में देखा व छायाचित्र भी लिये हैं।

"श्री हितहरिवंश जी की वाणी भक्ति रस से आप्लावित मुक्त गेय पदों का संग्रह है। भक्ति भावना से अनुप्राणित इन पदों में शास्त्रानुमोदित काव्य–सौष्ठव का संधान करना इन पदों की मूल भावना के साथ अन्याय करना होगा किन्तु भावुक एवं सहृदय भक्तों की रसस्निग्ध वाणी केवल शिवत्व से परिपूर्ण नहीं होती वरन् सत्य और सौन्दर्य को भी अपने अंचल में छिपाये रहती है। अतः काव्योत्कर्ष के समस्त अलंकृत उपकरण उसमें अनायास आ जाते हैं।"[2] काव्य की आत्मा रस है, श्री हितहरिवंश जी की वाणी का मूलाधार भी रस ही है। इनकी वाणी के प्रभाव से रसिक जन प्रेम–विह्वल होकर आनन्द–विभोर हो जाते हैं।

"वंशी के अवतार श्री हितहरिवंश जी की यह विशेषता है कि उनकी वाणी रूपी वंशी का निस्वन राधा के गुणानुवाद के लिए इतना कोमल और स्निग्ध रूप लेकर सरस पदों के माध्यम से गूँजी कि उसमें वर्णित राधा नख से शिख तक सौन्दर्य और प्रेम की मंजुल मूर्ति बनकर भक्तजन के लिए आराधना का विषय बन गयी। हितहरिवंश जी की वाणी के स्पर्श से कलाओं का श्रृंगार सजीव हो गया। भावों की मनोमुग्धकारी छठा से श्रृंगार का उज्जवल रूप निखार पाकर कान्तिमय हो उठा और श्रृंगार का माधुर्य–मण्डित रूप समस्त ब्रजमण्डल में अनुकरण का विषय बन गया। हित जी ने कविता का आश्रय केवल साधन की दृष्टि से ग्रहण किया था, उनका साध्य तो राधा–भक्ति द्वारा आत्मतृप्ति था। रसविशेष की प्रतीति के लिए वे पद रचना में लीन नहीं हुए थे। स्वानुभूत अर्थात् स्वयं की अनुभूति रस की अभिव्यक्ति के लिए उन्होंने काव्य का बाह्य आवरण स्वीकार किया था। जैसे उज्जवल भावनामय उनके पद हैं, वैसा ही तन्मयकारी

उनका श्रुति मधुर संगीत है, राधा का गुणगान जिन पदों का महत् उद्देश्य हो उनमें दीप्ति, कान्ति, ओज और माधुर्य भाव का अभाव कैसे हो सकता है।''[3]

''राधावल्लभियों द्वारा रचित साहित्य को यदि काव्य सौन्दर्य की दृष्टि से परखा जाए तो उसमें कहीं भी अन्य सम्प्रदायों से यह सम्प्रदाय कम नहीं ठहरता है। ब्रज साहित्य को भक्ति–भाव तथा लीला–गान से परिपूर्ण करने का श्रेय राधावल्लभ सम्प्रदाय के कवियों को है।''[4]

इस विषय पर डॉ. रविभानु जी अपनी पुस्तक में लिखते हैं कि ''इसमें सन्देह नहीं कि इस सम्प्रदाय के कवियों ने ब्रजभाषा की बहुत बड़ी सेवा की है पर सभी पद्यकारों को हम विशुद्ध अर्थ में कवि की संज्ञा नहीं दे सकते। दूसरे, इनका साहित्य प्रायः गोप्य वस्तु के रूप में ही रहा, जिससे प्रचार एवं सामाजिक प्रभाव की दृष्टि से हम इसे वह महत्व नहीं प्रदान कर सकते हैं जो अन्य वैष्णव कवियों को दिया जा सकता है। सम्प्रदाय के आदि संस्थापक हितहरिवंश जी के पश्चात् दामोदार दास (सेवक जी), हरिराम व्यास, ध्रुवदास, नेही नागरीदास, कल्याण पुजारी, अनन्य अली, रसिक दास, वृन्दावन दास (चाचाजी) आदि का नाम राधावल्लभीय कवियों में विशेष उल्लेखनीय है।''[5]

राधावल्लभ सम्प्रदाय का काव्य भावुकता तथा भक्ति की दृष्टि से नितान्त उदात्त, रस भाव से परिपूर्ण तथा ललित भावमयी है। इनके काव्य में हृदय पक्ष का ही मुख्यतः प्राबल्य है। कला–पक्ष अस्तित्वहीन न होने पर भी हृदय–पक्ष का ही पोषक तथा संवर्धक है। इस सम्प्रदाय का काव्य साहित्य वृन्दावन–रस से आप्लावित मुक्तक कवित्तों का संग्रह है। भाव–भावना से अनुप्राणित इन कवित्तों में शास्त्र–अनुमोदित काव्य–सौन्दर्य का परीक्षण करना उनकी भावना के साथ अन्याय ही होगा, किन्तु इसका अर्थ यह नहीं कि रसिकों की रस–स्निग्ध वाणी

में काव्योत्कर्ष परिचायक सामग्री नही होती। उसमें तो काव्य के समस्त अलंकृत उपकरण अनायास ही आ जाते हैं। इस सम्प्रदाय के आचार्यगण इस तथ्य के समुज्जवल प्रमाण हैं।

रस विषय पर श्री हितहरिवंश जी ने विस्तारपूर्वक भरत की भांति प्रकाश नहीं डाला है। सम्प्रदाय में ऐसी मान्यता है कि उनकी कृपा दृष्टि से ही रसिकजनों को वृन्दावन रस की अनुभूति हो जाती थी। कालान्तर में सम्प्रदाय के विद्वजनों तथा सर्वसाधारणजनों को यह हृदयागंत कराने के उद्देश्य से कि यह 'वृन्दावनरस' रस के सभी अंगों से परिपूर्ण है। यहाँ पर रस के स्थायी भाव, विभाव, अनुभाव आदि का भी उल्लेख किया गया है। हिताचार्य के रस को 'स्वयं निष्पन्न रस' कहा जाता है। इसे स्वयं निष्पन्न रस इसलिए कहा गया है क्योंकि यहाँ कवि की विभावना व्यापार पर आधारित नहीं है और न ही नायक–नायिका इसके प्रयोजक हैं। इस रस का प्रयोजक स्वयं रस ही है।

''श्री हिताचार्यचरण ने अपने उपास्य 'रस' (श्री राधा श्यामसुन्दर) की रस क्रीड़ाओं का पद्यात्मक गान किया है, जो कि एक रसिक के लिए शुद्ध रस (केलि) गान है तो एक काव्य रसिक कवि के लिए अभिज्ञान शाकुन्तलम्, बिहारी सतसई आदि काव्य ग्रन्थों की भांति एक श्रृंगारी काव्य मात्र है।''[6] काव्य रस का स्थायी भाव काम मूलालौकिक रति है। भक्ति रस का स्थायी भाव भगवद् रति है, जिसे उद्‌बुद्ध करने के लिए आलम्बन (भगवान राम–कृष्ण आदि) में भगवत्ता का होना अनिवार्य है। श्री हिताचार्यचरण के उपास्य 'रस' (श्री राधा श्यामसुन्दर) में ऐश्वर्य का सर्वथा अदर्शन रहता है। इसलिए उनकी रसोपासना में शान्त, दास्य और सरयादि भावों के लिए भी स्थान नहीं है अद्वय युगल श्री राधा श्यामसुन्दर तो रस किंवा प्रेम की मूर्ति ही है। वे स्वरूपतः सम्पूर्ण माधुर्य के अधिष्ठान ही हैं, अतः श्री राधा श्यामसुन्दर का यह माधुर्य मण्डित रूप ही रति उद्‌बुद्ध करने का कारण है। (काव्य की भाषा में जिसे स्थायी भाव कहते हैं)।[7]

1. रस साहित्य में रस

राधावल्लभ सम्प्रदाय के साहित्य में प्राप्त रसों के विषय में कुछ लिखना सूर्य को दीपक दिखाने के समान है। जैसे कि मैंने इस सम्प्रदाय के विषय में पूर्व के अध्याय में बताया है कि इस सम्प्रदाय को 'रस सम्प्रदाय' की संज्ञा व इसके आचार्यों को 'रसिक' की संज्ञा प्राप्त है। इसका कारण श्री हिताचार्य की रस परिपूर्ण वाणी की मधुरता थी। जिसके कारण हिताचार्य द्वारा स्थापित सम्प्रदाय को जन सामान्य ने 'रस सम्प्रदाय' कहना आरम्भ कर दिया।

''जे अवतार कदम्ब भजत हैं धरि दृढ़ व्रत जु हिये।
तेऊ उमगि तजत मर्यादा वन विहार रस पिये।।''

– (स्फुट वाणी, गोस्वामी हितहरिवंश)

''श्री हिताचार्य नाट्यशास्त्र के पूर्ण विज्ञाता थे।'' [8]

''परन्तु उन्होंने इन रसों के प्रति उपेक्षा अथवा अपेक्षा प्रकट न करते हुए उपासना के क्षेत्र में 'वन विहार रस' किंवा 'वृन्दावन' नामक एक अभिनव रस की संस्थापना की है।''[9] जो कालान्तर में वृन्दावन रस नाम से सरूढ़ हो गया है। ''रस के क्षेत्र में सर्वप्रथम काव्य रस और भक्ति रस का नामोल्लेख, उनका स्वरूप विवेचन, उनके स्वरूप पर प्रकाश डालने का श्रेय आचार्य भरत को ही जाता है।''[10] ''आचार्य भरत ने कुल आठ रस बताये हैं जिसमें से चार मुख्य हैं – श्रृंगार, रौद्र, वीर और वीभत्स। इन्हीं चतुःरसों से क्रमशः हास्य, करूण, अद्भुत और भयानक रस की उत्पत्ति बताई थी।''[11]

'वृन्दावन रस' तो श्री हिताचार्य का परमोपास्य ही था। काव्य रस की भांति इसके लिए किसी प्रकार की रस–निष्पत्ति–विधा तैयार करने की आवश्यकता अनुभव नहीं हुई। इन्होंने अपनी वाणी में रस के प्रत्येक अंन्नोपान्नों पर कहीं पर भी व्याख्या प्रस्तुत नहीं की है अर्थात् हितहरिवंश जी के पदों में कहीं भी रस से सम्बन्धित कोई व्याख्या हमें प्राप्त नहीं होती है।

"काव्य रस की शास्त्रीय कसौटी पर यदि हितहरिवंश जी के पदों को कसा जाये तो विभाव, अनुभाव, संचारी आदि के संयोग से साहित्यिक शैली द्वारा रस–निष्पत्ति की प्रक्रिया को चरितार्थ किया जाये तो भी हम उन्हें भक्ति रस या श्रृंगार रस की दृष्टि से सर्वांगपूर्ण पाते हैं।"[12]

हिन्दी भक्ति–साहित्य में भक्ति–रस की शास्त्रीय व्याख्या प्राप्त नहीं होती है किन्तु भक्ति का वर्णन रस पद्धति पर हुआ है। जिससे यह स्वतः स्पष्ट हो जाता है कि हित जी रस के पूर्ण ज्ञाता थे। "भक्ति–रस पाँच प्रकार के माने जाते हैं – शान्त, दास्य, सख्य, वात्सल्य एवं माधुर्य (मधुर)। माधुर्य (मधुर) को ही श्रृंगार या उज्जवल रस की संज्ञा दी गई है।

राधावल्लभ सम्प्रदाय में भक्ति–रस में शान्त, दास्य, सख्य और वात्सल्य को स्थान प्राप्त नहीं है। तो केवल माधुर्य भाव ही शेष रहता है जिसका प्रयोग इस सम्प्रदाय में प्राप्त होता है। हित जी ने केवल माधुर्य मण्डित रूप को ही अपनाया है। ऐश्वर्य ज्ञान को भी छोड़ दिया है। यहाँ राधा कृष्ण का माधुर्य मण्डित रूप ही रति उद्‌बुद्ध करने के कारण है और यही स्थायी भाव के रूप में प्रतिष्ठित है। अन्य सम्प्रदायों में से इसमें यही नवीनता प्राप्त होती है कि श्री कृष्ण उपासक हैं और श्री राधा उनकी उपास्या।

उदाहरणस्वरूप एक कवित्त दे रहे हैं जिसमें रस से पूर्ण विविध अंग देखे जा सकते हैं–

"राधा मुख चन्द्रमा पै, शशि की किरन वारौ,
सची उरवसी वारौं कोटि रति रंगना।
मंद हंसि झमकि झरोखे दुरि गई हा हा,
पचरंग बेंदी भाल हीरन के कंगना।।
सहज श्रृंगार सीस छूटे सिलसिले बार,
दृग आँजे राजै ब्रजजीवन मति पृंगना।

कबहूँ झूमकि चढ़ि जात हटा पौरिन लौ,
फूली–फूली डोलै अंगना में खरी अंगना।।'' [13]

इस पद के अन्तर्गत हमें रसों में श्रेष्ठ श्रृंगार रस के अन्तर्गत ही अन्य रसों की प्राप्ति हो जाती है।

'कामकेलि' की चरम परिणति 'सुरत–प्रसंग' आदि को भी हितहरिवंश जी ने बड़े विशद् विस्तार के साथ गाया है। उन प्रसंगों का अन्तरंग मर्म कदाचित् वे सन्त महानुभाव ही समझ सकते हैं जिस पर श्री राधा जी की कृपा होई जाए। ऐसा इस सम्प्रदाय के भक्तों का मानना है।

सामान्य पाठक को ऐसे अवतरणों से भक्ति की उच्च भूमिका में पहुँचने में कदाचित् भारी बाधा उपस्थित होगी। यह भी सम्भव है कि माधुर्य–भक्ति रस के मर्म से अनभिज्ञ पाठक ऐसे वर्णनों को शुद्ध श्रृंगार वर्णन समझने की भूल करते हैं।

2. राग, रस और समय

संगीत का मुख्य उद्देश्य आनन्द की प्राप्ति है और यह तभी सम्भव है जब संगीत द्वारा रस की निष्पत्ति हो। प्राचीन आचार्यों ने रस सिद्धान्तों पर गहन चिन्तन कर यह बताया कि ललित कलाओं में संगीत ही रस निष्पत्ति का सबसे प्रभावशाली सशक्त माध्यम है। भारतीय संगीत का मुख्य अंग राग है और इन्हीं से रस निष्पत्ति सम्भव है। ''शास्त्र में उस स्वर सन्दर्भ को राग का नाम दिया गया है। जो मधुर स्वर और वर्ण से विभूषित होकर हृदय का रंजन करे। किसी एक स्वर से तब तक भाव या रस की उत्पत्ति नहीं होती जब तक कि उसमें अन्य स्वरों का सहयोग न हो। जब अनेक स्वर मिलकर किसी धुन में बँध जाते हैं तो वह धुन रस का संचार करने में समर्थ होती है। इसी धुन को 'राग' कहते हैं।''[14] जब इन्हीं रागों को विभिन्न स्वरों की सहायता से भिन्न–भिन्न भावों द्वारा व्यक्त किया जाता है तो यह भिन्न–भिन्न रसों की सृष्टि करता है।

'एतिय बेगम' के अनुसार 'राग' का अर्थ है –

"Rag means passion, emotion and feeling."[15]

'रंज्यति इति रागः'

– मनु स्मृति

अर्थात् जो मन का रंजन करे, वही राग है।

जिस प्रकार प्रत्येक व्यक्ति का अपना एक अलग व्यक्तित्व होता है। उसी प्रकार प्रत्येक राग का अपना पृथक व्यक्तित्व होता है। कोई राग मीड़ प्रधान होती है (जैसे मल्हार अंग की रागें), कोई वक्र प्रकृति की (जैसे तिलक कामोद), कोई तार सप्तक प्रधान (जैसे अड़ाना), कोई गम्भीर प्रकृति की होती है (जैसे दरबारी) कोई प्रातः गेय होती है (जैसे भैरव), कोई श्रृंगार रस प्रधान (जैसे गौरी) होती है। वास्तविकता यह है कि एक श्रेष्ठ कलाकार किसी वीर रस के राग से शान्त रस की सृष्टि कर सकता है तथा करूण रस प्रधान राग से उमंग का वातावरण बनाने में सक्षम होता है किन्तु ऐसे उच्च कोटि के संगीत साधक इस जगत में विरले ही होंगे। इसीलिए विद्वानों ने रागों का समय सिद्धान्त उनकी प्रकृति के अनुरूप निश्चित कर दिया है। जिससे सामान्य कलाकार भी इन सिद्धान्तों को ध्यान में रखकर श्रोताओं को मंत्रमुग्ध करने में सक्षम हो सके। रागों की वर्गीकृत तालिका से यह बात स्पष्ट हो जाएगी–

सूर्योदय के पूर्व	–	विभास एवं ललित इत्यादि।
सूर्योदय के बाद	–	भैरव और उसके प्रकार।
पूर्वाह्न में	–	बिलावल और उसके प्रकार।
मध्यान्ह में	–	सारंग और उसके प्रकार।
अपराह्न में	–	भीमपलासी, पटदीप इत्यादि।
संध्या काल में	–	कल्याण और उसके प्रकार।
रात्रि के पूर्व	–	पूरिया और मारवा इत्यादि।
रात्रि के बढ़ने पर	–	बिहाग और उसके प्रकार।

मध्य रात्रि को – मालकौंस, बागेश्री और दरबारी इत्यादि।

उत्तर रात्रि को – बसन्त, परज और सोहनी इत्यादि।

हमारे विद्वानों ने संगीत को और अधिक श्रेष्ठ बनाने के लिए समय सिद्धान्त की अवधारणा रखी, क्योंकि कोई भी कला जितनी अधिक परिष्कृत होगी वह रसाभिव्यक्ति कराने में और अधिक श्रेष्ठ होगी।

सम्भवतः इसका अनुमान राधावल्लभाचार्य (अर्थात् रसिक) को अवश्य था। इसीलिए इस सम्प्रदाय के आचार्यों ने पदों की रचना के लिए रागों का चयन रस, समय व ऋतु अनुकूल ही किया है। यहाँ यह भी कहना अनिवार्य हो जाता है कि यही कारण था कि सम्प्रदाय के आचार्यों ने राधावल्लभ युगल जी की आराधना हेतु ध्रुपद, धमार शैली को अपनाया क्योंकि श्रेष्ठ भावोत्पादन की दृष्टि से ध्रुवपद शैली उच्च कलाकृति प्रमाणित होती है। राग का शुद्ध रूप ध्रुवपद की श्रेष्ठ रचनाओं में हमें उत्कृष्ट रूप में मिलता है क्योंकि यहाँ राग के रचनात्मक तत्वों का पूर्ण रूप से परिपालन होता है और साधक को अलौकिक आनन्द की प्राप्ति होती है। इसी आनन्द में साधक का रसवर्धन और अधिक तब होता है जब ध्रुपद शैली में गाई गई वाणी के शब्द व भाव उसके अनुकूल राग, ताल समय व ऋतु अनुकूल राग में हो। ऐसी अवस्था में ही साधक अपने अहंभाव को त्याग कर एकत्व रस का आस्वादन करने योग्य हो सकता है यही संगीत की आत्मा है। 'राग तरंगिणी' ग्रन्थ में श्री लोचन ने कहा है कि रागों के समयानुसार गायन करने से उनमें और भी अधिक लालित्य व माधुर्य बढ़ जाता है।

> ''यथाकाले समाराब्धं गीतं भवति रंजकम्।
> अतः स्वरस्य नियमाद्रागेऽपि नियमः कृतः।।[16]
>
> – लोचन 'रागतरंगिणी', पृ. 13

राधावल्लभ सम्प्रदाय के पदों का अवलोकन करने से यह ज्ञात होता है कि इस सम्प्रदाय के आचार्य संगीत के उच्चकोटि के ज्ञाता थे। तभी तो आचार्यों ने पदों में राग–रागिनियों का प्रयोग उनके

गायन समय को ध्यान में रखकर, उनकी प्रकृति को ध्यान में रखकर, रसों को ध्यान में रखकर किया था।

इस सम्प्रदाय में राग–रागिनियों के समयानुकूल कुछ उदाहरण निम्नवत् हैं–

आचार्य हितहरिवंश जी द्वारा रचित प्रातःकाल पद 'राग विभास' में–

''कौन चतुर जुवती प्रिया, जाहि मिलत लाल चोर है रैन।
दुखत क्यों ब दुरै सुनि प्यारे रंग में गहिले चैन में नैन।
उर नख–चन्द्र बिराने, पट अटपटे से बैन।
जै श्री हितहरिवंश रसिक राधापति प्रमथित मैन।।'' [17]

राधावल्लभ सम्प्रदाय में युगलवर के राजभोग के समय दिन के दूसरे प्रहर में गाया जाने वाला पद 'राग धनाश्री' में बद्ध है–

''आरती कीजै जुगल किसोर की।
नखसिख अंग बलैयां लीजै, सांझ दुपहरी भारे की।।'' [18]

सायंकाल समय गाया जाने वाला पद 'राग पूर्वी' में चाचा वृन्दावनदास द्वारा रचित पद है –

''वृन्दावन हित रूप सुख देहु–लेहु सुनहु श्रवण दै।
बार–बार कहति यों चतुर अलि है।।'' [19]

'राग गौरी' संध्या भोग समय श्री वृन्दावनदेव जी का पद –

''सांझ समैं पहुंचे गौरी।
(श्री) वृन्दावन प्रभु छप्पन भोग जिवाये दै दैव अपनै कर कौरी।।''[20]

राधावल्लभ सम्प्रदाय में जहाँ एक ओर काफी पद समयानुकूल रागबद्ध हैं वहीं कुछ अपवाद रूप में भी प्राप्त होते हैं। परन्तु इससे यह नहीं कहा जा सकता कि इस सम्प्रदाय के आचार्यगण को संगीत का ज्ञान नहीं था। क्योंकि एक समर्थ कलाकार में यह समर्थता होती है

कि वह किसी भी राग से किसी भी रस की निष्पत्ति किसी भी समयकाल में करने में पूर्णतः सक्षम होता है। वहीं इसका एक अन्य कारण यह भी हो सकता है कि इस सम्प्रदाय में प्रकट सेवा से अधिक भाव सेवा की मान्यता है। प्रकट से तात्पर्य है ऐसी सेवा जो प्रकट अथवा दृष्टव्य हो – जैसे युगलवर, स्नान, वस्त्र आभूषण पहनाना, भोग आरती आदि इसके विपरीत भावना। इसके विपरीत 'भाव सेवा' में केवल भाव ही सब कुछ है फिर इसके अतिरिक्त न समय का, न ऋतु का केवल युगल स्वरूप का ही दर्शन चिन्तन मनन में मग्न रहते हैं।

"राधावल्लभ सम्प्रदाय में प्रकट सेवा में इष्ट के सम्मुख नित्य व्याहुले के पद गाये जाते हैं जो वास्तव में समाज में स्वीकृत नहीं है परन्तु इसके साथ–साथ इस लोक में विवाह की शोभा रात्रि को ही मानी गई है। इसलिए प्रकट सेवा में व्याहुले के पद रात्रि में ही गाये जाते हैं जो लोक प्रत्यक्ष में सभी को मान्य हैं। यह सम्प्रदाय भावानुसार इष्ट सेवा करता है। भावोपासना बन्धनमुक्त, उन्मुक्त तथा स्वतन्त्र है अर्थात् यदि रसिकों के हृदय में अपने आराध्य से मिलन की उत्कण्ठा जाग्रत हो गई तो वह उसी समय रसिकों ने मध्यान्ह समय के ही राग में व्याहुले के पद का गायन करेगा। इस उपासना से शीघ्र ही भक्त अपने युगलवर के निकट पहुँच जाता है। अमुक समय में अमुक भाव उत्पन्न होने से उन रसिकों ने उसी समयानुकूल राग में पदगान कर रसानुभूति प्राप्त की या जो भी राग उनकी रूचि के अनुसार स्वतः उनके मुख से निकल पड़ा उसी राग में उन्होंने अपने भावों को व्यक्त किया। यहाँ यह भी कहा जा सकता है कि प्रकट सेवा हो या भावोपासना – आचार्यों को इष्ट सेवा में युगल प्रिया की विभिन्न लीलाओं को देखने की इच्छा जब भी मन में उठी तब ही उन्होंने उस पद को अपनी रूचिमय राग में प्रभु के सम्मुख गाया। ऋतु तथा समयानुकूल गायन–सिद्धान्त का यह अर्थ कदापि नहीं कि निश्चित

समय के अतिरिक्त राग अन्य किसी समय में गाये ही नहीं जा सकते। इस बारे में शास्त्रों में कहा गया है–

यथेच्छया वा गातव्याः सर्वर्तुषु सुखप्रदाः।

– 'संगीत दर्पण' श्लोक 30, पृ. 77

अर्थात् यथा इच्छा (अर्थात् जब गायक की खूब तबीयत लगे तब) कोई भी राग सभी ऋतुओं में सुख प्रदान करेगा।''

राधावल्लभ सम्प्रदाय में विभिन्न ऋतुओं में प्राप्त रागों के नाम निम्नवत् हैं–

वैशाख शुक्ल पक्ष

फूल रचना पदः

गोस्वामी श्री हित हरिवंश – 'राग सारंग'

''सुनि मेरौ वचन छबीली राधा।
तै छायौ रस सिन्धु अगाधा।।''

गोस्वामी दामोदर वरजी – 'राग आसावरी' (फूल सिज्या कौ)

गोस्वामी श्री रूपलाल जी कृत – राग बिलावल, राग राइसौ, राग पूर्वी, राग गौरी, राग धनाश्री, राग बिहागरौ, राग पूर्वी, राग सारंग।

चंदन के पद – राग सारंग, गौरी, धनाश्री आदि।

नौका जल विहार पद – राग सारंग, पूर्वी, गौड़ सारंग आदि।

इनके अतिरिक्त राग मलार, बिहागरौ, राग टोड़ी, राग काफी

आश्विन कृष्ण पक्ष

दशहरा के पद, रास के पद, दीपमालिका हटरी के पद, चौपट के पद, अन्नकूट के पद, गोवर्धन पूजा आदि पदों में प्राप्त राग – बिलावल, राग सारंग, राग कान्हरौ, राग सूहौ बिलावल, राग कल्याण, राग ईमन, राग हमीर आदि।

चैत्र शुक्ल पक्ष

गोस्वामी श्री वनचन्द्र प्रभुजी की जन्म बधाई,

गुलाब फूल डोल के पद, चैत चांदनी के पद;

श्री हितोत्सव की मंगल बधाई, शयन के पद आदि में प्राप्त रागें – सूहौ बिलावल, जैतश्री, राग सोरठ, राग देव गंधार, राग आसावरी, राग पंचम, राग नाइकी आदि।

फाल्गुन शुक्ल पक्ष

बसन्त के पद, गोस्वामी श्री कृष्णचन्द्र प्रभुजी की जन्म बधाई, होरी धमार के पद, आहुला के पद, होरी के रसिया, होरी डोल के पद आदि पदों में प्राप्त रागें – अधिकाधिक पद राग बसन्त में, प्राप्त राग काफी, राग गौरी कई सारे पद प्राप्त केदार, सारंग आदि में भी कुछ पद प्राप्त।

राधावल्लभ सम्प्रदाय के भक्त संगीतज्ञों की वाणियों पर गहन दृष्टिपात करने पर यह सिद्ध हो जाता है कि उनकी वाणियों में पदों के भाव, उनके अर्थ तथा रस इत्यादि सभी तत्व कहीं न कहीं से हमारे शास्त्रोक्त रागों व रागिनियों के रस तथा भाव के साथ समन्वय रखते हैं। इससे यह भी स्पष्ट होता है कि सम्प्रदाय के रसिकगण शास्त्रीय संगीत के गूढ तत्वों के ज्ञाता थे। अतः साहित्य और संगीत को उन्होंने एक सूत्र में बाँध कर एक श्रेष्ठ स्वरूप प्रदान किया साथ ही साथ भारतीय संस्कृति के संवर्धन में महत्वपूर्ण योगदान दिया।

3. भाषा शैली

राधावल्लभ सम्प्रदाय के साहित्य में हमें सुन्दर ब्रजभाषा का प्रयोग प्राप्त होता है। जिसमें ब्रजभाषा के अन्य कवियों की अपेक्षा संस्कृत के तत्सम शब्द का अधिक प्रयोग मिलता है परन्तु संस्कृत के बहुप्रचलित शब्दों को ही हितहरिवंश जी ने अपने काव्य में स्थान दिया। आपके

पदों में क्रियापद व विभक्तियाँ ब्रजभाषा की रहती हैं, शेष पदावली संस्कृत के तत्सम पदावली को ब्रज भाषा के प्रवाह में ढालने की कला में हितहरिवंश जी को अद्भुत क्षमता प्राप्त है, उदाहरणतः–

"विद्रुम–फटिक–विविधनिर्मिधर नव कर्पूर पराग न थोरी।
कोमल–किशलय–शयन–सुपेशल तापर श्याम निवेशित गोरी।।"[21]

इस पद में जो मैं नीचे दे रही हूँ इसमें संस्कृत के साथ ही साथ ब्रजभाषा के शब्दों के साथ इतना सुन्दर मेल देखने को मिलता है। इसमें ब्रजभाषा के शब्द है 'डोलनि' और 'नाहि निचोलनि' कितने सुन्दर है।

तद्भव पदावली में भी अनुप्रास की छटा, माधुर्य, प्रवाह, भाव–व्यंजना आदि सब गुण पाये जाते हैं:

"बन की कुंजनि–कुंजनि डोलनि।
निकसत निपट सांकरी वीथिनि परसत नाहिं निचोलनि।।" [22]

हरिवंश जी की भाषा में वैसी चित्रात्मकता और कलात्मकता नहीं है जैसी सूरदास और नन्दास की भाषा में पाई जाती है। हरिवंश जी की एक बड़ी विशेषता यह है कि इन्होंने अनलंकृत भाषा का भी अत्यन्त प्रभावी प्रयोग किया है। यह सम्भव हुआ है सार्थक और मैत्रीपूर्ण शब्दों की सहयोजना के द्वारा। हितहरिवंश जी के बाद इस सम्प्रदाय के कविगणों की रचनाओं में भाषा में कुछ अन्तर प्राप्त होता है। सम्भवतः मेरे विचार से इसका कारण दिन–प्रतिदिन संस्कृत भाषा के प्रयोग में कमी के कारण लोगों की बोलचाल की भाषा में से भी इसका लोप होता गया। इसी का प्रभाव व परिवर्तन इस सम्प्रदाय की रचनाओं में भी दिखाई देता है। रचनाएँ सदैव ऐसी भाषा में होती है जो अधिकाधिक लोगों को आसानी से समझ में आ जाए और रचनाकार भी उसमें सरलतापूर्वक अपनी भावना को उतार सके। इसीलिए इस सम्प्रदाय के बाद के आचार्यगणों की रचनाएँ पूर्णतः संस्कृत में न होकर ब्रजभाषा, पंजाबी, उर्दू, फारसी आदि में प्राप्त होने

लगी। कहीं–कहीं कभी–कभी संस्कृत के कुछ तत्सम शब्दों का प्रयोग सौन्दर्य दृष्टि से रचनाओं के साथ कर लिया जाता है।

उर्दू फारसी शब्द

> "कैधौ गड़ी अमृत बुड़ाई नोंक वरछी की,
> कैधौ गोली सीसे की चलाई सुथिहारे की।।" [23]

पंजाबी शब्द

> "कैधो हुलकैंरी सुखदैंदी निज आली ब्रज,
> जीवन मन लैंदी चिबुक सुतानी में।" [24]

लोकोक्तियाँ और मुहावरे

इस सम्प्रदाय के पदों में लोकोक्तियों और मुहावरों का प्रयोग भी देखने को मिलता है जैसे – चाचा वृन्दावन दास द्वारा रचित मुहावरे–

> "लखि तात कियौ सिराइ, सबन को सिरमौर,
> सबही दीनी लाज गमाइ कै।" [25]

उदाहरण हमें पदों में प्राप्त होते हैं। पदों में रसिकों ने मुहावरों और लोकोक्तियों का प्रयोग चमत्कारिक अभिव्यंजना, व्यावहारिकता और भावाभिव्यक्ति के लिए कुशलता से किया है। किन्तु श्री हितहरिवंश जी की रचनाओं में मुहावरों की प्राप्ति बहुत मुश्किल से होती है। इनके बाद के शिष्यों की रचनाओं में इनकी प्राप्ति कहीं–कहीं होती है। मेरी समझ से इसका कारण समाज से रचनाओं को जोड़ने का प्रयत्न किया गया है। अन्यथा इस सम्प्रदाय की रचनाएँ पूर्णतः स्वान्तः सुखाय होती हैं।

4. पदों में प्राप्त छन्दों का प्रयोग

रसिकों ने अपने पदों में सामान्यतः वर्णनात्मक कथानक और विषय वस्तु का विषद् विवरण देते समय 16 मात्रा वाली 'चौपाई' का

प्रयोग किया है। वैसे तो रसिकों ने 16 मात्रा की चौपाई का प्रयोग अधिक किया है किन्तु उन्होंने 16 मात्रा वाली अन्य छन्दों – पादाकुलक, अरिल्ल, पद्धरि, पज्झटिका आदि से उसका कोई अन्तर स्थापित नहीं किया है।[26] इसलिए कहीं–कहीं एक चरण 'चौपाई' और दूसरा 'पदाकुलक' का एक साथ प्रयोग प्राप्त होता है। कई बार छन्दों में चार चरणों के नियमों का पालन नहीं भी किया जाता है, उदाहरणस्वरूप–

ध्रुवदास –

1. श्री हरिवंश हिये जो आनै, ताको वह अपनो करि जानै। (चौपाई)
2. यह रस गायो श्री हरिवंश, मुक्ता कौन चुगै बिनु हंस। (चौपाई)
3. रसद रहस्य मंजरी भई, छिन–छिन जोति होति है नई। (चौबोला)[27]

चाचा वृन्दावनदास ने 'विलाप–कुसुमांजलि' में 'उपदोहा' छन्द का प्रयोग किया है जिसमें उन्होंने 11 और 13 के यति–क्रम से रोला के चरण–युग्म को ही 'उपदोहा' नाम दिया है –

"तुव उर वर हे कनक, गौरि हे परम सुहावन।
श्रमित असम जुत नंद, सुमन सज्जा मन भावन।।"[28]

राधावल्लभ सम्प्रदाय के सम्प्रदायाचार्य गोस्वामी श्री हितहरिवंश जी कृत चतुरासी के पदों में छन्दों का प्रयोग बहुत ही आकर्षक है जिन्हें पढ़कर ऐसा प्रतीत होता है जैसे दोहे–सोरठे जैसी छोटे–छोटे छन्दों में बैठकर काव्य अपने अर्थ खोलता है।

"बिहरत कुन्ज निकुन्ज पुनि निपट सांकरी खोर।
निकसत नेक न परसहीं ललित निचोलनि छोर।"[29]

हितहरिवंश जी की वाणी गेयपद–प्रधान है। प्रायः शास्त्रीय संगीत के रागों में पदों को बाँधा गया है, फिर भी सवैया, दोहा, अरिल्ल, ताटंक, कुण्डलियाँ, छप्पय आदि छन्द मिलते हैं। भक्तों की वाणी रस वर्णन में प्रायः गेयपद शैली का ही अनुसरण करती रही हैं। अतः हरिवंश जी भी उसी परम्परा का निर्वाह करते रहे। उन्हें यह परम्परा अपने पूर्ववर्ती भक्तों से मिली थी।

5. साहित्य में संगीत योजना

"जिस प्रकार काव्य संगीत में सौन्दर्य वृद्धि करता है। ठीक उसी प्रकार पदों में संगीत द्वारा सौन्दर्य वृद्धि होती है। काव्य नाद–सौष्ठव के लिए संगीत का कुछ–कुछ सहारा लेती है। नाद सौन्दर्य से कविता की आयु बढ़ती है। इसकी विशेषता यह होती है कि ताल–पत्र, भोज–पत्र, कागज आदि का आश्रय छूट जाने पर भी सामान्य जन कि जिह्वा पर काफी लम्बे समय तक रह जाते हैं। कई बार ऐसा प्राप्त होता है कि बहुत से लोग इनके (पदों) अर्थ की रमणीयता की ओर ध्यान न देते हुए ही गुनगुनाया करते हैं।"[30] काव्य में लय इसका प्राण तत्व है। शब्दों का अनुकूल नियोजन और नाद–सौन्दर्य की प्रतिष्ठा से ही कविता में संगीत की अवतारणा होती है। कविता में गेयता और तुक होने पर उसकी लयात्मकता में तीव्रता आती है। लय के अभाव में कविता गद्य की भाँति शुष्क प्रतीत होती है।

इस सम्प्रदाय के प्रवर्तक हितहरिवंश जी ने लय, गति, यति, ताल से विविध राग–रागनियों में बँधे पदों (गीतों) का ही मुख्य प्रयोग किया है। अतः उनकी मुख्य शैली गेय पद–शैली है, फिर भी उन्होंने अपनी 'स्फुट वाणी' में चार दोहे, दो कुण्डलियाँ, छन्द, दो छप्पय और चार सवैयों की रचना भी की है। 2–4 सवैये और छप्पय, 'हित चौरासी' में भी प्राप्य हैं। ये सभी रागों में निबद्ध है। हित जी बड़े संगीतज्ञ विद्वान थे। साहित्य और संगीत में उनकी समान गति थी। उनके सभी पद

विविध राग–रागनियों में बँधे हैं। 'हित चौरासी' के पद 24 रागों में है। छः पद–राग विभास में, सात–बिलावल में, चार–राग टोड़ी में, दो –आसावरी में, चार–मलहार में, नौ–कान्हरे में, सात–धनाश्री में, दो–बसन्त में और चार–राग केदारे में हैं।[31]

6. पदों की अलंकार योजना

अलंकार काव्य को आभूषण से सजाता है, अलंकृत करता है। उक्ति वैचित्रय, भावोत्कर्ष तथा कथन वक्रता आदि सभी काव्योपकरणों का प्रसाधन अलंकारों से होता है। रसिक जगत् में किसी अलंकार विशेष की योजना को सामने रखकर अलंकार विधान नहीं हुआ है। रसिकों की वाणी तो अलंकारों की सहज द्युति से जगमगाती रहती है। रसिकों की रचनाएँ इस तथ्य का जाज्वल्य प्रमाण हैं। राधावल्लभ सम्प्रदाय के कवित्तों में सहज रूप से समागत कतिपय अलंकारों की झाँकी इस प्रकार है–

उपमा – रूपकः

''हित हरिवंश हंस–हंसनि सांवल–गौर।
कहौ कौन करै जल तरंगनि न्यारे।''[32]

रूपकातिषयोक्ति

''दान दै री नवल किसोर।
मांगत लाल लाडिलौ नागर प्रकट भई दिन–दिन की चोरी।''[33]

अनुप्रासः शब्दालंकारों में अनुप्रास तो पंक्ति–पंक्ति में है।

''बन की कुंजनि कुंजनि डोलनि''

अनुप्रास आदि इन शब्दालंकारों के प्रयोग से हित जी की भाषा में संगीतात्मकता, नाद–सौन्दर्य और माधुर्य उत्पन्न हो गया है।

यमकः ''फूली–फूली डोलै अँगना।'' [34]

उपर्युक्त पंक्ति में अँगना शब्द दो बार प्रयुक्त हुआ है तथा दोनों अर्थों में भिन्नता है। प्रथम अँगना का अर्थ आँगन द्वितीय अँगना का अर्थ है रमणी।

उपमाः "जाके नैन सफरी–सी है – कौल पंखुरी सी।।" [35]
"जोति पूरन ससी सी।" [36]

राधावल्लभ सम्प्रदाय के साहित्य में उल्लिखित अलंकारों के उदाहरणों के अतिरिक्त और भी अलंकारों के दर्शन यत्र–तत्र होते हैं। उन सबका उल्लेख स्थान सापेक्ष तथा समय सापेक्ष है। अतएव ऊपर हमने जो उदाहरण प्रस्तुत किये हैं, वे केवल थोड़े से निदर्शन मात्र हैं।

राधावल्लभीय साहित्य को पढ़कर ऐसा प्रतीत होने लगता है कि ये श्रृंगारी रचना है, किन्तु सम्प्रदाय के आचार्यों के जीवन वृत्त और साहित्य का गहनतम आलोड़न करने से ज्ञात हो जाता है कि ये रचनाएँ श्रृंगारी रचना न होकर प्राणवान वृन्दावन रस को श्रृंगार रस के परिधान में लोक प्रत्यक्ष किया है। राधावल्लभ सम्प्रदाय के वर्तमान मुखिया श्री जयेश खण्डेलवाल जी का इस विषय पर मत यह है कि "गोस्वामी श्रीहितहरिवंशोदित रस–भक्ति धारा के निमज्जक कवियों को सर्वसाधारण कवि कसौटी पर नहीं कसा जा सकता क्योंकि न तो उन्होंने किसी समाजसेवी कवि की दृष्टि से ही लिखा है न ही जन कल्याण की भावना से प्रेरित होकर। उनके सामने राष्ट्रोत्थान, धर्मोत्थान तथा समाजोत्थान का प्रश्न ही नहीं था उनके द्वारा सहज निर्गलित–गिरा परिस्थिति की ठोकर से फूटकर निसृत होने (निकलने) वाली कविता न होकर रस की स्वमुख वाणी थी। रस पीते–पीते तृप्ति का उद्‌गार थी। ह्रदय में रस भरते–भरते बाहर छलक आई एक तरंग थी; जिसका रसिक समाज पर तो प्रभाव पड़ा ही, काव्य–रसिक भी इसके अमोघ प्रभाव से अछूता नहीं बचा। परिणामतः नेक व्यक्ति इस रस की ओर उन्मुख हो गये। रसभक्ति धारा का इतिहास इसका साक्षी है।

यथेच्छया वा गातव्याः सर्वर्तुषु सुखप्रदाः।

—संगीत दर्पण, श्लोक 30, पृ. 77

अर्थात् यथा इच्छा (अर्थात् जब गायक की खूब तबीयत लगे तब) कोई भी राग सभी ऋतुओं में सुख प्रदान करेगा।[37]

राधावल्लभ सम्प्रदाय में विभिन्न ऋतुओं में प्राप्त रागों के नाम निम्नवत् है –

वैशाख शुक्ल पक्ष – फूल रचना पद

गोस्वामी श्री हित हरिवंश जी – राग सारंग

"सुनि मेरौ वचन छबीली राधा।
तै छायौ रस सिन्धु अगाधा।।" [38]

गोस्वामी दामोदर वरजी – राग आसावरी (फूल सिज्या कौ)

गोस्वामी श्री रूपलाल जी कृत – राग बिलावल, राग राइसौ, राग पूर्वी, राग गौरी, राग धनाश्री, राग बिहागरौ, राग पूर्वी, राग सारंग।

चन्दन के पद – राग सारंगी, गौरी, धनाश्री आदि।

नौका जल विहार पद – राग सारंग, पूर्वी, गौड़ सारंग आदि इनके अतिरिक्त राग मलार, बिहागरौ, राग टोड़ी, राग काफी।

आश्विन कृष्ण पक्ष

दशहरा के पद, रास के पद, दीपमालिका हटरी के पद, चौपट के पद, अन्नकूट के पद, गौवर्धन पूजा आदि पदों में प्राप्त राग – बिलावल, राग सारंग, राग कान्हरौ, राग सूहौ बिलावल, राग कल्याण, राग ईमन, राग हमीर आदि।

चैत्र शुक्ल पक्ष

गोस्वामी श्री वनचन्द्र प्रभु जी की जन्म बधाई,

गुलाब फूल डोल के पद, चैत चांदनी के पद, श्री हितोत्सव की मंगल बधाई, शयन के पद आदि में प्राप्त रागें – सूहौ बिलावल, जैतश्री, राग, सोरठ, राग देव गंधार, राग आसावरी, राग पंचम, राम नाइकी आदि।

फाल्गुन शुक्ल पक्ष

बसन्त के पद, गोस्वामी श्री कृष्णचन्द्र प्रभुजी की जन्म बधाई, होरी धमार के पद, आहुला के पद, होली के रसिया, होरी डोल के पद आदि पदों में प्राप्त रागें – अधिकाधिक पद राग बसन्त में प्राप्त राग काफी, राग गौरी, कई सारे पद प्राप्त केदार, सारंग आदि में भी कुछ पद प्राप्त।

राधावल्लभ सम्प्रदाय के भक्त संगीतज्ञों की वाणियों पर गहन दृष्टिपात करने पर यह सिद्ध हो जाता है कि उनकी वाणियों में पदों के भाव, उनके अर्थ तथा रस इत्यादि सभी तत्व कहीं न कहीं से हमारे शास्त्रोक्त रागों व रागिनियों के रस तथा भाव के साथ समन्वय रखते हैं। इससे यह भी स्पष्ट होता है कि सम्प्रदाय के रसिकगण शास्त्रीय संगीत के गूढ़ तत्वों के ज्ञाता थे। अतः साहित्य और संगीत को उन्होंने एक सूत्र में बाँध कर एक श्रेष्ठ स्वरूप प्रदान किया साथ ही साथ भारतीय संस्कृति के संवर्धन में महत्वपूर्ण योगदान दिया।

उपसंहार

साहित्यिक दृष्टि से राधावल्लभ सम्प्रदाय के पदों के अध्ययन के उपरान्त हम इस निष्कर्ष पर पहुँचते हैं कि काव्य–सौष्ठव की दृष्टि से अभी तक इसके साहित्य का मूल्यांकन नहीं हो पाया है। फलतः हिन्दी साहित्य के इतिहासों में हितहरिवंश जी का सम्प्रदाय प्रवर्तक के रूप में नामोल्लेख मात्र ही उपलब्ध होता है। भक्त कवि के रूप में जो स्थान उन्हें प्राप्त होना चाहिए था वह नहीं प्राप्त हो सका। यदि सम्प्रदाय के साहित्य पर, हितहरिवंश जी के साहित्य पर यदि

अध्ययन अनुशीलन किया जाए तो समाज को माधुर्य भाव मण्डित श्रेष्ठतम् साहित्य प्राप्त हो सकेगा।

सन्दर्भ ग्रन्थ सूची

1. 'अलि', किशोरीशरण, हि.भ.का. में र.भ.धा. और उ.वा.सा., पृ. 673।
2. स्नातक विजयेन्द्र, 'राधावल्लभ सम्प्रदायः सिद्धान्त और साहित्य', पृ. 307।
3. वही, पृ. 307, 308।
4. नाहर, डॉ. रतिभानु, भक्ति आन्दोलन का अध्ययन, पृ. 345।
5. वही, पृ. 44।
6. खण्डेलवाल, जयेश 'ब्रजजीवन और उनका कवित्त साहित्य', पृ. 71।
7. वही।
8 रा.सु.नि., श्लोक सं. 101।
9. स्फु.वा., पृ. 20।
10. 'अलि', किशोरीशरण, हि.भ.का. में र.भ.धा. और उ.वा.सा., पृ. 344।
11. शुक्ल, उमेशचन्द्र, 'हिन्दी व्याकरण', पृ. 70–72।
12. खण्डेलवाल, जयेश ''ब्रजजीवन और उनका कवित्त साहित्य', पृ. 72।
13. ब्रजजीवन जी कृत कवित्त साहित्य (ह.लि.प्र.), छन्द – 5।
14. 'वसन्त', संगीत विशारद्, गर्ग, डॉ. लक्ष्मीनारायण, सम्पादक, पृ. 543।
15. बन्दोपाध्याय, एस., 'म्यूजिक ऑफ इण्डिया', पृ. 50।
16. सक्सेना, राकेश बाला, 'मध्ययुगीन वैष्णव सम्प्रदायों में संगीत', पृ. 256।
17. श्री हित चतुरासी, पद 6।
18. 'व्यासवाणी' पद 98, पृ. 225।
19. वृन्दावनदास, चाचा, 'श्री अष्टयाम् एवं हित रहस्य प्रबोध', पद 79।
20. वृन्दावनदेव, आचार्य, 'गीतामश्त गंगा', पद 18, पृ. 8।
21. झारी, कृष्णदेव, 'मध्यकालीन कृष्णकाव्य', पृ. 211।
22. वही।
23. ब्रजजीवन जी कृत कवित्त संग्रह (ह.लि.प्र.) छन्द 56।
24. वही, छन्द 38, 39।
25. वही, छन्द 103।
26. 'सुरस', मुरारीलाल शर्मा, 'हिन्दी कृष्णकाव्य परम्परा का स्वरूप विकास', पृ. 311।

27. प्रभाकर, छन्द, श्री जगन्नाथ प्रसाद 'भानु', पृ. 48–52।
28. 'सुरस', मुरारीलाल शर्मा, 'हिन्दी कृष्णकाव्य विकास', पृ. 311।
29. विलाप – कुसमांजलि, छन्द 29।
30. श्रीराधिकाचरण दास जी की वाणी, प्रथम खण्ड, पृ. 3।
31. झारी, कृष्णदेव 'मध्यकालीन कृष्ण काव्य', पृ. 214।
32. चिन्तामणि, भाग–1, पृ. 179।
33. झारी, कृष्णदेव 'मध्यकालीन कृष्ण काव्य', पृ. 212।
34. वही।
35. ब्रजजीवन जी कृत कवित्त संग्रह (ह.लि.प्र.) छन्द 112, 23, 4, 5, 7, 8।
35. वही।
37. सक्सेना, राकेशबाला, मध्ययुगीन वैष्णव सम्प्रदायों में संगीत, पृ. 277, 278।
38. श्री राधावल्लभ जी का वर्षोत्सव (द्वितीय खण्ड), पृ. 1।

नाद

''नकारं प्राणमामानं दकारमनलं बिदुः।
जातः प्राणाग्निसंयोगात्तेन नादोऽभिधीयते।।''

– संगीत रत्नाकर (113ऽ6)

अर्थात् – 'नकार' प्राण–वाचक (वायु–वाचक) तथा 'दकार' अग्नि–वाचक है, अतः जो वायु और अग्नि के योग (सम्बन्ध) से उत्पन्न होता है, उसी को 'नाद' कहते हैं।

''आहतोऽनाहतश्चोत द्विधा नादो निगद्यते।
सोऽय प्रकाशते पिंडे तस्तात्पिंडभिधीयते।।

– संगीत रत्नाकर (112ऽ3)

अर्थात् – ''नाद के दो प्रकार जाने जाते हैं – 'आहत' तथा 'अनाहत'। ये दोनों पिंड (देह) में प्रकट होते हैं, इसलिए पिंड का वर्णन किया जाता है।''

''नाद के दो प्रकार हैं जिन्हें क्रमशः अनाहत नाद और आहत नाद कहा जाता है।''

अनाहत नादः ऐसा नाद या ध्वनि जिसे योगियों या सिद्ध पुरूषों द्वारा कठोर तपस्या के पश्चात् सुना जा सकता है। कबीर आदि सन्तों ने इसी नाद की उपासना की है। चूंकि स्थल रूप से यह श्रवणीय नहीं है, अतः लोकरंजक भी नहीं है। संगीत में इसका कोई प्रत्यक्ष उपयोग नहीं है।

आहत नादः संगीत का प्रत्यक्ष सम्बन्ध जिस नाद से है वह है– आहत नाद। यही नाद संगीत का प्राण तत्व है। कीर्तन भक्ति में यही नाद व्यवहृत है। राधावल्लभ सम्प्रदाय की सांगीतिकता का सम्बन्ध इसी नाद से है। इसके अन्तर्गत वे ध्वनियाँ आती है जो श्रवणीय हो तथा इसके द्वारा पारस्परिक संवाद, रस–सम्प्रेषण और आनन्दातिरेक का साधारणीकरण सम्भव होता है।[36]

4

राधावल्लभ सम्प्रदाय में प्रयुक्त संगीतः समाज गान

1. समाज संगीत के विभिन्न पक्षों का विस्तृत विवेचन

1.1 समाज नाम की उत्पत्ति

जिससे रसानुभूति होती है, रसशास्त्र में उसे 'सामाजिक' कहा गया है और 'रसिक' शब्द को उसका पर्यायवाची शब्द माना गया है। इस सिद्धान्त को यदि आधार माने तो इसके आधार पर 'रसिक समाज गान' को ही सामाजिक गान या रसिक समाज गान कहा जाने लगा होगा और फिर धीरे–धीरे यह सामाजिक गान या रसिक समाज गान केवल 'समाज' नाम से संरूढ़ हो गया होगा।

समाज संगीत

समाज संगीत से सामान्य अर्थ यही निकलता है 'समाज का संगीत' अर्थात् जिसमें समाज के लोग शामिल होकर एक समूह में संगीत का गायन वादन करते हैं वही 'समाज संगीत' होता होगा। किन्तु केवल शाब्दिक अर्थ जान लेने से इसका वास्तविक अर्थ प्रत्यक्ष नहीं होता है। क्योंकि समाज संगीत का सम्बन्ध उपासना के सिद्धान्त से, रसोपासना के रम्य रूप में, संगीत से और रस सिद्धान्त से है।

समाज संगीत उपासना की दृष्टि से: समाज गान

उपासना की दृष्टि से परमोपास्य रसिक युगल का वह रस गान है जिसको सुनने से उन्हें रस विलास (लीलाएँ) करने की अन्तःप्रेरणा मिलती है, उत्साह प्राप्त होता है वे बारम्बार रस केलि करने में प्रवृत्त हुआ करते हैं। जिस तरह किसी वीर को अपना शौर्य सुनकर नवीन चेतना, गति और उत्साह प्राप्त होता है उसी प्रकार समाज गान रसिक युगल की क्रीड़ा, प्रिय प्रेम की मधुरतम रस केलियों को नवीनता व संवर्धनशीलता प्रदान करके उसे अक्षुण्ण बनाये रखता है इसीलिए रसिक ललितादिक सखियाँ श्यामा–श्याम को उनका सूरत शौर्य समाज गान द्वारा सुनाया करती हैं। सम्भवतः इसीलिए रसिक–वाणी साहित्य में इन सखियों को प्रथम समाजी कहकर स्मरण किया गया है –

''श्री हरिवंश बधाई। दम्पति केलि बढ़ाई।
दम्पति केलि बढ़ाई माई निकट जाहु जिन कोऊ।
कुंज रन्ध्र ललितादि ललित छबि कहत परस्पर जोऊ।।
प्रथम समाजी सेज सम्पदा देखत कौन आधाई।
नुपूर किंकिणि की धुनि सुनि–सुनि श्री हरिवंश बधाई।।'' [1]

''श्री हितसखी जू सज्जा के निकट मुख अवलोकन करत है। कृपापात्र नरवाहन सखी सौं रीझिकैं आज्ञा देत भई–आजु सुरत कौं समाज करि श्री जोरी जू कौं सुख देहु लेहु। यह आज्ञा पाइ अति प्रसन्न हवैकै यह पदगावत भईं और छबीली सखी आदि साजनि कौं बजावति–गावति है।''[2]

वृन्दावन में रसिक जन इन ललितादिक सखियों के भाव का अनुगमन करके ही यह उपासना किया करते हैं। इस प्रकार से हम यह कह सकते हैं कि यह 'समाज गान' राधाकिंकरी भाव के अनुगमन का एक सक्रिय रूप है। यह कहने के लिए हमें इस कारण से विवश होना पड़ा क्योंकि हम देखते हैं कि इस समाज गान में प्रत्येक पद

गायन की शुरूआत 'एरी हाँ' इस शब्द युग्म से ही होती है। इसी तरह से किसी पद को ताल विशेष में सम्यक् समाबद्ध करने के लिए भी 'एरी सखी' 'अरी हेली' आदि शब्द का प्रयोग अनिवार्य है।[3] इन टेक के शब्द को देखकर राधाकिंकरी भाव स्वतः स्पष्ट हो जाता है।

संगीत की दृष्टि से समाज संगीत

ऐसा संगीत जो जनसामान्य के हृदय में बसता हो, जो शास्त्रीय जटिलताओं से मुक्त हो, जो सरल ग्राह्य व सरलगेय हो वही समाज संगीत है। इसे लोक संगीत भी कहते हैं। सामान्यतः यह किसी तीज–त्योहार, व्रत, विवाह आदि उत्सवों के समय गाया जाता है जिसमें पुरूष समाज में गाये जाने वाले लोक संगीत में रसिया, होरी, लहर, टेर, सिपहिरा टेर आदि गीत आते हैं और नारी समाज में गाये जाने वाले गीत में जनजीवन सम्बन्धी जन्म संस्कार, विवाह संस्कार, ऋतु पर्वों और विविध त्यौहारों के शुभ अवसरों पर कुछ विशिष्ट लोक गीतों की परम्परा है। यथा – सोहिलौ, घोड़ी–बन्ना, लाड़ी, गारी, चाकभात, खिचरी, चरूवा, लगन, जच्चा–बच्चा इत्यादि गीत आते हैं। इन उत्सवों में आमन्त्रण पत्र पर इन गीतों के नाम ही अंकित होते हैं जिन्हें देखकर यह अपने आप ही स्पष्ट हो जाता है कि अमुक व्यक्ति के घर पर अमुक उत्सव है। इन सबसे हमारा यह तात्पर्य है कि यह सामाजिक गान और सामाजिक गीत; सामाजिक उत्सवों के प्रतीक हैं।

ये सामाजिक गीत सभी गायक–गायिकाओं को कण्ठस्थ होते हैं। जिसमें एक मुख्य गायिका गीत प्रारम्भ करती है तो अन्य उसका अनुकरण करती हैं। यह गान स्वर प्रधान न होकर अक्षर प्रधान होते हैं। इनमें आलाप और तानों के लिए कोई स्थान नहीं होता। यह समाज संगीत इसी सामाजिक गायन किंवा 'लोक संगीत' की अद्भुत और अप्रतिम अनुकृति है।

सामाजिक उत्सवों के सभी गीत सरलता से सभी भावों को व्यक्त करने में सक्षम होते हैं। यह गीत अनुरागात्मक और रागात्मक गान सापेक्ष होते हैं। सम्भवतः इसीलिए रसोपासना प्रवर्तक गोस्वामी हितहरिवंश जी ने अपनी उपासना में स्वीकृत उत्सवों को पूरी तरह (सम्यक् रूप) से सुन्दर, मधुर व पूर्ण रूप से सफल बनाने के उद्देश्य से इस सामाजिक गान शैली को भी अपनी समाज शैली में शामिल किया।

यहाँ पर याद रखने वाली बात यह है कि समाज गान एक प्रकार से लोक संगीत का भव्य भगवदीय रूप है वहीं यह शास्त्रीय संगीत की एक परिणति (बहुत झुका हुआ) विशेष है। किन्तु शास्त्रीय संगीत स्वर प्रधान है और समाज संगीत अक्षर प्रधान है। शास्त्रीय संगीत में एकल गान होते हैं और समाज गान सामूहिक गान है।

रस सिद्धान्त की दृष्टि से समाज गान

वृन्दावन के रस रसिकों के द्वारा रचित 'समाज गान' पदावली में साधारणीकरण (साधारण रूप से) की एक असाधारण शक्ति है ठीक उसी तरह से उनके समाज गान में भी साधारणीकरण का अमोघ सामर्थ्य है। समाज गान में रचित पदावली व गेय पदावली दोनों जब मिल जाते हैं अर्थात् जब पद गायक (समाज गायक) इनका गायन करता है तो इनकी स्वर माधुरी शब्द माधुरी के साथ मिलकर एक चमत्कारिक प्रभाव का अनुभव कराती है।

राधावल्लभ सम्प्रदाय में रसिक वाणियों का ताल और स्वर के साथ गान होता है जिनके प्रत्येक अक्षर में वर्ण्य का रूप प्रतिध्वनित और प्रतिबिम्बित होता है।

"वर्ण और स्वर के सामंजस्य से पूर्ण यह मौलिक गान पद्धति रसिक समाज में साधन और साध्य इन दोनों ही रूपों में अद्भुत सिद्ध हुई। अर्थात् एक ओर तो रागानन्द के द्वारा इष्ट की रस क्रीड़ा की उद्दीपन कारिणी सेवा सिद्ध हुई और दूसरी ओर वाणी के वर्ण्य विषय

का तत्काल अनुभव कराने में सक्षम सिद्ध हुई। फलतः रासलीलानुकरण की भाँति यह भी वृन्दावन रस रसिकों की अन्तःसाधना किंवा उपासना का केन्द्र बन गई।"[4]

समाज संगीत की स्वरूप निर्मिति

समाज संगीत की स्वरूप निर्मिति अनिवार्यतः समाजियों की संख्या पर, समाज गान के साहित्य पर, गेय पदों पर, समाज गान विधान तथा वाद्य और वादन विधान आदि पर आधारित है। अतः इन सभी पर पृथक रूप से प्रकाश डालना अनिवार्य है। अतः हम इन सभी आवश्यक पहलुओं पर पृथक–पृथक प्रकाश डालने की चेष्टा करेंगे।

1. समाजी संख्याः राधावल्लभ सम्प्रदाय के समाज गान में एक प्रमुख समाजी होता है जिसे आजकल 'मुखिया' कहा जाता है। इसके अतिरिक्त एक पखावजी, एक सारंगी वादक (या अन्य कोई स्वर वाद्य) और झाँझ वादक होता है। अन्य समाजी जो वाद्य की संगति समाज के साथ दे रहे होते हैं वे संगति के साथ–साथ गाये गये पद–पंक्तियों की पुनरावृत्ति भी करते हैं। मुखिया के बाद उसके गायन का अनुकरण करने वाले समाजियों को 'झेला' कहा जाता है। इनकी संख्या कम से कम दो–चार और अधिक से अधिक कितनी भी हो सकती है।

2. समाज गान का साहित्यः राधावल्लभ सम्प्रदाय में जिन पदों का गायन (समाज गान) किया जाता है उनका एक हस्तलिखित 'पद–संग्रह' होता है। जिसमें जागरण स्नान, भोजन और शयन आदि के पद तथा विभिन्न उत्सवों के पद जैसे विवाह, झूलन, बसन्त, होली, रास, फूल रचना, जल विहार और शीतकालीन आदि उत्सवों के पदों का संग्रह होता है; जिसे 'समाज की वाणी' कहा जाता है। समाज गान को

प्रारम्भ करने से पहले समाजियों द्वारा इन वाणीजी का चन्दन–मालादि से पूजन किया जाता है और इनके साथ ही भोग सामग्री, सुगन्धी (इत्र) तथा पान वीटिका आदि भी समर्पित की जाती है। वाणी के पूजन के पश्चात् इसी प्रकार समाजियों का भी पूजन होता है। सर्वप्रथम मुखिया को तत्पश्चात् अन्य समाजियों को चन्दन, पान, माला और सुगन्ध आदि समर्पित किया जाता है।

समाज गान में गाये जाने वाले पदों के विभिन्न पद संग्रहों के आधार पर ही राधावल्लभ सम्प्रदाय में समाज गान की प्राचीन प्रथा है जो आज भी अनवरत रूप से चल रही है। इस सम्प्रदाय के ये पद संग्रह श्री हिताचार्य द्वारा आविर्भूत राधावल्लभ सम्प्रदाय के समाज संगीत की प्राचीनता प्रमाणित करने वाली अत्यन्त ही बहुमूल्य (मूल्यवान) सामग्री है।

इस सम्प्रदाय की वाणियों में सर्वाधिक प्राचीन वाणी जी जो हमें देखने को मिलती है वे हैं – सत्रहवीं–अठारहवीं शताब्दी की वाणी जी विक्रम सम्वत् 1797 में लिखी गई एक प्राचीन 'पद संग्रह' जो रूपराम कटारे जी की हवेली में स्थित श्री राधावल्लभ जी का पुराना मन्दिर, अठखम्भा वृन्दावन में श्री छुट्टन भट्ट जी के पास सुरक्षित है। उसकी प्रारम्भिक व अन्तिम पुष्पिका निम्नांकित है–

प्रथम पृष्ठ –

"श्री राधाबल्लभो जयति। श्रीहित हरिवंश चन्द्रो जयति।।
अथ बसन्त के पद। मधुरितु वृन्दावन आनंद न थोर।।"[5]

अन्तिम पृष्ठ –

"इति श्री होरी डोल के पद संपूर्ण शुभवतु।
वन बसन्त के पद विमल, अरू धमार पुनि डोल।
सुन्दरदास लिखे सबै, वरनन प्रेम कलोल।

सम्वत् सत्तर सत्रानुया पौष सुदि तीज कौं लिख्यौ सुन्दरदास
बनाई।।''[6]

।। श्री राधावल्लभो जयति।।

इसी प्रकार से कई ऐसे संग्रहालय, संस्थान आदि हैं जहाँ पर इस सम्प्रदाय के पद संग्रह, वर्षोत्सव प्राप्त होते हैं। जिनमें से कई में मैंने स्वयं जाकर इन हस्तलिखित पाण्डुलिपियों को देखा है। श्रीराधाबल्लभ मन्दिर वृन्दावन, श्री हित रूप संग्रहालय वृन्दावन, रस भारती संस्थान वृन्दावन, वृन्दावन शोध संस्थान वृन्दावन, श्री कृष्ण जन्म स्थान मथुरा लाड़िली जी का मन्दिर, बरसाना, राजस्थान प्राच्य विद्या प्रतिष्ठान की विभिन्न शाखाओं और कई सारे व्यक्तिगत संग्रहों में उन्नीसवीं और बीसवीं शताब्दी में लिखित ऐसी अनेकानेक प्राचीन हस्तलिखित वाणियों का संग्रह प्राप्त होता है। उनमें से कुछ 'वर्षोत्सव' की अन्तिम पुष्पिकाएँ इस प्रकार हैं। ये पुष्पिका मुझे देखने को रस भक्त श्री जयेश खण्डेलवाल जी द्वारा प्राप्त हो पाई है।

1– '।। इति श्री वर्षोत्सव के पद संपूर्ण।। लिषतम् श्री वृन्दावन मध्ये।।
।। श्री यमुना तटे।। संवत् 1834।। मिती भादौ बादी।।
।। 2।। श्रुभम् भूयात्।। श्री वृन्दावन बिहारी जी।।''

– रस भारती संस्थान वृन्दावन, क्रमांक 486 के सौजन्य से

2– ठारह सै सैंतीसयौ सम्पूरन प्रति चारू।
पूस सुदी त्रैयादशी चन्द्रवार शुभ वार।।
जनम बधाई दुहुँन की लिखी राधिकादास।
मन्दिर माँहि समाज हित श्री वृन्दावनदास।।
।। श्री वृन्दावन मध्ये सेवाकुंज निकट।।

– श्री हित रूप संग्रहालय, वृन्दावन, बस्ता नं. 8 के सौजन्य से

3– ''इति श्री वर्षोत्सव के पद संपूर्ण।। संवत्।। 1920।।
माघ मासे पूर्णिमायां श्री वृन्दावने।।

।।हस्ताक्षर नारायणदास वैष्णव श्री राधावल्लभी के।। श्रुमं भूयात्।।

— रस भारती संस्थान वृन्दावन, क्रमांक 119 के सौजन्य से

4— ''यह पुस्तक शरद ऋतु अश्विन—कार्तिक दो मास के सम्पूर्ण उत्सव संग्रह श्री हित राधावल्लभ जी के मन्दिर के समाज के अर्थ लिख्यौ। सम्वत् 1981

आषाढ़ सुदी सप्तमी हस्ताक्षर अनन्त श्री युत श्री गोस्वामी
राधालाल जी के चरण—कमल आश्रित वैष्णव राधिकाशरन।''

— श्री राधावल्लभ मन्दिर, वृन्दावन के सौजन्य से

5— ''इति खिचरी की श्रृंखला सम्पूर्ण वर्ष उत्सव के पद भी।। लिखी श्री 108 श्री गोस्वामी श्री हित गिरिधर लाल जी महाराजाश्रत रंगीदास झाँसी वारे ने।। स्थान श्री वृन्दावन धाम श्री गोस्वामी जुगलवल्लभ जी महाराज के मन्दिर में सम्पूर्ण भई। मिती माधव मास कृष्ण पक्ष।। 30।। सम्वत् 1981 शनिवार कौ।। श्री हित राधे राधे राधे बोल।।

— रस भारती संस्थान वृन्दावन, क्रमांक 14 के सौजन्य से

वर्षोत्सवों की अनेकानेक कई प्राचीन हस्तलिखित प्रतियाँ रस भारतीय संस्थान वृन्दावन में क्रमांक 167, 517, 518, 529 पर भी सुरक्षित है। जिनमें उनके लेखक व काल का उल्लेख तो प्राप्त नहीं होता है किन्तु कागज, स्याही, लेखनशैली और प्रति की बनावट आदि को देखते हुए सुनिश्चित रूपेण कहा जा सकता है कि ये प्राचीन हस्तलिखित पाण्डुलिपि की प्रतियाँ विक्रम सम्वत् 1830—1840 के मध्य प्रतिलिपित की गई है।

समाज गान—विधान

समाज गान के गीत किंवा गेय पद, वाद्य और वादन विधान, नृत्य विधान आदि सभी विषयों की व्याख्या इसी अध्याय में आगे की गई है।

राधावल्लभ सम्प्रदाय के सन्दर्भ में पहले से अब तक समाज गान का ऐतिहासिक विवेचन

समय–समय पर होने वाली घटनाओं का वर्णन इतिहास कहलाता है। समय सदैव परिवर्तनशील होता है। समयानुसार जीवन के प्रत्येक क्षेत्र के इतिहास का रूप बदल जाता है। अतः हम यहाँ पर क्रमवार समाज संगीत को विभिन्न कालान्तर्गत देखते हुए 16वीं शताब्दी में श्री हिताचार्य द्वारा आविर्भूत 'समाज संगीत' के इतिहास को शताब्दी के क्रमानुसार लिखेंगे।

संगीत का उद्गम मानव जाति के उद्भव के साथ हुआ है। सिन्धु सभ्यता की उपलब्ध मूर्तियों से स्पष्ट होता है कि तत्कालीन जीवन में संगीत का पर्याप्त प्रचलन था तथा धार्मिक एवं लौकिक समारोहों में संगीत के माध्यम से लोगों का मनोरंजन किया जाता था। जिसमें लोगों के सामूहिक रूप से गायन–वादन करने का भी उल्लेख प्राप्त हुआ है।

वैदिक काल में गीत, वाद्य तथा नृत्य तीनों का पर्याप्त प्रचलन दृष्टिगोचर होता है। जिसमें समूह में लोग गायन, वादन, नृत्य करते थे। ऋग्वेद के यमसूक्त में अन्त्येष्टि के समय पर साम के गायन का स्पष्ट विधान था –

> "यं कुमार प्रावर्तयों रथं विप्रेश्यस्परि तं सामानु
> प्रावर्तत समितो नाव्याहितम् (10/135/4)"[7]

वैदिक काल में यज्ञों में उद्गाता तथा सहयोगियों के गायन में कहीं–कहीं भिन्नता तथा कहीं सहकार्य पाया जाता है। कुछ अवसरों पर केवल प्रस्तोता के लिए गान करने का विधान है और कहीं–कहीं साम के सामूहिक गायन करने की विधि है। ऐसे ही वृन्दगान में साम के विभिन्न भाग विभिन्न गायकों के द्वारा गाये जाते हैं तथा अन्त में उद्गाता नामक प्रमुख गायक के साथ स्वर मिलाकर समूह गान किया जाता है।"[8]

समूह में किये जाने वाले समूह गान को 'समाज गान' की संज्ञा उस समय प्राप्त थी ऐसे हमें कई स्थानों पर उल्लेख प्राप्त होते हैं।

उक्त वर्णित तथ्य समाज गायन की अविकसित विधि एवं परम्परा का धुंधला–सा प्रारम्भिक स्वरूप प्रकट करती है। ''भरतनाट्यशास्त्र को यदि हम समाज गायन का आधार ग्रन्थ कहें तो अतिश्योक्ति न होगी, क्योंकि समाज गायन से सम्बन्धित समस्त नियमों की समुचित व विस्तृत जानकारी का आदि ग्रन्थ नाट्यशास्त्र ही है। इस ग्रन्थ में समाज गायन के सारे पहलू सम्मिलित हैं जो कि तत्कालीन प्रचलित समाज गायन के व्यावहारिक स्वरूप का परिचय देते हैं।''[9]

महाभारत काल में किसी महापुरूष के आगमन के उपलक्ष्य में संगीत का आयोजन किया जाता था जिसमें समूह गायन, वादन, नृत्य होता था जिसमें गणिकाएँ भी अपना योगदान दिया करती थीं। वह भी एक प्रकार से समाज संगीत ही था।

बौद्ध तथा जैन ग्रन्थों के अध्ययन से ज्ञात होता है कि ''मगध में होने वाले सामूहिक उत्सव 'सम्ज्जा' अथवा 'समाज' कहलाते थे। संगीत का सामूहिक अनुष्ठान 'समन्न' तथा 'नम्कत्रकीलम्' जैसे लोकोत्सवों पर किया जाता था।''[10]

''महापुराणों के अनुसार प्राचीन समय में समाज गायन में लिप्त व्यक्तियों को 'सूत' कहा जाता था। सामूहिक संगीतयोजन में छालिक्य गान का प्रमुख स्थान है जिसके आविष्कर्ता भगवान श्री कृष्ण को माना जाता था। वात्सायन कृत ''कामसूत्र'' में संध्याकालीन संगीत की राग रंग की महफिल किसी रसिक के यहाँ जमती थी। परन्तु सभ्य स्त्रियों के लिए साहित्य, संगीत की प्रतियोगिताओं का आयोजन समय–समय पर सम्पन्न होता था। इसके अतिरिक्त समाज नामक सभाओं का भी उल्लेख मिलता है। जिनका आयोजन सरस्वती मन्दिर में प्रायः हुआ करता था।

"पक्षस्य मासस्य वा प्रज्ञातेहनि सरस्वत्याः भवने नियुक्तानां नित्यं समाजः।"[11]

— कामसूत्र, पृ. 33

प्राचीनकाल से मध्यकाल के मध्य समाज गायन का उत्तरोत्तर विकास होने के प्रमाण हमें इतिहास की पुस्तकों से प्राप्त होते हैं। जैन और बौद्ध धर्म के अभ्युदय के साथ ब्राह्मणों का एकाधिपत्य समाप्त होकर समाज गायन को एक नया मोड़ मिला। भगवान बुद्ध ने अपने समस्त सिद्धान्तों को संगीतबद्ध कर दिया था और समाज गायक इसे जन–जन तक पहुँचाने के लिए गाँव–गाँव, शहर–शहर में बड़े ही सुन्दर ढंग से इसका गायन करते थे।

ग्यारहवीं शताब्दी में मुगलों का शासन काल आरम्भ होता है। मुगलों के शासन काल में संगीत के क्षेत्र में बहुत बड़ा क्रान्तिकारी परिवर्तन हुआ। 'गीत प्रबन्ध' और 'ध्रुपद' जैसी गायन शैलियों जिनमें संगीत के साथ–साथ उच्चकोटि की साहित्यिकता भी विद्यमान थी उनके स्थान पर 'ख्याल' जैसी शैली अस्तित्व में आई। अकबर का काल संगीत का स्वर्णकाल माना जाता है। इस काल में संगीतज्ञों को मान प्रतिष्ठा प्राप्त थी। इन्हें सम्मान की दृष्टि से देखा जाता था। जिसका प्रमाण हमें 'आइने अकबरी' द्वारा प्राप्त होता है। इस काल में तानसेन, बैजू, रामदास, मदनराय, बृजचन्द, श्रीचन्द्र जैसे अनेक संगीतज्ञ और स्वामी हरिदास, सूरदास, मीराबाई, तुलसीदास, गरीबदास, कबीर, वल्लभ, हितहरिवंश आदि भक्त व संगीतज्ञाता हुए। सोलहवीं शताब्दी में समाज गायन की विधा अपने चरमोत्कर्ष पर पहुँच चुकी थी। अकबर का हिन्दुओं के प्रति सहृदयी होने के कारण इस काल में जजिया कर बन्द कर दिया था और इससे सबसे बड़ा परिवर्तन यह देखने को मिला कि इसी काल में धार्मिक क्रान्ति हुई। अनेकानेक सम्प्रदायों का उदय हुआ और स्वतन्त्र रूप में निर्भय होकर अपने सम्प्रदायों की नींव रखी और पूर्व सम्प्रदायों ने भी अब प्रत्यक्ष रूप से जनता से जुड़ना शुरू किया और इन्होंने अपने भक्ति का माध्यम

संगीत को बनाया। सोलहवीं शताब्दी में जबकि भगवद् भक्ति रस की अनेक धाराओं का प्रारम्भ हो चला था। इसी समय श्री हिताचार्य ने 'राधावल्लभ सम्प्रदाय' की नींव रखी। श्री हिताचार्य ने जनसामान्य पर माधुर्य–वर्षण के उद्देश्य से इस 'समाज संगीत' का आविर्भाव किया था। किन्तु इसका उल्लेख तत्कालीन वाणी साहित्य में नहीं मिला क्योंकि वो समय इसके आविर्भाव का था। इसलिए ऐतिहासिक प्रमाण के रूप में हमें एक हस्तलिखित चित्र की अनेक अनुप्रतियाँ अवश्य प्राप्त होती हैं जिसमें तत्कालीन रसिकों के समाज गान का सामूहिक दर्शन है।

सब चित्रों में एक तरफ श्री हिताचार्य विराजमान दिखाए गए हैं तो दूसरी तरफ उनके पास सामने बैठे उनके कृपापात्र पाँच अन्य रसिक विराजमान दिखाए गए हैं। ये चित्र प्राचीन हस्तलिखित प्रति बाई प्रियादासी जी (श्री राधावल्लभ घेरा, वृन्दावन) के निजी संग्रह में सुरक्षित हैं।

उस समय के समाज का वर्णन हमें राधावल्लभ सम्प्रदाय के रसिक चाचा वृन्दावन दास जी की प्रथम 'बसन्त प्रबन्ध' नामक एक रचना में भी मिलता है। इस रचना में हिताचार्य के 'बसन्तोत्सव–समाज' का वर्णन है जिसमें आचार्यवर के साथ उन्हीं के कई शिष्यों के नामों का भी उल्लेख किया गया है। 'बसन्तोत्सव–समाज' का प्रबन्ध बड़ा होने के कारण उसकी कतिपय पंक्तियाँ नीचे दृष्टव्य हैं –

> ''श्री व्याससुवन संग बन्यौ समाज। रितुराज खेल कौ सबहि साज जन गुनी मिले सबही जु लार। करैं पंचनाद द्रवैं सुख कौ सार।। रस चरित इष्ट के गाइ–गाइ। सुख झिलत–झिलत अंकनि लगाय। गावैं धामार लैंय सजन नाम। ब्रजराज धाम कमनीय ठाम। देखन लाइक बन्यौ यह समाज। प्रभुता न और इक प्रेमराज। सबके जु मुकुटमणि आसनन्द। पुनि भक्ति थंभ परबोधानंद। वहाँ व्यास करन बाजै मृदंग। मति कुश रचत संगीत अंग। नाहरमल लीने झाँझ हाथ। अति सुधर गान करै मिलिकैं साथ।''[12]

सत्रहवीं शताब्दी के समाज गान का प्रथम प्रमाण भगवत मुदित जी कृत 'रसिकअनन्यमाल' में अठारहवीं शताब्दी के प्रथम चरण की रचना में प्राप्त होता है।

"सुन्दरदास जी के जीवनवृत्त पर प्रकाश डालते हुए लिखा है कि जिस समय वे अपना देह त्याग कर रहे थे, उस समय समाज में श्री हिताचार्य प्रणीत 'बनी वृषभान नन्दिनी आजु' यह पद गाया जा रहा था –

"बनी वश्शभाननन्दिनी आज। यह पद गावत सकल समाज।।
हिय जुग ध्यान करत मुख गान। करि दण्डवत् तजे निज प्रान।।"[13]

यह घटना भी राधावल्लभ जी के लाल पत्थर वाले मन्दिर के निर्माण के एक वर्ष बाद की है जिसका निर्माण काल विक्रम सम्वत् 1641 प्राप्त होता है। इस प्रकार इस घटना का समय 1642 स्थिर होता है और इस आधार से हम इस निष्कर्ष पर पहुँचते हैं कि इस शताब्दी में समाज होने का प्रथम प्रमाण विक्रम सम्वत् 1642 में प्राप्त होता है जो निम्नलिखित पद से और अधिक स्पष्ट हो जाएगा –

"सुन्दर दास महा अनुरागी। मंदिर थप्यौं अति बड़भागी।।
सनमुख ठौर दई हित प्यारे। कुंजमहल निरख्यौ सुख सारे।।
सोलह सै इकतालिस वरषहि। संवत मंदिर रचि हि हरषहि।।"

– हि.च.प्र., प्री.दा., प्रा.ह.लि.प्र.,छं.सं.294से298, पृ. 130

मन्दिर निर्माण काल सम्बन्धी विस्तृत विवेचन इसी प्रबन्ध पृ. सं. 175, 190 पर दृष्टव्य है।

समाज गान इस समय तक इस सम्प्रदाय की उपासना का अभिन्न अंग बन चुका था। जिसमें डूब कर रसिकगण उच्चकोटि की रसानुभूति का अनुभव किया करते थे। सेवक जी के वृन्दावन आगमन (विक्रम सम्वत् 1610–1611 के मध्य) पर प्रियादास जी सम्प्रदाय के

मन्दिर में विराजमान गोस्वामी वनमालीदास जी (गो. वनचन्द्र जी) की स्थिति का वर्णन निम्नलिखित पद में किया है–

"रहे समाज घुमड़ाय वनमाली भेष बदलि छिपि हेरै।
औरै दशा इष्ट वन फिरी खग बाजंत्र हित हित टेरैं।।"[14]

यह समय ऐसा था जबकि उत्सवों का प्रतीक समाज गान को मान लिया गया था। जिसके कारण से समाज गान का पर्याप्त प्रचार भी हो गया था। इस समय के समाज का दूसरा उल्लेख उपर्युक्त रचना में इस प्रकार से प्राप्त होता है।

"बरसाने में अस्थल करौ। मेरी बरसगाँठ उर धरौ।
यौं कहि नवल किशोरी गोरी। उतरी जितहि साँकरी खोरी।
यह सुनि नागरीदास सिहाई। भागमती कौं कथा सुनाई।
सुनि मन दै स्थल करवायौ। वन ते रसिक समाज बुलायौ।
गुरु कुल नर–नारी गन आये। बाजे बजे बधाये गाये।
भागमती आनन्द रस भीनी। सम्पति सब उत्सव में दीनी।
वरषगाँठ राधे की ऐसैं। करी कहीं श्रुति स्मृति जैसै।"[15]

"उपरोक्त पर आधारित घटना नागरीदास जी द्वारा बरसाने में श्री प्रिया जी के मन्दिर निर्माण के पश्चात् और उनके गुरुदेव गोस्वामी वनचन्द्र जी के जीवनकाल में हुई थी। नागरीदास जी द्वारा बनवाये गये इस मन्दिर का निर्माण काल विक्रम सम्वत् 1637 है और नागरीदास जी के गुरुवर गोस्वामी वनचन्द्र जी का निकुन्ज गमन काल विक्रम सम्वत् 1665 है। इस आधार पर उपर्युक्त उत्सव में होने वाले समाज गान का समय विक्रम सम्वत् 1637 से लेकर विक्रम सम्वत् 1665 के मध्य स्थिर होता है।"[16]

अठारहवीं शताब्दीः जैसे कि सत्रहवीं शताब्दी में प्राप्त होता है कि 'समाज गायन' उत्सवों का पर्याय (प्रतीक) मान लिया गया था। सत्रहवीं शताब्दी में जो परम्परा बरसाने में प्रारम्भ हुई थी जो कि श्री राधा जी के आज्ञानुसार प्रारम्भ हुई थी इसीलिए नागरीदास जी

आजीवन प्रति वर्ष उसे उसी प्रकार मनाते रहे। उनका अनुकरण करते हुए उनके पश्चात् राधावल्लभीय गोस्वामीगण भी वृन्दावन से बरसाने जाकर यह उत्सव उसी प्रकार मनाते रहे। इस परम्परा का वर्णन हमनें "चाचा वृन्दावन दास जी के ग्रन्थ 'रसिक अनन्य परचावली' में किया है जो इस प्रकार है –

"प्रथम नागरीदास कुँवरि मुख आज्ञा पाई।
बरसगाँठ वृषभान लली की सजी बधाई।
दामोदर–गोस्वामि निवाही पुनि ता पाछैं।
श्री दामोदर–नन्दर बली नित भक्ति भार कौ निर्वहन।
वित खरचन अति भूर मति, हिय हिलगन आवै न कहन।।"[17]

इन उत्सवों में पहले प्रारम्भकाल में समाज गान में श्री हिताचार्य व्यास जी और बली जी आदि के ही पद गाये जाते थे।" किन्तु समय के परिवर्तन के साथ इस परम्परा में भी परिवर्तन दृष्टिगोचर होने लगे वह यह कि इन रसिकों के अतिरिक्त अन्य हित धर्मी रसिकों के भी पदों के गायन का विधान कर दिया गया। जैसे –

"कुँवरि किशोरी जनमत ही (दामोदर स्वामी)
रंग बरसै री होली कीरति (सहचरिसुख)
रानी माँगनौं हौं आयौ (किशोरीदास)
हाँ ब्रजवासिनि कौ मगा (किशोरीदास)"[18]

अठारहवीं शताब्दी में होने वाले श्री राधा जी के जन्मोत्सव के समाज का वर्णन चाचा वृन्दावनदास जी द्वारा किया गया है इस समाज में हित रसिक जुगलदास जी द्वारा निम्नांकित पदों के गाये जाने का भी सांकेतिक उल्लेख किया है –

"गावत बधाई भानु लली की। देखनि आवनि गली–गली की।
चलौ वृषभान गोप के द्वार। यौं कहि विवश होत रिझकर।
आजु बधाई है बरसाने। गावत चारि प्रेम सरसाने।

हौ आयौ रानी माँगनौ। भुजा परचरि देत सुख घनौ।
सो धुनि मिलि पर्वत गुंजरै। तब कौ सुख कछु कहत न परै।''[19]

''श्री राधा के जनम दिन, प्रमुदित नाना भाई।
श्री जुगलदास अति प्रीति सौं, उत्सव करत बनाई।।''[20]

राधावल्लभ सम्प्रदाय के रसिक गोस्वामी दामोदर वर जी का समय विक्रम सम्वत् 1634 से विक्रम सम्वत् 1714 तक है। इन्होंने गोस्वामी विलासदास जी के निकुन्ज गमन के बाद ही बरसाने में उत्सव करने का उत्तरदायित्व सम्भाला होगा। उक्त प्राप्त तथ्यों के आधार पर हम इस निष्कर्ष पर पहुँचते हैं कि इस सम्प्रदाय में 'समाज गान' की परम्परा 16वीं शताब्दी से 18वीं शताब्दी के अन्त तक अक्षुण्ण रूप में प्राप्त होती है। इसके कुछ समय बाद इस सम्प्रदाय के गोस्वामीगण यह उत्सव वृन्दावन में श्री राधावल्लभ जी के मन्दिर में ही मनाने लगे। बरसाने में वहाँ के गोस्वामीगणों द्वारा यह उत्सव मनाया जाने लगा। किन्तु दोनों ही जगह उन्हीं पदों का गायन होता है जो 16वीं, 17वीं, 18वीं शताब्दी में गाये जाते थे। ''16वीं शताब्दी से 18वीं शताब्दी में जहाँ हमें नैमित्तिक उत्सवों (किसी विशेष अवसर पर) की परम्परा देखने को मिलती है वहीं नित्य उत्सवों पर भी समाजगान की अखण्ड परम्परा प्राप्त होती है।''[21] जैसे – इस सम्प्रदाय के मन्दिरों में अगहन, पौष और माघ मास के समाज में हित ध्रुवदास जी की वाणी का अद्यपि गान होता है। भगवत मुदित जी ने अपनी 'रसिक अनन्य माल' में हित ध्रुवदास जी का चरित्र वर्णन करते हुए लिखा है कि –

''वानी हित ध्रुवदास की सुनि जोरी मुसिकात।''[22]

सम्भवतः उपर्युक्त उल्लेख भगवत मुदित जी ने अपनी आँखों देखी घटना का किया है जिससे यह स्वतः स्पष्ट होता है कि उस समय (अठारहवीं शताब्दी के प्रारम्भिक काल में) श्री राधावल्लभ जी के मन्दिर के समाज में इस वाणी का गान हुआ करता था।

इस सम्प्रदाय के रसिकगण कहीं भी, कभी भी किसी भी स्थान पर बैठकर इसका आनन्द लिया करते थे। "इसका प्रमाण हमें गोस्वामी रूपलाल जी (जन्मकाल विक्रम सम्वत् 1738) के बाल्यकालीन जीवन में मिलता है। वे लता द्रुमाच्छादित दामोदरवर की रासस्थली (वर्तमान में बल्लीगंज नामक स्थल अठखम्भा बाजार, वृन्दावन) में नित्य जाते थे, जहाँ पर नित्य प्रति समाज गान होता था –

दामोदर के रास प्रात ही जात नित।
अपने करवर झारत अधिक लगाय चित।
बैठक रसिक समाज गान नित नेम सौं।
वृन्दावन हित रूप छकत अति प्रेम सौं।"[23]

गोस्वामी रूपलाल जी के ही जीवन चरित्र देखने पर एक अन्य प्रमाण भी प्राप्त होता है –

"सुन्दर सदन साँवरि कै प्रभु पधराये जाइ।
सेवा–भजन–समाज कौ वरषै सुख समुदाइ।" [24]

यह दोहा रूपलाल जी की बड़ौदा यात्रा में उल्लिखित है जिसका समय 1760 के बाद का है और 1767 के पूर्व का निश्चित है और यह भी स्पष्ट हो जाता है कि इस सम्प्रदाय के समाज गान का प्रचार ब्रज क्षेत्र तक ही सीमित ना रहकर वरन् सम्पूर्ण भारतवर्ष में हो चुका था।

अन्य स्थानों के रसिक जन भी समय–समय पर राधावल्लभीय समाज गान का आयोजन किया व करवाया करते थे। इसका प्रमाण हमें चाचा वृन्दावन दास जी के गुरु कृपा चरित्र बेली नामक ग्रन्थ में श्री हित जुगलदास जी के जीवन चरित्र का वर्णन करते हुए वर्णित किया है कि भीम कुन्ज में श्यामा–श्याम की रस लीला मूलक पदों का समाज करके राग रंग की वर्षा किया करते थे।

वृन्दावन में निवास करने वाले हित रसिक भोलानाथ जी अपने निवास स्थान पर ही नित्यप्रति समाज गान करने का उल्लेख विक्रम

सम्वत् 1824 में रचित 'वृन्दावन प्रकाश माला' नामक रचना में इस प्रकार मिलता है –

> "भोलानाथ रसिकन की मंडली सौं मिलि जहाँ,
> करत समाज नित गान पुलकात है।
> वृन्दावन में जिनके हिये में नित छाय रहनौ,
> तिनकी कृपा कौं हम सदा ललचात है।।"[25]

इन रसिक भक्तों के अतिरिक्त अन्य कई रसिकों का उल्लेख चाचा वृन्दावन दास जी ने 'बसन्तोत्सव समाज' का वर्णन करते समय किया है जिनके नामों का उल्लेख हमें इनके द्वारा रचित पदों में प्राप्त होता है –

"श्री रसिकलाल रस कौ निकेत। श्री श्यामलाल सुख भजन लेत।
जुगललाल पद जुगल हेत। गोवर्धन उन आनन्द देत।
मुरलीधर जु किशोर लाल। सब गान कुशल पुनि मति विशाल।
अस शोभित प्रभु मन्दिर समाज। गावै भाव भींजि भयौ प्रेम राजा।
बजैं बाजे पुनि सौरभ सु साज। महा मंगल मान्यौ सु दिन आज।।"[26]

उन्नीसवीं शताब्दीः गोस्वामी चन्द्रलाल जी ने कामवन के मन्दिर में विराजमान श्री राधावल्लभ जी के वैभव का ऐतिहासिक वर्णन करते हुए 'मन्दिर विलास' नामक ग्रन्थ में मन्दिर के अधिकारी, पुजारी और टहलुओं के साथ इन समाजियों का उल्लेख इस प्रकार किया है –

> "जगमोहन देखि जग मोहन ही होत जावै,
> दुहरी तिवारी परे परदा सवन में।
> दुहुँ दिशि कोठरी कठहरा लसत बीच,
> जुगल स्वरूप लखि होत है मगन में।।

> सायेवान कुरसी पै मुरलीसखी समाज गान अनुराग जुत दृष्टि है
> दुहुँन में।

व्यास के दुलारे ताके नयन के तारे,राधावल्लभ जू प्यारे'चन्द
हित'बसौ मन में।।

ललित पखावज बजावत है प्रियादास, बालकृष्ण राधिकादास है
भजन में।

गावत है मुरलीसखी लहरी, किशोरीदास, श्यामदास गूँजत है
खंजरी की धुन में।।''[27]

—ब. प्र., चतुर्थ, चा.वृ.दा., छन्द सं. 4 से 8

'वृन्दावन प्रकाश माला' नामक ग्रन्थ में वृन्दावन में होने वाले हितोत्सव का वर्णन गोस्वामी चन्द्रलाल जी ने विक्रम सम्वत् 1824 में रचित ग्रन्थ में किया है –

हित सब हित कुल किशोरी लाल वंशीधर,
वल्लभ और तुलसी ये गावत उमंग में धर्म,
हरीदास, बालकृष्ण, राधिकादास, जैकृष्ण बोलै नित हित सौं
प्रसंग में।।

ऐसे ही विक्रम सम्वत् 1833 में चाचा वृन्दावन दास जी द्वारा रचित ग्यारहवें समय प्रबन्ध के अन्तिम दोहे में बालकृष्ण और राधिकादास इन दोनों समाजियों का नामोल्लेख किया है। ऐसा ही उल्लेख 'श्री हित जन्मोत्सव लीला' नामक ग्रन्थ में हरिलाल व्यास जी ने भी अनेक समाजियों का सामगान करते हुए उल्लेख किया है। जिसमें सेवक जी, प्रेमदास जी, भोलानाथ जी और कृष्णदास भावुक आदि रसिकों द्वारा प्रणीत श्री हित हरिवंश जन्मोत्सव की मंगल बधाइयों का गायन समाज गान की धुन में किया जाता था।

''भावुक कृष्णदास के गीत। निजु उमंग की प्रगटत रीति।।
सो–सौ सबही गान बधाये। गावत तदाकार दरसाये।।
तीन प्रहर लौं भयौ समाज। खान–पान सुधि लोपी आज।।''

– हि.रू.च.बे.चा., वृ.दा., छन्द सं. 70

हित हरिवंश जी के जन्मोत्सव सम्बन्धी अनेकानेक कार्यक्रमों की श्रृंखला का आयोजन के अन्तर्गत बैसाखी पूर्णिमा की रात्रि को वृन्दावन की परिक्रमा लगाई जाती थी। श्रीवन परिक्रमा में वंशीवट, धीर समीर, गोस्वामी जी के बाग (सम्भवतः श्री हितरूप सुत गोस्वामी श्री किशोरीलाल जी के बाग में) और जीवाराम के बाग आदि अनेक स्थलों पर भी समाज गायन होता था।

"पूरनिमा बैसाख सु रजनी। देखि मतौ कीनौं सब भजनी।।
श्री वृन्दावन की परिक्रमा। रास सहित जो है बिनु श्रमा।।
सब मिलि चले चाँदनी राति। गावत जुवती वृन्द सुहाति।।
प्रथमहिं अटके धीर समीर। श्री वंशीवट पै भई भीर।।
वहाँ मण्डलाकार विराजे। भयौ रास समयौ सुख साजे।।....
– श्री गोस्वामी बाग निकेत। देखि पुलिन अटके रस खेत।।
फिर भयौ रास–समाज विलास। नृत्य–गान निजु मननि हुलास।।
तहाँ ते चले सु गावत राग। जीवाराम बाग अति लाग।।
– करी बाग की सैल तब, दियै छैल गरवाँह।।
वन विहार पद भोर के, गावत अधिक उमाह।।
यौं पद गावत सबही चले। कूलनि–कूलनि लागत भले।।
कालीदह तें ठठकत आवत। ललित–विभास पदनि विरमावत।।

– हि.रू.च.बे.चा., वृ.दा., छन्द सं. 71, 72

बीसवीं शताब्दी

"बीसवीं शताब्दी के प्रमुख समाजियों में सर्वप्रथम नाम हमें रासवंशी सेवाधिकारी गोस्वामी गोवर्धनलाल जी का मिलता है। विक्रम सम्वत् 1974 में विरचित 'हितचन्द्र प्रकाश' नामक ग्रन्थ में प्रीतमदास जी ने गोस्वामी जी के स्वरूप परिचय वर्णन सन्दर्भ में लिखा है कि वे श्री राधावल्लभ जी के मन्दिर, सेवाकुन्ज तथा रासमण्डल पर मधुर वाणी का समाज करके रस वृष्टि करते थे।"[28]

''श्री गोवर्धनलाल धूल वपु भाल विशाला।
सुन्दर द्विव्य सु लसत हिये तुलसी की माला।
नित्य हिये उत्साह करि सेवत श्री हित लाड़िले।
श्री हरिवंश सु नाम टेक पुलकत जु गान भरि।
बरसावत रस वृष्टि मधुर वानी समाज करि।
श्री सेवक हित व्याससुवन गावत जु बधाई।
हितमण्डल सेवाकुंज सु मन्दिर श्री मुख गाईं।
श्री राधावल्लभ केलि रति बसंत हिये नित चाडिले।।'' [29]

श्री राधिकाचरण जी ने भी जो प्रीतमदास जी के बड़े गुरु भ्राता थे ने अपनी 'पदावली' में गोस्वामी गोवर्धनलाल जी को समाज गान करते हुए लिखा है –

''जै जै श्रीहित रूप भजन हित गाइकै।
श्री गोवर्धलाल सु जन्त्र बजाइकै।।
परिकर हित ब्रज जोरि मधुर सुर गावहीं।'' [30]

रस भारती संस्थान, वृन्दावन में क्रमांक 600 पर सुरक्षित 'लाड़ सागर' की एक हस्तलिखित प्रति मेरे द्वारा देखी गई अन्तिम पुष्पिका (श्री जयेश खण्डेलवाल जी के सहयोग से देखनी सम्भव हुई) देखने से यह ज्ञात होता है कि विक्रम सम्वत् 1970 में राधावल्लभीय समाज के मुखिया कुन्जबिहारीलाल जी थे। अन्तिम पुष्पिका निम्नांकित है –

''इति श्री लाड़सागरे ब्रजविनोद बेली श्री वृन्दावनदास जी कृत सपूरण।।5।।
संवत् 1970 फागुन बदि दसमी गुरु बासरे। हस्ताक्षर वैष्णव राधिकाशरण के।।
कुंजबिहारीलाल मुखिया समाजी के पाठार्थ लिखी।'' [31]

इसी तरह से 'प्राचीन पद संग्रह' क्रमांक 1 की अन्तिम पुष्पिका से चुन्नीदास उपाध्याय नामक एक और समाजी का पता चलता है। पुष्पिका निम्नांकित है –

"ये ती (इति) श्री धमार पूर्न (पूर्ण) सं. 1970 जेठ बदी दुआदसी (द्वादशी) वार इतवार कौं समाप्त भई, दः चुन्नीदास वैष्णव ब्राह्मण उपाध्याय श्री राधावल्लभ के मंद्र (मन्दिर) के समाजी।। जैसा देखा तैया लीखा मम सिर नाहीं भाई। सब समाज सैं वीनती मेरी टूटे अक्षर लीजौ लियौं सुधार) जै श्री जी की।"[32]

इसी शताब्दी में मदन मोहनदास जी प्रणीत 'हितशास्त्र' नामक ग्रन्थ में ब्रजबिहारी जी मुखिया का नाम हि. शा., म. मो. दा., रसिक सुयश प्रसंग, पृ. सं. 134, 135 पर प्राप्त होता है। इसके अतिरिक्त श्री हित रूप संग्रहालय में इस शताब्दी के समाज गान का एक चित्र भी प्राप्त होता है। एक अन्य स्थान पर इस शताब्दी के प्रथम चरण में श्री राधावल्लभ जी के मन्दिर वृन्दावन में नित्य प्रति समाज किया करते थे।

"गोस्वामी मोहनलाल जी (छोटी सरकार वाले), गोस्वामी युगलदास जी, गोस्वामी मनोहरलाल जी, गोस्वामी परमानन्दलाल जी, गोस्वामी छेदीलाल जी, गोस्वामी जुगलवल्लभ जी, हुब्बलाल जी (सारंगी वादक), झल्ला भट्ट जी (झाँझवादक) तथा कुंज बिहारी जी (पखावजी) आदि।"

इस क्षेत्र में इस कालान्तर्गत लिखित सामग्री के अभाव में समाज गान से सम्बन्धित तथ्य के मूर्त प्रमाण वर्तमान समाजी ही हैं, जिन्हें समाज गान पैतृक सम्पति के रूप में प्राप्त होता है। इनके अतिरिक्त प्रमाण वे वयोवृद्ध हैं जिन्होंने अनेक दिवंगत समाजियों को अपनी आँखों से समाज करते देखा है और उनसे ही यह सभी सुना है कि हमसे पूर्व ये–ये व्यक्ति समाज किया करते थे।

अभी से कुछ वर्षों पूर्व तक श्री राधिकाचरण जी 'ढोंगी बाबा' (मुखिया), प्रियाशरण जी, पुष्करदास जी, राधाचरण जी (लल्लू जी), राधाकृष्णदास जी (अधमदास जी) गोविन्द जी (दामोदर जी के

ज्येष्ठ पुत्र जो कि सूरदास थे) तथा बल्लो जी (पखावजी) दिवंगत हो चुके हैं।

प्रियाशरण हित रसिकवर एक आश विश्वास।
कब मिलिहैं हित जुगलवर चित में यही हुलास।।
हित जू के जन्मोत्सव माँही। ढाँढिन बनि नाचैं अरू गाहीं।।
कबहुँ भँड़ेला हू बनि आवै। नकल बनावै सबनि हँसावै।।
करि समाज निज इष्ट लड़ावै। पाठ भजन में दिनहिं बितावै।।

–हि. शा., म. मो. दा., पृ. सं. 138–139

श्री हित पुष्पकरदास जू साधुन को संग पाय।
श्री हित जू की शरण भये बसे विपिन में आया....
है समाज माँहि रूचि भारी। गावैं सुनै–सु होई सुखारी।
देवैं मान समाजिन काँही। भोग–फूल–फल अतर सदाही।

–हि. शा., म. मो. दा., पृ. सं. 138–139

"वर्तमान में राधावल्लभ सम्प्रदाय के रसिक समाज मुखिया के रूप में श्री दामोदर दास जी (सूरदास गोविन्द के पिता) ध्रुवअलीशरण जी, जीवनदास जी, (पखावजी), स्वामी हितदास जी, हितशरण जी, गिरधारीदास, देवदास जी, रामनाथ जी (इसराजवादक) मदनमोहनदास जी, गोस्वामी चन्द्रकान्त जी, चतुर्भुजदास पाठक, ठाकुर नत्थी सिंह जी, श्यामबिहारीलाल खण्डेलवाल (मुखिया), जयेश खण्डेलवाल (मुखिया), राजेन्द्र शर्मा (मुखिया), राकेश दूबे (मुखिया), बजरंगदास जी, राधाचरण जी, किशोरदास जी, रासेश्वरीदास जी, कमलदास जी, मनमोहनदास, हितरूपशरण जी, पुरूषोत्तमदास, श्यामसुन्दरदास, वृन्दावनदास (मानसरोवर वाले), वृन्दावनदास (श्यामाकुंज वाले), सेवकशरण (बेलावादक) प्रभुचरण चक्रवर्ती, राधामोहन नागाचे, कान्ताप्रसाद उपाध्याय (पखावजी), मोहनदास, प्रेमदास, गुलाबचन्द, उपाध्याय (पखावजी), अम्बरीष (पखावजी) संतदास (पखावजी), वन विहारीदास, सेवादास, गोवर्धनदास, हित ब्रजबिहारीलाल शर्मा, ग्वालियर

निवासी वृन्दावन शरण जी (बेलावादक) तथा कृष्ण कुमार 'कृष्ण कुमार कृष्णा आदि समाज गान गायक महानुभाव समाज संगीत की परम्परा को अक्षुण्ण बनाये हुये हैं।

1— श्री हितआनन्दलाल दामोदर विप्रवर अति ही परम प्रवीन।
करि समाज रिझये जुगल अनन्त चित्त नहिं दीन।
श्री जू के मंदिर में नित प्रति। करैं समाजगान सुंदर अति।
सुन्दर स्वर अति कोमल हीयौ। युगल रीझि मुखिया पद दीयौ।

— हि. शा., म. मो. दा., पृ. सं. 126

2— साधु ध्रुवअलीशरण जू सेवा माँहि प्रवीन। श्री राधावल्लभलाल कौं सेवत हैं। दिन दीन करि समाज बहु वानी देखै। हित दंपति छबि हित में लेखैं।

— हि. शा., म. मो. दा., पृ. सं. 110, 111

3. जैपुर सांगानेर के श्रीहित जीवनदास।
तरून पैस में त्यागि गृह कीनौं श्री वनवास।
राग—रागिनी ये बहु जानैं।
अति हि कला युत सुन्दर गानै।
सुन्दर ताल मृदंग बजावै।
ढ़ाँढी बनि सुठि नृत्य दिखावै।

— हि. शा., म. मो. दा., पृ. सं. 101

4. स्वामी श्री हितदास जू बसे जु श्री वन आय।
वृन्दावन रस रंग में मन कूँ दियौ रंगाय।।
लीला रास करावत जब तब।
करवाबत समाज जब उत्सव।।
आपहु करैं समाज संग में।
बूड़ि जात आनन्द रंग में।।

— हि. शा., म. मो. दा., पृ. सं. 108—109

5– परम रसिक श्री हितशरण बसि वृन्दावन माँहि।
तन–मन करि सेवत प्रभुहि मन में अति हुलसाहिं।।
मंदिर जाय समाज करि श्री राधावल्लभ जेहिं।
भजनी परम सुशील है सब विधि सौं रहे सोहि।।

– हि. शा., म. मो. दा., पृ. सं. 107

समाज संगीत का उद्देश्य

गोस्वामी हितहरिवंश जी ने 'समाज गायन' की अभिनव और मौलिक गायन पद्धति का समुद्भव किया किन्तु उन्होंने सामवेद के स्वर प्रधान संगीत को अक्षर प्रधान बनाकर इस मौलिक गान पद्धति को जन्म दिया। राधावल्लभ सम्प्रदाय के 'समाज गायन' पद्धति का उद्देश्य न आत्मकल्याण है, न जनकल्याण है, न परकल्याण, न अर्थोपार्जन, न ही कला की उन्नति और न ही स्वानन्द की प्राप्ति एवं संस्कृति का आदि वर्ण्य है बल्कि यहाँ पर समाजी के भाव यह होते हैं कि राधाकिंकरी भावानुभावित रसिक को रस लीलाओं के पद्यात्मक गायन द्वारा अपने इष्ट युगल को आनन्दित कर सकें तथा स्वयं वृन्दावन रसानन्द का अनुभव कर सके। क्योंकि संगीत को ही वह माध्यम माना जाता है जिससे सबसे पहले हमारे भाव ईश्वर तक प्रेषित हो जाते हैं जिसमें कोई छल कोई कर्मकाण्ड की आवश्यकता नहीं होती है। इसी कारण से कई बार समाज गायन में कुछ ही पद को समाजी घंटों–घंटों गाते रह जाते हैं। इसका कारण यही है कि वे भावविभोर होकर अपनी सुध खोकर श्री राधावल्लभ लाल जू में खो जाते हैं।

राधावल्लभ सम्प्रदाय का सांगीतिक घरानों से सम्बन्ध

काशी में समय–समय पर संगीत की गायन विधा में विविध संगीत मनीषियों, साधकों, कलाकारों के द्वारा जो प्रयत्न किए गए, यदि हम उन्हें ऐतिहासिक कालक्रम के परिप्रेक्ष्य में मूल्यांकित कर विचार करें,

तो प्रथमतः उनका विभाजन घरानों की दृष्टि से अतीव समीचीन होगा। काशी में गायन के अनेक घराने प्रमुख रूप से रहते आए हैं और उनसे सम्बद्ध साधकों से उत्तरोत्तर विकसित होते रहे हैं। यहाँ पर इस विषय पर चर्चा करने का तात्पर्य यह है कि यहीं एक ऐसे घराने ने जन्म लिया जिसका सम्बन्ध सीधा राधावल्लभ सम्प्रदाय से कुछ विद्वानों द्वारा माना जाता है। वैसे भी पूर्व में इस सम्प्रदाय के पदों का हमारी प्राचीन शैली (ध्रुपद, धमार) में निबद्ध होना, विभिन्न राग–रागिनियों में पदों की रचना होना, विभिन्न शास्त्रीय वाद्य यन्त्रों का इसके गायन में प्रयोग होना, नृत्य तथा पखावज के बोलों का प्रयोग, संगीत के गूढ़ तत्वों (श्रुति, स्वर, मूर्च्छना) आदि का सूक्ष्म दृष्टि से वर्णन प्राप्त होना साथ ही इस सम्प्रदायाचार्यों का सांगीतिक ज्ञान व तानपुरे के साथ चित्र प्राप्त होना यह स्पष्ट कर देता है कि इस सम्प्रदाय का संगीत से बहुत गहरा सम्बन्ध है। निम्नलिखित वाक्यांशों से यह और अधिक स्पष्ट हो जाएगा।

पियरी घरानाः "इस गायन घराने के प्रथम संगीत महापुरूष एवं प्रवर्तक के रूप में पं. दिलराम मिश्र का उल्लेख मिलता है। आपका समय सोलहवीं शती के पूर्वार्द्ध को माना जा सकता है। आपके पूर्वज गोण्डा–बलरामपुर के मठाधिपति एवं वैष्णव धर्म के प्रचारक थे। मुगल सम्राट बाबर की विजय उन्मत सेना ने न केवल आपके पूर्वजों के मठों को ध्वस्त किया अपितु वहाँ के मठाधिपति को मौत के घाट उतार दिया। दुःखी पारिवारिक सदस्यों के साथ पं. दिलराम मिश्र ने वहाँ से हमेशा–हमेशा के लिए अन्यत्र जाने का निर्णय लिया और वृन्दावन की ओर बढ़े। वृन्दावन में आपने अपने पाँच भाईयों सहित राधावल्लभ सम्प्रदाय के विद्वान संगीतज्ञ श्री 108, हित हरिवंश जी से 30–35 वर्षों तक संगीत की उत्कृष्ट शिक्षा ग्रहण कर छन्द, प्रबन्ध, विष्णुपद, ध्रुपद आदि शैलियों पर विशेष अधिकार प्राप्त किया और 'सेवक' उपनाम से सैंकड़ों ध्रुपदों की रचना की। सभी भाईयों ने संगीत के प्रचार–प्रसार का संकल्प लेकर विभिन्न दिशाओं की ओर प्रस्थान किया।

पं. दिलराम से लेकर पं. ठाकुर दयाल मिश्र तक आपके घराने में पूर्वजों से विरासत में प्राप्त प्राचीन छन्द, प्रबन्ध, विष्णुपदों, ध्रुपद आदि गायन शैली की परम्परा प्रचलित थी। प्रसिद्ध मनोहर मिश्र सरीखे सुयोग्य वंशजों में इस घराने को होरी, टप्पा, ख्याल आदि शैलियों से भी समृद्ध कर इस पर भी अपना वर्चस्व स्थापित किया।''[35]

उक्त पियरी घराने के विवरण से यह स्पष्ट हो जाता है कि राधावल्लभ सम्प्रदाय हितहरिवंश जी स्वयं संगीतज्ञ व संगीत प्रेमी थे। इसीलिए इस सम्प्रदाय में श्रेष्ठ स्थान प्राप्त है और इसीलिए इस सम्प्रदाय की नित्य अथवा नैमित्यिक सेवा विधि में संगीत को विशिष्ट स्थान प्राप्त है।

जिन संगीतज्ञ–गायकों का सम्पर्क इन सम्प्रदायों के आचार्यों से हुआ वह भक्ति या आध्यात्म के कारण नहीं बल्कि आचार्यों के संगीत पाण्डित्य व संगीत कला सम्बन्धित ज्ञान व उनकी सम्पूर्ण गायन शैली के कारण हुआ है। परन्तु फिर भी आश्चर्य का विषय यह है कि इस सम्प्रदाय में संगीत प्राण तत्व के रूप में विद्यमान होने के बाद भी सांगीतिक दृष्टि से इस पर उल्लेख प्राप्त नहीं होता है यदि होता भी है तो नाममात्र ही।

राधावल्लभी काव्य में सांगीतिक तत्वों का शास्त्रीय विवेचन

संगीत की अन्तर्रचना एवं उसके आन्तरिक प्रभावों के अध्ययन के लिए जो तत्व विशेष रूप से उल्लेखनीय है, वे हैं नाद, श्रुति, स्वर, सप्तक, वर्ण और राग। इनकी पारम्परिक अन्तनिर्भरता और इनके अन्तरानुशासन से संगीत विभिन्न प्रभाव और अभिव्यंजन से संपश्क्त होकर साधारणीयकरण के योग्य बनता है। किसी सम्प्रदाय या किसी भी प्रकार के समझने से पूर्व संगीत की आन्तरिक बुनावट को समझने के लिए इन तत्वों का अध्ययन अनिवार्य है।

राधावल्लभी पदों में भी नाद सम्बन्धी तथ्यों का उल्लेख प्राप्त होता है।

श्रुतिः राधावल्लभ सम्प्रदाय का काव्य रंग संगीत पर आद्यृत है। अतः समाज संगीत का अध्ययन करते समय श्रुतियों का ज्ञान आवश्यक है। ''श्रुयते इति श्रुति'' अर्थात् जो श्रवणीय हो श्रुति कहलाती है। ''पं. भातखण्डे ने ''अभिनव रागमंजरी'' में उस कण्ठ ध्वनि को जो गीत में प्रयुक्त की जा सके और एक–दूसरे से पृथक और स्पष्ट पहचानी जा सके ''श्रुति'' कहा है।''[37]

संगीत शास्त्र में पारम्परिक और सर्वसम्मत रूप से नादों की संख्या बाईस मानी जाती है। ये नाद क्रमशः एक–दूसरे से ऊँचे चढ़ते चले गये हैं, बाईस नादों को श्रुति कहा जाता है। इन्हीं बाईस श्रुतियों के अन्तर्गत हमारे स्वरों का चयन किया जाता है। पं. अहोबल ने ''संगीत पारिजात'' में श्रुतियों के इस विभाजन की पुष्टि की है। ''तदनुसार शड्ज, मध्यम और पंचम स्वरों में चार–चार श्रुतियाँ, निषाद और गंधार में दो–दो श्रुतियाँ तथा ऋषभ और धैवत में तीन–तीन श्रुतियाँ मानी गई है। इस प्रकार शुद्ध स्वरों में बाँधा गया है।''[38] उदाहरणार्थ –

1	2	3	4	5	6	7	8	9	10	11	12	13	14	15	16	17	18	19	20	21	22
सा				रे			ग		म					प				ध			नि

''श्रुति सूक्ष्मतम ध्वनि है।'' श्रुति स्वयं रंजक नहीं होती, वह स्वर को रंजक बनाने में सहायक होती है। उदाहरण–

स्वरः ''ध्वनियों में हम प्रायः दो भेद रखते हैं, जिनमें एक को 'स्वर' और दूसरे को 'कोलाहल' या 'ख' कहते हैं। साधारणतः जब कोई ध्वनि नियमित और आवर्त–कम्पनों से मिलकर उत्पन्न होती है, तो उसे 'स्वर' कहते हैं। इसके विपरीत जब कम्पन अनियमित तथा पेचीदे

या मिश्रित हो तो उस ध्वनि को 'कोलाहल' कहते हैं। नियमित आन्दोलन संख्यावली ध्वनि 'स्वर' कहलाती है। यही ध्वनि संगीत के काम में आती है, जो कानों को मधुर लगती है तथा चित्त को प्रसन्न करती है। इस ध्वनि को संगीत की भाषा में 'नाद' कहते हैं।"[39] इस आधार पर संगीतोपयोगी नाद 'स्वर' कहलाता है। हमारे संगीत में सात स्वरों की मान्यता है इन्हें क्रमशः सा, रे, ग, म, प, ध और नि कहा जाता है।

स्वरों के दो प्रकार माने जाते हैं –

1. शुद्ध अथवा प्राकृत स्वर 2. विकृत स्वर।

शुद्ध स्वरः बारह स्वरों में से सात मुख्य स्वरों को शुद्ध स्वर कहते हैं। दूसरे शब्दों में जब स्वर अपने निश्चित स्थान पर रहते हैं, तो शुद्ध स्वर कहलाते हैं।

विकृत स्वरः पाँच स्वर ऐसे होते हैं जो शुद्ध तो होते हैं साथ ही साथ ही विकृत भी होते हैं। जो स्वर अपने निश्चित स्थान से थोड़ा उतर जाते हैं अथवा चढ़ जाते हैं, वे विकृत स्वर कहलाते हैं। विकृत स्वर भी दो प्रकार के होते हैं –

(i) कोमल विकृत (ii) तीव्र विकृत

"जब कोई स्वर अपनी शुद्धावस्था (निश्चित स्थान) से नीचा होता है जो उसे कोमल विकृत और जब शुद्धावस्था से ऊपर होता है तो उसे तीव्र विकृत कहते हैं। सप्तक में शड्ज और पंचम् के अतिरिक्त शेष स्वर जैसे रे, ग, ध और नि स्वर कोमल विकृत तथा म तीव्र विकृत होता है। इस प्रकार एक सप्तक में 7 शुद्ध 4 कोमल और एक तीव्र स्वर, कुल मिलाकर 12 स्वर होते हैं। इनका क्रम इस प्रकार है–

स रे॒ रे ग॒ ग म म प ध॒ ध नि नि।"[40]

सप्तकः जैसा कि नाम से ही स्पष्ट है कि सात संख्याओं के समूह को सप्तक कहते हैं। ''भारतीय संगीत में 'सप्तक' का अर्थ सात स्वरों का क्रमिक समूह होता है। सप्तक के तीन प्रकार हैं – मन्द्र, मध्य एवं तार। स्वर निकास में मन्द्र सप्तक द्वारा हृदय, मध्य सप्तक द्वारा कण्ठ तथा तार सप्तक द्वारा तालू पर विशेष दबाव पड़ता है। ''अभिनव रागमंजरी'' में पं. भातखण्डे ने इसे ऊँचाई–निचाई के आधार पर विभाजित किया है।''[41]

जब स्वर बहुत नीचे से उठाये जायें तब मन्द्र तथा साधारण स्वर अर्थात् बोल–चाल के स्वर मध्य तथा सप्रयास ऊँचे उठाये गये स्वर तार सप्तक की कोटि में आते हैं।

पं. भातखण्डे ने इन स्वरों की पहचान के लिए निम्नांकित पद्धति विकसित की है–

मन्द्र सप्तक – सा़ रे़ ग़ ग़ म़ प़ ध़ नि़
मध्य सप्तक – सा रे ग म प ध नि (कोई चिन्ह नहीं)
तार सप्तक – सां रें गं मं पं धं निं।''[42]

राधावल्लभी काव्य में यत्र–तत्र सप्त स्वर, सप्तक का उल्लेख किया गया है।

ग्रामः ''ग्राम स्वरसमूहः स्यात्मूर्छनादेः समाश्रयः।

– संगीत रत्नाकर

हमारा प्राचीन संगीत ग्राम शब्द से सम्बद्ध रहा है। भरत ने केवल दो ग्रामों– शड्ज ग्राम और मध्यम ग्राम का वर्णन किया है और गन्धार ग्राम को स्वर्ग–स्थित बताया है। ''निश्चित श्रुत्यांतरों पर स्थापित सात स्वरों के समूह को ग्राम कहते हैं।''

राधावल्लभ सम्प्रदाय के कवियों ने तीनों ग्रामों का उल्लेख किया है। उदाहरण–

मूर्छनाः "क्रमयुक्ताः स्वराः सप्त मूर्छनास्वभिसंहिताः।" [43]

– नाट्यशास्त्र

भरत के अनुसार क्रम से सप्त स्वरों का आरोह–अवरोह करने से मूर्छना की रचना होती है। ग्राम के ही स्वरों का आरोह–अवरोह करने से मूर्छनायें बनती है। उदाहरणार्थ शड्ज ग्राम के ऋषभ को आधार मानकर मूर्छना प्रारम्भ करने से गन्धार ऋषभ हो जायेगा, मध्यम गंधार होगा, इत्यादि–इत्यादि। इसी प्रकार ग्राम के शेष स्वरों से भी आरोह–अवरोह करने से मूर्छना की रचना होती है। एक ग्राम में 7 स्वर होते हैं। अतः प्रत्येक ग्राम से 7 मूर्छनाओं की रचना सम्भव है। अतः शड्ज, गंधार और मध्यम ग्रामों से कुल 21 मूर्छनायें बनती हैं।

राधावल्लभी काव्य साहित्य में इक्कीस मूर्छनाओं का उल्लेख मिलता है।

रागः भरत–युग में भारतीय संगीत जाति गान में प्रचलित था। शनैः शनैः इसका स्थान राग–रागिनियों ने ग्रहण कर लिया। मध्यकाल तक आते–आते राग, संगीत का प्राण रूप हो गया। राधावल्लभी समाज संगीत की अधिकांश रचनाएँ राग–रंजित ही हैं।

विशिष्ट ध्वनियों की विशिष्ट संरचना ही राग है। पं. भातखण्डे ने "अभिनव रागमंजरी" में राग को इन शब्दों में व्याख्यायित किया है –

"यो यं ध्वनिविशेषस्तु स्वरवर्णविभूषितः।
रंजको जनचित्तानां स रागः कथितो बुधैः।।" [44]

अर्थात् स्वर और वर्ण से अलंकृत ध्वनियों की विशिष्ट रचना, जो श्रोताओं को चित्ताकर्षक लगे, राग कहलाती है। इससे स्पष्ट होता है कि रंजकता ही राग का प्रधान गुण है, जिसके अभाव में राग अकल्पनीय है। उदाहरण –

'रंजयति इति रागः'

इन सबके अतिरिक्त समाज संगीत में अनेक कई सांगीतिक तत्वों का उल्लेख प्राप्त होता है। आलाप, तान, उरप–तिरप, लय, ताल, लाग, डाट इत्यादि।

राधावल्लभ सम्प्रदाय में उत्सव व उनका क्रमिक विकास

साधारण अर्थों में देखा जाए तो उत्सव से तात्पर्य है – पर्व, त्योहार, मांगलिक कार्य अथवा हर्ष व आनन्दजनक व्यापार आदि। श्री हिताचार्य जी ने उत्सव शब्द का अर्थ उमंग, उत्फुल्लतामूलक क्षणों आदि जैसे अर्थों से लिया है, किन्तु यहाँ लोक समाज में प्रचलित पर्व, त्यौहारों को उत्सव के रूप में परिगणित नहीं किया गया है। श्री हिताचार्य जी ने अपने सम्प्रदाय में नित्य उत्सवों को ही मान्यता प्रदान की है। इसी कारण से उनके द्वारा रचित वाणी साहित्य में किसी ऐसे उत्सव का वर्णन नहीं है जो कि वर्ष के किसी मास विशेष अथवा किसी तिथि विशेष में हुए दिखाई दिये हों। श्री हिताचार्य जी की वाणी में नित्य लीला का ही गान प्राप्त होता है। जिसे नित्योत्सव भी कहते हैं। नित्योत्सव नित्य लीला में होने वाले किंवा नित्य होने वाले उत्सव को कहते हैं। नित्य लीला गान में नित्य वृन्दावन में होने वाले नित्य वर्तमान शरद, बसन्त, ग्रीष्म और पावस आदि ऋतु उत्सवों का ही वर्णन मिलता है। निष्कर्षतः हम यह कह सकते हैं कि श्री हिताचार्य ने नित्योत्सव किंवा ऋतु उत्सव ही स्वीकार किये हैं। किन्तु आज राधावल्लभ सम्प्रदाय में नित्य उत्सव के साथ ही साथ नैमित्तिक उत्सव की परम्परा भी दृष्टिगत होती है। इस सम्प्रदाय के अभी तक प्राप्त वाणी साहित्य के अध्ययन से हमें यह ज्ञात होता है कि इस सम्प्रदाय में आज प्रचलित उत्सव एक काल में एक साथ ही लोक प्रत्यक्ष नहीं हुए थे; प्रत्युत समय–समय पर इन उत्सवों का क्रमिक विकास हुआ था।

सोलहवीं शताब्दीः यह श्री हितहरिवंश का विद्यमान काल था। इस काल में निम्नांकित नित्य विवाहोत्सव, रासोत्सव, बसन्तोत्सव, होरी

उत्सव, जल बिहार उत्सव, पावसोत्सव, झूलनोत्सव, शरद रासोत्सव, वन विहार उत्सव।

राधावल्लभ सम्प्रदाय का समाज गान विधान

संगीत तो सृष्टि के कण–कण में व्याप्त है इससे अछूता कुछ भी नहीं। मानव कितना भी इन्कार कर ले किन्तु जहाँ लय है ध्वनि है वहाँ संगीत है और लय से तो ये सारा जग ओतप्रोत है तो इससे राधावल्लभ सम्प्रदाय का अछूता रहना कैसे सम्भव है। इस सम्प्रदाय की उपासना पद्धति ही सांगीतिक है। जिसे समाज गायन के नाम से जानते हैं। राधावल्लभ सम्प्रदाय में समाज गान की परम्परा बहुत प्राचीन है। इस सम्प्रदाय के समाज गान में इस सम्प्रदाय के प्रवर्तक गोस्वामी श्री हितहरिवंश जी तथा अन्य रसिकों द्वारा रचित गेय पदों का गायन समाज संगीत के अन्तर्गत किया जाता है। इस सम्प्रदाय में समाज गान अर्थात् पदों के गायन के समय लयकारियाँ, मींड़, तान, बोलतान, खटके, आविर्भाव, तिरोभाव इत्यादि का कोई स्थान नहीं है कारण यही है कि कहीं ना कहीं इनके प्रयोग से शब्दों में विकृति आ जाने की अधिकाधिक सम्भावना रहती है और इस प्रकार की विकृति को समाज गायन में अवैध माना जाता है क्योंकि इस गायन को रसिकजन शब्द प्रधान मानते हैं, संगीत प्रधान नहीं। इसमें पदों की पंक्तियों को बार–बार दोहराया जाता है। प्रत्येक पद की एक विशेष धुन होती है। जो किसी विशेष ताल और राग में बद्ध होती है। रसिकाचार्यों के मतानुसार ''इस सम्प्रदाय के समाज गायन के प्रत्येक पद को पूर्व परम्परागत 'धुन' में बिना किसी अन्य विमिश्रण के ज्यों का त्यों गायन कर लेना ही इस समाज गान की परीक्षा में उत्तीर्ण होने की कठिन कसौटी है।''

प्रारम्भ में समाज गान को रसिकों ने अपनी जागीर समझकर अपनी निजी वस्तु ही बना लिया। वे समाज गान सदैव एकान्त में ही गाते थे। केवल अपने इष्ट के सम्मुख ही गाते थे और साधारणजन से

इसे दूर रखने का प्रयत्न करते थे। किन्तु युग परिवर्तन के साथ इस क्षेत्र में भी परिवर्तन दिखने लगे। अब समाज गान अन्य भक्तगण को भी सिखाने लगे। उनके सम्मुख, सामान्यजन के सम्मुख श्री राधावल्लभ मन्दिर में बैठकर इसका गायन किया जाने लगा। धीरे–धीरे समाज गान का विस्तार भी हुआ अन्य रसिकगणों ने भी इसे अपनाकर अपने स्थान पर इस परम्परा को शुरू किया। किन्तु इससे पूर्व काल में समाजी सामान्यजन को इसे देने में संकोच करते थे। यदि किसी स्थान पर गाते या किसी को सिखाते तो पूरी नहीं सिखाते थे। इसका बुरा परिणाम सामने आया जिन्होंने जितना सीखा उसे ही गाने लगे। जैसा टूटा–फूटा सीखा अपने स्थान पर गाने लगे। इसी के परिणामस्वरूप आज कई स्थानों पर समाज गायन में पूर्व के स्थान पर आज अन्तर है। ऐसा विद्वानजन हमें बताते हैं। किन्तु फिर भी कुछ प्राचीन बंदिशें सम्प्रदाय में पूरी तरह से सुरक्षित और संरक्षित है। इस प्रकार हम इस सम्प्रदाय के संगीत के विषय में यह कह सकते हैं कि ये संगीत की विधाओं से परिपूर्ण है। साथ ही इसका प्राचीन समाज स्वरूप आज भी सम्प्रदाय में काफी हद तक सुरक्षित एवं संरक्षित कहा जा सकता है।

राधावल्लभ सम्प्रदाय में उत्सव व उनका क्रमिक विकास

साधारण अर्थों में देखा जाए तो उत्सव से तात्पर्य है – पर्व, त्यौहार, मांगलिक कार्य अथवा हर्ष व आनंदजनक व्यापार आदि। श्री हिताचार्य जी ने उत्सव शब्द का अर्थ उमंग, उत्फुल्लतामूलक क्षणों आदि जैसे अर्थों से लिया है किन्तु यहाँ लोक समाज में प्रचलित पर्व, त्यौहारों को उत्सव के रूप में परिगणित नहीं किया गया है। श्री हिताचार्य जी ने अपने सम्प्रदाय में नित्य उत्सवों को ही मान्यता प्रदान की है। इसी कारण से उनके द्वारा रचित वाणी साहित्य में किसी ऐसे उत्सव का वर्णन नहीं है जो कि वर्ष के किसी मास विशेष अथवा किसी तिथि विशेष में हुए दिखाई दिये हों। श्री हिताचार्य जी

की वाणी में नित्य लीला का ही गान प्राप्त होता है जिसे नित्योत्सव भी कहते हैं। नित्योत्सव, नित्य लीला में होने वाले किंवा नित्य होने वाले उत्सव को कहते हैं। नित्य लीला गान में नित्य वृन्दावन में होने वाले नित्य वर्तमान शरद, बसन्त, ग्रीष्म और पावस आदि ऋतु उत्सवों का ही वर्णन मिलता है। निष्कर्षतः हम यह कह सकते हैं कि श्री हिताचार्य ने नित्योत्सव किंवा ऋतु उत्सव ही स्वीकार किये हैं। किन्तु आज राधावल्लभ सम्प्रदाय में नित्य उत्सव के साथ ही साथ नैमित्तिक उत्सव की परम्परा भी दृष्टिगत होती है। इस सम्प्रदाय के अभी तक प्राप्त साहित्य वाणी के अध्ययन से हमें यह ज्ञात होता है कि इस सम्प्रदाय में आज प्रचलित उत्सव एक काल में एक साथ ही लोक प्रत्यक्ष नहीं हुए थे; प्रत्युत समय–समय पर इन उत्सवों का क्रमिक विकास हुआ था।

सोलहवीं शताब्दीः यह श्री हितहरिवंश का विद्यमान काल था। इस काल में निम्नांकित उत्सवों का ही उल्लेख हमें प्राप्त होता है – नित्य विवाहोत्सव, रासोत्सव, बसन्तोत्सव, होरी उत्सव, होरीडोल उत्सव, जल विहार उत्सव, पावसोत्सव, झूलनोत्सव, शरद रासोत्सव, वन विहार उत्सव।

सत्रहवीं शताब्दीः 17वीं शताब्दी में प्रथम बार नागरीदास जी द्वारा बरसाने में श्री राधा जन्मोत्सव मनाये जाने का उल्लेख मिलता है और उस समय सभी राधावल्लभी वहीं जाकर इसे मनाते थे। इसी शताब्दी में तत्कालीन सेवाधिकारी गोस्वामी दामोदरवर जी मुखोक्त 'प्रश्नोत्तरी' नामक अपने ग्रन्थ में इन्होंने राधाष्टमी, श्री कृष्ण जन्मोत्सव तथा अन्नकूट आदि नैमित्तिक उत्सवों को श्री हिताचार्य की रसोपासना के विरूद्ध बतलाकर उन्हें अस्वीकार किया गया है। इसी प्रकार 'हस्तामलक' में भी इन उत्सवों को श्री हिताचार्य की रसोपासना के विपरीत बतलाया गया है –

''डोल उत्सव, बसन्त, होरी, कुंज रचना, सावन तीज (झूलनोत्सव) वनविहार, जलविहार, अवश्य कर्तव्य है। दौड़ अष्टमी, रथ कौ खेल, गौ खेलन, अन्नकूट एवं रसमय नाहीं।''[45]

''विक्रम सम्वत् 1634 से विक्रम सम्वत् 1714 तक राधाष्टमी व जन्माष्टमी उत्सव बरसाने में ही जाकर मनाया जाता था।''[46]

अठारहवीं शताब्दीः इस शताब्दी में प्राप्त ग्रन्थों प्राणनाथ जी कृत 'प्रश्नोत्तरी' व 'हस्तमलक' में, गोस्वामी कमलनैन जी विक्रम सम्वत् 1720 में लिखे गये अधिकार पत्र व अतिवल्लभ जी कृत 'उत्सव बीजक' और 'समय प्रबन्ध' तथा गोस्वामी ब्रजलाल जी कृत 'सेवा विचार' एवं 'वर्षोत्सव पदावली' इन सभी रचनाओं में उत्सवों का वर्णन प्राप्त होता है।

''गोस्वामी रामदास जी ने विक्रम सम्वत् 1720 में अपने ज्येष्ठ पुत्र गोस्वामी कमलनैन को एक अधिकार पत्र लिखा था। उसमें श्री राधावल्लभ जी के मन्दिर में होने वाले उत्सवों का नामोल्लेख है। यथा– तीज के दिन 13, शरद 1, शरद दूजी 1, वन विहार 1, बसन्त 1, डोल 1, जल विहार 7, इसकी मूल प्रति जीर्ण–शीर्ण और खण्डित अवस्था में रस भारती संस्थान, वृन्दावन में सुरक्षित है।''[47]

इनके अतिरिक्त इसी शताब्दी में खिचरी उत्सव, साँझी उत्सव, श्री हितहरिवंश जन्मोत्सव भी मनाये जाने लगे थे।

उन्नीसवीं शताब्दीः ''पूर्व शताब्दियों में मनाये गये उत्सवों के साथ इस शताब्दी में 'श्री सेवक जन्मोत्सव' का भी शुभारम्भ हो गया था। इसका शुभारम्भ रसिकवर प्रियादास जी ने विक्रम सम्वत् 1838 की श्रावण शुक्ल तृतीया को गोस्वामी दामोदरवर जी के रास (यह स्थल वर्तमान में अठखम्भा बाजार वृन्दावन में 'बल्लीगंज' नाम से विख्यात है)। नामक स्थल से किया। कालान्तर में यह उत्सव श्री राधावल्लभ जी के मन्दिर एवं सम्प्रदायानुयायी अन्यान्य मन्दिरों में भी बड़े भाव–चाव से मनाया जाता है।''[48]

बीसवीं शताब्दीः इस शताब्दी में रचित ग्रन्थों जैसे रसिकवर श्री राधिकाचरणदास जी 'ढोंगी बाबा' की उत्सव वर्णनात्मक रचना वर्षों, प्रतिलिपिकर्ता रा. च. दा. अन्तिम पुष्पिका पृ. सं. 117, 118 क्रमांक 21 से आदि रचनाओं को देखने से यह स्पष्ट ज्ञात हो जाता है कि इस सदी में न तो कोई नवीन उत्सव ही प्रारम्भ हुआ ज्ञात होता है और न ही कोई उत्सव बन्द ही हुआ प्राप्त होता है। कुछ अन्य रसिकों की रचना में स्थान पर कुछ और उत्सवों की प्राप्ति होती है। दुतिया का रासोत्सव, कातिक दुतिया कौरास, वन विहार उत्सव, श्री हितहरिवंश जन्मोत्सव।[49]

इक्कीसवीं शताब्दीः पूर्व शताब्दियों में प्रारम्भ हुए सभी उत्सव आज भी पूर्ववत् चले आ रहे हैं। आज कुछ और उत्सव इस सम्प्रदाय में आयोजित होने लगे हैं जैसे – बसन्तपंचमी, दिवाली उत्सव, गुलाब डोल, हिन्डोरा, खिचरी, मत्स उत्सव, शरद् पूर्णिमा, व्याहुला विवाह उत्सव देखने को मिलते हैं। यह उत्सव आज अत्यन्त हर्षोल्लास के साथ इस सम्प्रदाय में मनाये जाते हैं।[50]

राधावल्लभ सम्प्रदाय के विभिन्न उत्सवों में प्रयुक्त राग

''श्री बसन्तोत्सव माघ शुक्ला पंचमी

गोस्वामी श्रीकृष्णचन्द्र जी का जन्मोत्सव राग सूहौ बिलावल, राग जैतश्री, राग सोरठ, राग सोरठा, राग गौरी, राग धनाश्री

माघ सुदी पूर्णमासी से प्रारम्भ होरी धमार के पद

1– राग गौरी, राग विहागरौ, राग धनाश्री, राग काफी, राग आसावरी, राग सारंग, राग विहाग, राग कान्हरौ, राग बसन्त, राग मल्हार, राग बिलावल, राइसौ, राग कल्याण, राग सौसी, राग जोगिया आसावरी, राग विभास, राग रामकली, राग भैरवी, राग परज, राग पंचम, राग सोरठ, राग बरारी, राग काफी परज, राग केदारौ।

गोस्वामी श्री गोपीनाथ प्रभु जी की बधाई

सूहौ बिलावल

होरी डोल के पद – राग देव गंधार कान्हरौ।।''

''गोस्वामी श्री वनचन्द्रप्रभु जी की जन्म बधाई –

1– राग सूहौ बिलावल, राग गौरी, जैतश्री, सोरठ, हमीर,

गुलाब फूल डोल के पद चैत्र सुदी एकादशी कौ।

1– राइसौ, गौरी, केदारौ, बिहागरौ, रागदेव गंधार, विहागरौ, ईमन, धनाश्री, पूर्वी, कवित्त, सारंग आसावरी, राग नाइकी।''[51]

चैत चाँदनी के पद

''राग केदारौ, राग शंकर भरन, राग पंचम, राग बिहागरौ, राग नाइकी, राग केदारौ, राग परज, राग गौरी, राग केदारौ, राग सारंग, देवगंधार, धनाश्री, आसावरी, राग कल्याण, राग दण्डक, बिलावल, सूहौ बिलावल, राग ललित, राग हमीर, राग सारंग मंगल, राग श्रीराग, राग रामकली, राग जैतश्री, देसी टोड़ी, जोगिया आसावरी, राग विभास, राग मालकोश, राग नट, देव गंधार, राग बसन्त, चैती गैरी, श्याम कल्याण, राग पंचम, राग काफी, राग राइसौ, राग वरबी, कान्हरौ, राग ईमन, राग सोरठ, राग मारू, राग रेखता, राग आरसा, राग रूपक, आसावरी, राग गजल।''[52]

फूल रचना के पद

''सारंग, आसावरी, बिलावल, राइसौ, राग पूरवी, सारंग, बिहागरौ, केदारौ, राग कान्हरौ, राग काफी, राग माँझ, राग कल्याण, राग बसन्त, राग टोड़ी, राग पूर्वी, मारू, ईमन, राइसौ।

वन विहार के पद

राग कल्याण, गौरी व गौड़ मलार, बिलावल, विहागरौ, राग सारंग, केदारौ, रामकली, नाट, राग मालव, देव गंधार, राग नट।''[53]

उसीर कुंज के पद

"सारंग, राग श्री, राग माँझ, रायसौ।

जल विहार के पद, नौका विहार के पद

राग माँझ, राग कान्हरौ, राग सारंग, राग धनाश्री, राग बिलावल, पूर्वी, गौड़ सारंग, राग केदारौ, राग राईसौ, राग विहागरौ।

गेंद खेल के पदः माँझ, विभास, धनाश्री।

रथ यात्राः राग मलार।

पावस ऋतु के पदः राग मलार, राग गौड़ मलार

झूलनोत्सव के पदः राग मलार, राग विहागरौ, राग मेवारौ धनाश्री, राग सोरठ, राग धनाश्री, राग देव गंधार, राग जैतश्री, राग लूम, राग ईमन, राग केदारौ, राग गौरी, राग आड़ानौ, राग मारू, राग मेघ, राग जैजैवंती, राग कान्हरौ, राग कल्याण, राग खमाइची, राग रेखता, राग परज, राग झंझोटी, राग भैरों, राग मलार, सोरठ, राग देवस, राग मालकोश, राग गौरी गोधनी।

श्री सेवक जन्म की मंगल बधाई

"राग सूहौ बिलावल, राग भैरों, राग खमाच, पर्ज राग पंचम, राग सोरठ, गौरी, सारंग, राग निकुंज टेर, राग चैती गौरी, आसावरी, राग धनाश्री, राग राइसौ, राग मारू, राग जैजैवंती, राग टेर लून, राग फिरयौ जैतिश्री, राग फिरौ जैतिश्री, राग फिरौ, राग पर्ज हेली, राग छायानट, राग चित विलोव, राग नायकी, विलावल।"[54]

श्री लाल जू का जन्मोत्सवः सावन सुदी पूर्णमासी – गान बधाई

"राग बिलावल, मारू, राग देव गंधार, राग रामकली, राग धनाश्री, राग चैती गौरी, राग आसावरी, राग झंझोटी, राग बिलावल, राग गौरी,

राग सारंग, राग भैरों, राग जैजैवंती भैरों, राग बिहागरौ, राग विभास, राग हेरी, राग ईमन, राग जैतश्री, राग मारू, राग गोधनी गौरी, राग मधु माधव, राग सूहौ बिलावल, राग काफी, राग परज मंगल, राग झंझौटी गौरी, राग जोगिया आसावरी, राग परज, राग मारू, राग केदारौ, राग मालकोश।

साँझी उत्सव के पद

साँझी उत्सव प्रारम्भ – भादो सुदी पूर्णमासी से, आश्विन सुदी 1 प्रतिपदा तक। राग सारंग, राग गौरी, राग पूरबी, राग झंझोटी।

श्री रास उत्सवः शरद पूर्णमासी से प्रारम्भ राग गौरी, राग कल्याण, राग बिलावल, राग आसावरी, राग धनाश्री, राग सारंग, राग कान्हरौ, राग केदारौ, राग टोड़ी, राग मालव, राग ईमन, राग हमीर, राग अडावौ, राग भैंरों, राग पूर्वी सारंग, राग नट, राग भैरव, राग गौड़ मलार, राग कामोद।''[55]

दीप मालिका हटरी के पद उत्सव

''राग कान्हरौ, राग ईमन

चौपट के पद – राग बिहागरौ, राग विभास, राग कान्हरौ, राग परज

अन्नकूट में राजभोग के पद –

ब्याहुलौ उत्सव के पद – राग बिहागरौ

गोवर्धन पूजा के पद – राग सारंग

गोपाष्टमी गौचरन के पद – राग आसावरी, राग गौरी

श्री राधावल्लभ जी के पाटोत्सव के पद –

राग सूही बिलावल, राग सारंग, राग जैतश्री, राग सोरठ, राग गौरी

हिमऋतु में फरगुल के पद –

राग विभास, राग भैरौ, राग कान्हरौ, राग आड़ानौ, मालकोस, राग केदारौ, राग कामोद, राग विहागरौ

खिचरी उत्सव के पद –

श्री राधावल्लभ की समाज की श्रृंखला (उत्सव पूस शुक्ला दौज से प्रारम्भ)

राग रामकली, राग विभास, राग धनाश्री, राग झंझोटी

मंगल आरती के पद – राग भैरों

मंगल भोग के पद – राग भैरव, राग बिलावल, राग धनाश्री, राग विलास, राग टोड़ी, राग देवगंधार, राग कल्याण, राग कान्हरौ।''[56]

'बयालीस लीला' रसिक नामक वर्षोत्सव की कड़ी में अन्तिम अर्थात् छठवाँ ग्रन्थ 'बयालीस लीला' है। ''इसका गायन प्रतिवर्ष एक बार आवश्यक रूप से होता है और साथ ही प्रत्येक रसिक के लिए इसका ज्ञान आवश्यक समझा जाता है। इस हेतु इस ग्रन्थ को वर्षोत्सवों के साथ ही प्रकाशित किया गया है। इसके अन्तर्गत कुंडलिया, दोहा, सोरठा, सवैया, कवित्त, चौपाई। इस ग्रन्थ के अन्त में पद्यावली प्राप्त होती है जिसमें पदों के साथ रागों के नाम भी वर्णित है – ललित, गौरी, भैरव, राग बिलावल, राग चचेरी, तोड़ी, रामकली, विभास, आसावरी, राग सारंग, राग धनाश्री, राग काफी, राग सुघराई, राग नट, राग ईमन, राग केदारौ, राग मारू, बसन्त, आसावरी, विहागरौ, राग मलार, राग कल्याण, राग गूजरी।''[57]

समाज संगीत गायन विधान

समाज गान का प्रधान गायक 'मुखिया' और शेष उनका अनुगमन करने वाले समाजी कहलाते हैं। ये समाजी अंतरंग में प्रिया प्रियतम जो नित्य लीला व नित्य विहार करते हैं और उनकी सहचरियाँ उस

समय जिस भाव का पद गान करती है, उन्हीं भावों से युक्त पदों को बहिरंग समाज में गाते हैं। सम्प्रदाय में होने वाले विभिन्न उत्सवों के अवसर पर अनेकानेक प्रकार की राग–रागनियों का विधान है। नित्य विहार के अवसर पर जिस लीला से सम्बन्धित पदों का गायन होता है उन्हीं के अनुकूल श्री जी का श्रृंगार किया जाता है। इस सम्प्रदाय में प्रत्येक उत्सव के अपने अलग पद हैं जिनके अतिरिक्त कुछ पद नित्य गाये जाते हैं। आज भी राधावल्लभ सम्प्रदाय में पदों का गायन होता है जो प्राचीन परम्परा से चला आ रहा है। हाँ यह अवश्य है कि बीच के कालों में कुछ रसिकगणों के पद अत्यधिक प्रचलित हुए थे उन्हें भी आज श्री जी के वर्षोत्सव में शामिल कर लिया गया है। श्री जी के जागने, सोने, स्नान आदि अष्ठ प्रहर के पद अमुक समय के लिए निश्चित होते हैं जिन्हें अनेक आचार्यों द्वारा लिखा गया है। मैंने इन वर्षोत्सवों की हस्तलिखित पाण्डुलिपियाँ स्वयं देखी है और इनके नवीन प्रकाशित संस्करण श्री राधावल्लभ मन्दिर वैष्णव कमेटी (रासवंश) वृन्दावन द्वारा प्रकाशित प्रथम खण्ड के भाग–1, भाग–2, द्वितीय खण्ड भाग–1,2 तृतीय खण्ड भाग–1, व श्री ध्रुवदास जी कृत बयालीस लीला में भी प्राप्त होते हैं।

विद्वानों के मतानुसार – ''प्रत्येक पद को पूर्व परम्परागत 'धुन' में बिना किसी अन्य विमिश्रण के ज्यों का त्यों गायन कर लेना ही इस समाज गान की परीक्षा में उत्तीर्ण होने की कठिन कसौटी है।''[58]

राधावल्लभ सम्प्रदाय में 'समाज' की परम्परा संगीत को सार्वजनिक बनाने वाली रही है। किन्तु यह अत्यन्त चिन्ता का विषय है कि शनैः शनैः इस सम्प्रदाय की परम्परा से पूर्ण परिचित गायक समाजी अब कम होते जा रहे हैं। फलतः संगीत के क्षेत्र में भी ह्ास के लक्षण नजर आने लगे हैं। इसे पुनर्जीवित करने हेतु सम्प्रदायाचार्यों के साथ में संगीत प्रेमियों का भी सहयोग आवश्यक है जिससे इस प्राचीन गायन परम्परा को लुप्त होने से बचाया जा सके। इसी क्षेत्र में मेरा एक

प्रयास है कि मैं इस प्राचीन गायन विधा को लिपिबद्ध कर संरक्षण प्रदान कर सकूँ।

राधावल्लभ सम्प्रदाय में कला विधान

कला के तीन रूप इस सम्प्रदाय में देखने को मिलते हैं – पहला है साँझी रचना, दूसरा है श्री कृष्ण की मूर्ति का प्रसाधन और तीसरा है पुष्प विन्यास।

साँझी रचना – साँझी रचना के अन्तर्गत विभिन्न बेलबूटों से श्री कृष्ण विविध लीलाओं की नाना वर्णों से अंकन की प्रथा है जैसे श्री कृष्ण का गोपियों के साथ महारास, नौका विहार, प्रिया प्रियतम का नित्य विहार, नौका पर गोपिकाओं के साथ गायन का चित्र, श्री राधा जू के साथ वन विहार इत्यादि लीलाओं का चित्रण किया जाता है जिसमें मध्य में श्री राधा कृष्ण की किसी लीला का चित्र और उसके चारों और रंगों, पुष्पों द्वारा भिन्न–भिन्न आकार दिया जाता है। ऐसी चित्रपटी मन्दिर के प्रांगण में आश्विन मास में निर्मित की जाती है। साँझी रचना का विन्यास (उद्देश्य) केवल शोभा विधायक न होकर वरन् लीलाओं का बोध कराने वाला भी होता है। मैंने स्वयं साँझी को देखा है। यह कला की दृष्टि से उच्चकोटि की रमणीक रचना है। परिशिष्ट में इसके कुछ चित्र संलग्न हैं।

कला के दूसरे रूप में श्री कृष्ण का मूर्ति का प्रसाधन है। प्रसाधन से तात्पर्य राधावल्लभ सम्प्रदाय द्वारा आयोजित विभिन्न उत्सवों पर युगलवर का श्रृंगार बड़ी कलात्मक शैली से किया जाता है जैसे – बसन्त पंचमी के अवसर पर युगलवर की गादी, उनके वस्त्र आदि सारी सजावट पीले वस्त्रों, पीली वस्तुओं से होती है। वहीं दिवाली उत्सव पर लाल रंग की साज–सजावट, परिधान आदि होते हैं। साथ ही लाल रंग की चौसर भी मन्दिर में युगलवर की मूर्ति के सामने खेला जाता है एवं आजकल मन्दिर परिसर में ही दीपक व पटाखों का भी

प्रयोग किया जाता है। गुलाब डोल उत्सव के समय युगलवर के चारों ओर गुलाबों से सजावट होती है साथ ही श्री जी का वस्त्राभूषण भी गुलाबी या लाल रंग के ही होते हैं। इसी प्रकार प्रत्येक उत्सव पर बड़ी कलात्मकता के साथ श्री जी का भिन्न–भिन्न शैली से श्रृंगार किया जाता है।

शास्त्रीय संगीत शैली पर आधारित राधावल्लभ सम्प्रदाय का समाज गायन

राधावल्लभ सम्प्रदायाचार्य व इस सम्प्रदाय के जनक श्री हितहरिवंश चन्द्र गोस्वामी जी के विषय में प्राप्त होता है कि वे स्वयं संगीत के अच्छे ज्ञाता थे और ये उनके द्वारा रचित पदों व सम्प्रदाय में गाये जाने वाले समाज गायन को सुनने से स्वयं स्पष्ट हो जाता है। इनके द्वारा स्थापित समाज गायन पद्धति ध्रुपद, धमार शैली पर आधारित है। आज ये दोनों शैलियाँ ही बहुत अधिक प्रचलित प्राप्त नहीं होती है किन्तु समाज गायन सम्प्रदाय में उसी रूप और शैली पर पूर्णतः आधारित प्राप्त होते हैं। यह दोनों शैलियाँ ही पुरानी शैलियाँ हैं। दोनों ही गम्भीर शैली हैं। किन्तु ध्रुपद की तुलना में धमार शैली कम गम्भीर है। इस सम्प्रदाय में अधिकतर रचनाएँ धमार शैली में प्राप्त होती है।

धमारः धमार शैली ध्रुवपद के ही अंगों से युक्त है। परन्तु मुख्य अन्तर केवल यह है कि ध्रुवपद चारताल, सूलताल आदि में गाया जाता है जबकि धमार में धमार ताल ही बजाई जाती है और गायन की विषयवस्तु में राधाकृष्ण की होरी लीलाएँ गाई जाती हैं। राधावल्लभ सम्प्रदाय के आचार्यों ने अधिकतर धमार की रचनाओं में काफी, सारंग, धनाश्री, गौरी, आसावरी, रायसा आदि रागों का प्रयोग किया है। धमार गायन धमार ताल या चर्चरी ताल में होता ही था परन्तु सम्प्रदाय में फागुन मास में किसी भी ताल में गाये जाने वाले पद को धमार की संज्ञा देते हैं। इनके अतिरिक्त अन्य अवसरों पर भी राधावल्लभ सम्प्रदाय में पद धमार ताल में निबद्ध पद समाज में गाये जाते हैं।

धमार प्राचीन शैली होने के कारण पूर्व कालों में इसकी संगति पखावज से की जाती थी और उसी परम्परा का पालन इस सम्प्रदाय में आज भी देखने को मिलता है।

धमार शब्द की व्युत्पत्ति ऐसा प्रतीत होता है कि 'धूम' शब्द से ही 'धमा' बन गया और 'धमा' से 'धमार', धमारी या धम्मार आदि शब्द बन गये जिसका अर्थ है 'कोलाहल'। साधारण तौर पर मानव जीवन में भी होरी पर्व पर चारों ओर का वातावरण कोलाहल व उल्लासपूर्ण होता है। अतः भक्त संगीतज्ञों ने भी होरी के इसी रूप को इष्ट उपासना, सेवा का स्वरूप स्वीकार कर लिया। इष्ट सेवा में गाये जाने वाले पदों में दर्शाने के फलस्वरूप पखावज वाद्य को ही पर्याप्त न समझते हुए कुछ अन्य वाद्यों का भी समावेश कर होरी खेलने व गाने में लीन होकर परमानन्द की प्राप्ति की। धमार शैली में मुख्यतः राधाकृष्ण की लीलाओं का वर्णन प्राप्त होता है। इसीलिए राधावल्लभ सम्प्रदायाचार्य जनक श्री हित जी ने इसे सम्पूर्ण हृदय से अपनाया और राधावल्लभ लाल की लीलाओं की रचना पदों में की और उन्हें ध्रुपद, धमार शैली में बाँधा। इस सम्प्रदाय के पदों में कई स्थानों पर धमार शब्द का प्रयोग भी प्राप्त होता है जो निम्नवत् है–

गोस्वामी हितहरिवंश चन्द्र जीः राग बसन्त

"मंजीर मुरज डफ मुरली मृदंग।
बाजत उपंग बीना वर मुखचंग।
गावत सुन्दरि हरि सरस धमारि।
पुलकित खग मृग बहत न वारि।।"

'भक्तनामावली लीला' में 'धमार' शब्द का प्रयोग –

"गावत करत धमार हरि गये छूठि तन प्रान।"

श्री अनन्य अलि जी ने भी स्वप्न प्रसंग के तृतीय प्रसंग में ध्रुवदास जी की धमार चर्चा करते हुए कहा है –

"ध्रुवदास जी की धमार गाइ बसन्त में।"

उक्त उदाहरणों से इस सम्प्रदाय में गाये जाने वाले समाज में धमार शैली के प्रयोग का प्रमाण हमें प्राप्त होता है साथ ही रसिकों के इस शैली के ज्ञान को भी उक्त उदाहरण स्पष्ट कर देते हैं।

ध्रुपद शैलीः "ध्रुपद की अवतारणा से पूर्व भरत काल में ध्रुवा गीत नाम से एक शैली प्रचलित थी जिसे इसका पूर्व रूप कहा जाता है। 'मानकौतुहल' के भाष्यकार फकीरूल्लाह ने इसके 'राग दर्पण' नामक फारसी रूपान्तरण में इसे भरतानुगामी माना है। इससे यह तो स्पष्ट होता ही है कि ध्रुपद को परम्परा से विच्छिन्न मान लेना उचित नहीं है। यद्यपि इसके परिशोधन अथवा नव विन्यास की मौलिकता को नकारा नहीं जा सकता है। जनभाषण के माध्यम से इसे सार्वजनिक और सार्वकालिक स्वीकृति प्रदान की। ध्रुपद शैली के आविष्कर्ता राजा मान सिंह थे।"[67]

"ध्रुपद के सम्बन्ध में एक विद्वान का कथन है कि 'ध्रुवागीति' सम्बन्धित होने के कारण इसका नाम 'ध्रुवपद' पड़ा।"[68]

"नाट्यशास्त्र में भरत ने 'ध्रुवा' नामक गीतों पर चर्चा भी की है। ध्रुवा गीत नाटकों के बीच में गाया जाने वाला स्वर ताल नियमबद्ध एक विशेष प्रकार था।" 'ध्रुव' शब्द का वास्तविक अर्थ शान्ति, सादगी, स्थिरता, अमरत्व तथा पवित्रता आदि को व्यक्त करना है परन्तु यह आवश्यक नहीं है कि 'ध्रुपद' इन्हीं अर्थों को व्यक्त करता हो। "डॉ. सुमति मुटाटकर के अनुसार उत्तर में प्रबन्ध ने ध्रुपद को जन्म दिया और यही शैली मन्दिरों व देवालयों में विकसित हुई।"[69]

"ध्रुपद गायन शैली गम्भीर प्रकृति की शान्त व धार्मिक प्रवृति से युक्त शैली है। इस शैली में राग की शुद्धता प्रधान होती है। प्राचीन समय में मन्दिरों में गाये जाने के कारण ही सम्भवतः ध्रुपद शैली के गीतों की विषयवस्तु भगवद् वन्दना तथा स्त्रोतों से युक्त होती थी।

इसीलिए विष्णु, शंकर, महेश, गणेश, सरस्वती आदि देवी–देवताओं से सम्बन्धित अनेक ध्रुपद बने।''[70]

मध्यकाल में ध्रुपद धमार सबसे विशुद्ध शैली थी सम्भवतः इसीलिए श्री हिताचार्य जी ने इसे अपने पद गायन के लिए चुना होगा। श्री हिताचार्य व इस सम्प्रदाय के अन्य रसिकगण भी शुद्ध भारतीय पद्धति के समर्थक तथा संगीत प्रेमी व गुणीजन थे। वे शास्त्रीय संगीत अर्थात् ध्रुपद धमार शैली के ज्ञाता थे कि नहीं, यह निश्चयपूर्वक नहीं कहा जा सकता है, किन्तु उनके समाज गायन पद्धति को सुन यह अवश्य कहा जा सकता है कि वे संगीत के अच्छे ज्ञाता थे। समाज शैली में ध्रुपद धमार का प्रभाव अवश्य है किन्तु इसमें आजकल प्रचलित ध्रुपद, धमार शैलियों की तरह लयकारियाँ या चमत्कारिता नहीं दिखाई देती है। ध्रुपद शैली का उल्लेख हमें सम्प्रदाय के पदों में कई स्थान पर प्राप्त होता है। राधावल्लभ सम्प्रदाय में जहाँ अधिकाधिक धमार शैली में निबद्ध प्राप्त होते हैं वहीं पदों में ध्रुपद शैली का भी प्रयोग हमें प्राप्त होता है।

राधावल्लभ सम्प्रदाय पर लोक संगीत का प्रभाव

हितहरिवंश जी द्वारा स्थापित समाज संगीत गायन सामान्यतः देखने पर हमारी प्राचीन शास्त्रीय संगीत शैली (ध्रुपद, धमार) पर आधारित प्राप्त होता है और इसके साथ तबले की संगति न होकर आज भी पखावज की संगति ही होती है किन्तु समाज संगीत शब्द प्रधान है न कि लय अथवा शास्त्रीय तत्व प्रधान और शब्द की प्रधानता हमें लोक संगीत में ही प्राप्त होती है। साथ ही जिस प्रकार विभिन्न सामाजिक, धार्मिक अथवा संस्कारोत्सवों में स्त्रियाँ लोक गीत गाती हैं उसी प्रकार समाज संगीत में भी एक मुखिया होता है सर्वप्रथम वो गाता है तत्पश्चात् अन्य समाजी उसे दोहराते हैं और जिस प्रकार लोक गीतों में बार–बार पंक्ति को दोहराते समय टेर ली जाती है उसी प्रकार समाज संगीत में भी पद के गायन के बीच–बीच में टेर ली

जाती है। समाज संगीत में संगति वाद्य भी केवल संगति के रूप में प्रयोग में लिये जाते हैं। जिस तरह से लोक संगीत में लिये जाते हैं। लोक संगीत में ढोलक और मंजीरा मुख्य वाद्य होते हैं। समाज गान अक्षर प्रधान होता है और इसमें स्वर, तान, आलाप का कोई विशेष स्थान नहीं होता है लोक संगीत की तरह ही विभिन्न उत्सवों पर राधावल्लभ सम्प्रदाय में कुछ लोक धुनों का प्रयोग समाज संगीत के पदों के गायन के रूप में किया जाता है। जैसे होली उत्सव पर यदि लोक संगीत की प्रचलित धुनों को देखा जाए तो वो राग बसन्त के समकक्ष प्रतीत होती है। समाज संगीत में भी होली उत्सव पर किये जाने वाले समाज में हमें अधिकतर राग काफी, धनाश्री, गौरी में प्राप्त होते हैं जो सुनने में लोक धुनों जैसे आभासित होते हैं। उदाहरणस्वरूप हम कुछ पद यहाँ दे रहे हैं –

गोविन्द स्वामी जी कृत राग गौरी –

"होरी डाँड़ौ – माघ सुदी पूनौ रितु बसन्त सुख खेलिये हो आयौ फागुन मास। होली डाँड़ो, रोपियौ सब ब्रज जन हिये हुलास।। 1।।

श्री माधुरीदास जी कृत राग धनाश्री –

फागुन बदी तीज कौ हो–हो होरी बोलहीं नवल कुँवर मिलि खेलहिं फाग

आगम सुनि रितुराज कौ प्रगटयौ मन कौ अति अनुराग।

श्री नन्ददास जी कृत राग काफी –

फागुन बदी नौमी कौ निकसि कुँवर खेलन चले।

रंग हो–हो होरी। मोहन नन्द के लाल।"[71]

उक्त उदाहरण स्पष्ट रूप से राधावल्लभ सम्प्रदाय पर लोक संस्कृति, संगीत के प्रभाव को दर्शाते हैं।

रासलीला की रूपरेखा एवं संगीतात्मक अध्ययन

रास भारत की प्राचीनतम मंचीय परम्परा का सम्भवतः अकेला ही अद्यावधि जीवित एकमात्र अवशेष है। इस दृष्टि से इसका कजत्व अक्षुण्ण है। रासलीला के आद्य प्रवर्तक रसिक सिरमौर श्री कृष्ण तथा आद्य प्रवर्तिका ब्रजगोपांगनाएँ हैं। अखिलरसामृत–सिन्धु–माधुर्यमयी युगल किशोर श्री राधा कृष्ण की रसमयी लीला रसिक जनों को अलौकिक आनन्द प्रदान करने वाली है। "'रास' शब्द का अर्थ है 'गोपनां नृत्य–क्रीड़ाभेद', 'लास्य', 'नर्तक समाज'।"[72] "गोपों अथवा गोपियों की प्राचीन काल की क्रीड़ा, जिसमें वे सब मण्डल बनाकर एक साथ नाचते थे।"[73] "रास की स्वभाविकता मंडलपरकता है जिसका मूल उद्देश्य है रस की परिपूर्णता। यह नृत्य पादविक्षेप, लास्य तथा गीतादि पर निर्भश्र रहता है। भुसंचालन, हस्तमुद्रायें तथा अंगहार आदि सभी तत्त्व लास्यांग होते हैं। कभी–कभी ताण्डव नृत्य का भी किंचितमात्र प्रदर्शन होता है यथा कृष्ण द्वारा कालिमर्दन।"[74]

"प्राचीन साहित्य में रास के वर्णन पर्याप्त मात्रा में उपलब्ध हैं। इसीलिये अपनी विकासयात्रा में रास नृत्य ने अनेक समानांतर धाराओं को भी आत्मसात किया है। जिसमें से एक महत्वपूर्ण और विशेष धारा है 'हल्लीसक' नृत्य।"[75]

"ये रास का पर्वरूप है क्योंकि कुछ विद्वान 'हल्लीसक' और 'रास' में अभेद मानते हैं।"

"हल्लीसक क्रीडनं एकस्यैव पुंसो बहुभिः स्त्रीभिः क्रीडनं सैव रासक्रीडा"[76]

('खिलहरिवंश' 2/20/35)

"लय को प्रधान रखते हुए निश्चित तालों पर बल देकर नृत्य करने को 'ताल–रासक', लकड़ी हाथ में लेकर परस्पर बजाते हुए नृत्य को 'दण्डरासक' तथा स्त्री पुरूषों के समूह को मण्डलाकार रूप में नृत्य करने को 'मण्डलरासक' कहा गया है। तीनों रासों में से

मण्डलरासक ही अधिक प्रचलित हुआ इसमें लोकनृत्य की प्रधानता रहती थी तथा रंगमंच पर प्रस्तुत किया जाता था।''[77]

''रासरसो गापीनां क्रीड़ाविशेषस्तत्र सहनृत्यापरा कृष्णेन समं नृत्यन्ती। कीदृशे रासरसे? करतलकोस्तालेन परस्परं वादनेन तरलाचन्चला या वलयावलिः कड़कण–पंडिक्त्स्य कलितो मिश्रितोऽयक्तमधुरशब्दसहितो वंशो वेणुर्यत्र तादृशे।''[78]

तात्पर्य रूप से रास वही है जहाँ गोपियाँ हाथ से ताली देते हुए कृष्ण के साथ पंक्तिबद्ध हो समूह नृत्य कर रही हो और वंशी का वादन भी हो रहा हो। रास के इसी रूप के दर्शन कृष्ण लीला साहित्य में प्राप्त होते हैं। अनेक कृष्ण भक्त कवियों ने अपनी रचनाओं के नाम ही 'रास' संज्ञा से उद्धत किये हैं यथा– रास के पद, रासपंचाध्यायी, रास – छद्मविनोद, रास के कवित्त इत्यादि। रासलीला का आधार ग्रन्थ के रूप में 'गीतगोविन्द' को माना जाता है।

रास के प्रकार – साधारणतयः रास के तीन रूप माने गये हैं। नित्य रास, अवतरित रास, अनुकरणात्मक रास।

नित्य रास – गोलोक धाम में जहां श्रीकृष्ण नित्य निवास करते हैं और वहां प्रियतम कृष्ण प्रिया राधा की इच्छानुसार नित्य ही रास में लिप्त रहते हैं तथा जहां श्री राधा, श्रीकृष्ण तथा सखियाँ सहज रूप से एकत्रित हों, वहीं से रास प्रारम्भ हो जाता है। श्रीकृष्ण की यह क्रीड़ा अनादि और अनन्त है।

अवतरित रास – यह रास भगवान कृष्ण की इच्छानुसार ही संचालित हुआ था तथा वही इसके प्रधान हैं। द्वापरयुग में अवतार धारण करके कृष्ण ने ब्रजभूमि पर रास किया था।

अनुकरणात्मक रास – इस रास के दो प्रकार हैं – भावात्मक और देहात्मक। भावात्मक अनुकरणात्मक रास में भक्त में भक्त चिन्तन और भावना के माध्यम से रास की कल्पना कर आत्मविभोर हो उसी में

अपने को लीन है परन्तु देहात्मक अनुकरणात्मक रास के अन्तर्गत भक्त प्रत्यक्ष रूप में रास के दर्शन करता हुआ रस विभोर हो उठता है।

मध्यकाल में रासलीला के संरक्षक–

मध्ययुग में रास व रासलीला के संस्थापकों के रूप में महाप्रभु वल्लभाचार्य स्वामी हरिदास जी, श्रीघमंडदेव जी, आचार्य हितहरिवंश जी तथा श्री नारायण भट्ट जी के नाम प्रमुख हैं। हितहरिवंश जी के चैन घाट पर रासमंडल बनवाने के भी कुछ संकेत मिलते हें। श्री भगवत मुदित ओर श्री उत्तमदास जी ने 'रसिकमाल' में 'श्री उत्तमदास जी ने 'रसिकमाल' में श्री हरिवंश चरित्र' लिखते हुए कहा है –

"सेव्य राधिका वल्लभ छाप, अति हित जुत जु प्रताप" [79]
"कार्तिक वदी द्वितीय को रासमण्डल वेष स्वरूप प्रकाश" [80]

(जैकृष्ण जी की वाणी हस्तलिखित प्रति)

हितहरिवंश जी ने अपने समय में प्रचलित अनुकरणात्मक रासलीला की मंचीय आवश्यकता को देखकर इस हेतु वृन्दावन में सम्वत् 1591 वि. में रासमंडल का निर्माण करवाया। रास में नृत्य के कठिन बोलों का प्रयोग किया है। ऐसा प्रतीत होता है कि उस समय रासलीला के नृत्य का स्तर बहुत ऊँचा था जो केवल एक कलाकार ही कर सकता था। उदाहरणस्वरूप इस बात का प्रमाण राग कल्याण में बद्ध रास–पद में मिलता है –

"गुननिधान गिरिवरधर रासरंग नाचे।।
युषती जूथ संग मिलि गावत केदारो,
राग मधुरे वेणु सम सुम साचै।
उरप तिरप लाग डाटत मततत धेई,
उघटित सदा बली भेद कोख न बाचै।।" [81]

– चतुर्भुजदास

'श्री राधावल्लभ सम्प्रदाय में नित्य रास की उपासना होने के कारण नित्य सेवा में रास के पद गाये जाते थे। 'हितसुधासागर', (पृ. 336) ग्रंथ में नित्य रास के लिए कहा गया है– यह रास नित्यविहार की ही एक स्थिति है जहाँ कृष्ण के बांसुरी वादन पर गोपियां नृत्य आरम्भ करती है और राधाकृष्ण के एक होने पर रास लीला समाप्त हो जाती है। गोस्वामी हितहरिवंश जी ने रास के अनेक पद लिखे हैं –

'खेलत रास दुलहिनी दूलहु'[82]

देखा जाये तो गोस्वामी हितहरिवंश जी ने नित्य सेवा के लिए रचे गए रास के पदों के माध्यम से इष्टसेवा में तत्कालीन स्वरूप को स्पष्ट कर दिया है।

उदाहरणतः निम्नलिखित रास के पद में मंडलाकार सखियों के मध्य में श्री प्रिया जी और श्रीलाल जी सुशोभित हो रहे हैं। जहाँ श्री प्रिया जी स रे ग म प ध नी इन सप्त स्वरों से आलाप तान ले रही हैं और नृत्य में भाँति–भाँति के हस्तक भेद दिखाकर सखियों को आनन्दित कर रही हैं – इस भाव को राग कल्याण में दिखाया है –

'श्याम संग राधिका रास मन्डल बनी'।।
बीच नन्द लाल ब्रज बाल चम्पक वरन,
ज्यों अब घन तड़ित बिच कनक मर्कतमनि।।
लेत गति मान तत थेई हस्तक भेद,
सा रे ग म प ध नी ये सप्त सुर नन्दिनी।।

निर्त रस पहिरि पट नील प्रगटित छबी, बदन जनु जलद में मकर की चांदनी।
राग रागिनी तान मान संगीत मत, थकित राकेश नभ शरद की जामिनी।।

जै श्रीहित हरिवंश प्रभु हेरा कटि केहरि, दूरि कृत मदन मद मत गजगामिनौं।''

'साखा जमुना, हरिलीला शटकर्म, प्रसाद प्रान धनरास'[83]

श्री हरिराम व्यास जी ने 'व्यासवाणी' में 'श्री वनरास रस' 'श्री जमुना तट रास रस', 'श्री जमुना जल पर रास रस', 'शरदरासोत्सव रस', 'व्याहुलौ को रास रस', 'धरि समीर रास रस', 'शय्या रास रस,' 'रास की मल्लरि', 'गोपिन सह रास रस', इन शीर्षकों में रास के पद का प्रयोग किया है। उन रागों में – सारंग, आसावरी, कान्हरौ, कामोद, पूर्वी, बिलावल, जयतश्री, अड़ानौ, धनाश्री, केदारौ, मलार, गोड़मलार, श्री, विहागरौ, कल्याण, गौरी आदि रागों के नाम उल्लेखनीय हैं।[84]

श्री ध्रुवदास जी के कुछ पद रास के मिलते हैं –

'कीने रास बिलास बहु सुख वरषत संकेत।
नाचत अंग सुगन्ध लिये दोऊ गावत राग मिले स्वर गौरी।'[85]

''चाचा वृन्दावनदास ने तो 'रासलीला' पर एक पूर्ण ग्रन्थ ही लिख दिया जिसका उल्लेख पीछे भी किया जा चुका है। इस ग्रन्थ में चाचाजी ने राधाकृष्ण की रासलीलाओं के ही पद लिखे हैं। श्रीकृष्ण अनेक छद्म वेष धारण करके बरसाने में स्थित श्री राधा से मिलने जाते हैं। परन्तु लाल जी का भेद खुल जाने पर प्रिया प्रियतम मिल जाते हैं। इन लीलाओं को रागों में ही बद्ध किया गया है जिनमें काफी, गौरी, परज, सोरठ, धनाश्री, बिलावल, आसावरी, जोगिया, केदार आदि रागों का प्रयोग किया गया है। इन लीलाओं के साथ मूल ताल, सुरफ़क्ता तथा चौताल बजाने का संकेत भी है। इन्होंने भी रास लीला में नृत्य को प्रधानता दी है। चाचा वृन्दावन दास ने 'जुगल सनेह पत्रिका' में रास सम्बन्धित अनेक मांझें भी लिखीं। इन सभी मांझौं के शीर्ष पर राग निर्देश दिखाई नहीं देता। परम्परागत रूप से ये मांझें आज भी राधावल्लभ सम्प्रदाय के मन्दिरों में यत्र–तत्र सुनने को

मिलती हैं। ये मांझें किसी विशेष राग में बद्ध न होकर विशेष धुन में गाई जाती हैं। इन मांझों में श्री युगल प्रिया के व्याहुले, श्रृंगार वर्णन तथा हित जू के जनम समय का वर्णन होता है परन्तु इन सबका गायन रासलीला में ही किया जाता है।''[86] प्रमाण स्वरूप व्याहुले की माँझ का निम्नलिखित उदाहरण इस प्रकार है –

'अति अनुरागिनी सजनी कुंजनि कौतिक व्याहरचावैं।
सूहे वसन सजैं दोऊनि तन मौरी और धरावै।।'[87]

रासनृत्य में स्वामी जी का संगीत पूर्णतः शास्त्रीय है। इसीलिए ध्रुपद, धमार के अनुकूल ही गम्भीर रागों कान्हरा, केदार, कल्याण, विभास, सारंग, मल्हार, नट, बसन्त, गौरी आदि में पदों की रचना मिलती है।

रासलीलानुकरण – प्रागट्यकर्ता श्री हिताचार्य

'रासलीलानुकरण' एक सामासिक शब्द है, जो कि 'रास', 'लीला' और 'अनुकरण' इन तीन शब्दों के योग से बना है। इसका शाब्दिक अर्थ है – रास की लीला का अनुकरण। 'रास' किंवा 'रासलीला' लोक प्रचलित प्रथा, भक्ति साहित्य और रसिक वाणी साहित्य के अध्ययन से यह ज्ञात होता है कि 'रासलीला' इस शब्द में 'रास' शब्द स्वयं ही लीला का व्यंजक ओर उद्बोधक है। वह 'लीला' शब्द सापेक्ष नहीं अपितु अपने आप में परिपूर्ण है।

श्री राधाकृष्ण विषयक सामग्री (ग्रन्थों) के अध्ययनोपरान्त रास के विषय में हमें यह ज्ञात होता है कि ब्रजमण्डल में दो प्रकार के रास का वर्णन प्राप्त होता है नित्य रास तथा महारास ये रास के दो प्रकार प्राप्त होते हैं।

द्वापर में श्री कृष्ण गोपियों के साथ नित्य रास करते थे। जिसमें राधाकृष्ण मुख्य होते थे और गोपिकाएँ साथ में वाद्य वादन व नृत्य

करती थीं। ये रास नित्य किये जाने के कारण 'नित्य रास' के नाम से जाना जाता है। वहीं द्वापरान्त में अर्द्ध रात्रि के समय अवतरित श्री कृष्ण ने ऐश्वर्यशाली रूप में जो रास किया वो 'महारास' कहलाया क्योंकि इसमें श्री कृष्ण जी ने अपने अवतार रूप के बजाए प्रत्येक गोपियों के साथ अपने छद्म रूप में सभी गोपियों के साथ नृत्य किया था श्री राधा की ही भाँति। किन्तु ये महारास द्वापर सिर्फ एक बार ही हुआ था। आज सामान्यतः इन दोनों रास को एक ही माना जाता है। इन्हीं रास लीलाओं के अनुकरण करने को 'रासलीलानुकरण' कहा जाता है। 'अनुकरण' शब्द भी एक यौगिक शब्द है, जोकि 'अनु' और 'करण' इन दो शब्दों के योग से निष्पन्न हुआ है। 'करण' शब्द कृ धातु में ल्युट् प्रत्यय लगाकर बनता है, जिसका शाब्दिक अर्थ होता है– कर्मेन्द्रियों द्वारा क्रिया करना। अनुकरण करना या नकल करना मानव की एक मूल प्रवृत्ति है। इसी प्रवृत्ति के अनुरूप विभिन्न धार्मिक सम्प्रदायों ने लोक साहित्य ने इसका अनुकरण कर इसकी परम्परा शुरू की। किन्तु रास के दोनों प्रकारों के रास–स्वरूप पर विहंगम दृष्टि डालने से सुस्पष्ट ज्ञात हो जाता है कि यह अनुकरण नित्य रासलीला का ही अनुकरण है, महारास लीला का नहीं। रासलीलानुकरण के प्रागट्य का वास्तविक अर्थ है – रासलीला का वह अनुकरण जो मानवीय धरातल पर अनुकर्ताओं द्वारा किसी अनुकरण का मंच पर या लोगों के सामने सर्वप्रथम प्रागट्य किया गया हो। श्री हिताचार्य को इसका प्रागट्यकर्ता कहा जाना उचित प्रतीत होता है। इसके विषय में विक्रम की सोलहवीं शताब्दी से लेकर वि.सं. 1900 तक इसके प्रागट्यकर्ता के सम्बन्ध में किसी प्रकार का विवाद नहीं ज्ञात होता है, किन्तु वि.सं. 1900 के आस–पास से रासलीलानुकरण के प्रागट्यकर्ता के रूप में ब्रजसीमन्तिनी गोपीगणों का, आचार्य बल्लभ का, उद्धव घमण्ड देवाचार्य का, घमण्डी जी का, नारायण भट्ट जी का और स्वामी हरिदास जी का नाम भी स्मरण किया जाने लगा है। इससे सामान्य जन में मतभेद उत्पन्न हो गया और इस विषय पर कोई एक

मान्यता न होने के कारण सभी अपने–अपने गुरु या सम्प्रदाय को इसका प्रागट्यकर्ता कहने लग गये।''[88]

''इस विषय पर माननीय मीतल जी की धारणा है कि अभी तक ऐसा कोई प्राचीन एवं प्रामाणिक उल्लेख प्राप्त नहीं हुआ, जिसमें रासानुकरण के प्रवर्तन का विश्वसनीय विवरण दिया गया हो।''[89] किन्तु इस विषय पर किशोरीशरण 'अलि' जी का भिन्न मत प्राप्त होता है। उनका कहना है कि ''श्री हिताचार्य को राधावल्लभी ग्रन्थों में रासलीलानुकरण का प्रागाट्यकर्ता इसलिए लिखा गया है क्योंकि रालीलानुकरण – प्रागट्यकर्ता की निश्चिति पर जिन–जिन दृष्टियों से विचार करने पर अर्थात् निर्णायक कसौटी पर कसने पर श्री हिताचार्य के अतिरिक्त श्री बल्लभाचार्य, घमण्डदेवाचार्य, घमण्डी जी, स्वामी हरिदास जी तथा नारायण भट्ट जी आदि कोई भी महानुभाव खरे नहीं उतरते। अतः हम यहां पर निर्णायक कसौटी की किरणों के आलोक में ही श्रीहिताचार्य के रासलीलानुकरण – प्रागट्यकर्ता रूप का परिचय देने की चेष्टा करेंगे।

मानव मन को सहज ही आकर्षित करने में समर्थ नाट्यकला को श्रीहिताचार्य ने अपनी रसोपासना में सहयोगी और उपयोगी मानकर अनन्यदासों के रस भजन की पोषिका रूप में इस – 'नटलीला' व 'अनुकरण लीला' का अनुकरण किया। उन्होंने स्वयं ही श्लेषालंकार के रूप में यह उद्घोष किया है कि इस अनुकरण रासलीला का प्रागट्यकर्ता मैं हूँ। आधारभूत पंक्ति निम्नांकित है –

''मुनि मन ध्यान धरत नहिं पावत, करत विनोद संग बालक भट।
दास अनन्य भजन रस कारन, जैश्रीहित हरिवंश प्रगट लीला नट।।''[90]

यह तो हुआ रासलीलानुकरण – प्रागट्यकर्ता सम्बन्धी अन्तः साक्ष्यः साथ ही बहिर्साक्ष्य से भी इस तथ्य की पुष्टि होती है कि

अनुकरण रास के प्रागट्कर्ता श्री हिताचार्य थे। इनकी उपस्थिति में रासलीलानुकरण होने के अनेक प्राचीन प्रमाण भी प्राप्त होते हैं।

श्रीहिताचार्य के विद्यमानकाल में उन्हीं के शिष्य हरिरामव्यास जी ने तो अपना (अपनी रसिकता का) अस्तित्व ही रास कराने में सीमित कर दिया है –

"सोई जननी जो भक्तहि जावै।......
सोई 'आस' जो रास करावै।" [91]

एक स्थल पर उन्होंने वृन्दावन के नित्यविहार और वन लीला अनुकरण के स्फुरण का उपाय बताते हुए लिखा है कि जिसके मन में वृन्दावन बसा हुआ है उसी को वन–लीला – अनुकरण स्फुरित होगा –

"जाकै मन बसै वृन्दावन।
सोई रसिक अनन्य धन्य, जाके हित राधा–मोहन।।
ताही नित्य बिहार फुरै, वन लीला कौं अनुकरन।।" [92]

वि.सं. 1692 में आर्विभूत श्रीराधाबल्लभ मन्दिर के सेवाधिकारी गोस्वामी कमलनैन जी ने भी उपर्युक्त तथ्य की सम्पुष्टि करते हुए श्रीहिताचार्य को रासलीलानुकरण – प्रागट्यकर्ता के रूप में प्रकीर्तित किया है –

"रास–विलास प्रकाश किये श्री हित हरिवंश कृपा चित धारी।" [93]

रासलीलानुकरण के प्रागट्कर्ता श्री हिताचार्य ही थे, इस तथ्य का जीता जागता प्रमाण यह भी है कि आज से कुछ समय पूर्व तक रास करने वाली प्रायः सभी मण्डलियाँ रासारम्भ के मंगलाचरण रूप में रासलीलानुकरण – प्रागट्यकर्ता गोस्वामी हितहरिवंश जी के स्तवन मूलक एक पद और दोहे का गान अनिवार्य रूप से किया करती थीं।

हरिराम व्यास जी कृत वह पद और कोऽपि हित रसिक द्वारा विरचित वह दोहा नीचे उद्धत किये जा रहे हैं –

पद – "नमो जै श्रीहरिवंश।
रसिक अनन्य वेणु कुल मण्डन, लीला–मानसरोवर हंस।।
जयति वृन्दावन सहज माधुरी, रास–विलास प्रसंश।" [94]

इस नित्यरास की उपासना निश्चित रूप से श्रीहिताचार्य द्वारा ही आविर्भूत है। वि.सं. 1736 के लगभग रचित 'श्रीहितहरिवंश चरित्र' नामक ग्रन्थ में उत्तमदास जी ने सुस्पष्ट शब्दों में उल्लेख किया है कि श्री हिताचार्य ने वृन्दावन के चैनघाट (वर्तमान नाम – गोविन्द घाट) पर रासमण्डल की स्थापना की और उस मण्डल पर रासक्रीड़ा का रस भी सभी रसिकों को प्रदान किया –

"मण्डल चैन घाट पर कीनौं। रास केलि रस रसिकनि दीनौं।।"[95]

इसी प्रकार जयकृष्णदास जी ने भी वि.सं. 1760 में 'हितकुलशाखा' नामक ग्रन्थ में श्रीहिताचार्य – चरित्र वर्णन सन्दर्भ में इस तथ्य का सुस्पष्ट शब्दों में उल्लेख करते हुए लिखा है कि उन्होंने कार्तिक बदी दुतिया के दिन रास का (रासलीलानुकरण का), रासमण्डल का और रास के वेशों किंवा स्वरूपों का प्रकाश किया। इसी दिन उन्होंने रासमण्डल पर 'नाम सेवा' की भी संस्थापना की। श्री हिताचार्य की इस महान देन से उपकृत होकर सबने उन्हें इन सभी संस्थापनाओं का 'संस्थापक' घोषित किया –

"थापन थापन श्री हरिवंश। सब मिलि कीनौं तिलक प्रसंश।।
सेव्य नाम–सेवा सुख मूल। सदाचार सम्पति अनुकूल।।
कातिक बदि दुतिया कौं रास। मण्डल–वेष स्वरूप प्रकाश।।"[96]

जयकृष्णदास जी ने "कार्तिक बदि दुतिया कौं रास। मण्डल–वेष स्वरूप प्रकाश।" यह लिखकर कार्तिक बदी दुतिया को रासलीला की स्मारक तिथि के रूप में प्रकीर्तित किया है। यह तिथि वास्तव में एक

महत्वपूर्ण तिथि मानी जाती रही है। सम्भवतः इसीलिए श्रीहिताचार्य के विद्यमानकाल से ही रासलीलानुकरण स्थापना–दिवस के रूप में कार्तिक बदी दुतिया की रात्रि को श्रीराधाबल्लभ–मन्दिर में द्वितीय शरदोत्सव मनाने की परम्परा चल पड़ी है। इस तिथि की विशेष महत्ता श्री हिताचार्य के विद्यमानकाल से लेकर आज तक चिर स्थाई बनी हुई है।

रासलीलानुकरण के समाजी

"इस अनुकरणात्मक रास में कुछ गायक और कुछ वादक होते हैं, जो इस रास का संचालन किया करते हैं। रास के स्वरूप इन्हीं के इंगित और प्रेरणा पर लीला का अभिनय किया करते हैं। इन्हें 'रास के समाजी' और 'स्वामी' कहा जाता है। ये 'समाजी' रासलीलानुकरण के संचालक होने के साथ–साथ उसके प्रेरक और पूरक भी होते हैं। प्रत्येक लीला में अनुकर्त्ताओं के सम्वादों के अतिरिक्त कुछ ऐसे अनिवार्य सम्वाद भी होते हैं, जो अनुकर्ताओं को उनके द्वारा किये जाने वाले भावी कार्य तथा प्रसंग की सूचना देते हैं और लीला को अखण्ड बनाये रखने में सहायक होते हैं। ये सम्वाद इन्हीं समाजियों द्वारा कहे जाते हैं। जिन–जिन पदों के आधार पर लीला–निष्पत्ति होती है, उन–उन पदों का किसी राग विशेष और ताल विशेष के साथ गायन भी इन समाजियों के द्वारा ही होता है। इस प्रकार ये 'समाजी' रासलीलानुकरण के संचालक, पूरक और अभिन्न अंग जैसे होते हैं।"[97]

अनुकरणात्मक रास के प्रारम्भिक काल में रास–रसिकों के अतिरिक्त अन्य कोई बाहरी व्यक्ति पृथक रूप से 'समाजी' नहीं होते थे। स्वयं श्रीहिताचार्य, स्वामी श्री हरिदास जी एवं हरिरामव्यास जी जैसे रास रसिक ही इस रासलीला के संचालक थे। इन रसिकों के द्वारा इस रास का संचालन इसलिए भी होता था कि ये रसिक उन प्रणयमय रसिक ललितादिक सखियों के भावानुभावक थे जो कि नित्यरास की

प्रेरिका और संचालिका हैं। तात्पर्य यह है कि रासलीलानुकरण का संचालन इन रसिकों का स्वरूप सिद्ध अधिकार था।

जिन सहृदय व्यक्तियों को अनुकरण से रसानुभूति होती है; उन्हें साहित्य शास्त्र में 'सामाजिक' कहा गया है और 'रसिक' शब्द को उसका पर्यायवाची स्वीकार किया गया है। प्रारम्भ में रासलीलानुकरण पूरक रसिकों 'सामाजिक' कहते थे किन्तु जैसे–जैसे रास के दर्शकों में रसिकों के अतिरिक्त अन्यान्य व्यक्तियों का प्रवेश होता गया; वैसे–वैसे यह शब्द उन्हीं गायक–वादक रसिकों के लिए ही संरूढ़ बन गया और कालान्तर में घिसते–घिसते 'समाजी' बन गया है।

''इन गायक–वादक रसिकजनों की 'समाजी' संज्ञा इसलिए भी थी; क्योंकि ये रसिकजन रसलीला की दर्शक किंवा सामाजिक स्वरूपा इन ललितादिक सखियों के भावानुभावक थे; जो प्रेम मूर्ति श्यामा–श्याम को उनकी रस लीलाएँ 'समाज गान' द्वारा सुनाया करती हैं।''[98] ''प्राचीन रसिक वाणी साहित्य में जिन्हें 'प्रथम समाजी' कहकर प्रकीर्तित किया गया है।''[99] '''प्रथम समाजी' रूप में प्रत्यक्ष, रस केलि गायिका व रस केलि की द्रष्टा ललितादिकों का भावानुगमन करने के कारण ये गायक–वादक रसिकजन ही एकमात्र उनके नित्य रासलीलानुकरण के समाजी कहलाने के अधिकारी थे। गोस्वामी हितहरिवंशोदित राधावल्लभ सम्प्रदाय में ही राधाकिंकरीभावानुभावक तथा रस–वाणी–गायक रसिकजनों को 'समाजी' और उनके गान को 'समाज गान' कहने की परम्परा मध्य काल से लेकर आज तक सुरक्षित है।''[100] इन गायक–वादक रसिकों की 'समाजी' संज्ञा किस समय हुई यह तो अभी अनुसन्धेय है; किन्तु विक्रम सम्वत् 1841 में विरचित 'सेवक चरित्र' नामक ग्रन्थ के एक स्थल पर गोस्वामी किशोरीलाल जी के निवास स्थान पर बने एक मन्दिर में होने वाले रासलीलानुकरण का वर्णन किया गया है; जिसमें इन गायकों को 'समाजी' लिखा गया है यथा –

"ता पाछैं एक दिवस श्रीगुसाँई जी के मन्दिर में रासधारीनु के समाजी आये।"[101]

इसी प्रकार परमानन्ददास जी की वाणी में भी इन गायक–वादक रसिकों को 'समाजी' और उनके गान को 'समाज' संज्ञा दी गई है –

"वर्षगाँठ सेवकसखी की सब मिलि करैं, लतामन्दिर दामोदरचन्द्र जू कैं रास है।
धन्य सब हितकुल समाजी और समाज सब, हित परमानन्द ये धन्य प्रियादास है।"[102]

एवमपि हरिलाल व्यास जी के शब्दों में –

"फिर भयौ रास–समाज विलास। नृत्य–गान निजु मननि हुलास।।"[103]

उक्त सभी तथ्यों से यह स्पष्ट हो जाता है कि श्री हित जी ने चैन घाट पर रासमण्डल की स्थापना की और उस मण्डल पर रास क्रीड़ा कराकर सभी रसिकों को उसका आनन्द प्रदान किया। इससे यह भी ज्ञात हो जाता है कि इस सम्प्रदाय में रास की कोई परम्परा प्राप्त नहीं होती है किन्तु महारास की पुनर्स्थापना व रासमण्डल की स्थापना श्री हितहरिवंश चन्द्र महाप्रभु जी द्वारा ही की गई यह अवश्य ऐतिहासिक प्राप्त तथ्यों से स्पष्ट हो जाता है।

इस सन्दर्भ से जुड़े कई अन्यान्य तथ्य मुझे अध्ययनोपरान्त प्राप्त हुए हैं किन्तु यहाँ पृष्ठ सीमा में बँधे होने के कारण मेरे द्वारा उन्हें यहाँ दिया जाना सम्भव नहीं हो सका।

रासलीला की गायकी ध्रुपद, धमार

रास का संगीत पूर्णतः शास्त्रीय संगीत पर ही आधारित है। "राधावल्लभी रसिकाचार्यों ने ध्रुपद, धमार शैली के अनुसार ही रागों में पदों की रचना की है जैसे – राग सोहनी, यमन, देव, भूपाली,

बिहाग, बसन्त, विभास तथा मल्हार आदि गम्भीर रागों में पद रचना की।''[104] ध्रुपद गायकी एक सहज गम्भीर प्रकृति की गायकी है।'' ''राग का शुद्ध रूप भी ध्रुपद की श्रेष्ठ रचनाओं में उत्कृष्ट रूप में मिलता है। ध्रुपद शैली में जब घन सम्पुट आदि क्रियाओं, गमकों तथा काकु के प्रकारों आदि का प्रयोग किया जाता है तो इस शैली में भावोत्पादन की क्षमता बढ़ जाती है। राधावल्लभ सम्प्रदाय के जन्मदाता श्री हिताचार्य जी उच्चकोटि के वाग्गेयकार थे। वे संगीत, साहित्य दोनों के ज्ञाता थे। राधावल्लभ लाल की विभिन्न लीलाओं में भावप्रद हो ये भक्त सहज रूप से अलौकिक आनन्द तथा दिव्य रस को प्राप्त करते थे। वृन्दावन या कहें तो सारे बृजमण्डल में रासलीला में परम्परागत रूप से ध्रुपद शैली में गायन किया जाता है।''[105]

रास में समाजी का स्थान

रास में समाजी का विशेष स्थान है। रास का पूर्ण उत्तरदायित्व समाजी पर निर्भर होता है वही रास का निर्देशक होता है, वही व्यवस्थापक होता है। यह समाजी रास में आरम्भ से अन्त तक एक सूत्रधार के रूप में कार्यरत रहता है। कथा की कड़ी को जोड़ना, रसानुकूल वातावरण बनाना, दृश्य परिवर्तन करना, अपने रागबद्ध गायन से आवश्यक पृष्ठभूमि को तैयार करना, मंच पर रास के स्वरूपों की किसी भी भूल को समाजी द्वारा नेत्र संकेतों से संवारने की क्षमता; किसी भी कारण से हुए अचानक खाली मंच पर उस समय किसी सामयिक पद के गायन द्वारा आगामी लीला के वातावरण का चित्रण करना अथवा सुमधुर कण्ठ से कीर्तन करना, रासमंच पर पात्रों द्वारा निरन्तर गायन करने से यथास्थान उनको विश्राम देने हेतु उनकी पंक्तियों की पुनरावृत्ति स्वयं करना आदि। अतः ये समाजी रास के प्रमुख अंगों में अपना विशेष स्थान रखते हैं। यही चिन्ह मध्यकाल में भी परिलक्षित होते हैं। हरिव्यास जी ने हित जी तथा ललिता सखी

द्वारा स्वामी हरिदास जी का रासलीला में गाते हुए मिलने की ओर संकेत किया है –

"मिलि है हित ललितादिक दासी रास में गावत सुनि मन।"[106]

"गोस्वामी हितहरिवंश जी ने स्वयं स्थापित रासमण्डल पर ब्रज में प्रतिदिन 'नित्यरास' किए जाने की जो परम्परा चलाई थी उसमें राधाकृष्ण के नृत्य के समय रास में उनके नृत्य के अनुरूप पदगायन का क्रम स्वामी हरिदास जी और हित ने स्वयं सम्भाला था जो रास के लिए एक गौरव था। इन भक्तों ने रास में समाज गान की जो परिपाटी चलाई उससे रास का आकर्षण और भी अधिक बढ़ गया और कालान्तर में यह रास का एक अनिवार्य अंग बन गया।"[107]

रास प्रदर्शन का क्रम

रास प्रदर्शन को दो मुख्य भागों में विभक्त किया जा सकता है – नित्य रास और लीला – द्विविध के रूप में। नित्य रास के अन्तर्गत रास के आरम्भ का उपक्रम, स्तुति, मंगलाचरण आरती, सखी–परिकर द्वारा प्रशस्ति गान, रासारम्भ के लिए प्रार्थना तत्पश्चात् रास नृत्य की एकल, युगल एवं सामूहिक रूप में प्रस्तुति की जाती है। नित्य रास में हमें श्री कृष्ण, राधा व सखी परिकर आदि सभी के साथ सिंहासन पर विराजमान दर्शाए जाते हैं। इस समय समाजी वन्दना के भक्ति रस से परिपूर्ण पद गाते हैं फिर मुख्य समाजी द्वारा ध्रुपद, धमार शैली आधारित पद गायन करते हैं। इसके पश्चात् सखियों द्वारा प्रिया–प्रियतम की आरती की जाती है और उनसे रासमण्डल में पधारने की प्रार्थना की जाती है, तब कृष्ण राधा के साथ नृत्य के लिए पधारते हैं। सर्वप्रथम नृत्य में सामूहिक तत्पश्चात् पृथक–पृथक नृत्य किए जाते हैं। नित्य रास के बाद समाज गायक समाज गायन द्वारा पुनः उस दिन की लीला को रसभावपूर्ण पदों के द्वारा भूमिका रूप में प्रदर्शित करते हैं। श्री राधा–कृष्ण की कोई एक लीला को रासलीला मंच पर

संवादों तथा नृत्य व गायन के माध्यम से प्रस्तुत की जाती है जैसे – अनुराग लीला आदि। लीला के समापन के पश्चात् पुनः आरती का विधान है। इस प्रकार कहा जा सकता है कि रास नृत्य साहित्य व संगीत का मिश्रण है।

रास नृत्य की मुद्राएँ

''रास नृत्य की प्रमुख मुद्राएँ हैं – हस्तमुद्रा, अंग, उपांग, सुलप, अंगहार, हस्तक, चारि, गति, ताल, लय, लाग, डाट, तिरप ता ता थेई आदि प्रमुख मुद्राएँ हैं। जब नृत्य अत्यन्त कोमलता से किया जाता है तो उसको 'सुलप' कहते हैं। जब शरीर के कोई भी दो अंग परस्पर सुन्दरता से मिलते हैं तब वह 'लाग' कहलाता है। नर्तक द्वारा धैर्य, साहस, आत्मविश्वास, चंचलता तथा विद्वता से भिन्न–भिन्न मुद्राओं का प्रसन्नता से प्रदर्शन करना 'डाट' कहलाता है। जब नृत्यकार तिरछी गति से भ्रमण करता है तब इस क्रिया को 'तिरिप' कहते हैं। नृत्य में 'हस्तक' की मुद्रा को नर्तक की मूल स्थिति कहते हैं। जिसमें वह एक हाथ सिर से कुछ ऊपर तथा दूसरा सामान्यतया फैला हुआ अथवा दोनों हाथ अन्दर की ओर समानान्तर मोड़ कर वक्षस्थल के कुछ निकट रखता है। ''ता ता थेई'' आदि नृत्य में प्रयोग होने वाले ताकार के बोल हैं। पैर के आघातों द्वारा जो बोल प्रकट किए जाते हैं उन्हें 'ततकार' अथवा 'तथकार' कहते हैं। ता–थेई त–थेई यह एक ऐसा तत्कार है जिस पर पूरा नृत्य निर्भर करता है। ग्रन्थकार 'वेद' ने ततकार का स्पष्टीकरण करते हुए कहा है – 'थै थै तत तत थै जग जग तथ तथ जग तत्थथ इति नामावली ततकारः' (कत्थक नृत्य, लक्ष्मीनारायण गर्ग, पृ. 391)। रास नृत्य में शारीरिक मुद्राओं पर ही सर्वाधिक बल दिया गया है यथा सिर की क्रियाएँ, नेत्र संचालन, नासिका, कपोल तथा ओष्ठ आदि का संयोग, हस्त–ग्रीवा संचालन, वक्ष, कटि तथा पग संचालन एवं चितवन तथा मुस्कुराहट आदि भी अत्यन्त अनिवार्य है। इसके अतिरिक्त रास नृत्य में 'पताका' (अंगूठे

को टेढ़ा कर तर्जनी के मूल में लगाना और उंगलियों को सीधा फैला देना), 'त्रिपताका' (अंगूठा व कनिष्ठ उंगली के अग्रभाग को मिलाकर तथा शेष तीन उंगलियों को फैलाना), 'हंसास्य' (यह तर्जनी, मध्या व अंगूठे के अग्रभाग को मिलाकर बनाई जाती है), 'शुकास्य' (तोते के मुख के समान) आदि मुद्राओं का भी नृत्य में प्रयोग किया जाता है। इस प्रकार गोलाकार में अद्‌भुत नृत्य, कोमल, अंग संचालन, परस्पर श्रृंगारिक हास परिहास तथा अद्‌भुत पग संचालन से प्रिया–प्रियतम का नृत्य रासलीला का आकर्षण है ये सभी विशेषताएँ हमें राधावल्लभ सम्प्रदाय के भक्त कवियों की रचनाओं में मिलती है।''[108] जिनके अनेकानेक उदाहरण हम प्रस्तुत कर सकते हैं।

रास में लीला साहित्य

''मध्यकालीन लीला गायकों में से एक राधावल्लभाचार्य श्री हितहरिवंशचन्द्र गोस्वामी जी है। श्री हिताचार्य जी ने अपने रसभक्ति मार्ग पर नित्य लीलाओं में श्रृंगार रस का अत्यधिक विकास व विस्तार करने में अपनी अति विशिष्ट भूमिका निभाई हरिराम व्यास तथा ध्रुवदास लीला साहित्य के लेखक तथा वृन्दावन की रस भक्ति के प्रमुख गायक थे। वे रास के अनन्य भक्त व उपासक थे ''व्यास वही जो रास करावै।''[109] ''व्यास जी ने रास की दृष्टि से अनेक लीलाएँ लिखने का प्रयास किया। व्यासवाणी में ही सर्वप्रथम ऐसे पद दृष्टव्य हैं जिनमें लाल जु के वचन, प्रिया जु के वचन अथवा सखी वचन आदि शीर्षक दिए गए हैं। व्यास जी द्वारा 'गोरेग्वाल लीला' से यह स्पष्ट है कि व्यास जी 'छद्‌मलीलाओं' के भी जनक थे। आज भी ये लीला रासधारियों द्वारा मंच पर की जाती हैं। ध्रुवदास जी की नित्य लीलाओं के अन्तर्गत रसमुक्तावली, रसहीरावली, रसरत्नावली, प्रेमावली, मानलीला, ब्रजलीला, आनन्दलता, रंग विहार आदि प्रमुख लीलाएँ हैं।''[110]

''सोलहवीं सदी के पश्चात् रासलीलाओं से सम्बन्ध रखने वालों में चन्द्रसखी का नाम प्रमुख है। चन्द्रसखी ही प्रथम भक्त कवि थे

जिन्होंने यह अनुभव किया कि यदि रास को लोकमानस के अन्तर्मन में प्रतिष्ठित करना है तो इसका लोक संगीत से सम्बन्ध जोड़ना अनिवार्य रूप से आवश्यक है। उन्होंने अधिकांश मात्रा में लोक धुनों में ऐसे गीत लिखे जो पूर्ववर्ती भक्तों की वाणी के साथ रास में गूँथे जा सके। इस प्रकार चन्द्रसखी ने रास के संगीत को एक नया मोड़ दिया। इसी धारा में नागरीदास जी भी उल्लेखनीय है। उन्होंने विविध ऋतुओं में प्रिया–प्रियतम की केलि तथा विहार के साथ विभिन्न पर्वों के अवसर पर उनके आनन्द प्रमोद का वर्णन किया है, यथा –

> ''होरी की माँझ, श्री कृष्ण जन्मोत्सव कवित्त, शरद की माँझ इत्यादि।''[111]

''वृन्दावन के रासधारी श्री रामस्वरूप जी के अनुसार रास के नृत्य का कत्थक नृत्य से कोई सम्बन्ध नहीं है क्योंकि रास का नृत्य प्राचीन नृत्य है तथा इसके बोल बनाये नहीं जाते हैं। उदाहरणस्वरूप रास नृत्य का चार ताल में बद्ध एक टुकड़ा।''[112]

तकिटत	किटधिर	लाम	धिकतक	थोदीम	धिलांग
ग		0		2	
तकथुं	ता,धिलां	ऽगधिक	धिलांग	धिक तक	तोदीम
0		3		4	
तोदीम	धेताम	धेताम	धिलांग धि	लांगधिला	ऽगतक
ग		0		2	
गदिगन	धेई	तकगदि	गनथेई	ऽतक	गदिगन
0		3		4	

राधावल्लभ सम्प्रदाय में नृत्य विधान

राधावल्लभ सम्प्रदाय में समाज गायन के साथ नृत्य विधान भी प्राप्त होता है। यह नृत्य विधान हमें 'राधाष्टमी' या 'श्रीकृष्ण जन्मोत्सव' पर मुख्य रूप से देखने को मिलता है। किन्तु आज अन्य कुछ प्रमुख

उत्सवों पर भी यह नृत्य देखने को मिल जाता है जैसे होलिकोत्सव आदि। इस सम्प्रदाय में किया जाने वाला नृत्य 'ढाढ़ी–ढाढ़िन' के नाम से अभिसंज्ञात था।

नृत्य के विषय में एक मान्यता प्राप्त होती है कि इस सम्प्रदाय के सम्प्रदायाचार्य श्री हितहरिवंश गोस्वामी ने रासलीलानुकरण आरम्भ किया। इसकी तिथि निश्चित करते हुए श्री 'अलि' जी लिखते हैं – "अनुकरणात्मक रास का सर्वप्रथम रंगमंच सम्वत् 1592 के पूर्व बन चुका था और रास का सर्वप्रथम आयोजन यहीं पर हुआ था।"[113]

आपके विषय में कुछ विद्वानों का यह भी मत प्राप्त होता है कि आपके ही द्वारा महारास का भी आरम्भ किया गया था। इस नृत्य का उल्लेख हमें साम्प्रदायिक पदों में भी प्राप्त होता है। इसके नर्तक समाज में गाये जाने वाले पदों के आधार पर ही भाव, प्रदर्शन व गान किया करते थे। इसका प्रमाण हमें एक पद में प्राप्त होता है।

– "सुनि मत दे उत्सव करवाओ।
वनते रसिक समाज बुलाओ।
गुरुकुल नर नारी गण आये।
बाजे बजे बधाये गये, ढाढी ढाढ़िन को शुभ वेष।
नाचत विरद न पढत सुदेश।।" [114]

श्री हितहरिवंश जी ने रासमण्डल की स्थापना की, जिस स्थान पर समाज का गायन होता था। रासलीला इस सम्प्रदाय का अत्यन्त रसमय अंग है।

ब्रजजीवन जी ने नृत्य–परायणा 'ढाढ़िनी' के गान सौन्दर्य पर प्रकाश डालते हुए लिखा है कि – वह ढाढ़िनी रंगीली ताने लेती है, टप्पे गाती है, राग की स्वरलिपि – 'सरगम' बनाकर तत्काल दिखा देती है, गमक और मीड़ का प्रयोग करके राग का वास्तविक और रमणीय रूप खड़ा कर देती है, एक ही स्वर समूह को कभी मन्द, मध्य

और तार सप्तक में दिखाती है, कुशल गायिका 'सोहनी' में 'परज' का आविर्भाव एवं तिरोभाव दिखाकर गायक समाज को चमत्कृत कर देती है।''[115] देखिये –

''लै रागै छबि भरी जमकै। दिखावै ग्राम स्वर रमकै।।
सरगम की रीति करि गावै। बने बनरी के मन भावै।।
ललित लगि कान बररावै। ये टप्पे लाल खूब गावै।।
सुनत हँसिकै भरी तानै। परज सोहनी मिली ठानै।।
उसी वख्त गाई झंझोटी। बजी साजों में अछरोही।।'' [116]

इस पद को देखने पर यह स्पष्ट हो जाता है कि (हित बधाई) इस पद की रचना किसी सफल और विरले गायक के द्वारा ही सम्भव है। किसी कवि के लिए संगीत की इन बारीकियों से निकटतम परिचय होना तभी सम्भव है जब वह उच्चकोटि का गायक हो। ब्रजजीवन जी की रचनाओं में गायन, वादन तथा नृत्य तीनों की ही बारीकियाँ प्राप्त होती हैं। ब्रजजीवन जी द्वारा रचित एक पद में ढाढ़ी–ढाढ़िन का वर्णन प्राप्त होता है।

''ढांढ़िनि संगीत नारी है। जेते गति भेद न बाची है।।
सुभग सखिनु संग हरि सहचरि ब्रजजीवना खूब नाची है।।
पग की पटक। घूमन दी लटक।।............
अदा सों गति भैर ठमकै। चरण में घुंघरू झमकै।।
ढांढ़िन के हाव–भाव में रानी गई है भूल।। (हित बधाई)'' [117]

''श्रीमत् श्री बापूदेव शास्त्र पंचागानुसार हिताब्द 540 विक्रम सम्वत् 2070 सन् 2013–14 में ढाढ़ी ढाढ़िन का नृत्य वैशाख शुक्ल पक्ष 20 मई सोमवार, श्री रासमण्डल पर रात्रि जागरण के अवसर ढाढ़ी–ढाढ़िनि नृत्य किया गया। इसके अलावा भाद्रपद शुक्ल पक्ष सेवा–रासवंश में 12 सितम्बर गुरुवार लाल पोशाक धारण, रात्रि को शयन आरती के पश्चात् पुनः दर्शन सम्मुख में ढाढ़ी–ढाढ़िन का नृत्य समाज, आज औलाई दर्शन नहीं होते।''[118]

इस सम्प्रदाय में नृत्य से सम्बन्धित एक अन्य तथ्य हमें प्राप्त होता है। "भक्ति युग में रास का पुनर्गठन किसने किया, यह विवादास्पद है। इसके कोई लिखित प्रमाण उपलब्ध नहीं हैं। इस सम्बन्ध में जिन महानुभावों के नाम प्रमुख रूप से लिये जाते हैं उनमें आचार्य वल्लभ, स्वामी हरिदास, गोस्वामी हितहरिवंश जी हैं। इसका कारण इन महानुभावों की गोष्ठी को माना जाता है जिसको गोष्ठी 'रसिकत्रयी' के नाम से ब्रजमण्डल में जाना जाता है।

राधावल्लभ सम्प्रदाय में प्रयुक्त वाद्य विधान

संगीत विद्या ने अपने अन्दर तीन अलग–अलग विधाओं को समेटा है जो कि गायन, वादन, नृत्य तीनों विधाओं का एक्य है। तीनों कलाओं में गायन अपना सर्वश्रेष्ठ स्थान रखता है इसके बाद वादन आता है तत्पश्चात् नृत्य कला। किन्तु वाद्य कला गायन और नृत्य का आधार या दूसरे शब्दों में कहें तो अभिन्न अंग है। वादन के बिना दोनों कलाएँ अधूरी है। यदि वाद्य विहीन संगीत की कल्पना की जाये तो यह औचित्यहीन–सा प्रतीत होगा। किसी भी प्रकार के संगीत में वादन कला रस अभिव्यक्ति, भावाभिव्यक्ति, चमत्कारिता आदि व्यक्त करने में अपनी महत्वपूर्ण भूमिका निभाती है। वाद्य एक ऐसा क्षेत्र है जो गायन से गौण होते हुए भी श्रेष्ठ स्थान पर विराजमान है।

भारतीय संगीत में सहस्त्रों वर्ष पूर्व से ही संगीत में वाद्यों का वर्गीकरण प्राप्त होता है। सामान्य रूप से देखा जाए तो वाद्य अपनी निजी विशेषताओं के आधार पर एक अलग स्वतन्त्र अस्तित्व धारण करता है। किन्तु फिर भी कई वाद्यों की मान्यताओं के कारण विद्वान उन्हें एक वर्ग के अन्तर्गत रख देते हैं जिस प्रकार प्रत्येक व्यक्ति के विचारों में भिन्नता देखने को मिलती है उसी प्रकार इस विषय पर विद्वानों के मत–मतान्तर देखने को मिलते हैं। किन्तु चतुर्विध वर्गीकरण को ही अधिकतर विद्वानों ने वर्गीकरण के लिए उपयुक्त माना है।

भरत कृत नाट्यशास्त्र में प्राप्त वर्णन के अनुसार चतुर्विध वाद्य वर्गीकरण को ही मान्यता दी गई है जो आज भी उपयुक्त मानी जाती है।

ततं चैवावनद्धं च घनं सुषिर मेव च।
चतुर्विध तु विज्ञेयमा तोद्यं लक्षणन्तिम्।। 1।।

ये चतुर्विध वाद्य वर्गीकरण है –

1. तत् वाद्य – (ऐसे वाद्य जिसमें तंत्री का प्रयोग प्राप्त होता है।)
2. घन वाद्य – (ऐसे वाद्य जो काष्ठ या धातु से निर्मित होते हैं, आपस में टकराव से ध्वनि उत्पन्न होती है।)
3. अवनद्ध वाद्य – (ऐसे वाद्य जो चर्म अर्थात् चमड़े से निर्मित होते हैं।)
4. सुषिर वाद्य – (ऐसे वाद्य जो फूँक द्वारा बजाये जाते हैं।)

राधावल्लभ सम्प्रदाय में चतुर्विध वाद्यों में से सभी वाद्य प्रकारों का प्रयोग समाज गायन में किया जाना प्राप्त होता है इसका उल्लेख हमें सम्प्रदाय के पदों में अनेक स्थानों पर प्राप्त होता है।

समाज गान में वाद्यों का महत्वपूर्ण स्थान है। इस परम्परा के प्रारम्भ से ही यह समाज संगीत का एक अनिवार्य अंग रहा है क्योंकि वाद्यों द्वारा ही गायकों को स्वर तथा ताल का ज्ञान होता है अर्थात् स्वर वाद्य गायकों को बेसुरा कनसुरा होने से बचाता है तथा गायन का एक दिव्य वातावरण तैयार करता है। वहीं ताल वाद्य लयात्मकता व गायन में सौन्दर्य वृद्धि व सभी गायकों को एक लय में बाँध कर रखने का कार्य करते हैं। इस सम्प्रदाय में चतुर्विध वाद्य वर्गीकरण के हर भाग का कोई ना कोई प्रकार प्रयोग में लिया जाता है, जैसे – तत्

वाद्य श्रेणी के अन्तर्गत प्रयोग में लिया जाता है – तानपुरा, सारंगी (कुल प्रकार), इसराज, वीणा (पूर्व काल में प्रयोग में ली जाती थी) आदि। घन वाद्य श्रेणी में झाँझ, मंजीरा, घुंघरू का प्रयोग किया जाता है। राधावल्लभ सम्प्रदाय में बाँसुरी, तुणव, हारमोनियम (मुखचंग) आदि वाद्य समाज गायन में प्रयुक्त होते हैं। अवनद्ध वाद्य वर्ग के अन्तर्गत आने वाले वाद्यों में से पखावज, ढफ, ढपली आदि प्रयुक्त होते हैं।

राधावल्लभ सम्प्रदाय का समाज गायन ध्रुपद–धमार शैली पर आधारित है किन्तु अधिकतर धमार ताल में निबद्ध धमार ही इस सम्प्रदाय में प्राप्त होते हैं। धमार शैली धमार ताल में निबद्ध तथा अधिकतर 'होरी' अर्थात् होली सम्बन्धित गीत में गाया जाता है। जिसमें राधा–कृष्ण की विभिन्न लीलाओं का उल्लेख किया जाता है। ध्रुपद शैली की तुलना में धमार शैली कम गम्भीर तथा इसके शब्द चयन में भी उसकी तुलना में कम प्रौढ़ता प्राप्त होती है। साधारणतः शास्त्रीय संगीत के अन्तर्गत होली सम्बन्धित गीतों को जब ख्याल या ठुमरी अंग से गाया जाता है तब वे अधिकतर कहरवा, तीनताल तथा विशेषकर दीपचन्दी ताल में बद्ध होते हैं जिनको अधिकतर होली के गीत ही कहा जाता है परन्तु राधावल्लभ सम्प्रदाय में अक्षर प्रधान संगीत की प्रधानता होने के कारण वे समाजी धमार ताल में बद्ध होरी पदों को गाते हुए भी अन्त में दीपचन्दी ताल का प्रयोग कर लेते हैं। धमार व दीपचन्दी के अतिरिक्त रूपक ताल में अनेक रचनाएँ प्राप्त होती हैं। इसका प्रयोग अधिकतर झूलनोत्सव, राधाष्टमी, बसन्तोत्सव, फूलडोल आदि अवसरों पर किया जाता है। राधाष्टमी व शरदोत्सव पर अद्धातिताला तथा मूलताल का प्रयोग फागुन सुदी पड़वाह पर किया जाता है। नित्य सेवा में धमार ताल व तीनताल का प्रयोग हुआ मिलता है। इन सब तालों के अतिरिक्त आज इस सम्प्रदाय में कहरवा ताल भी प्रचलित है जिसका सबसे अधिक प्रयोग ध्रुवदास चरित सवैया, छप्पय, कुण्डलियाँ आदि के गायन में किया जाता है। तात्पर्य

यह है कि इस सम्प्रदाय में अक्षर प्रधान संगीत होने से व उसमें कोई आलाप, बोलतान, बोलालाप को स्थान न प्राप्त होने से ऐसी तालें निर्धारित की गई हैं जो विलम्बित लय से कुछ तीव्र गति में बजाई जाती है। यह धमार फागुन मास में होरी वर्णन सहित तो गाये ही जाते हैं परन्तु इसके अतिरिक्त जन्माष्टमी, झूलनोत्सव, राधाष्टमी राधावल्लभ सम्प्रदाय का समाज गायन में आधुनिक प्रचलित ध्रुपद–धमार शैली के सभी लक्षण प्राप्त होते हैं। अन्तर केवल इतना है कि वर्तमानकालीन ध्रुवपद गायक अपने गायन के प्रदर्शन में विभिन्न प्रकार की लयकारियाँ तथा कठिन से कठिन स्वर समूहों व सरगमों को लेकर चमत्कारिकता दिखाने का प्रयत्न करते हैं, यही हमें समाज गायन में प्राप्त नहीं होता है। इनका समाज शब्द प्रधान, भावपूर्ण, रसपूर्ण निस्वार्थता से पूर्ण अपने इष्ट युगलवर को प्रेमपूर्ण गायन से रिझाने हेतु होता है। यही कारण है कि वे इस सम्प्रदाय के समाजी भावविभोर होकर उसी प्रवाह में आकर पदों को शास्त्रबद्ध होते हुए भी अपने संगीत ज्ञान तथा रूचि अनुसार पद गायन में स्वतः ही लय की तीव्रता में प्रवाहित हो दीपचन्दी, कहरवा तथा रूपक आदि जैसी तालों द्वारा ताल परिवर्तन कर पद गायन निरन्तर करते रहते हैं जबकि साधारणतः आधुनिक शास्त्रीय संगीत में प्रचलित ध्रुवपद, धमार शैली में किसी भी प्रकार का ताल परिवर्तन नहीं होता है।

राधावल्लभ सम्प्रदाय में समाज गायन करते समय पद की प्रत्येक पंक्ति को प्रायः 10–20 बार गाया जाता है बीच–बीच में हाँ, हो, लाल आदि कई टेक लेकर पंक्तियों को दुबारा दोहराया जाता है। कई बार चार–पाँच पंक्ति के पदों का गायन भी कई बार आधे, एक घंटे तक भावविभोर होकर समाजी गाते ही रह जाते हैं। सर्वप्रथम पंक्ति मुखिया द्वारा गायी जाती है तत्पश्चात् ठीक उसी प्रकार उसे अन्य समाजी दोहराते हैं, जिन्हें 'झेला' कहा जाता है। हितोत्सव पर भी इनका अत्यन्त महत्व है क्योंकि वर्तमान काल में इन उत्सवों पर आराध्य को अष्टयाम सेवा में प्रातः से रात्रि पर्यन्त समाज बैठता है जिसमें

पारम्परिक रचनाएँ ज्यों की त्यों ही गाई जाती हैं फिर भी अधिक रचनाएँ होली सम्बन्धित ही प्राप्त होती है। राधावल्लभ सम्प्रदाय में होलिकात्सव प्रमुख पर्वों में से एक माना जाता है जिसका वातावरण धूमधाम एवं कोलाहलपूर्वक होने के कारण पद गायन के अनुकूल 'धमार' ताल ही उपयुक्त ठहरती है। इस ताल में बजने वाले जोरदार खुले बोलों से होली का वातावरण द्विगुणित हो जाता है और उसी वेग में लय में कुछ तीव्रता आ जाना स्वाभाविक है। यही कारण है कि उस वातावरण को और भी अधिक भावपूर्ण बनाने के लिए मध्यलययुक्त दीपचन्दी अथवा तीव्रा आदि जैसी तालों के धमार ताल में बद्ध पद के अन्त में ताल परिवर्तन के रूप में इन तालों को प्रयुक्त किया जाता है। इसीलिए मृदंग वादक भी परने बजाकर होली के वातावरण को और भी अधिक जोशीला तथा उत्साहपूर्ण बना देते हैं। मृदंग पर बजने वाली अनेक परनों में से उदाहरणस्वरूप एक परन के बोल इस प्रकार हैं –

धा,किट ग	ताकिटत	का,किट	धुमकित	धुमकिट
तकिटत 2	का,किट	धुमकिट 0	तकिटत	का,किट 0
तकधुम 2	किटधुम	किटतम	गदीगन	

पखावज वादक पद गायकी के अनुसार पहले ठेका बजाता है। तत्पश्चात् पंक्ति को मुखिया जब दुगुनी लय में गाता है तब पखावज वादक ठेके के अनुसार दुगुनी लय में छोटे बोलों का प्रयोग कर जिसे वादन की भाषा में 'लपेट' कहते हैं संगति करता है। इसी प्रकार पद की अन्तिम पंक्ति तक समाज गायन की संगति पखावज वादक करता है। इस सम्प्रदाय में गायन को अत्यधिक महत्त्व दिया जाता है। इसीलिए पदों का आनन्द किसी प्रकार से कम ना हो इस हेतु पखावज

वादक अपना वादन साधारण ही रखता है। जिससे पद के भाव को कहीं हानि न हो जाए। किसी प्रकार की चमत्कारिता अथवा लयकारियों आदि का प्रयोग नहीं करता है। इस सम्बन्ध में 'गोपाल सुल्तानिया' समाज गायन के पखावज वादक के विचार हैं कि यदि वादन में वादक चमत्कारिता का प्रयोग करेगा तो कहीं ना कहीं समाजियों का ध्यान भंग अथवा कलाकारिता पर चला जाएगा श्री जी के चरणों से हटकर।''[120]

वादक द्वारा समाज गायन की संगति के दौरान विभिन्न लपेट का प्रयोग किया जाता है। यहा मैं चार ताल की कुछ लपेट प्रस्तुत कर रही हूँ जिनका प्रयोग गायन के साथ किया जाता है –

''1– धागे तेटे धागे तेटे

2– धागे तेटे किटकिट

3– नागेन धागे तिट, तागेन तागे तिट

4– धातिरकित तक ता तिरकिट तक।''[121]

कई बार किसी एक ताल का वादन करते–करते वादक गायन के लय के अनुसार उसी पद में दूसरी ताल का प्रयोग भी कर लेता है जैसे वादक चार ताल का वादन करता है। उसी समय समाज गायक द्वारा पद की लय परिवर्तित हो गई और वादक मूल ताल का प्रयोग कर लेता है। फिर पुनः पूर्व ताल में लौट जाता है। वादक कई बार ताल की अन्तिम 1,2,3 मात्रा में ताल की दुगुन, तिगुन करके सम पर मिल जाता है। जब गायन में उसे स्थान मिलता है तब ही वादक ऐसा करता है कि वादन द्वारा गायन की हानि न हो। इस प्रकार की असावधानी को समाज में विधान भंग या दोष माना जाता है। राधावल्लभ सम्प्रदाय का समाज गायन विलम्बित लय में ही किया जाता है क्योंकि विलम्बित लय में शब्दों का उच्चारण स्पष्ट और शुद्ध रूप से किया जा सकता है जिससे भावों की अभिव्यक्ति और अनुभूति

सहज ही की जा सकती है। पंक्ति की अन्तिम लय को इस सम्प्रदाय में द्रुत लय में गाने का विधान है।

राधावल्लभ सम्प्रदाय में चार ताल, धमार, ताल, रूपक ताल, दीपचन्दी ताल, झपताल, मूल ताल (तीन ताल) आदि तालें पखावज वादन में प्रयुक्त होती है।

राधावल्लभ सम्प्रदाय में वादन की दैनिक वाद्य योजना क्रम में मंगल की झाँकी से पूर्व व मंगला गायन में कोई वाद्य प्रयुक्त नहीं होता। यह प्रातःकाल समाज होता है इसके बाद गाये जाने वाले श्रृंगार पद में सभी आवश्यक वाद्य को लिया जाता है किन्तु यह विशेष रूप से ध्यान रखा जाता है कि वाद्यों की भीड़ ना हो जाए।

वहीं वार्षिक समाज या उत्सव विशेष के साथ आयोजित पद गायन में वाद्यों का प्रयोग आवश्यक रूप से किया जाता है। इस अवसर पर अनेकानेक वाद्यों के वैभव को स्वीकारा जाता है। जितने अधिक हो उतना ही शुभ माना जाता है। पखावज वादक परनों के साथ लग्गीयों का भी प्रयोग करता है। इस सम्प्रदाय में आजकल कहरवा का प्रचलन हो गया है।

राधावल्लभ सम्प्रदाय के समाज संगीत में प्रयुक्त वाद्यों का संक्षिप्त परिचय

राधावल्लभ सम्प्रदाय के समाज पद्धति में चतुर्विध वाद्यों की प्रत्येक श्रेणी के कुछ न कुछ वाद्य प्रयुक्त होते हैं। हाँ, यह अवश्य ही है कि प्रारम्भ काल में प्रयुक्त वाद्य और आधुनिक प्रयुक्त वाद्यों में परिवर्तन अवश्य ही दृष्टिगत होता है। यहाँ आधुनिक काल में प्रयोग किये जाने वाले वाद्यों का संक्षिप्त परिचय निम्नवत् है –

वीणा– "वीणा भारतवर्ष का प्राचीन वाद्य है। इसका वर्णन तैत्तरीय संहिता (6,1,4,1) काठक संहिता (34,4) और मैत्रायिणी संहिता (3,6,8) में मिलता है। शतपथ –ब्राह्मण (3,2,46,13,5,1) में शततन्त्री

वीणा का वर्णन आया है। संगीत रत्नाकर में वीणा के दस भेद माने हैं यथा – एक तन्त्री, नकुल, त्रितंत्री, चित्रा, विपंची, मतकोकिला, आलापिनी, किन्नरी, पिनाकी, निसंक।''[122] इसके अतिरिक्त अनेकानेक प्राचीन ग्रन्थों में वीणा का उल्लेख प्राप्त होता है। प्राचीन काल में वीणा का प्रयोग प्रत्येक अवसर पर प्राप्त होता है यह उस काल का अत्यावश्यक वाद्य था जिसके बिना पूजा अर्चनाएँ भी नहीं होती थी।

राधावल्लभ सम्प्रदाय में वीणा के प्रकारों के नाम उल्लेख तो प्राप्त नहीं होते हैं किन्तु वीना, जन्त्री नाम ही हमें पदों में प्राप्त होता है। इसलिए स्पष्ट रूप से वीणा का नाम बता पाना कठिन है। इस सम्प्रदाय के आचार्यगण भी इसकी निश्चिति नहीं करा पाये हैं। मोटे तौर पर इस वाद्य के विषय में यही कह सकते हैं कि ये लगभग 12 मुठी लम्बा एक तत् वाद्य है जिसमें तन्त्रियाँ लगी होती है। दो तुम्बे आगे पीछे लगे होते हैं जिसको आधार बना वीणा रखी जाती है। इसका वादन गट्टे द्वारा किया जाता है। तुम्बे कद्दू के बने होते हैं और इन दोनों तुम्बे पर जो डाँड होती है वो लकड़ी की होती है।

''ताल बीना मृदंग, सरस नाचत सुधंग,
एक तें एक संगीत की स्वामिनी।। 4।।
राग–रागिनी जमी, बिपिन बरसत अमी,
अधर बिंवनि रमी मुरली अभिरामिनी।। 5।।''[123]

अब इसका प्रयोग (चित्र वीणा) बहुत ही कम या कहें ना के बराबर होता है। किसी बहुत विशेष उत्सव पर ही प्रयोग किया जाता है।

तानपुरा– राधावल्लभ सम्प्रदाय में आधार स्वर के लिए तानपुरा प्रयोग किया जाता है। सम्प्रदाय में यह वाद्य हित जी के समय से ही प्राप्त होता है। इसका पदों में नाम तँबोरा या सुरबीन प्राप्त होता है जो इस वाद्य के प्राचीन नाम हैं। इससे ही पता चल जाता है कि ये उस समय से सम्प्रदाय में प्रयोग किया जाता रहा है।

इस सम्प्रदाय की मध्यकाल के प्रतिनिधि संगीतज्ञ कवि की रचना में 'तँबोरे' का उल्लेख इसलिए महत्वपूर्ण है कि होरी, जिसका वर्णन उक्त ध्रुपद का विषय है, राधावल्लभी कवियों को भी बहुत प्रिय है और उन्होंने होरी में प्रयुक्त वाद्यों का अपने काव्य में प्रचुरता से उल्लेख किया है। यद्यपि बहुत ही कम स्थान पर इसका उल्लेख प्राप्त होता है इसका कारण इसका आधार वाद्य होना है मेरे विचार से। इसमें नीचे की तरफ तुम्बा जो लौकी अथवा कद्दू से निर्मित होता है उसके ऊपर एक तीन फुट लम्बी डाँड होती है जिस पर चार तार, चार खूँटियों की सहायता से स्थापित किये जाते हैं। क्रमवार रूप से एक के बाद एक तार धीरे–धीरे छेड़ते हैं।

सारंगी– सारंगी वाद्य ऐसा वाद्य है जो संगीत के प्रत्येक रंग में पाया जाता है लोक वाद्य, शास्त्रीय वाद्य, भजन, समाज के साथ नृत्य और राजस्थानी नृत्य के साथ प्रयुक्त होता वाद्य है।

''सारंगी की परिकल्पना 'रावणास्त्र' तथा 'रावणहस्त वीणा' से हुई है। संगीत शास्त्रों में इसका प्रथम उल्लेख प्राप्त होता है। यह लगभग दो फुट लम्बी होती है। इसमें तुम्बे के स्थान पर लकड़ी का बना हुआ पेट होता है। इसके मध्य घुड़च (जिस पर तार को बैठाते हैं) लगाई जाती है। पेट के नीचे से चार तार आकर घुड़च पर होते हुए खूँटियों पर ऊपर चले जाते हैं। इसको कमान की सहायता से बजाते हैं। इसमें परदे नहीं होने के कारण अभ्यास से स्वर उत्पन्न किये जाते हैं।''[124] प्रस्तुत है इस सम्प्रदाय का पद उदाहरणस्वरूप–

''वीन–उपंग–सारंगी–महुवर, झाँझ झनक सौं बाजैं।
गावत–नाचत नर–नारी सब, मोद भरे छबि छाजैं।। 6।।''[125]

वंशी – राधावल्लभ सम्प्रदाय के पदों में सर्वाधिक जिस वाद्य का उल्लेख हमें प्राप्त होता है वह वंशी है। वैसे भी जहाँ युगलवर का उल्लेख हो वहाँ वंशी न हो ऐसा असम्भव है।

यह एक अतिप्राचीन वाद्य है। 'संगीत दामोदर' में कहा गया है –

''वंशोऽथपारी मधुरी तित्तिरी.......

.......एते सुषिर भेदास्तु कथिताः पूर्व सूरिभिः।।'' [126]

''इस वाद्य के नाम से इस वाद्य की ओर इशारा मिलता है। बाँसुरी अर्थात् ऐसा वाद्य जो बाँस से निर्मित हो और उसे बजाने से स्वर लहरियाँ निकलती हो। इसमें सात छोटे–छोटे गोल छेद किये जाते हैं जिन पर बारी–बारी से मुँह से फूँकते हुए उंगली रखने से भिन्न–भिन्न स्वर प्राप्त होते हैं।''[127] समाज के साथ–साथ इसका वादन वादक निरन्तर करते रहते हैं। राधावल्लभ सम्प्रदाय में ढाढ़ी–ढाढ़िन के नृत्य में भी इसका प्रयोग होता है। वंशी सम्बन्धित एक पद उदाहरणस्वरूप प्रस्तुत है –

''मंजीर मुरज डफ मुरली मृदंग।

बाजत उपंग वीणा वर मुख चंग।। 6।।'' [128]

शंख– 'संगीत रत्नाकर', 'संगीत पारिजात' तथा 'संगीतसार' आदि में शंख का विधिवत् उल्लेख प्राप्त होता है। अहोबल तथा संगीत–सारादिक के वर्णन से ऐसा प्रतीत होता है कि इसमें न केवल एक स्वर अपितु सम्पूर्ण राग वादन सम्भव था।''[129]

''यह सामुद्रिक जीव का ढाँचा है। राधावल्लभ सम्प्रदाय में समाज गायन में, मन्दिरों में शंख का प्रयोग दैनिक रूप से सुबह–शाम राधावल्लभ लाल जी को जगाने के लिए होता है।''[130] साथ ही समाज गायन में भी इसका प्रयोग किया जाता है। यह समाज गायन में प्रयुक्त मुख्य वाद्यों में से एक है।

मृदंग अथवा पखावज– ''इस वाद्य के कई नाम हमें प्राप्त होते हैं पखावज, मुरज और मर्दल। सुधाकलश ने भगवान शंकर को मृदंग या मुरज का आविष्कारक बताया है। प्राचीन ग्रन्थों में इसे मृदंग, पणव तथा दर्दुर को पुष्कर वाद्य कहा गया है। इन पुष्कर वाद्यों में मृदंग प्रमुख है।''[131]

"मृदंग वाद्य का उल्लेख सर्वप्रथम रामायण (वाल्मिकी) में आया है।"[132] मिट्टी से बने होने के कारण यह वाद्य 'मृदंग' कहलाया। मृदंग का मिट्टी का अंग अधिक स्थिर न रहने के बाद इसे काष्ठ का बनाया गया होगा और तबसे इसका नाम (दोनों पक्षों यानि बगलों से बजने वाला वाद्य) रहा होगा और कालान्तर में भाषा विज्ञान के नियम के अनुसार क्रमशः इसका नाम पखावज हो गया होगा यथा – पक्षवाद्य, पखाउज, पखावुज, पखवाज, राधावल्लभ सम्प्रदाय के साहित्यावलोकन करने से ज्ञात होता है कि कवियों ने छन्द की सुविधानुसार एक ही वाद्य के दो शब्दों का प्रयोग किया है। जहाँ पर मृदंग शब्द है वहाँ पर पखावज शब्द नहीं जहाँ पखावज शब्द का प्रयोग है वहाँ मृदंग का नहीं। इससे यही ज्ञात होता है कि मृदंग पखावज में कोई भेद नहीं माना गया है। दोनों ही शब्दों का प्रयोग समानार्थी रूप में हुआ है। यथा –

"जुवतिन मंडल मध्य श्यामघन सारंग राग जमायौ।। 4।।
ताल मृदंग उपंग मुरज डफ मिलि रस–सिंधु बढ़ायौ।। 5।।"
"घुरत निशान साहित सहनाई, ढोलक–झाँझ–पखावज ताधा।।"[133]

"यह वाद्य लगभग दो फीट लम्बा व दो मुखवाला होता है। इसके पेट की परिधि दो फीट से अधिक होती है। दोनों मुख चमड़े से मढ़े होते हैं तथा चमड़े के तस्मों से जिन्हें बद्धी या दुआल कहते हैं, कसे रहते हैं।"[134]

राधावल्लभ सम्प्रदाय में पखावज वादक इसका वादन बैठकर करता है। बैठ के वादन के लिए इसके दाँये ओर तथा कहीं–कहीं दोनों और काठ की टिकट का प्रयोग करते हैं जिससे पखावज हिलने–डुलने से बच जाती है। कभी–कभी, कहीं–कहीं पर इसे गोद में लेकर बजाते हैं।

राधावल्लभ सम्प्रदाय में संगत वाद्य में पखावज के अतिरिक्त अवनद्ध श्रेणी का कोई वाद्य प्रयोग नहीं होता है। हाँ ढफली या ढफ

का उल्लेख कई स्थान पर मिलता है लेकिन बहुत ही मुश्किल से इस वाद्य का प्रयोग कभी होता है।

मँजीर, मँजीरा या मँजीरे– राधावल्लभ सम्प्रदाय में यह आवश्यक रूप से गायन, नृत्य दोनों के साथ प्रयोग होता है। समाज की लय के साथ ही इसकी भी लय बढ़ती–घटती रहती है। मध्यकाल में प्रायः सभी भक्त संगीतज्ञों ने वाद्यों की नामावली में मंजीरा वाद्य का विशेष प्रयोग किया है। "यह वाद्य काँसा, पीतल, फूल तथा अष्ट धातु के बनते हैं जिनका व्यास लगभग चार अंगुल होता है। इनका मध्य क्षेत्र स्तनाकार होता है जहाँ एक छिद्र होता है जिसमें सुतली पिरोयी रहती है। इसी सुतली को उंगलियों में लपेट कर इनका वादन करते हैं।"[135] समाज गायन का यह विशेष अंग है। समाज शुरू होने पर या समाप्त होने पर सर्वप्रथम इसी के वादन से समाज संगीत के प्रारम्भ अथवा समाप्ति का पता चलता है। सर्वप्रथम यह चिन्ह रूप में बजता है उसके पश्चात् समाज आरम्भ हो जाता है।

हस्त घंटा अथवा घंटारी– सम्प्रदाय के मन्दिर में आरती के क्रम में हस्त घंटा अथवा घंटारी का प्रयोग किया जाता है। इसकी ध्वनि तीव्र होती है जो गायन के साथ आराम से सुनी जा सकती है।

मुखचंग– ब्रज भाषा में इसे मुहचंग अथवा 'मौहचंग' कहते हैं। प्राचीन ग्रन्थों में इसका कोई उल्लेख नहीं मिलता। मुख्य रूप से यह लोक वाद्य है जिसका प्रयोग लोक गीत व लोक नृत्य दोनों में देखने को मिलता है। इसका प्रयोग हमें समाज संगीत में भी देखने को मिलता है। "मुखचंग बहुत छोटे आकार का वाद्य होता है इस कारण आसानी से मुख–विवर में समा सकता है। इसकी बनावट त्रिशूलकार होती है। यह तबला या मृदंग जैसी ताल निःसृत करता है। इस वाद्य में मृदंग तथा तबले के ही बोल (ठेका) बजते हैं।"[136]

उक्त वर्णित वाद्यों के अतिरिक्त हमें और भी कुछ वाद्य कभी–कभी प्रयोग किये जाते प्राप्त होते हैं जैसे झाँझ, अपंग, बाँसुरी के अन्य

प्रकार घंटा इत्यादि। एक वाद्य आज मुख्य वाद्य बन गया है समाज संगीत का वह है 'हारमोनियम'। इसका प्रयोग कुछ समय पूर्व से ही शुरू किया गया है। आज कल यह समाज संगीत का मुख्य वाद्य बन गया है।

हारमोनियम– इस वाद्य का प्रयोग हमें राधावल्लभ साहित्य में नहीं प्राप्त होता है। इसका कारण इस वाद्य का प्रयोग कुछ समय से ही सम्प्रदाय संगीत में किया जाने लगा है। यह आधुनिक संगीत का बहु प्रचलित वाद्य है। शास्त्रीय संगीत, लोक संगीत, लोक नृत्य, शास्त्रीय नृत्य सभी में इसका प्रयोग आवश्यक बन गया है तो इससे समाज संगीत कैसे अछूता रहता।

"आजकल हारमोनियम के कई रूप प्रचलित हैं जैसे –

1. सादा हारमोनियम
2. कपलर हारमोनियम
3. हाथ पैर का बाजा
4. पांव की रोटी
5. सफरा हारमोनियम"[137]

"इन सभी प्रकारों में से राधावल्लभ सम्प्रदाय के समाज गान के साथ 'सादा हारमोनियम' ही आज भी प्रयोग में लिया जाता है।

सादे हारमोनियम की बाड़ी लकड़ी के एक सन्दूक के आकार की बनी हुई होती है। उसके आगे स्टाप और पीछे धौंकनी हवा देने के लिए लगी रहती है। ऊपर पर्दे सफेद और काले लगे हुए होते हैं, इन्हें चाबियाँ भी कहते हैं। इन्हीं चाबियों को दबाकर स्वर बजाये जाते हैं। चाबियों की पीठ पर पीतल की कमानियाँ चाबियों को थमाने के लिए लगी रहती है। इन कमानियों को सुन्द्रियाँ भी कहते हैं। जब किसी चाबी को अंगुली से दबाकर छोड़ा जाता है तो वह चाबी कमानी के दबाव से स्वयं अपने स्थान पर चली जाती है। जिस तख्ती पर चाबियाँ

लगी होती है, उस तख्ती को कंघी कहते हैं। कंघी के ऊपर बहुत से छिद्र बने रहते हैं। प्रत्येक चाबी छिद्र के ऊपर दबी रहती है। चाबी के नीचे साबर का टुकड़ा लगा हुआ होता है, ताकि धौंकनी की हवा को बाहर न निकलने दे। कंघा के नीचे की ओर इन्हीं छिद्रों के ऊपर रीड अर्थात् पीतल के स्वर पेचों द्वारा कसे रहते हैं। पिछली धौंकनी से हवा पहले किश्ती के नीचे वाली धौंकनी के अन्दर जाती है और फिर नीचे वाली धौंकनी की हवा तीव्र वेग से ऊपर जाती है और फिर नीचे वाली धौंकनी की हवा तीव्र वेग से ऊपर किश्ती में आती है। रीडोंवाली कंघी उस किश्ती के ऊपर पेचों द्वारा कसी रहती है और किश्ती की सारी हवा पीतल के स्वरों के ऊपर पड़ती रहती है। जब हम किसी चाबी को अंगुली से दबाते हैं तो वह स्वर नीचे हवा के दबाव से बोलने लगता है। सादे बाजे में अधिक सामग्री नहीं लगाई जाती है। बाजे की यही बनावट प्रत्येक प्रकार के बाजे की होती है परन्तु उनमें थोड़ा–थोड़ा अन्तर अवश्य होता है।

यह संगति के लिए आज सबसे उपर्युक्त माना जाता है। पहले जहाँ सम्प्रदाय में वीणा, सारंगी आदि की संगति प्राप्त होती थी आज इनके लोप या अप्रचलित हो जाने के कारण और हारमोनियम की बाहुल्यता के कारण आज इन पुराने वाद्यों का स्थान हारमोनियम नामक वाद्य ने ग्रहण कर लिया है।''[138]

सम्प्रदाय में प्रयुक्त प्रमुख तालों का सामान्य परिचय

''ताल शब्द की उत्पत्ति के विषय में कई मत प्रचलित है। 'संगीतार्णव' नामक संस्कृत ग्रन्थ के अनुसार ताण्डव (पुरूष) नृत्य से 'ता' तथा लास्य (स्त्री) नृत्य से 'ल' वर्णों के संयोग से 'ताल' शब्द बना है। भरत ने 'नाट्यशास्त्र' में ताल को कहा है। 'संगीत में काल नापने के साधन को ताल कहते हैं।' जिस प्रकार भाषा में व्याकरण की जरूरत रहती है उसी प्रकार संगीत का मुख्य पहलू ताल है। 'संगीत रत्नाकर' के अनुसार ताल वह है जिसमें नृत्य, वाद्य तथा गीत

प्रतिष्ठित रहते हैं। प्रतिष्ठा से अर्थ है – व्यवस्थित करना, स्थिरता प्रदान करना या एक लय में बाँधना।''[139]

बिना ताल के संगीत अधूरा है। ताल के बिना केवल स्वरों का आनन्द हृदय में उल्लास का सृजन करने में असमर्थ रहता है। इसीलिए राधावल्लभ सम्प्रदाय का समाज संगीत भी ताल में बद्ध है किन्तु शास्त्रीय या लोक संगीत से थोड़ा अलग है। यह ध्रुपद धमार शैली पर आधारित किन्तु लय प्रधान या लयकारियाँ न होते हुए शब्द प्रधान गायकी है।

धमार ताल

राधावल्लभ सम्प्रदाय में होरी गीत की बहुत विशेषता है। इस सम्प्रदाय में काफी संख्या में पद होली सम्बन्धित प्राप्त होते हैं। धमार मुख्य रूप से होली गीत की ताल है। धमार ताल में धमार ही गाये जाते हैं।

''अभिनव ताल मंजरी के अनुसार जन भाषा में धमार नाम प्रसिद्ध है जो चौदह मात्राओं की ताल है, वह श्री शारंगदेव द्वारा 'चण्ड' नाम से कही गई है। इसके वर्तमान व्यवहृत स्वरूप के अनुसार यह चौदह मात्राओं की ताल है। इसमें छः विभाग है। इसका स्वरूप इस प्रकार है।''[140]

मात्रा	1	2	3	4	5	6	7	8	9	10	11	12	13	14
बोल	क	धि	ट	धि	ट	धा	ऽ	क	ति	ट	ति	ट	ता	ऽ
चिन्ह	ग					2		0			0			

तीव्रा ताल

''तीव्रा ध्रुपद व रूपक ख्याल शैली का ताल है। 'संगीत रत्नाकर', 'भरतार्णव' तथा 'संगीत चूड़ामणि' में उपलब्ध है, जिसका रूप सात मात्रा का मिलता है।''[141] इसके वर्तमान स्वरूप में सात मात्राओं के

तीन, दो, दो के तीन विभाग है। पहली मात्रा पर सम अर्थात् पहली, चौथी और छठी मात्रा पर क्रमशः दूसरी और तीसरी ताली पड़ती है। इसका स्वरूप इस प्रकार हैः–

मात्रा	1	2	3	4	5	6	7
बोल	धा	दिं	ता	तिट	कट	गदि	गन
चिन्ह	ग			2		3	

चौताल

राधावल्लभ समाज संगीत क्योंकि ध्रुपद शैली पर भी आधारित है। इसीलिए चौताल का प्रयोग हमें प्राप्त होता है। ''अभिनव ताल मंजरी' के अनुसार इसमें क्रमानुसारः दो लघु, दो द्रुत व चार निघात होते हैं, जो ध्रुपद के साथ बजाए जाने पर अच्छी लगती है।''[142] ''लय के आधार पर चार ताल गम्भीर प्रकृति का ताल माना जाता है। वर्तमान व्यवहृत चौताल में बारह मात्राएँ हैं। इसमें दो–दो मात्राओं के छः विभाग हैं।''[143]

मात्रा	1	2	3	4	5	6	7	8	9	10	11	12
बोल	धा	धा	दिं	ता	किट	धा	दिं	ता	तिट	कत	गदि	गन
चिन्ह	ग		0		2		0		3		4	

आड़ा चारताल

''आड़ा चौताल वर्तमान में गुणीजन प्रयुक्त ताल है। कुछ लोग इसे ध्रुपदांगी ताल कहते हैं। चौताल से अन्तर केवल यह है कि दो मात्रा बढ़ाकर और प्रारम्भ में दो ताली लगातार चौताल के सीधे रूप को आड़ा–तिरछा अथवा वक्र रूप दे दिया गया है। इसका वर्तमान व्यवहश्त स्वरूप में चौदह मात्राएँ एवं दो–दो मात्राओं के सात विभाग हैं। इसे 'संगीत रत्नाकर' में 'चतुरताल' कहा है। सम्भवतः इसका यह

नाम चौदह मात्रा का होने के कारण ही प्राप्त हुआ है।''[144] इसका स्वरूप इस प्रकार है –

मात्रा	1	2	3	4	5	6	7	8	9	10	11	12	13	14
बोल	धिं	तिरकिट	धिं	ना	तु	ना	क	ता	तिरकिट	धिं	ना	धिं	धिं	ना
चिन्ह	ग		2		0		3		0		4		0	

ताल तीनताल

शास्त्रीय संगीत में अधिकाधिक यह ताल द्रुत लय या मध्य लय के छोटा ख्याल में किया जाता है। राधावल्लभ सम्प्रदाय के समाज संगीत में भी इसका प्रयोग प्राप्त होता है किन्तु इस गायन के साथ इस ताल का वादन विलम्बित में किया जाता है और जब पद को दुगुन में या लय बढ़ाकर गाते हैं तब इसके स्थान पर कहरवा ताल का वादन वादक करता है। टेक के पश्चात् पुनः तीनताल में गायन होता है। यह आज भारतीय संगीत की सर्वाधिक प्रचलित ताल है। इस ताल में गायन आसान होता है अन्य तालों के बजाय क्योंकि इसमें चारों विभाग में चार–चार मात्रा है जो एक जैसा ही है प्रत्येक विभाग में। राधावल्लभ सम्प्रदाय में इसका वादन पखावज पर किया जाता है। तीन ताल में बँधे पद में जब मधुर खुली थाप से मृदंग बजता है, तब उसका आनन्द अलग होता है।

''वर्तमान व्यवहश्त तीनताल अथवा त्रिताल में सोलह मात्राएँ होती है। चार–चार मात्राओं के चार विभाग होते हैं।''[145] ''इस ताल की पहली, पाँचवी और तेरहवीं मात्रा पर क्रमशः पहली, दूसरी और नौवीं मात्रा खाली है। यह मृदु अथवा बन्द बोलों की ताल है। वर्तमान समय में इसका स्वरूप इस प्रकार है।''[146]

मात्रा	1	2	3	4	5	6	7	8	9	10	11	12	13	14	15	16
बोल	धा	धिं	धिं	धा	धा	धिं	धिं	धा	धा	तिं	तिं	ता	ता	धिं	धिं	धा
चिन्ह	ग				2				0				3			

कहरवा ताल

राधावल्लभ समाज गायन में सीधे तौर पर तो इसमें निबद्ध पद प्राप्त नही होते हैं किन्तु तीन ताल, तिलवाड़ा जैसी निबद्ध 16 मात्रा की तालों में लय बढ़ने पर इस ताल का प्रयोग देखने को मिलता है। यह चंचल प्रकृति की ताल है इसलिए सम्भवतः समाज संगीत में इसका सीधा प्रयोग प्राप्त नहीं होता है। मुख्य रूप से यह लोक संगीत या उपशास्त्रीय संगीत अथवा फिल्म संगीत में प्रयोग किये जाने वाली ताल है। श्रृंगार रस प्रधान यह ताल है इसलिए बढ़ी लय में यह अति सुन्दर लगती है। इसमें कुल आठ मात्रा, दो विभाग ताली एक पर तथा खाली पाँचवी मात्रा पर है। कहरवा ताल का स्वरूप इस प्रकार है–[147]

मात्रा	1	2	3	4	5	6	7	8
बोल	धा	गे	न	ति	न	क	धि	न
चिन्ह	ग				0			

उपरोक्त तालों के अतिरिक्त भी कुछ तालें समाज संगीत में प्राप्त होती है जैसे झपताल, रूपक किन्तु इनका प्रयोग बहुत ही मुश्किल से पदों में प्राप्त होता है।

राधावल्लभ सम्प्रदाय के ग्रन्थों में प्राप्त राग–रागिनियाँ

राधावल्लभ सम्प्रदाय का सर्वप्रमुख ग्रन्थ है 'हित चौरासी' श्री हितहरिवंश द्वारा रचित है जिसमें कुल चौरासी पद प्राप्त होते हैं। (प्रेमदास कृत ब्रजभाषा टीका) इसमें पद के साथ–साथ इनका ब्रजभाषा में अनुवाद भी दिया गया है। जो इस प्रकार है –

राग विभास

पद संख्या और पृष्ठ संख्या (राग विभास) का में क्रमवार क्रमशः पद सं. 1, पृ. सं. (7), 2(10), 3(11), 4(13), 5(16), (सखी के वचन

लाल जू के प्रति) (अथ शष्ठ पदस्याभासः) 6(17,18), 7(19,20), (अथ अष्टम पदस्याभासः) 8(22), 9(23), 10(25), 11(27), (अथ द्वादश पदस्याभासः) 12(30), 13(32)

राग टोड़ीः

(अथ चतुर्दश पदस्याभासः) 14(34)

(अथ पंचदश पदस्याभासः) 15(37)

(अथ शोडश पदस्याभासः) 16(16)

(अथ सप्तदश पदस्याभासः) 17(41)

राग आसावरी 18(43)

(अथैकोनबिंशति पदस्याभासः) 19(46,47)

राग धनासिरीः 20(49), 21(51), 22(53), 23(55)

(अथ चतुर्विंशति पदस्याभासः) 24(57, 58)

(अथ पंचबिशति पदस्याभासः) 25(59)

(अथ शट्विंशति पदस्याभासः) 26(61)

राग बसन्तः (अथ सप्तविंशति पदस्याभासः) 27(63)(64)

(अथाष्टविंशति पदस्याभासः) 28(65)

(अथ ऊनत्रिशंत् पदस्याभासः) 29 (67)

(अथ त्रिशंत् पदस्याभासः) 30 (70) (71)

(अथैकत्रिशंत् पदस्याभासः) 31 (73)

(अथ द्वात्रिंशत् पदस्याभासः) चारि पद की श्रृंखला है – 32 (75)

(अथ त्रयत्रिशंत् पदस्याभासः) 33 (77)

(अथ चतुस्त्रिंशत् पदस्याभासः) 34 (79)

(अथ पचत्रिशंत् पदस्याभासः) 35 (82)

राग सारंगः (अथ शट्त्रिशंत् पदस्याभासः) 36 (85)

(अथ सप्तत्रिशंत् पदस्याभासः) 37 (87)

(अथाष्टत्रिशंत् पदस्याभासः) 38 (89) (90)

(अथैकोनचत्वारिंशत्पदस्याभासः) 39 (92)

(अथ चत्वारिंशत्पदस्याभासः) 40 (93)

(अथैकचत्वरिंशत्पदस्याभासः) 41 (95) (96)

(अथद्विचत्वारिंशत् पदस्याभासः) 42 (97)

(अथत्रिचत्वारिंशत् पदस्याभासः) द्वै पद की श्रृंखला है 43 (99, 100)

(अथ चर्तुीरात्वारिंशत् पदस्याभासः) 44 (101)

(अथ पंच चत्वारिंशत् पदस्याभासः) 45 (104)

(अथ शट्चत्वारिंशत् पदस्याभासः) 46 (106)

(अथ सप्तचत्वारिंशत् पदस्याभासः) पाँच पद की श्रृंखला है 47 (108)

(अथाष्टचत्वारिंशत् पदस्याभासः) 48 (110)

(अथै कोनपंचाशत्तम् पदस्याभासः) 49 (112)

(अथै पंचाशत्तम् पदस्याभासः) 50 (113)

(अथैकापंचाशत् पदस्याभासः) 51 (115)

राग मलारः (अथ द्विपंचाशत् पदस्याभासः) 52 (117)

(अथ त्रिपंचाशत् पदस्याभासः) 53 (119)

(अथ चतुःपंचाशत् पदस्याभासः) 54 (121)

राग गौड़ मलारः (अथ शट्पंचाशत् पदस्याभासः) 56 (124, 125)

राग गौरीः (अथ सप्तपंचाशत् पदस्याभासः) 57 (126, 127)

(अथाष्टपंचाशत् पदस्याभासः) 58 (131)

(अथैकोनषष्ठतम् पदस्याभासः) 59 (133)

(अथ श्री जी की बानी लिख्यते)

(राग बिलावल) – 1, 2 (199)

(राग धनाश्री) – 3, 4, 5 (200, 201)

(राग सारंग) – 6 (201), 7, 8, 9, 10 (202)

(राग गौरी) – 11 (203)

(राग कल्याण) – 12,13 (203)

(राग मलार) – 14 (204)

ग्रन्थ – गोस्वामी श्रीहित गोवर्द्धनलाल जी की वाणी

रचनाओं के संकलनकर्ता व सम्पादनकर्ता – हित जसअलिशरण 'वाणी सेवी'।

गुरुवर गोस्वामी श्री हित गोवर्द्धनलाल जू की मंगल बधाई

(राग सूहो बिलावल) – पद सं. 1, 2, 3, 4, 5, 42

पृ. सं. 1, 2, 3, 4, 5, 6, 7, 8, 9, 10, 27

जनम बधाई (राग सारंग) – पद सं. 6, 44, 45, 18

पृ. सं. 10, 28, 30, 31

(राग – पीलू) – पद सं. 7,8

पृ. सं. 11,22

(राग – ललित) – पद सं. 9,10

पृ. सं. 12

(राग – आसावरी) – पद सं. 11, 12, 29, 30

पृ. सं. 11, 13, 14, 20

(राग – सोरठ) – पद सं. 13

पृ. सं. 14, 15

(राग – धनाश्री) – पद सं. 6, 14, 17, 18, 40, 41, 47

पृ. सं. 3, 15, 16, 17, 18, 19, 26,

(राग – सारंग) – पद सं. 15, 16, होरी डोल विनोद 10

पृ. सं. 6, 16

(राग – माँझौं) –पद सं. : 1, 9, 20, 21, 22, 24, 25, 26, 27, 28, 29, 30, 31, 32, 33, 34, 35, 36, 37, 38

(मंगल, राग सूहौ बिलावल) – 43(28)

(राग – बिहाग तथा परज) – 1(1), मंगलाचरण, दीपोत्सव 18(12)

(राग – खेमता) – 2(1), 53(30)

(राग बसन्त) – 3(2)

(राग काफी) – फाग केलि 5(3), 7(4), 8(5), 52(29)

(राग गौरी) – चन्दन रचना 11(7), जल बिहार 12(7), 15(9)

(राग तोड़ी) – 31(20)

(राग खम्माच) – 33(21), 48, 58, (27)(32) श्री हित विनय किंवा मन विनय

(राग दरबारी कान्हरौ) – 34(21)

(राग – रेखता) – 37(22), 40(24)

(राग – हमीर तथा पूर्वी) – 38(23), 56(31)

(राग – मलार) – 39(23)

(राग – सोरठ) – 41(24)

(राग – राछरौ) – 42(25)

(राग – भैरो) – 49(27)

(राग – जोगिया आसावेरी) – 54(30)

(राग – सोहनी) – 55(31)

ग्रन्थः श्री राधावल्लभ अष्टयाम (सटीक श्री यमुनाष्टक सहित)

(राग टोड़ी) – श्रृंगार समय – (6)

अधर अरूण तेरे कैसे कै दुराऊँ..........पानदान लै पान खवावत।

(धूप आरती के पद)

(राग धनाश्री) – आज नीकी बनी राधिका नागरी .... प्राण देह सौं दुरी। (7)

(राग सारंग) – (10)

बनी वृषभान नन्दिनी आयु .... रास जुत जोरी अविचल राजु।। 3।।

(राग विभास) – 1, (1–4)

(राग बिलावल) – 7, 8, 9, 10, 11, 12, 13 (4–8)

(राग टोड़ी) – 14, 15, 16, 17 (8–10)

(राग आसावरी) – 18, 19, (10–11)

(राग धनाश्री) – 20, 21, 22, 23, 24, 25, 26(11–14)

(राग बसन्त) – 27, 28, 29, 30, 31, 32, 33, 34, 35(14–20)

(राग सारंग) – 36, 37, 38, 39, 40, 41, 42, 44, 45, 46, 47, 48, 49, 50, 51, 52 (20–27)

(राग मलार) – 52, 53, 54, 55, 56 (27–29)

(राग गौरी) – 57, 58, 59, 60, 61, 62, 63, 64, 65 (29–34)

(राग कल्याण) – 66, 67, 68, 69, 70, 71, 72, 73, 74, 75, 76, 77, 78, 79, 80 (35–47)

(राग केदारो) – 81, 82, 83, 84 (44–47)

ग्रन्थ – श्री राधावल्लभ जी का वर्षोत्सव

ब्रज–वृन्दावन के राधावल्लभी प्राचीन रसिकों की वाणियों का संग्रह (प्रथम खण्ड) – भाग – 1

राग बसन्त – पृष्ठ सं.– 1, 2, 3, 7, 8, 9, 10, 11, 14, 16, 17, 18, 20, 21, 23, 24, 31, 32, 33, 34, 35, 36, 37, 39, 40, 41, 42, 44, 45, 46, 50, 51, 55, 59, 60, 63, 64, 78, 157

राग सूहौ बिलावल – 86, 320

राग गौरी –89, 90, 91, 94, 106, 109, 122, 126, 144, 157, 164, 165, 179, 185, 199, 210, 244, 255, 265, 266, 274, 278, 283, 287, 294, 298, 304, 322, 332

राग काफी – 111, 115, 120, 121, 140, 141, 156, 157, 162, 163, 171, 186, 192, 203, 212, 213, 214, 218, 228, 238, 243, 263

राग धनाश्री – 9, 96, 125, 129, 134, 142, 160, 169, 172, 205, 245, 251, 268, 327, 330

राग बिहागरौ – 92, 132, 147, 154, 180, 183, 196, 201, 247, 257, 259

राग पंचम् – 203

राग सोरठा – 215, 321

राग बरारी – 227

राग काफी परज – 253

राग देव गंधार – 323, 324, 325

राग आसावरी – 128, 178, 211, 241

राग सारंग – 150, 167, 168, 204, 205, 226, 230, 235, 236, 239, 242, 243, 248, 261, 321, 324, 325, 328, 329

राग बिलावल – 153, 157, 220, 223, 233

राग ईमन – 328

राग मल्हार – 157

राग विहाग – 156

राग कान्हरौ – 156, 244, 326

राग राइसौ – 158, 176, 181, 187, 199

राग कल्याण – 161, 176

राग सौसी – 161

राग जोगिया आसावरी – 164

राग विभास – 167, 169

राग रामकली – 168

राग भैरव – 174, 177

राग केदारौ – 262

राग परज – 290

राधावल्लभ जी का वर्षोत्सव (प्रथम खण्ड), भाग – 2

राग सूहौबिलावल – 333, 405, 409, 410, 412, 414, 415, 416, 417, 420, 421, 422, 428, 429, 594, 595

राग गौरी –334, 338, 346, 350, 363, 364, 366, 369, 370, 373, 450, 451, 455, 464, 487, 504, 549, 554, 557, 567, 568

राग सोरठ – 336, 338, 490, 509, 528, 530, 600

राग नाइकी – 462

राग जैतश्री – 338, 439, 466, 478, 480, 577

राग हमीर – 336, 409

राग भैरों – 337

राग कान्हरौ – 479, 483

राग कल्याण – 351

राग गजल – 587

राग दण्डक – 359

राग बिलावल – 360, 368, 377, 407, 418, 455, 458, 570, 595

राग जैतश्री – 456, 500

राग ललित – 409, 441, 444, 452

राग हमीर – 409

राग मारू – 436

राग भैरौ – 436, 474, 533, 237

राग विभास – 436, 448, 451, 553

राग पूर्वी – 436

राग रामकली – 437, 493, 508, 543

राग देसी तोड़ी – 441

राग जोगिया आसावरी – 442

राग नट – 452

राग बसन्त – 454, 457, 458, 464

राग चैती गौरी – 456, 550, 564

राग श्याम कल्याण – 457

राग मारू – 436, 491, 502, 558, 559, 561, 562

राधावल्लभ जी का वर्षोत्सव (द्वितीय खण्ड) भाग – 1

राग सारंग– 1, 4, 8, 11, 26, 28, 29, 30, 31, 32, 33, 34, 35, 36, 37, 38, 39, 40, 44, 45, 53, 54, 56, 57, 58, 59, 61, 62, 63, 73, 74, 75, 76, 77, 78, 79, 80, 81, 82, 84, 86, 228, 229, 230, 231, 232, 233, 241, 286

राग आसावरी – 1, 257

राग मलार सोरठ – 214, 215, 241, 380, 540, 541, 545, 546, 547, 548

राग देवस – 220

राग मालकोश – 224, 225

राग गौरी गोधनी – 225

राग तोड़ी सारंग – 233

राग सूहौ बिलावल – 235, 236, 291

राग खमाच परज – 238

वर्षोत्सव (द्वितीय खण्ड) भाग – 2

राग बिलावल – 301, 332, 333, 352, 394, 414, 429, 550, 562, 565

राग मारू – 302, 318, 340, 341, 415, 416, 427, 444, 445, 479, 534, 548

राग देवगंधार – 306, 314, 334, 338, 345, 350, 392, 404, 422, 439, 539

राग रामकली – 307, 306, 416, 422

राग धनाश्री – 307, 323, 335, 337, 345, 346, 356, 358, 415, 417, 424, 425, 440, 517, 527, 529, 531, 532, 533

राग चैती गौरी – 307, 342, 343, 390, 395, 397, 400, 401, 419, 433, 477, 481

राग झंझोटी – 309

राग बिलावल सूहौ – 309, 315, 328, 41, 2442, 487, 494, 553, 555, 556

राग गौरी – 310, 326, 365, 388, 402, 421, 500, 508, 566, 568, 581, 583, 586, 593, 594, 595, 607, 610

राग सारंग – 310, 311, 325, 336, 337, 346, 392, 410, 414, 423, 443, 444, 516, 523, 528, 549, 558, 567, 568, 614

राग आसावरी – 308, 315, 330, 332, 334, 335, 338, 344, 352, 354, 381, 382, 383, 384, 385, 405, 407, 425, 435, 436, 437, 438, 439, 489, 483, 495, 504, 511, 512, 514, 550

राग भैरो – 311, 327, 521

राग रामकली – 313, 407, 408, 524, 526, 550

राग बिहागरौ – 314, 339, 478, 501, 503, 507, 511, 544

राग आशीष – 442

राग जैजैवंती भैरों – 312

राग हेरी – 316

राग ईमन – 316, 516, 552

राग विभास – 315, 317, 418, 420, 421, 423, 478

राग जैतश्री – 317, 329, 361, 389, 506, 526, 540

राग गोधनी गौरी – 326

राग मधु माधव – 327

राग काफी – 347, 359

राग परज – 366, 367, 484, 488, 489, 490, 491

राग झंझौटी गौरी – 375

राग जोगिया आसावरी – 377, 378, 379

राग कान्हरौ – 420

राग जोगियाँ – 438

राग मेवारौ – 485

राग खमाइची – 493

राग केदारौ – 542

राग मालकोश – 542, 543, 544

राग कल्याण – 558

राग पूर्वी – 586

राग झंझोटी – 599

वर्षोत्सव (तृतीय खण्ड) भाग – 1

राग बिलावल –।। 2।।, ।। 3।। 3।।,

26, 27, 28, 89, 179, 180, 227, 230, 236, 274, 275, 277

राग झंझोटी – 219

राग सारंग –।। 9।। 4।।, ।। 7।।,

23, 24, 26, 30, 34, 45, 92, 196, 204, 205, 254, 260, 261

राग कान्हरौ –।। 8।।,

11, 13, 17, 27, 121, 122, 152, 171, 186, 208, 231, 260

कई स्थान पर रागों के नाम को देखकर यह प्रतीत होता है कि जैसे सामान्य भाषा में धुन या गीत को कई बार राग कह देते हैं। जैसे बड़ी बढ़िया राग है, उदाहरण – राग, छन्द, राग कवित्त, राग आदि।

सूहौ बिलावल –।। 4।। 9।।, 201

राग गौरी –।। 6।।,

9, 10, 12, 32, 43, 45, 123, 132, 133, 139, 140, 141, 145, 156, 162, 199, 204, 250

राग आसावरी – 25, 181, 198

राग खमाच – 176

राग धनाश्री – 32, 167, 168, 217, 227, 264

राग विभास – 186, 206, 215, 227, 228, 237, 240, 241

राग कल्याण – 10, 11, 32, 88, 120, 121, 123, 139, 175, 230, 263

राग केदारौ – 11, 19, 20, 25, 30, 33, 43, 44, 89, 90, 92, 93, 94, 120, 122, 123, 124, 125, 126, 127, 128, 173, 209, 260, 268, 272

राग टोड़ी – 12, 228, 251

राग जैतश्री – 12, 167

राग ईमन – 14, 16, 17, 18, 189

राग मालब – 14

राग मँबारो – 137

राग तिताल – 250

राग मालकोश – 143, 144, 159, 160, 208

राग ध्रुपद – 266

राग हमीर – 15, 52, 87, 90, 143, 145, 146, 148, 165, 170, 172

राग परज – 149, 150, 151, 153, 166, 187, 272

राग अड़ानौ – 18, 161, 208, 255

राग भैरों – 18, 31, 52, 90, 93, 94, 206, 221, 222, 223, 224, 225, 233, 237

राग कामोद – 27, 28, 34, 209

राग पूर्बी – 27,251

राग नट – 29

राग बिहागरौ – 30, 33, 92, 93, 125, 126, 127, 135, 138, 140, 152, 153, 154, 155, 156, 161, 162, 164, 166, 173, 174, 175, 184, 185, 186, 192, 193, 207, 210, 250, 254, 255, 273

राग गौड मलार – 31

राग ललित – 234

राग मलार – 33, 121

राग चर्चरी – 45, 46, 47

राग मारू – 51, 91, 92

राग रामकली – 91, 213

राग सोरठ – 136, 170, 203

राग देवगंधार – 229, 237, 361

श्री राधावल्लभ सम्प्रदायानुयायी नादकुलभूषण श्री ध्रुवदास जी कृत

(बयालिस लीला)

पद्यावली :

राग ललित – 306 पद सं. 1, (पृ. सं. 306), 1

राग गौरी – पद सं. 3 (पृ. सं. 306), 4 (307), 49(323), 64(331), 65(331), 66(331), 78(336), 85(341)

राग भैरव – पद सं. 5 (पृ. सं. 307), 94 (344), 95 (344)

राग बिलावल – पद सं. 6, 7, 8, 9, 10, पृ. सं. 308, 309

राग चर्चरी – पद सं. 11, 12, पृ. सं. 310

राग टोड़ी – पद सं. 13, 19, पृ. सं. 310, 312

राग रामकली – पद सं. 14, पृ. सं. 310

राग विभास – पद सं. 15, पृ. सं. 310

राग आसावरी – पद सं. 16, 17, 18, 48, 87

पृ. सं. 311, 322, 342

राग सारंग – पद सं. 20, 21, 29, 30, 31, 32, 33, 34, 35, 59, 67, 79, 80,

पृ. सं. 312, 315, 316, 317, 329, 332, 336

राग धनाश्री – पद सं. 22, 23, 36, पृ. सं. 313

राग काफी – पद सं. 24, पृ. सं. 313

राग सुघराई – पद सं. 25, पृ. सं. 313

राग नट – पद सं. 26, 27, 28, 60, पृ. सं. 314, 315, 329

राग ईमन – पद सं. 37, 38, 39, 40, 41, पृ. सं. 319, 320

राग केदारौ – पद सं. 42, 43, पृ. सं. 320, 321

राग मारू – पद सं. 44, 45, पृ. सं. 321

राग बिहागरौ – पद सं. 46, 57, 58, 61, 81, पृ.सं. 322, 328, 329, 337, 340

राग बसन्त – पद सं. 82, 83, 88, 89, 90, 91, 92, 93, 99, 100, 101, 102, पृ. सं. 343, 345, 346

राग मलार – पद सं. 68, 69, 70, 71, 72, 73, 74, 76, 77
पृ. सं. 332, 333, 334, 335

राग कल्याण – पद सं. 75

राग राइसो – पद सं. 84, पृ. सं. 341

राग गूजरी – 86 (341)

राधावल्लभ सम्प्रदाय के विभिन्न पदों में प्राप्त सांगीतिक तत्व

{1} वाद्य यन्त्रों का उल्लेख :

ग्रन्थ – श्री हितहरिवंश गोस्वामी प्रणीत :
श्रीहित चौरासी एवं स्फुट वाणी

1. ''श्याम सुन्दरी बिहार बाँसुरी मृदंग तार,
   मधुर घोष नुपूरादि किंकिनी चुरी।।'' (पृ.सं. 19)
2. ''बाजत ताल मृदंग उपंगा। (पृ.सं. 36)

3. ''मंजीर मुरज डफ मुरली मृदंग।
   बाजत उपंग वीणा वर मुख चंग।। (पृ.सं. 53)
4. ''ताल मृदंग उपंग मुरज डफ मिलि रस–सिंधु बढ़ायौ।'' (पृ.सं. 73)
5. ''ताल–भेद औघर सुर सूचत नुपूर किंकिनि बाज।'' (पृ.सं. 92)
6. ''ताल रबाब मुरल डफ बाजत मधुर मृदंग।
   सरस उकति–गति सूचत वर बाँसुरी मुख चंग।।''
7. ''बाजत मृदु मृदंन्न, नाचत सबै सुघन्न।
   तै न श्रवन सुन्यौ बेनु–बजनी।।'' (पृ.सं. 129)
8. ''ताल बीना मृदंग, सरस नाचत सुधंग,
   एक तें एक संगीत की स्वामिनी।। (पृ.सं. 136)
9. ''युवति–यूथ मिलि गोप विराजत, बाजत पणव मृदंन्न सुतार।'' (पृ.सं.181)
10. ''मृदुल मृदंग मुरज भेरी डफ दिवि दुंदुभि खकार।'' (पृ.सं.187)
11. ''शंख दुंदुभि पणव घंट कल वेणु रब,
    झल्लरी सहित सुर सप्त नाचौ।।'' (पृ.सं.191)

{2} पदों में प्राप्त राग, स्वर, श्रुति, सप्तक का उल्लेख :

1. ''जुवतिन मंडल मध्य श्यामघन सारंग राग जमायौ।। (73)
2. दोऊ मिलि चाँर गावत गौरी राग अलाप। (109)
3. राग–रागिनी जमी, विपिन बरसत अमी,
   अधर बिंवनि रमी मुरलि अभिरागिनी।।
   लाग कट्टर उरप, सप्त सुर सौं सुलप। (136)
4. विदित वेद विधि विहित विप्रवर करि स्वस्तिनु उच्चार। (187)

{3} नृत्य के बोल का उल्लेख :

1. थेई–थेई कहत अवनि पद पटकत।

ग्रन्थः श्री राधासुधानिधि स्त्रोतम् –

सम्पादक – राजवैद्य लक्ष्मीनारायण :

{1} वाद्य यन्त्रों का उल्लेख :

1. "श्याम सुन्दरी बिहार बाँसुरी मृदंग तार,
   मधुर घोष नुपूरादि किंकिनी चुरी।।" (6)
2. "बाजत ताल मृदंग उपंगा, गान मथत मन कोटि अनंगा।
   सुनियत दिवि, दुंदुभि कल घोषा।
3. "मंजीर मुरज डफ मुरली मृदंग।
   बाजत उपंग वीणा वर मुख चंग।। (15)
4. अति अनुराग भरे मिलि गावत सुर मंदर कल घोर। (20)
5. ताल मृदंग उपंग मुरज डफ मिलि रस–सिंधु बढ़ायौ।
6. ताल भेर औघर सुर सूचत नुपूर किंकनि बाजु। (25)
7. ताल रबाब मुरज डफ बाजत मधुर मृदंग।
   सरस उकति–गति सूचत वर बाँसुरी मुख चंग। (30)
8. अद्भुत ताल मृदंन्न मनोहर किंकनि शब्द कराहीं।
   बाजत मृदु मृदंन्न नायत सबै सुधन्न,
   तै न श्रवन सुन्यौ बेनु–बजनी।। (35)
9. शंख दुंदुभि पणव घंट कल वेणु रव,
   झल्लरी सहित स्वर सप्त नाँचौ। (56)
10. करि स्वस्तिनु उच्चार। मृदुल मृदंन्न मुरज भेरी डफ,
    दिवि दुंदुभि रवकार।।

{2} पदों में प्राप्त राग, स्वर, श्रुति, सप्तक का उल्लेख :

1. गायन अलि सुर देत मधुर तर। (3)
2. गावती सरस मिलि मधुर स्वर राग री। (14)
3. राग–रागनि जमी, विपिन बरसत अमी,
लाग कट्टर उरप सप्त सुर सौं सुलप।
4. मत मुदित कल नाचत सुधंगे। सकल–कला प्रवीन,
कल्यान रागिनी लीन। (38)
5. सरिगमपधनि ये सप्त सुर नादनी।
राग रागिनी तान मान संगीत मत।
6. कवित्त
छै पद विभास माँझ, सात है बिलावल में,
टोड़ी में चतुर, आसावरी में द्वै बने।
सप्त है धनाश्री में, जुगल बसंत केलि,
देवगंधार पंच–दोय, रस सों सने।।
सारंग में शोडश है चार ही मलार एक,
गौड़ में सुहायौ, नव गौरी रस में भने।।
शट कल्यान, निधि कान्हरे वेद,
बानी हितजू की सब चौदह राग में गने।। (48)
7. (जैश्री) नतवत हरिवंश गान, रागिनी कल्याण तान,
सप्त स्वरन कल, इते पर मुरलिका बरखी।। (58)

{3} पदों में नृत्य के बोल का उल्लेख :

1. अभिनय–निपुन गति, पति व्रजराज रिझायौ।
अभिनय–निपुन लटकि लट। लोचन भश्कुटि अनंग नचायौ।
तत्ताथेई धरत नूतन गति, पति व्रजराज रिझायौ।। (20)
2. तत्त थेइ–थेइ करत गतिव नूतन धरत। (38)

श्री हित ब्रजजीवन जी प्रणीत 'रस आहिक सत'

पदों में प्राप्त राग स्वर, श्रुति, सप्तक का उल्लेखः

1. नृत्य गान नाना विधिन करत सखी समुदाइ। (पृ.सं. 2)
2. आई अग्र ढाढ़ी भईं नृत्त गाइनैं वेष।
   राग ताल जा काल के प्रगटत भईं विशेष। (पृ.सं. 7)
3. नृत्य गान कोऊ करैं कौतिक करैं अनेक। (पृ.सं. 7)
4. सप्त सुरज लै ग्राम सों राग श्रवण सुख दैन।

वाद्य यन्त्रों के नामोल्लेखः

वंशी नाद जु तार जुत किंकिनि नुपूर बाज।
करत प्रसंशा लाड़िली पुनि सहचरिनु समाज।
बजत–बजत वंशी छकी सुनत छकीं वर नार।

ग्रन्थः श्री राधिकाचरण दास जी की वाणी (प्रथम खण्ड) (पच्चीसा)

पदों में प्राप्त सांगीतिक तत्वः

1. अष्टयाम पद नित्य तानपूरा लै गावै।
   नीके करैं समाज सदा हित लाल रिझावै।। (1)
2. पुलिन पवित्र सु यमुन तट मोहन वैणु बजाइ।
   रास बनायौ श्याम घन सारंग राग जमाइ।। (6)
   वंशीवट यमुना सु तट मोहन वैणु बजाइ।

ब्रजजीवन और उनका कवित्त साहित्य :

श्री जयेश खण्डेलवाल –

(श्री प्रियाप्रीतम जू कौ – नख–शिख, वर्षोत्सव तथा शट् ऋतु वर्णन)

पदों में प्राप्त सांगीतिक तत्व :

1. बाजैं कल नुपूर अखण्ड झनकारी होत। (पृ.सं.106)
2. ब्रजजीवन मंद सुर वीन कल गान की। (108)

श्री हित राधिकाचरणदास जी 'ढोंगी बाबा'
की वाणी (प्रथम खण्ड)

संकलन व सम्पादन – हितजसअलिशरण 'वाणी सेवी'

पदों में प्राप्त वाद्य यन्त्रों का उल्लेख

1. गान कला कोविद बड़े, सखी भावना छके मन।
   लिये तंबूरा राग अलापत, विवि रूचिकारी। (पृ.सं.4)
2. अष्टयाम पद नित्य, तानपूरा लै गावैं।
   नीकैं करैं समाज, सदा हित लाल रिझावैं। (पृ.सं.9)
3. श्रीसेवक पुनि कहत जो, नाचहु अतिहिं रसाल।
   तोरि तान जो मान पै, साधि अचूक सु ताल। (पृ.सं.111)
4. तहँ के वासी दुंदुभि, सो जु बजावत जान।
   सोई मानौ दुंदुभि, बाजत है चहुँ ओर।
   दुंदुभि सोई साज मिलि, बजवत मधुर मृदंग। (पृ.सं.226)
5. रूंज–मृदंग–उपंग धुंग डफ, झंझ ताल सुनि।
   मंजु जुवति रस गान, लुंज इव खग तहँ विथकित। (पृ.सं.237)
6. श्रेष्ठ रूंज संग श्रेष्ठ मृदंगा। श्रेष्ठ संग डफ श्रेष्ठ उपंगा।।
   झाँझ संग मंजीर सु बाजै। थुंग सु बहु बाजन कैं साजैं।
   किंवा गति संगीत जु उघटति। गावति प्रिया सुविधि मन हर्षति। (पृ. 238)
7. लीला ललित रसालं, सम सुर तालं वरषत सुख–पुंज।
   निर्त वाद्य सुर–ताल युत, गान आदि सम है जु। (पृ.सं. 247)

8. सखि ललितादि सु कर वीणा लै, त्यौं उपंग सु मृदंग–सितार।
मधुरै सुरनि बजावत साजनि, हितसखि जहाँ मिलीं चलि द्वार।(पृ.सं.328)

9. अद्‌भुत साज मृदंग आदि रस मूर्ति सबनि कर–कंजनि माँहिं।
नुपूरादि–किंकिनी–झनक रसमय नीशान बजत है जाहिं।। (पृ.सं.334)

10. कर–सरोज सुठि मृदंग त्यौं उपंग सु मुखचंग।
बजै साज मुहुवरि त्यौं वीणा मिलि संग में। (पृ.सं.339)

11. वीन–मृदंग–सारंगि हू, कोउ कठतार–सितार।
कोऊ मुखचंग बजावहीं, आनंद छयौ अपार। (पृ.सं.354)

12. बाजत ताल मृदंग उपंगा। गान मथत मन कोटि अनंगा। (पृ.सं.399)

13. सभामंडल मध्य सकल, समाज युत हर्षित हियौ।
श्रेष्ठ साज मृदंग–वीना, मधुर सुरनि बजावहीं। (पृ.सं.432)

14. मंजीर मुरज डफ मुरली मृदंग।
बाजत उपंग वीना वर मुखचंग। (पृ.सं.433)

15. बजैं मुरज सुर मिलि, मंजीरहि त्यौंहि सो।
मुरली–डफ रू उपंगहू, बजत मृदंग ज्यौं।
श्रेष्ठ वीणा जो संगहि, बजि मुंहचंगा त्यौं।
ठाढ़े भये समाजहि, दोउ सुनि ज्यौंहि सो। (पृ.सं.435)

16. संग कमल कर लै चलीं, श्रेष्ठ मृदंग–उपंग।
महुवर–वीन–सितार त्यौं, कठतारहु मुखचंग। (पृ.सं.463)

उक्त ग्रन्थ पदों में प्राप्त राग, स्वर, श्रुति, सप्तक आदि का उल्लेखः

1. श्री सेवक पुनि कहत जो, नाचहु अतिहिं रसाल।
तोरि तान जो मान पै, साधि अचूक सुताल।

2. राग–रागिनी ओर चहुँ, गावत मूरतिवन्त। (पृ.सं.354)
3. राग–रागिनी तिन तरैं, मूर्तिवन्त रहे गाइ। (पृ.सं.358)

अग्रलिखित पदों में हमें सांगीतिक तत्व प्राप्त होते हैं। इनके अतिरिक्त हमें इस ग्रन्थ में और भी पदों की प्राप्ति होती है किन्तु उदाहरणस्वरूप मैंने कुछ पदों को ही दिया है।

3. नुपूर ठनक तेई दुंदुभी निसान बाजैं,
निर्तत शिखण्डी हंस हंसी प्रतिहारी है। (पृ.सं.112)
4. गावत सहानौ राग बहुत सहानौ नेह। (पृ.सं.113)
5. कैधौं ज्ञान गूदरी में होत राग रंग आली,
कैधौं रास मण्डल में नाचै ब्रजबाल री। (पृ.सं.129)
6. कैधौं बजी नौवत निसान सहनाइ जोड़ी,
कैधौं बजी ढोलक टकोर रस साजनी।
कैधौं है अघौटी कै तरंग जल बाजे आली,
कैधौं धुनि वंशी की अनंग मद लाजनी।। (पृ.सं.133)
7. बाजत मृदंग घोर डफ करताल की।
अति सुख सरसत हित हरि सहचरिलेत तान,
राजत सखीन वृन्द मत्त गज चाल की।
बाजत उपंग बीन मुरज मृदंग संग,
सरस मुँहचंग लेत रंग नव ख्याल की।
छिरकन अतर रंग पिचकारिन तान तान। (पृ.सं.137,138)
8. बाजत मृदंग डफ ताल तमूर धुनि,
लागत हरि सहघरि सुनि श्रवन सिरायौ है।
हित सौं श्री राधिका जू रास मंडल मधि नचै,
हित सौं श्री कोहन जू गावत तान खासी है। (पृ.सं.140)

9. जहाँ तहाँ घुरत निसाँन सहनाइ भेरि,
   मृदंग रबाब बीन साजन छहल है।
   गावत सुहेलरे की तान मिलि ललितादिक। (पृ.सं.140)
10. हँसि झूमक परावन सोहिले की तान गावन। (पृ.सं.141)
11. गाई हरिदास बजाई नरवाहन,
    सोहाई मृदंग घुम किट तन धिधकाई है। (पृ.सं.141)
12. दुंदुभि घुराई पूरि रही सहनाई, मंगल गावत सुहाई पीत धुज फहराई है।
    तमूरहि घुराई नव मृदंग बजाई, रस वीन मधुराई औरंगी छबि छाई है।
    गति मुंहुचंग मिलाई सुर मीठी तान गाई।
    सुघराई सुथराई कछू कहत न बनाई है। (पृ.सं.142)

गोस्वामी श्रीहित गोवर्द्धनलाल जी की वाणीः

संकलन व सम्पादन 'वाणी सेवी'

पदों में प्राप्त सांगीतिक तत्वः

1. फूले फिरत सकल लोकनि जन, दुंदुभि–धुनि करवावौ। (पृ.सं. 24)
2. सुघर सुजान ताल–गति–भेदनि, उच्च मधुर स्वर लाई।
   मानौ मूरति राग–रागिनी, प्रकट गान धुनि छाई।
   रोम–रोम अनुराग मुदित मन, युवतिन गान सुनाई। (पृ.सं.12)
3. शासन करत जंत्र बहु बाजैं, पणव–भेरि–सहनाई जू। (पृ.सं. 16)
4. करत गान गंधर्व मधुर स्वर, बाजत है करताला जू।
   जुवति–जूथ करि मंगल गावत, जिनके नैंन विशाला जू। (पृ. सं.17)

5. मंगल–गीत यूथ मिलि बोलत, सब कोउ एकै ताला जू।
सुनि–सुनि तान विविध सुर–भेदनि, सबकौ मन परै जाला जू।
कोउ गावत कोउ जंत्र बजावत, कोउ अभिनय करि चाला जू।
कोउ गति लै निर्तत गुनवंती, अंग सुधंग सह ताला जू।
(पृ.सं.19)
6. मगन होत वीथिन स्वर लावत, सुनि जन–मन सुख पावै।
7. लगे मोहन संग निर्तनि त्रिभंग। सखि बजवति है वीना–मृदंग।
(पृ.सं.2) मंगलाचरण।
8. मृदुल मुरलि गरजै मनौं, बजत पखावज साज।। एरी।। 5।।
(पृ.सं.9)
9. पिकदानी कर व्यास कैं, प्रबोधानंद सुर वीन।। एरी।। 13।।
गावत श्री हरिदास जू, सावन सुघर अलाप।
नरवाहन जू मृदंग लै, परनि बजावत थाप।। एरी।। 14।।
(पृ.सं.10)
10. नुपूर की ध्वनि सुनि मोहौ रतिपति पै। (पृ.सं.12)
11. पाँइन नुपूर–बिछुवा, झाँझन झनकोहैं।। (पृ.सं.16)
12. वीन–उपंग–सारंगी–महुवर, झाँझ झनक सौं बाजैं।
गावत–नाचत नर–नारी सब, मोद भरे छबि छाई। (पृ.सं.19)
13. घुरत निशान सहित सहनाई, ढोलक–झाँझ–पखावज ता धा।
(पृ.सं.31)

श्री राधावल्लभ अष्टयाम (सटीक यमुनाष्टक सहित)

ग्रन्थ के पदों में प्राप्त सांगीतिक तत्वः

1. कोउ वीना सारंगी बजावै। कोउ इक राग विभासहिं गावें।
(पृ.सं.4)
2. मंगल घंटा नाद सु होत। मंगल थार मणिन की जोत।
मंगल दुंदुभि घुनि छवि छाई। मंगल सहचरि दर्शन आई।
मंगल बीन मृदंग बजावै। मंगल ताल झाँझ झरलावै। (पृ.सं.5)

3. (i) श्याम सुन्दरी विहार बाँसुरी मृदंग तार,
मधुर घोष नुपरादि किंकरी चुरी।
जैश्री देखत हरिवंश आलि निर्तनि सुधंग चाल,
बार फेर देत प्राण देह सौं दुरी। (पृ.सं.7)

(ii) गावती सरस मिलि मधुर स्वर रागरी। (पृ.सं. वही)

4. ताल भेद औघर सुर सुचत नुपूर किंकिनि बाजु।। (पृ.सं.10)

5. नवल सहचरि वृन्द नवल वीणा मृदंग। (पृ.सं.11)

6. घंटा नाद कहनो नहिं जाई, आनन्द मंगल की निधि माई। (पृ.सं.17)

7. पिय को नाँचन सिखवत प्यारी।
ताल मृदंग उपंग बजावति प्रफुलित है सखि सारी।
बीन बेनु धुनि नुपूर ठुमकत, खग मृग दसा बिसारी।।
अभिनय लाग डाटगति लीने ललितादिक सुर सरस मिलावत।।
(पृ.सं.24)

8. झाँझ ताल झालर दुंदुभि रव।
निर्त्तगान अलि हरत मनोभाव। महा मोद धुनि मधुर मृदंगा।
(पृ.सं.27)

9. तदन्न–राग–पिञजर प्रभाति पुंज मञजुलाम्।
स्वरोचिषाति शोभितां कृता जनाधिगञजनां। (पृ.सं.32)

श्री राधावल्लभ जी का वर्षोत्सव

ब्रज–वृन्दावन के प्राचीन रसिकों की वाणियों का संग्रहः

राधावल्लभ सम्प्रदाय में समाज गान के रूप में विभिन्न अवसरों पर व नित्य प्रायः गाये जाने वाले पदों को इसमें संकलित किया गया है, जो अब नवीन रूप में हमें 6 भागों में प्राप्त होता है। जिसके पदों में

हमें अनेकानेक पदों में गायन, वादन, नृत्य से सम्बन्धित तत्व प्राप्त होते हैं। जिनमें से कुछ उदाहरण निम्नलिखित हैं–

वर्षोत्सव के 6 भागः

1. प्रथम खण्ड – भाग – 1
2. प्रथम खण्ड – भाग – 2
3. द्वितीय खण्ड – भाग – 1
4. द्वितीय खण्ड – भाग – 2
5. तृतीय खण्ड – भाग – 1
6. श्री ध्रुवदास जी कृत बयालिस लीला

पदों में प्राप्त वाद्य यन्त्रों का उल्लेखः प्रथम खण्ड भाग – 1

1. मंजीर मुरज डफ मुरली मृदंग।
बाजत उपंग बीना वर मुखचंग। (पृ.सं.1)
2. ताल मृदंग करन डफ गावत अलि बसन्त लै आई। (पृ.सं.5)
3. बाजत महुवर बैन झाँझ डफ ताल पखावज रूंज। (पृ.सं.6)
4. बाजत बैन बाँसुरी किन्न्र, महुवर अरू मुखचंगा।
आवझ अमृत कुण्डली वर सुर मण्डल सरस उपंगा।
ताल मृदंग झाँझ डफ बाजत सुर के उठत तरंगा।
नाचत गावत करत कुतूहल छिरकत केसर अंगा।। 2।। (पृ. सं.231)
5. बाजत डफ बाँसुरी ताल मिलि मधुर मृदंगन।
गावत सारंग राग सुनत सुख उपजत अंगन।। 3।। (पृ.सं. 236)
6. बाजे–बाजैं नव रंगी लीने ढोल मढ़ाय।। सुरंगी।। 4।।
रूंज मुरल डफ बाँसुरी भेरिन कौ भरपूर।। सुरंगी।।

फूँक नफीरी फेरि कै ऊँचै गई श्रुति दूर।। सुरंगी।। 5।।
(पृ.सं.239)

7. कोऊ कर किन्नरि साजहीं कोऊ व कर लीने कठतार।
   कोऊ आवझन बाजवहीं सब मिले है सन्च गति भेद अपार।
   झाँझ मुरज डफ बाँसुरी बीना मुखचंग उपंग रसाल।
   (पृ.सं.....)

भाग – 2

8. दुंदुभि ढोल भेरि सहनाई बाजत झाँझ पनव करतार।
   (पृ.सं.437)
9. बाजत ताल मृदंग चंग संग बीन मुरज सहनाई।
   लेत सुलप में ठुमकि–ठुमकि गति नुपूर नव झनकाई।। 2।।
   (पृ.सं.487)
10. ताल नुपूर बीन गजक मुखचंग मिलि,
    मृदु मृदंगन स्वरन स्वर मिलावैं। (पृ.सं.19)
11. किंकिनी वलय नुपूर मधुर मुरलिका ताल वीना मृदंग प्रेम रासी।(पृ.सं.19)
12. ताल मृदंग उपंग बजावत प्रफुलित है सखी सारी।
    बीन वेणु ध्वनि नुपूर ठुमकत, खग–मृग दसा बिसारी।
    (पृ.सं.24)
13. (i) लता ललित मृदंग बजावत। हरिवंशी हरिदासी गावत,
    सुघर प्रवीन रबाब बजावत।
    (ii) बर सुधंग रंग ताल मनि मृदंग चन्द चाल। (पृ.सं.31)
14. गिड़–गिड़ तक थुंग–थुंग ततत–ततत थेई–थेई,
    गावत केदारौ राग सरस तान लीने।। (पृ.सं.93)

द्वितीय खण्ड – भाग – 2

15. गन गंधर्व गावैं सबैं निर्तक नाचै नाँच।
ताल पखावज बाजहीं अपने अपने साँच।। 6।। (पृ.सं.457)
16. वीना बेनु मृदंग ताल दुंदुभि भेरी सहनाई।। (पृ.सं.466)
17. जहाँ गहगहे घुरहिं निसान रूचि सौं सहनाई।
बहु ढोलक ढोल मृदंग झालर धुनि छाई। (पृ.सं.496)
18. तार जन्त्र ढोलक बजै हो पग नुपूर मिनि संग। (पृ.सं.500)
19. अहो प्यारी नुपूर किंकिनी बीछिया
अरू घंटा धुनि नाना भाय हो। (बयालीस लीला)
20. हार बलय किंकिनी झनक, नुपूर की झनकार। (पृ.सं.212)
21. विविध वाद्य निजु सहचरि साजै। एकहि ताल मधुर धुनि बाजै।
एक बीन लिये एक उपंगा। एक ताल लिये मधुर मृदंगा। (पृ.सं.281)
22. ताल बीन मुँहचंग, वंशी मधुर धुनी री।
कंचन डफ लियै हाथ, बोलत हो हो होरी। (पृ.सं.323)
23. सहचरि एक लियै एक बीना, एकनि सुभग मृदंग सज्यौ री।
एक ही ताल उठत भूषण धुनि, बाढयौ रंग अनंग लज्यौ री।
नाचत अंग सुधंग लियै दोऊ, गावत राग मिले सुर गौरी। (पृ.सं.335)
24. गावत स्वर एक ताल भूषण रव अति रसाल,
विविध रागनि किंकिनी, अरू मधुर नुपूर बाजहीं। (पृ.सं. 336–337)

पदों में स्वर, श्रुति, सप्तक, रागों का उल्लेख

1. आनन फूल्यौ अनूठौ सुहाग। तानन फूल्यौ हिंडोल राग। (पृ.सं.27)

2. मदन राग हिंडोल झुलावत वल्लभ रसिक सहचरी,
गावत प्रेम विवस जानि लेत सुरत रंगै सँभार।। 3।। (पृ.सं.42)
3. राग रागिनी के फेराफेरी सौं। श्रीहरिदास के स्वामी,
स्यामा कुंज बिहारी राग ही में रंग उपजत ऐरी सौं। (पृ.सं.59)
4. मीठी तान बधून राग हिंडोल मोहनी गायौ। (पृ.सं.66)
5. उठी सकल विद्या गुन नागरि राग हिंडोल जु गायौ। (पृ.सं.77)
6. सेवा मिलबै तारन सुढ़ार। मति लैहिं तँबूरा में अपार। (पृ.सं.80)
7. गावत सारंग राग सुनत सुख उपजत अंगन।। 3।। (पृ.सं.236)
8. (i) राग जमायौ राइसौ साज समाजन लीये।
(ii) सौरभ सरस परस अलि झुकि–झुकि,
गान तान सुनि सुर उर पागी। (पृ.सं.338)
9. सारंग राग अलापत लाल रसाल दै–दै कर तारी।
10. मंगलमुखी साजि साजन मिलि नौतन निर्त्त दिखावौ।
सप्त सुरन अरू तीन ग्राम दै राग रंग दरसावै।। (पृ.सं.435)
11. लियौ कर साज गई लाज लावण्य जब, मोर खूँटी स्वरन घुरि मिलाई।
कृष्णदास हित रीझ, गुणन की परचरी, चर्चरी ताल सारंग जमाई।
।।4।।।।206।। (पृ.सं.578)

द्वितीय खण्ड, भाग – 1

12. उमहि कुँवरि करत गान सिखवत पिय बिकट तान,
सप्त स्वर सों मधुर–मधुर लेत कोकिल बैनी।। (पृ.सं.45)
13. गावत राग मलार मिले विहरत वन–वन बूँदन में। (पृ.सं.111)

14. तैसीये गावत राधिका प्यारी तैसीये मुरली पिय संग
बजावत स्वर की उठत झकोर, सप्त स्वरन तीन ग्राम
इकईस मूर्छना उनंचास कोटि तानन की मीड़ै होत संकीरन
भेद क्यों हूँ न पायौ ओर। (पृ.सं.125)

15. गावत राग तान मधुरे स्वर कोटि काम चित चोरैं। (पृ.सं.194)

16. ग्राम सुर घट गाँस साधें तान ताल अपार।
रीझ रीझे जलहि भीजे जम्यौ राग मलार। (पृ.सं.198)

17. (i) बहु रंग रेशम बरूहा होत राग झकोर। (पृ.सं.200)
(ii) सबै राग मल्हार गावै सरस गौड़ मल्हार।
सूहौ सारंग सरस टोड़ी भैरवी केदार।
मालवौ श्री राग गौरी होत आसावरी राग।
कान्हरौ हिंडोल कौतुक तान बहु विध लाग।। (पृ.सं.201)

18. जय श्री नटवत हरिवंश गान, रागिणी कल्याण तान,
सप्त स्वरन कल इते पर, मुरलिका बरखी।।4।।2।। (पृ.सं.7)

19. कल कंकन–किंकिनि नुपूर ध्वनि, सुनि खग–मृग सचु पायौ।
जुवतिन मंडल मध्य श्याम घन, सारंग राग जमायौ।।
(पृ.सं.9)

20. लेत गति मान तत्त थेई हस्तक भेद,
सा–रे–ग–म–प–ध–नि ये सप्त सुर नंदनी
राग रागिनी तान मान संगीत मत,
थकित राकेश नभ शरद की जामिनी। (पृ.सं.19)

21. कमल लिये सप्त स्वरन गान तान मान सुखन साजैं।
(पृ.सं.20)

22. उमहिं कुँवरि करत गान सिखवत पिय विकट तान,
सप्त स्वर सौं मधुर–मधुर लेत कोकित बैनी। (पृ.सं.45)

23. मुदित अनुराग सब राग रागिन तान
मान गति गर्व रंभादि सुर बाल के।। 5।। (पृ.सं.79)

24. ऋषभ षड जाति पंचम सुर सन्त मिलि
लेत अवधर ताल उघटत नवलारे।। (पृ.सं.122) (बयालीस लीला)

25. कोउ बीना सारंगी बजावै। कोउ इक राग विभासहि गावै। (पृ.सं.170)

26. नव–नव तान तरंग, सप्त सुर सौं मन ढरही। (पृ.सं.297)

27. गावत है सारंग पिय सारंग वर नैंनी।
उमहि कुँवरि करति गान सिखवत पिय विकट तान,
सप्त सुर सौं मधुर–मधुर लेति कोकिल बैंनी।। (पृ.सं.332)

28. नाँचत अंग सुधंग लियै दोऊ, गावत राग मिले सुर गौरी। (पृ.सं.335)

पदों में प्राप्त नृत्य का उल्लेखः (खण्ड– 1 भाग – 2)

1. कुंज बिहारी नाचत नीके लाड़िली नचावल नीके।
औघर ताल धरे श्री स्यामा ताना थेई ताता थेई बोलत संग पीके।
तांडव लास और अंग को गनै जे–जे रूचि उपजत जीके।

2. बाजै ता धिन धुमकत ता थेई मृदंग गुलाबी।
गावै स्वर भरी ताने अली रंग गुलाबी। (पृ.सं.209)

3. सुधर ररररररररर मुरली घोर गाजै।
गान करत ब्रज भाम लेत सुन्दर सुघर तान,
अंग–अंग अभिराम मनमय छबि लाजै।
धिगतां धिगतां धिगतां ताधिलांग ताधिलांग ताधिलांग धि धिकिट
धि धि किट धिधिकिट गिडि गिडां गिडि गिडांग
गिडि गिडां गगिड गिड गिड गाजै।। (पृ.सं.14)

4. सुलप भेद गति भाव नैन सुख सोभित भुव सुधंग कल थेई–थेई।
कबहूँ अधर धरें कर मुरली निर्त्तत ताल सहित स्वर थेई–थेई। (पृ.सं.15)
5. आज नाचत नवल लाल साजि साज छिन्ना। ध्रिकधिलाम ध्रिक धिलाम बाजत तकितकि धिलाम, नाचत नयनाभिराम धकिट–धकिट धिन्ना। लचकि–लचकि गतिन लेत ठुममि–ठुममि चरन देत, कर की करतार देत वदत ठोम ठिन्ना। ललिता वदत भूले श्याम धी धी तकि धी धिलाम, प्यारी हित रूपलाल नच्यौ छनन छिन्ना।। 31।। (पृ.सं.19)
6. नृत्य गति भेद सौं तत्त थेई–थेई उघटि मुकुट लटकन सबन चित्त चोरी। (पृ.सं.23)
7. तत्त थेई तत्त थेई लै गति में गति, पति ब्रजराज रिझायौ।(पृ.सं.29)
8. बाजत बैनु रव किन्नरी कंकन, नुपूर किंकिनि सौरी।
तत्त थेई तत्त थेई शब्द उघटत पीय, भये बिहारि–बिहारिन जोरी।(पृ.सं.91)
9. थेई–तत्त–थेई वदत मान उरप तिरप करत गान सरस तान राग रागिनी।
10. गिड–गिड़ तक थुंग–थुंग ततत–ततत थेई–थेई,
गावत केदारौ राग सरस तान लीने।। (पृ.सं.93)
11. तत्त ठुमक थेई–थेई उघटत गति लीने। (पृ.सं.125)
12. उघटत शब्द गिडि–गिडि ताता–थुंग–थुंगे।। (पृ.सं.125)

सन्दर्भ ग्रन्थ सूची

1. क.पु.की.वा., क.पु., प्रा.ह.लि.प्र., पृ. 2
2. हि.चौ.सं., ही.र.द., प्रा.ह.लि.प्र., पृ. 11

3. (क) होरी सौ त्योहार को बड़भागिनि ए। अरी एरी तरूनि बड़भागिनि ए।
   – पद, होरी, धमार, चा.वृ.दा., प्रा.ह.लि.प्र., पृ. 135
   (ख) अरी हेली राधा–लाल सुहाग कौं दुलरावौ सुख लेहु।
   – स.प्र., चा.वृ.,दा., पृ. 24
   (ग) एरी हाँ जुगल किशोर भोर नहिं जानत इहि विधि रैन विहानी।
   – पद, सं.ल.स., पृ. 3
4. 'अलि', किशोरीशरण, हि.भ.का. में र.भ.धा.औ.उ.वा.सा., पृ. 411
5. वही, पृ. 412
6. वही, पृ. 413
7. परांजपे, श्रीधर, भारतीय संगीत का इतिहास, पृ. 26
8. शर्मा, अंजू, ब्रज संस्कृति में संगीत, पृ. 22
9. वही
10. वही, पृ. 27
11. वही
12. व.प्र.,(प्रथम), चा.वृ.दा., प्रा.ह.लि.प्र., प्रतिलिपिकार – केलिदास जी, छन्द सं. 140, 53, 56, 72
13. र.अ.मा., भ.मु., सुन्दरदास जी की परचई, पं. 3
14. से.च., प्रि.दा., रचनाकाल – वि.सं. 1841, प्रा.ह.लि., प्र., पृ. 184–185
15. र.अ.मा., भ.मु., नागरीदास जी की परचई।
16. हि.भ.का. में र.भ.धा. और उ.वा.सा. (द्वितीय भाग), पृ. 418
17. र.अ.प., चा.वृ.दा., प्रा.ह.लि.प्र., छन्द सं. 62
18. (क) चलौ वृषभान गोप द्वार (स्फु.वा.गो.हि.ह., पं.सं. 16)
    (ख) आजु बधाई है बरसाने (व्या.वा.ह.व्या., पं.सं. 357)
    (ग) जनम बधाई कुँवरि ललि की (पदा.ब.दा., पं.सं. 2)
19. पद – राधाजन्म बधाई, बा.दा., पं.सं. 2
20. स्फु.वा., गो.हि.ह., प.सं. 16
21. व्या.वा., ह.व्या., प.सं. 357
22. र.अ.मा., भ.मु., ध्रुवदास जी परचई।
23. हि.रू.च.बे., चा.वृ.दा., रचनाकाल – 1820, छन्द सं. 67
24. वही

25. वृ.प्र.मा., च.ला.गो., छन्द सं. 67
26. ब.प्र. चतुर्थ, चा.वृ.दा., छन्द सं. 4 से 8
27. 1 से 3 पद श्री हि.ज.ली., ह.व्या., छन्द सं. क्रमशः 4, 7, 8, 50 से 53
28. हि.भ.का. में र.भ.धा. और उ.वा.सा. (द्वितीय), पृ. 234
29. हि.च.प्र.प्री.दा., प्रा.ह.लि.प्र., पृ. 211
30. पद रा.श., प.सं. 3, प्रा.ह.लि.प्र., पृ. 178
31. वही
32. वही
33. हि.भ.का. में र.भ.धा. और उ.का.सा., पृ. 426
34. जै श्री राधिकाचरणदास कौ। लिखौ चरित दाता प्रकाश कौ।। करि समाज रस वृष्टि करत है। रसिकत मम आनंद भरत हैं। अष्टयाम के पद नित गावैं। श्री हित दम्पति लाड़ लड़ावै।।–हि.शा.म.मो.दा., पृ. 56–61
35. इन्टरनेट द्वारा प्राप्त – http://www.ignca.nic.inècoilnetèkujoo40.htm
36. संगीत दर्पण, श्लोक 15, पृ. 9
37. बसन्त, संगीत विशारद, पृ. 45
38. वही, पृ. 24
39. वही, पृ. 33
40. श्रीवास्तव, हरिशचन्द्र, राग परिचय, भाग–1, पृ. 107
41. बसन्त, संगीत विशारद, पृ. 104
42. श्रीवास्तव, हरिशचन्द्र, राग परिचय, भाग–1, पृ. 107
43. वही, पृ. 179
44. संगीत बोध, पृ. 56
45. ह.म.प्रा.ना., प्रा.ह.लि.प्र., पृ. 25
46. हि.भ.का.में.र.भ.धा. और उ.वा.सा., पृ. 257 से 268
47. वही, पृ. 280
48. वही, पृ. 2
49. वही, पृ. 283
50. वही
51. श्री राधावल्लभ जी का वर्षोत्सव, प्राचीन रसिकों की वाणियों का संग्रह, प्रथम खण्ड, भाग–1, पृ. 1,2,3,4

52. वही, पृ. 5 से 20
53. वही, पृ. 20 से 25
54. वही, वर्षोत्सव – द्वितीय खण्ड, भाग–1
55. वही, वर्षोत्सव – तृतीय खण्ड, भाग–1
56. श्री ध्रुवदास जी कृत बयालिस लीला
57. 'अलि', श्री किशोरीशरण, वृन्दावन का समाज और उसकी परम्परा से उद्धत।
58. वही
59. सिंह, डॉ. नीरा, अष्टछाप संगीत, पृ. 100
60. मीतल, डॉ. प्रभुदयाल, अष्टछाप परिचय, पृ. 354
61. गिंडे, श्री कृष्णराव, 'ध्रुपद', लक्ष्य संगीत, मार्च,1957, पृ. 78
62. मुटाटकर, डॉ. सुमति, 'संगीत के चार चरण' लक्ष्य संगीत, दिसम्बर, 1956, पृ. 57
63. सक्सेना, डॉ. मधुबाला, ख्याल शैली का विकास, पृ. 126
64. राधावल्लभ सम्प्रदाय, वर्षोत्सव, प्रथम खण्ड, भाग–1, पृ. 1
65. ध्रुवदास, श्री हित, श्री हित ध्रुववाणी, पृ. 38
66. स्नातक, डॉ. विजयेन्द्र, राधावल्लभ सम्प्रदायः सिद्धान्त और साहित्य, पृ. 282
67.
68.
69.
70.
71. राधावल्लभ सम्प्रदाय, वर्षोत्सव, द्वितीय भाग, खण्ड–1
72. आदर्श हिन्दी संस्कृत कोश, पृ. 472
73. संस्कृत शब्दार्थ कौस्तुभ, पृ. 977
74. सक्सेना, डॉ. राकेश बाला, मध्ययुगीन वैष्णव सम्प्रदायों में संगीत, पृ. 296
75. वही
76. डॉ. यामदग्नि, रासलीला तथा रासानुकरण विकास, पृ. 5
77. सक्सेना, डॉ. राकेश बाला, मध्ययुगीन वैष्णव सम्प्रदायों में संगीत, पृ. 299
78. जयदेव, गीत गोविन्द, पृ. 37
79. सक्सेना, डॉ. राकेश बाला, मध्ययुगीन वैष्णव सम्प्रदायों में संगीत, पृ. 302
80. स्नातक, डॉ. विजयेन्द्र, राधावल्लभ सम्प्रदायः सिद्धान्त और साहित्य, पृ. 268

81. सक्सेना, डॉ. राकेश बाला, मध्ययुगीन वैष्णव सम्प्रदायों में संगीत, पृ. 305
82. हितहरिवंश, श्री, हितचतुरासी, पद 62, पृ. 145
83. वही, पद–71, पृ. 169
84. व्यास वाणी (प्राक्कथन), पृ. 25
85. बयालीस लीला (पद्यावली), पद 77, पृ. 29
86. सक्सेना, डॉ. राकेश बाला, मध्ययुगीन वैष्णव सम्प्रदायों में संगीत, पृ. 306
87. जुगल सनेह पत्रिका, पृ. 26
88. हि.भ.का. में र.भ.धा. और उ.वा.सा.(द्वितीय भाग), पृ. 506, 507
89. ब्र.की.रा.ली., प्र.द.मी., पृ. 48
90. हि.चौ., प.सं. 64
91. व्या.वा., ह.व्या., प.सं. 168 एवं 171
92. वही
93. गो.क., प.सं. 11
94. व्या.वा., ह.व्या., प.सं. 8
95. श्री.ह.च., उ.दा., छन्द सं. 146
96. हि.कु.शा., ज.कृ.दा., छन्द सं. 28 से 30
97. हि.भ.का., में र.भ.धा. और उ.वा.सा.(द्वितीय भाग), पृ. 542
98. हि.चौ.स., टी.–र.दा., प्रा.ह.लि.प्र., प.सं 11 की टीका से
99. क.पु.की.वा., क.पु., प्रा.ह.लि.प्र., पृ. 2
100. हि.भ.का. में र.भ.धा. और उ.वा.सा. (द्वितीय भाग), पृ. 408
101. से.च., प्रि.दा., प्रा.ह.लि.प्र., पृ. 10–11
102. प.दा.की.वा., प.दा., प्रा.ह.लि.., पृ. 115
103. हि.ह.ज.ली., ह.व्या., छन्द सं. 84
104. रातंजनकर, डॉ. एस.एन, ध्रुपद गायकी की समस्याएँ, लक्ष्य संगीत, दिसम्बर, 1956, पृ. 570
105. सक्सेना, डॉ. राकेश बाला, मध्ययुगीन वैष्णव सम्प्रदायों में संगीत, पृ. 308
106. व्यासवाणी, पद 106
107. सक्सेना, डॉ. राकेश बाला, मध्ययुगीन वैष्णव सम्प्रदायों में संगीत, पृ. 309
108. वही, पृ. 310
109. व्यासवाणी, पद 8

110. सक्सेना, डॉ. राकेश बाला, मध्ययुगीन वैष्णव सम्प्रदायों में संगीत, पृ. 311
111. वही, पृ. 312
112. वही, पृ. 313
113. प्रभुदयाल, ब्रज सांस्कृतिक इतिहास (प्रथम भाग), पृ. 187
114. नागरीदास, चरित्र रसिक, अनन्यमाला, पृ. 1
115. श्री राधावल्लभ जू का वर्षोत्सव, पृ. 428
116. खण्डेलवाल, जयेश, ब्रजजीवन और उनका कवित्त साहित्य, पृ. 15
117. श्री राधावल्लभ जू का वर्षोत्सव, पृ. 427,428,429
118. शोधार्थी द्वारा साक्षात् अनुभव किया गया।
119. भरत, नाट्यशास्त्र, पृ. 28 (11)
120. समाज गायन के पखावज वादक श्री गोपाल सुल्तानिया जी के साक्षात्कार से प्राप्त तथ्य
121. वही
122. शर्मा, प्रो. सत्यभान, पुष्टिमार्गीय मन्दिरों की संगीत परम्परा, पृ. 134
123. श्री ललिताचरण, गो., श्री हित चौरासी एवं स्फुटवाणी, पृ. 136
124. मिश्र, डॉ. लालमणि, भारतीय संगीत वाद्य, पृ. 53
125. श्री हित गोवर्द्धनलाल जी की वाणी, संकलन – हितजस अलि शरण, पृ. 19 (अन्तिम भाग से)।
126. संगीत दामोदर, पृ. 53
127. मिश्र, लालमणि, भारतीय संगीत वाद्य, पृ. 103
128. चरण, श्री ललिता, श्री हित चौरासी स्फुटवाणी, पृ. 53
129. मिश्र, लालमणि, भारतीय संगीत वाद्य, पृ. 108
130. वही
131. वही, पृ. 88
132. सुन्दरकाण्ड, संगीत श्लोक – 5,6
133. गोस्वामी, श्री ललिताचरण, हित चौरासी, पृ. 73
134. शरण, हितजस, अलि, गो. श्री हित गोवर्द्धनलाल जी की वाणी, पृ. 31
135. मिश्र, लालमणि, भारतीय संगीत वाद्य, पृ. 114
136. ले. उमादत मिश्र, संगीत मासिक पत्रिका, वर्ष 2007, अंक –1, पृ. 95–96
137. अवतार, रामप्रसाद, महावीर (1967), सुन्दर हारमोनियम पुष्पांजलि, पृ. 10–12

138. वही
139. शर्मा, डॉ. मृत्युन्जय, संगीत मैनुअल, पृ. 247
140. सेन, डॉ. अरूण कुमार, भारतीय तालों का शास्त्रीय विवेचन, पृ. 390
141. बृहस्पति, आचार्य कैलाशचन्द्र देव एवं बृहस्पति, सुलोचना, राग रहस्य, पृ. 31
142. काशीनाथ, अप्पा तुलसी, अभिनव ताल मंजरी, अनुवादक – पुरू दाधीच, पृ. 19
143. बृहस्पति, आचार्य कैलाशचन्द्र देव एवं बृहस्पति, सुलोचना, राग रहस्य, पृ. 31
144. वही
145. वही, पृ. 41
146. सेन, डॉ. अरूण कुमार, भारतीय तालों का शास्त्रीय विवेचन, पृ. 385
147. वही

5

राधावल्लभ सम्प्रदाय के समाज संगीत में प्रयुक्त रागों का शास्त्रीय विवेचन

समाज गायन के पदों की स्वरलिपि एवं प्रस्तुतिपरक व्याख्या

जैसा कि चतुर्थ अध्याय में समाज संगीत के विषय में विस्तारपूर्वक बताया जा चुका है। उसी पद्धति को लिपिबद्ध रूप में प्रस्तुत करने का कार्य इस अध्याय के अन्तर्गत किया गया है, जो निम्नवत् है–

समाज गायन के पदों की स्वरलिपि एवं प्रस्तुति

पद –

जोई–जोई प्यारौ करै सोई मोहि भावै,
भावै मोहि जोई सोई–सोई करैं प्यारे।। 1।।
मोको तौ भावती ठौर प्यारे के नैनन में,
प्यारौ भयौ चाहै मेरे नैनन के तारे।। 2।।
मेरे तन–मन प्रान हूँ तें प्रीतम प्रिय,
अपने कोटिक प्रान प्रीतम मोसो हारे।। 3।।
जै श्री हितहरिवंश हंस–हंसिनी साँवल गौर,
कहौ कौन करै जल–तरंगन न्यारे।। 4।।

व्याख्या– प्रियतम जो भी कुछ करते हैं वह मुझको प्रिय लगता है और जो कुछ मुझको भाता है वह प्रियतम करते हैं। मुझको प्रियतम के नेत्रों में बसे रहना अच्छा लगता है और प्रियतम तो मेरे नेत्रों के तारे ही बन जाना चाहते हैं। मुझे मेरे तन–मन और प्राणों से अधिक प्रियतम प्रिय है और प्रियतम ने तो अपने करोड़ों प्राण मेरे ऊपर न्यौछावर कर दिये हैं।

राग – विभास, ताल – चौताल (12 मात्रा) 2 मात्राओं का प्रत्येक विभाग

1	2	3	4	5	6	7	8	9	10	11	12
सा	ध	ध	प	प	ग	प	ग	प	ग	रे	सा
जो	ऽ	ऽ	ई	जो	ऽ	ई	प्या	रो	क	रेऽ	ऽ
ध	ध	ध	प	ध	स	ग	प	ग	रे	सा	ऽ
सो	ऽ	ई	ऽ	क	रै	ऽ	प्या	ऽ	ऽऽ	रेऽ	ऽ
ग		0		2		0		3		4	
सा	ध	ध	प	प	ग	प	ग	प	ग	रे	सा
भा	ऽ	ऽ	वे	मो	ऽ	हि	जो	ऽ	ई	सो	ई
ध	ध	ध	प	ध	स	ग	प	ग	रे	सा	ऽ
जो	ऽ	ऽ	ई	जो	ऽ	ई	प्या	रो	क	रेऽ	ऽ

उक्त दोनों पंक्ति को एक साथ मिलाकर दो बार गाते हैं। पुनः उसी पंक्ति को चार बार गाते हैं। जिसमें पंक्ति को पहले समाज के मुखिया गाते हैं तत्पश्चात् अन्य समाजी उसी पंक्ति को दोहराते हैं टेक के साथ, हाँ, हो इत्यादि के साथ। इसके बाद अगली पंक्ति समान स्वर में न होकर कुछ ऊँचे स्वर में गायी जाती है।

ध॒	ध॒	ध॒	ध॒	पध॒	सां	सां	सां	ध॒	ध॒	प	प
मो	ऽ	को	तो	भाऽ	व	ऽ	ती	ठो	ऽ	र	ऽ
पध॒	सां	रें॒	गं	रें॒	सां	सां	ध॒	ध॒	–	प	–
प्या	रे	के	ऽ	ऽ	नै	न	न	ऽ	में	ऽ	ऽ
ग		0		2		0		3		4	

ध॒	ध॒	ध॒	ध॒	पध॒	सां	सां	सां	ध॒	ध॒	प	प
प्या	ऽ	रो	भ	योऽ	ऽ	ऽ	ऽ	चा	ऽ	हे	ऽ
पध॒	सां	रें॒	गं	रें॒	सां	सां	ध॒	ध॒	–	प	–
मेऽ	ऽ	रे	ऽ	नै	न	न	के	ता	ऽ	रे	ऽ
ग		0		2		0		3		4	

पुनः प्रारम्भ की दोनों पंक्तियों को लय बढ़ाकर दो बार गाते हैं फिर से ठाह की लय में आकर आगे की पंक्तियाँ लेते हैं।

सां	सां	सां	ध॒रें॒	सां	नी	ध॒	प	ग	प	ध॒	ध॒
मे	रे	त	नऽ	म	न	प्रा	ऽ	न	हूं	ऽ	ऽ
प	प	ग	प	ग	प	ग	रे॒	रे॒	सा	–	–
ते	ऽ	ऽ	प्रि	त	म	प्रि	ऽ	ऽ	ऽ	य	ऽ
सां	सां	सां	ध॒रे॒	सां	नी	ध॒	प	ग	प	ध॒	ध॒
अ	प	ऽ	नेऽ	को	ऽ	टि	ऽ	ऽ	क	प्रा	न
प	प	ग	प	ग	प	ग	रे॒	रे॒	सा	–	–
प्री	ऽ	त	म	मो	सों	हा	ऽ	ऽ	रे	ऽ	ऽ

पुनः लय बढ़ाकर प्रारम्भ से अब तक ली गई पंक्ति को दो बार दोहराते हैं फिर प्रथम पंक्ति ठाह में लेते हैं – जोई–जोई प्यारौ करै, सोई मोहि भावै।

उक्त लिखित स्वरलिपि पूर्णतया राग विभास के स्वरों से मेल खाती है केवल अन्तिम पंक्ति में निषाद के प्रयोग से यह विभास से अलग हो जाती है किन्तु निषाद का प्रयोग एक दो स्थानों पर ही प्राप्त होता है। जिससे यह प्रतीत होता है या तो यह गायन को सुन्दरता प्रदान करने की दृष्टि से लगाया जाता है या तो अनभिज्ञता में लग गया है।

राग विभास संक्षिप्त परिचय

राग विभास के हमें मूल रूप से दो प्रकार प्राप्त होते हैं। एक मारवा जन्य जिसमें तीव्र म तथा शुद्ध निषाद का प्रयोग प्राप्त होता है जबकि राग विभास का दूसरा प्रकार जो हमें प्राप्त होता है उसमें रे ध कोमल प्रयोग होते हैं तथा मध्यम, निषाद वर्जित प्राप्त होते हैं। मारवा जन्य प्रकार में हमें ऋषभ कोमल व धैवत शुद्ध प्राप्त होता है। यहाँ प्रस्तुत स्वरलिपि हमें भैरव जन्य प्रकार में प्राप्त हुई है, जिसका स्वरूप है –

आरोह – स रे ग प ध सां।

अवरोह – सां ध प, ग रे सा।

मुख्य स्वरूप – प ध प, ग प, ग रे सा।[1]

राग विभास की जाति औड़व–औड़व है। वादी–संवादी – ध, रे है। यदि देशकार राग में कोमल ऋषभ, धैवत कर दें तो हमें यह राग प्राप्त होता है।

राधावल्लभ सम्प्रदाय में शयनारती के समय का पद[2] –

रचयिता–बावरी सखी, राग–बिहाग, ताल–तीन ताल

स्थायी

1	2	3	4	5	6	7	8	9	10	11	12	13	14	15	16
								सा	–	ग	म	प	–	नी	सां
								नै	ऽ	न	न	नी	ऽ	द	धु
								0				3			
नी	–	प	–प	म	प	गम	ग								
री	ऽ	ऽ	ऽल	ड़ै	ती	जुऽ	कै								
ग				2											

अन्तरा

								–प	–सां	–सां	सां	सां	सांनी	रें	सां
								ऽआ	ऽल	ऽस	ऽ	व	शऽ	जो	ऽ
								0				3			
–	नीसां	–नी	नीप	प	नीध	सां	नी	ग	ग	सा	–	ग	म	प	नी
ऽ	बन	ऽव	शऽ	म	दऽ	व	श	पि	य	के	ऽ	अं	ऽ	स	ढु
ग				2				0				3			
सां	–	नी	धप	म	प	गम	ग								
री	ऽ	ऽ	ऽऽ	ऽ	ऽ	ऽऽ	ऽ								
ग				2											

राग विहाग का परिचय– "राग विहाग बिलावल थाट का राग है। इसमें दोनों मध्यम लगते हैं। तीव्र मध्यम विवादी के नाते प्रयुक्त होता है किन्तु आजकल राग विहाग या विहाग में आवश्यक स्वर के रूप में प्रयुक्त प्राप्त होते हैं। राग विहाग में आरोह में रे, ध वर्जित है और अवरोह सम्पूर्ण है, अतः जाति औड़व सम्पूर्ण है। वादी स्वर गन्धार व संवादी निषाद है।"[3]

आरोह – स ग म प नि सां।

अवरोह – सां नि ध प म ग रे सा।

मुख्य चलन – ऩि सा, ग म प, ग म ग, रे सा।"[4]

प्रस्तुत स्वरावली हमें उक्त उल्लिखित स्वरूप जैसी ही प्राप्त होती है। वह पूर्णतया इस स्वर चलन से साम्य रखती प्राप्त या प्रतीत होती है।

राग झिंझोटी का परिचय

राग झिंझोटी के हमें दो–तीन प्रकार प्राप्त होते हैं। जैसे – कहीं गन्धार कोमल, कहीं निषाद कोमल और कहीं पर दोनों निषाद का प्रयोग भी प्राप्त होता है।

दोनों निषाद वाली झिंझोटी हमें श्री कृष्ण नारायण रातंजनकर जी की पुस्तक 'अभिनव गीत मंजरी' के पृ. 183–187 में प्राप्त होती है। वहीं केवल निषाद कोमल वाली झिंझोटी हमें 'क्रमिक पुस्तक मालिका' के भाग–5 के पृ. 236 व 'संगीत रत्नाकर' के पृ. 288 में भी प्राप्त होती है।

राधावल्लभ सम्प्रदायों के समाज गान के पद की स्वरलिपि करने पर हमें दोनों निषाद वाली झिंझोटी ही प्राप्त होती है।

राग झिंझोटी का यह प्रकार खमाज अंग में रखा जाता है। इस राग में दोनों निषाद तथा शेष स्वर शुद्ध प्राप्त होते हैं। आरोह में शुद्ध और अवरोह में कोमल निषाद प्राप्त होता है। इसके वादी, संवादी म–ध माने जाते हैं। इस राग में आधुनिक समय में ठुमरियाँ भी गायी जाती है।

आरोह – स रे ग म प ध नि सां।

अवरोह – सां नि ध प, म ग रे सा।

मुख्य चलन – ध़ स रे म ग, प म ग रे, सा नि़ ध़ प़।

राधावल्लभ सम्प्रदाय में राजभोग के पश्चात् उत्थापन सेवा में सखियाँ वाणी वाद्यादि बजाकर श्री जी को विश्राम शयन में से उठाकर उनका मुख प्रक्षालन कर उनको कुछ मेवा मिश्री, फल आदि अर्पण

करती हैं। इस समय राधावल्लभ जी के समक्ष स्वल्प गायन भी होता है। उत्थापन के समय शंख का विशेष महत्व प्राप्त होता है, उदाहरणस्वरूप–

"सो उत्थापन ते घड़ी दोय पहले उठे पांछे उत्थापन को।
समय भयौ...........सौ संखनाद करवायौ।"[5]

रचयिता – कृष्णलाल, राग – झिंझोटी, ताल – तीन ताल

स्थायी

1	2	3	4	5	6	7	8	9	10	11	12	13	14	15	16
												–	रेऽ	मध	–नी
												ऽ	राऽ	धामो	ऽरे
												3			
ध	–	नि	धध	–	म	–प	सां–	नी	ध	पम	ग				
प्रा	ऽ	ऽ	नन	ऽ	हुं	ऽजो	ऽऽ	प्या	ऽ	ऽऽ	री				
ग				2				0				3			

अन्तरा

												रे	ध	–नि	ध
												ऽ	भू	ऽल	ऽ
												3			
सां	–	–सां	सां	–	सां	–सां	–सारें	ध	–सां	नी	ध	पम	गरे	मध	–नी
मा	ऽ	ऽन	न	ऽ	की	ऽजी	येऽ	सुं	ऽऽ	द	रि	ऽऽ	शऽ	रन	ऽति
ग				2				0				3			
ध	–	–प	नीध	म	–	प	सां	सांनी	धप	मग	रेस	"[6]			
हा	ऽ	ऽऽ	ऽऽ	ऽ	ऽ	ऽ	ऽ	रीऽ	ऽऽ	ऽऽ	ऽऽ				
ग				2				0							

राधावल्लभ सम्प्रदाय में राधावल्लभ जी की श्रृंगार आरती का पद –

रचयिता – चाचा वृन्दावनदास, राग – आसावरी, ताल – तिलवाड़ा ताल

स्थायी

1	2	3	4	5	6	7	8	9	10	11	12	13	14	15	16
				म	–	पध	मप	ग	–	रे	सा	रे	म	प	सां
				आ	ऽ	रऽ	तिऽ	बा	ऽ	र	ति	ने	ऽ	ह	ड
				2				0				3			
ध	ध	प	–	म	म	पध	मप	ग	ग	रे	सा	रे	म	प	सां
ह	ड	ही	ऽ	स	ब	सऽ	खिऽ	त	न	म	न	प्रे	ऽ	म	ब
ग				2				0				3			
ध	ध	प	–	ध	म	प	–								
ह	ब	ही	ऽ	ऽ	ऽ	ऽ	ऽ								
ग				2											

अन्तरा

1	2	3	4	5	6	7	8	9	10	11	12	13	14	15	16
								म	म	प	प	ध	–	नी	नी
								ब	द	न	नि	हा	ऽ	र	त
								0				3			
सां	सां	सां	सां	रें	नी	सां	–	नी	–	नी	नी	सां	रें	सारें	गं
भ	ई	है	ल	ह	ल	ही	ऽ	दे	ऽ	त	अ	सी	ऽ	सेऽ	ऽ
ग				2				0				3			
रेंसां	नी	नी	सां	रें	ध	ध	प	ग	–	रे	सा	रे	म	प	सा
ऽऽ	मि	थु	न	ग	ह	ही	ऽ	बा	ऽ	र	ति	ने	ऽ	ह	ऽ
ग				2				0				3			
ध	ध	प	–												
ह	ड	ही	ऽ												
ग															

श्री राधावल्लभ सम्प्रदाय में श्रृंगार भोग का पद [7] –

रचयिता – चाचा वृन्दावनदास, राग – आसावरी, ताल – तीन ताल

स्थायी

1	2	3	4	5	6	7	8	9	10	11	12	13	14	15	16
				ध	म	पध	मप	ग	ग	रे	सा	रे	म	प	सां
				भो	ऽ	जऽ	नऽ	क	र	त	ल	ड़ै	ऽ	ती	जु
				2				0				3			
ध	ध	नी	प	ध	म	पध	मप								
सं	ग	ह	रि	भो	ऽ	जऽ	नऽ								
ग				2											

अन्तरा

1	2	3	4	5	6	7	8	9	10	11	12	13	14	15	16
								म	म	म	प	ध	–	नी	नी
								ब	हु	प	क	वा	ऽ	न	ध
								0				3			
सां	–	सां	–	रें	नी	सां	सां	नी	–	नी	नी	सां	रें	सांरें	गं
रे	ऽ	भा	ऽ	ज	न	भ	रि	दे	ऽ	त	ले	ऽ	त	दोऽ	उ
ग				2				0				3			
रेंसां	–नी	–सां	सां	ध	–	प	प	ग	ग	रे	सा	रे	म	प	सां
ऽऽ	ऽग्रा	ऽस	प	र	ऽ	स्प	र	रू	चि	र	म	ला	ऽ	ई	ऽ
ग				2				0				3			
ध	–	प	–	ध	म	प	–								
ह	ब	ही	ऽ	ऽ	ऽ	ऽ	ऽ								
ग				2											

अन्तरा

1	2	3	4	5	6	7	8	9	10	11	12	13	14	15	16
								म	म	प	प	ध	–	नी	नी
								ब	द	न	नि	हा	ऽ	र	त
								0				3			

सां	सां	सां	सां	रें	नी	सां	–	नी	–	नी	नी	सां	रें	सारें	गं
भ	ई	है	ल	ह	ल	ही	ऽ	दे	ऽ	त	अ	सी	ऽ	सेऽ	ऽ
ग				2				0				3			
रेंसां	नी	नी	सां	रें	ध	ध	प	ग	–	रे	सा	रे	म	प	सा
ऽऽ	मि	थु	न	ग	ह	ही	ऽ	बा	ऽ	र	ति	ने	ऽ	ह	ऽ
ग				2				0				3			
ध	ध	प	–												
ह	ड	ही	ऽ												
ग															

राग आसावरी का परिचय

यह राग काफी प्राचीन रागों में से एक है। इस राग के विषय में हमें प्राचीन ''कल्पद्रुमांकुरे', 'चन्द्रिकायाम्', 'चन्द्रिकासार', 'अभिनवरागमंजार्याम्' आदि ग्रन्थों में भी उल्लेख प्राप्त होता है।''[8]

''रिमौ पनी धपौ धसौ निधौ पमौ पगौ रिसौ।
धांशाऽऽरोहेगनित्यक्ताऽऽसावरी संगवे मता।।''[9]

– अभिनवरागमंजर्याम्

यह आसावरी थाट का आश्रय राग है। इसमें ग, ध, नी कोमल अन्य शुद्ध स्वर प्रयोग होते हैं। आरोह में ग, नि वर्जित है। अतः जाति औड़व सम्पूर्ण है। वादी, संवादी ध नी है।

''आरोह – स रे म प ध सां।
अवरोह – सां नि ध, प, म ग रे सा।
मुख्य चलन– सा, रे म, प, प, ध प, ध म, प ध म प, ग, रे सा, रे म, प, नि ध, प सां, नि ध, प, म प ध प ग, रे सा, रे म प, प, ध प।''[10]

राधावल्लभ सम्प्रदाय में बसन्त पंचमी उत्सव को बसन्तोत्सव के नाम से पुकारा जाता है जो लगभग दस दिन तक चलता है। जिसमें

इस सम्प्रदाय के बसन्त से सम्बन्धित पद ही गाये जाते हैं। जिसमें पीले वस्त्र, पीले फूल, सरसों के फूल, अबीर आदि का उल्लेख प्राप्त होता है, जैसे–

> "माघ सु. 14 कौ बसंती बंगला में बिराजै।
>
> माघ शुक्ल 5 को श्रृंगार समय बसन्त उत्सव बसन्त धारण क्लस धरनौ, बसन्ती पोशाक श्रृंगार विशेष होय.... आज संध्यारती पै किंचित गुलाल उड़ायौ भी जाय बसन्त के पद दोनों समय समाज में होय.... ।"[11]

यहाँ पर हम बसन्त पंचमी के पद की स्वरलिपि देने जा रहे हैं जो निम्नवत् है–

रचयिता – श्री हितहरिवंष जी, राग – केदार, ताल – धमार

1	2	3	4	5	6	7	8	9	10	11	12	13	14
										नी	नी	सां	सां
										म	धु	ऋ	तु
										3			
नी	रें	–	सां	नी	सां	–	नी	ध	–	प	म	प	–
वृ	ऽ	ऽ	दा	ऽ	ऽ	ऽ	व	न	ऽ	आ	ऽ	ऽ	ऽ
ग					2		0			3			
ध	म	–	ग	–	प	ध	नी	ध	–	नी	नी	सां	सां
नं	द	ऽ	न	ऽ	थो	ऽ	ऽ	र	ऽ	म	धु	रि	तु
ग					2		0			3			
सां	गं	–	नी	–	सां	–	नी	ध	–	प	म	प	–
वृ	ऽ	ऽ	दा	ऽ	ऽ	ऽ	व	न	ऽ	आ	ऽ	ऽ	ऽ
ग					2		0			3			
ध	म	–	ग	–	प	ध	नी	ध	–	नी	नी	सां	–
नं	द	ऽ	न	ऽ	थो	ऽ	ऽ	र	ऽ	ए	री	हां	ऽ
ग					2		0			3			
सां	गं	–	मं	गं	रें	रें	सां	सां	–	नी	रें	सां	–

रा	ज	ऽ	त	ऽ	ऽ	ना	ग	री	ऽ	न	ऽ	व	ऽ
ग					2		0			3			
—	—	—	नी	—	ध	प	ध	नी	—	ध	नी	सां	सां
ऽ	ऽ	ऽ	कृ	ऽ	शा	ऽ	ल	ऽ	ऽ	ऽ	ऽ	ऽ	कि
ग					2		0			3			
नी	—	—	ध	—	प	—	नी	—	—	नी	सां	नी	ध
शो	ऽ	ऽ	ऽ	ऽ	ऽ	ऽ	ऽ	ऽ	ऽ	र	ऽ	जू	थि
ग					2		0			3			

ताल परिवर्तन – दीपचन्दी

1	2	3	4	5	6	7	8	9	10	11	12	13	14
म	—	—	—	—	—	म	प	—	—	म	—	ग	—
का	ऽ	ऽ	ऽ	ऽ	ऽ	यु	ग	ऽ	ऽ	ल	ऽ	ऽ	ऽ
ग			2				0			3			
म	ध	—	नी	—	सां	—	—	—	—	सां	—	—	सां
रू	ऽ	ऽ	ऽ	ऽ	प	अ	ऽ	ऽ	ऽ	मं	ऽ	ऽ	ज
ग			2				0			3			
सां	—	—	—	—	—	सां	नी	—	—	ध	—	प	ध
री	ऽ	ऽ	ऽ	ऽ	ऽ	र	सां	ऽ	ऽ	ऽ	ऽ	ऽ	ऽ
ग			2				0			3			
नी	—	—	नी	सां	नी	ध	—	—	—	सां	—	गं	—
ऽ	ऽ	ऽ	ऽ	ऽ	ल	ऽ	ऽ	ऽ	ऽ	वि	ऽ	थ	ऽ
ग			2				0			3			
मं	गं	—	रें̱	—	रें̱	—	सां	—	—	—	—	सां	—
कि	ऽ	ऽ	ऽ	ऽ	त	ऽ	अ	ऽ	ऽ	ऽ	ऽ	लि	ऽ
ग			2				0			3			
नी	रें̱	—	सां	—	सां	—	—	नी	ध	नी	—	ध	प
म	ऽ	ऽ	ऽ	ऽ	धु	ऽ	ऽ	ऽ	ऽ	मा	ऽ	ऽ	ध
ग			2				0			3			

राग केदार का परिचय

'अभिनव गीत मंजरी' में दिये गये स्वरूप से निम्नवत् स्वरलिपि का स्वरूप मिलता जान पड़ता है।''[12]

''यह कल्याण थाट का राग है। इसमें दोनों मध्यम तथा अन्य स्वर शुद्ध प्रयोग होते हैं।

आरोह– स म, म प, ध प, नि ध सां।

अवरोह– सां नि ध प म, प म रे सा।

मुख्य चलन– स म, म प, म प ध प म, प म रे सा।''[13]

प्रस्तुत स्वरलिपि की स्थायी का स्वरूप केदार के समकक्ष स्थापित प्राप्त होता है किन्तु अन्तरे में कोमल ऋषभ से यह प्रतीत होता है कि स्थायी और अन्तरे के स्वरूप में भिन्नता है या ये भी कह सकते हैं कि राग परिवर्तित है।

ध	नी	–	सां	–	रें॒	–	रें	रें	–	रें॒	–	रें॒	सां
वी	ऽ	ऽ	ऽ	ऽ	हां	ऽ	वि	थ	ऽ	कि	ऽ	त	ऽ
ग			2				0			3			
गं	गं	–	रें॒	–	सां	–	–	–	–	नी	–	ध	प
अ	लि	ऽ	म	ऽ	धु	ऽ	ऽ	ऽ	ऽ	मा	ऽ	ऽ	ध
ग			2				0			3			
ध	नी	–	सां	–	–	सां	नी	–	–	ध	–	प	ध
वी	ऽ	ऽ	ऽ	ऽ	ऽ	गु	ला	ऽ	ऽ	ऽ	ऽ	ऽ	ऽ
ग			2				0			3			
नी	–	–	नी	सां	नी	ध	–	–	–	प	–	ध	–
ऽ	ऽ	ऽ	ऽ	ऽ	ल	ऽ	ऽ	ऽ	ऽ	चं	ऽ	प	ऽ
ग			2				0			3			

रचयिता – श्री हितहरिवंष , ताल – रूपक राग [14] –

स्थायी

1	2	3	4	5	6	7	1	2	3	4	5	6	7
ध	धनी	धप	प	ध	म	म	प	–	मग	म	ध	नी	सां
दे	ऽऽ	खिऽ	ब	न	की	ऽ	बा	ऽ	तऽ	रा	ऽ	धे	ऽ
ग			2		3		ग			2		3	
रें	–	रें	सां	सां	–	–सां	नी	–	धप	नी	–	नीसां	नीध
दे	ऽ	खि	ब	न	ऽ	ऽकी	बा	ऽ	ऽऽ	ऽ	ऽ	ऽऽ	तऽ
ग			2		3		ग			2		3	

अन्तरा

ध	ध	धप	सां	–	–	सांसां	सां	–	सां	सां	सां	रें	सां
ऋ	तु	बऽ	सं	ऽ	ऽ	तअ	नं	ऽ	त	मु	क	लि	त
ग			2		3		ग			2		3	
नी	धनी	प	ध	नी	सां	रेंसां	नी	ध	प	नी	–	नी	ध
कु	सुऽ	म	अ	रू	फ	लऽ	प	ऽ	ऽ	ऽ	ऽ	ऽ	ऽ
ग			2		3		ग			2		3	
ध	–	नी	प	ध	ग	म	प	–	मग	म	ध	नी	सां
वे	ऽ	णु	धु	नि	मं	द	ला	ऽ	लऽ	बो	ऽ	ली	ऽ
ग			2		3		ग			2		3	
–	सारें	सां	सां	–	–	नीसां	नी	ध	प	ध	नी	रें	–
ऽ	सुनि	ब	क्यों	ऽ	ऽ	अर	सा	ऽ	ऽ	ऽ	ऽ	ऽ	त
ग			2		3		ग			2		3	
रें	रें	रें	रेंसां	गरें	सां	–सां	सां	–	सां	सां	सांनी	रें	सां
क	र	त	कऽ	तऽ	व	ऽवि	ल	ऽ	ऽब	भा	ऽऽ	मि	नी
ग			2		3		ग			2		3	

नी	ध	प	ध	नी	सां	रें	सां	नी	धप	ध	–	प	–
वृ	था	ऽ	औ	ऽ	स	र	जा	ऽ	तऽ	ऽ	ऽ	ऽ	ऽ
ग			2		3		ग			2		3	

राधावल्लभ सम्प्रदाय में होने वाली मंगला आरती की स्वरलिपि हम यहाँ प्रस्तुत कर रहे हैं जो राग कालिंगड़ा में निबद्ध है। यह आरती मंगल भोग के बाद की जाने वाली आरती है।

गायक–श्री किशोरीशरण 'अलि' (रचयिता–श्री रूपलाल) [15]

राग – कालिंगड़ा ताल – तीन ताल

स्थायी

1	2	3	4	5	6	7	8	9	10	11	12	13	14	15	16
								रें	–	रें	रें	रें	–	रें	रें
								मं	ऽ	ग	ल	आ	ऽ	र	ति
								0				3			
रें	–	रें	रेंसां	सां	–	–	सां	सां	–	सां	नी	ध	प	प	–
मं	ऽ	ग	लऽ	भो	ऽ	ऽ	र	मं	ऽ	ग	ल	श्या	ऽ	मा	ऽ
ग				2				0				3			
ध	म	प	ध	सां	–	–	सां								
श्या	ऽ	म	कि	शो	ऽ	ऽ	र								
0				2											

अन्तरा

								रें	–	रें	रें	रें	–	रें	–
								मं	ऽ	ग	ल	श्री	ऽ	वृ	ऽ
								0				3			
रें	–	सां	रें	सां	–	–	सां	–	सां	नी	ध	प	ध	म	ग
दा	ऽ	ब	न	धा	ऽ	ऽ	म	ऽ	मं	ग	ल	कुं	ऽ	ज	म
ग				2				0				3			

ग	म	म	ध	सां	–	–	सां	–	रें	रें	रें	रें	–	रें	–
ह	ल	अ	वि	रा	ऽ	ऽ	म	ऽ	मं	ग	ल	घं	ऽ	टा	ऽ
ग				2				0				3			
गं	–	रें	सां	सां	–	–	सां	–	सां	नी	ध	प	ध	म	म
ना	ऽ	द	सु	हो	ऽ	ऽ	त	ऽ	मं	ग	ल	था	ऽ	ल	म
ग				2				0				3			
म	म	प	ध	सां	–	–	सां								
जि	न	की	ऽ	जो	ऽ	ऽ	त								
ग				2											

राग कालिंगड़ा– राधावल्लभ सम्प्रदाय में गाये जाने वाले पदों में कुछ पद हमें राग कालिंगड़ा में भी प्राप्त होते हैं किन्तु इनमें कहीं–कहीं तीव्र मध्यम का प्रयोग भी प्राप्त होता है। जो कालिंगड़ा में प्रयुक्त नहीं होता है किन्तु बाकी स्वरलिपि हमें कालिंगड़ा राग के समान ही प्राप्त होती है। इसलिए हम यह भी कह सकते हैं कि सम्भवतः किसी समाजी द्वारा गलती से भी यह स्वर लग गया हो सकता है और वहीं परम्परागत रूप से दूसरे समाजियों को हस्तान्तरित होता चला गया हो।

"राग कालिंगड़ा हमें भैरव थाट का राग प्राप्त होता है। इसमें ऋषभ, धैवत कोमल अन्य स्वर शुद्ध प्राप्त होते हैं। इस राग में बार–बार पंचम पर टिकाव करने से और आलाप की समाप्ति गन्धार पर करने से तथा उत्तरांग में निषाद पर बल देने से यह राग भैरव से अलग हो जाता है। इसकी जाति सम्पूर्ण – सम्पूर्ण है। इस राग का स्वरूप है–

सा रे ग म प ध नि सां। सां नि ध प म प, ग म ग, म ग रे सा। स्वरूप – प, ध म प ग म ग, रे सा।"

'मंगला भोग' में प्रातःकाल का कलेवा जो श्री जी को दिया जाता है।

गायक–श्री किशोरीशरण 'अलि' (रचयिता–चाचावृन्दावनदास) [16]

राग – रामकली ताल – तीनताल

स्थायी

1	2	3	4	5	6	7	8	9	10	11	12	13	14	15	16
								प	प	नी	ध	प	–	ध	म
								सु	भ	ग	सिं	धा	ऽ	स	न
								0				3			
प	–	प	प	ग	म	रे	सा	प	ध	प	ध	सां	–	सां	सां
आ	ऽ	ये	उ	ठे	ऽ	दो	ऊ	व	स	न	वि	चि	ऽ	त्र	बि
ग				2				0				3			
रें	रें	–	सां	नी	ध	नीध	प	प	ध	प	म	–प	–	ध	पध
छा	ऽ	ये	स	हे	ऽ	लिऽ	न	अ	ति	हि	त	ऽसों	ऽ	बै	ऽऽ
ग				2				0				3			
सां	सांनी	ध	प	ग	–	रे	सा								
ठा	ऽऽ	ये	ऽ	दो	ऽ	ऊ	ऽ								
ग				2											

अन्तरा

1	2	3	4	5	6	7	8	9	10	11	12	13	14	15	16
								प	ध	प	ध	सां	–	सां	सां
								ज	ल	झा	ऽ	री	ऽ	म	णि
								0				3			
रें	–	रें	सां	नी	ध	नीध	प	प	ध	प	म	प	प	प	ध
चौ	ऽ	की	ध	रि	ऽ	कैऽ	ऽ	म	ऽ	ज्ज	न	ब	द	न	क
ग				2				0				3			
सां	सांनी	ध	प	ग	मग	रे	सा								
रा	ऽऽ	ये	ऽ	दो	ऽऽ	ऊ	ऽ								
ग				2											

राग रामकली– उपरोक्त स्वरलिपि हमें राग रामकली में निबद्ध प्राप्त होती है। ''राग रामकली प्राचीन रागों में से एक है। यह भैरव थाट का राग है। इसमें ऋषभ–धैवत कोमल, दोनों मध्यम और दोनों निषाद प्रयुक्त किये जाते हैं। शेष स्वर शुद्ध हैं। तीव्र मध्यम, कोमल निषाद को केवल अवरोह में म प ध नि ध प ग म की भाँति ही लेते हैं। जाति सम्पूर्ण – सम्पूर्ण है। राग भैरव का गायन करते करते यदि तीव्र म लग जाए तो इस राग की सृष्टि हो जाती है। जैसे – म प ध नि ध प।

इस राग का स्वरूप निम्नवत् है–

स रे ग म प ध नि सां। सां नि ध प, नि ध प, ग म रे सा।

मुख्य स्वरूप – म प ध नि ध प, ग म, रे सा।''[17]

गायक–श्री किशोरीशरण 'अलि' (राधावल्लभ सम्प्रदाय)

राग – धनाश्री पद – हितहरिवंष [18] ताल – तीनताल

1	2	3	4	5	6	7	8	9	10	11	12	13	14	15	16
								प	नी	ध	प	म	प	ग	म
								ली	ऽ	ला	ऽ	ला	ऽ	ल	हि
								0				3			
प	–	प	–	ग	ग	रे	स								
भा	ऽ	वे	ऽ	व	न	की	ऽ								
ग				2											
							अन्तरा								
								प	–	प	प	म	प	ग	म
								प	ऽ	त्र	प्र	सू	ऽ	न	बी
								0				3			
प	प	नी	नी	प	नी	सां	सां	प	नी	ध	प	म	प	ग	म
ऽ	च	प्र	ति	बि	ऽ	ब	हि	न	ख	सि	ख	पि	य	हि	ज
ग				2				0				3			
प	–	प	–	ग	ग	रे	सा								

ना	ऽ	वै	ऽ	व	न	की	ऽ								
ग				2											

अन्तरा

								प	प	प	प	म	प	ग	म
								स	कु	चि	न	स	क	त	प्र
								0				3			
प	प	नी	नी	प	नी	सां	सां	प	नी	ध	प	म	प	ग	म
ग	ट	प	रि	र	ऽ	म्भ	न	अ	लि	ल	ऽ	म्प	ट	दु	रि
ग				2				0				3			
प	–	–	–	ग	–	रे	सां								
धा	ऽ	ऽ	ऽ	ऽ	ऽ	वे	ऽ								
ग				2											

राग धनाश्री के संगीत शास्त्र में तीन प्रकार प्राप्त होते हैं –

1. प्रथम रे ध वर्जित शेष स्वर शुद्ध हैं, अवरोह सम्पूर्ण एवं वादी शड्ज तथा सम्वादी पंचम है।
2. "दूसरा वह प्रकार है जिसमें धैवत वर्जित होता है जिसे षाडव वर्ग में रखा जाता है।"[19]
3. "तीसरे प्रकार में रे तथा ध ही दो स्वर वर्जित होने से औडव धनाश्री मानी गई है।"[20]

उपर्युक्त लिखित स्वरलिपि राग धनाश्री के 3 प्रकार में से प्रथम के अन्तर्गत आती है जो हमें 'संगीत पारिजात' में प्राप्त होती है।

"आरोहे रि–ध–हीना स्यात पूर्णा शुद्धा स्वरैर्युता।
गान्धारस्वपूर्णा स्याद्धनो श्रीर्मध्यमान्तका।।"[21]

जिसका स्वरूप है –

स ग म प नि सां। सां नि ध प म ग रे सा।

स्वरूप– नि़ सा, ग म, म प, ध प, नि ध प म ग, म ग रे सा,
नि़ सा, प़ नि़ सा, रे, सा म ग रे सा।

राग काफी–

पद – श्री रूपलाल जी ताल – धमार

गायक – श्री किशोरीशरण 'अलि' [22] (राधावल्लभ सम्प्रदाय)

स्थायी

1	2	3	4	5	6	7	8	9	10	11	12	13	14
प	–	–	प	–	ध	म	पध	नी	–	ध	–	नी	ध
खे	ऽ	ऽ	ल	ऽ	ऽ	त	फाऽ	ऽ	ऽ	ग	ऽ	ऽ	सु
ग					2		0			3			
प	–	–	म	–	नी	नी	ध	प	–	म	–	ध	प
हा	ऽ	ऽ	ग	ऽ	ऽ	भ	रे	ऽ	ऽ	ऽ	ऽ	अ	न
ग					2		0			3			
ग	–	–	रे	–	ग	रे	सा	–	–	–	–	–	म
रा	ऽ	ऽ	ऽ	ऽ	ऽ	ग	सों	ऽ	ऽ	ऽ	ऽ	ऽ	सु
ग					2		0			3			
म	–	–	–	–	म	म	म	–	–	–	–	ग	म
हा	ऽ	ऽ	ऽ	ऽ	ग	भ	रे	ऽ	ऽ	ऽ	ऽ	अ	नु
ग					2		0			3			
प	–	–	ध	–	नी	ध	प	–	–	प	प	नी	सां
रा	ऽ	ऽ	ऽ	ऽ	ऽ	ग	सों	ऽ	ऽ	ए	री	हा	ऽ
ग					2		0			3			

अन्तरा

1	2	3	4	5	6	7	8	9	10	11	12	13	14
रें	–	–	–	–	रें	रें	रें	–	–	–	–	गं	रें
दं	ऽ	ऽ	ऽ	ऽ	प	ति	नि	ऽ	ऽ	ऽ	ऽ	त्य	कि
ग					2		0			3			
नी	–	–	सां	–	सां	सां	सां	सां	–	नी	धप	ग	म
सां	ऽ	ऽ	ऽ	ऽ	रे	र	सि	क	ऽ	ऽ	ऽऽ	ब	ड़

ग					2		0			3			
प	–	–	–नी	ध	सां	नी	ध	प	–	–	–	–	–
भा	ऽ	ऽ	ऽऽ	ऽ	ऽ	ग	सों	ऽ	ऽ	ऽ	ऽ	ऽ	ऽ
ग					2		0			3			

राग काफी का परिचय– प्रस्तुत स्वरलिपि राग काफी में निबद्ध प्राप्त होती है। आधुनिक समय में हमें राग 'काफी' के दो स्वरूप देखने को मिलते हैं –

1. गन्धार निषाद कोमल शेष स्वर शुद्ध (शास्त्र सम्मत)। [23]
2. कोमल गन्धार तथा कोमल निषाद के साथ–साथ कभी–कभी शुद्ध गन्धार व शुद्ध निषाद का भी प्रयोग।

''काफी के इस दूसरे प्रकार में अधिकतर होरियाँ ही गाई जाती है। जिसे आज 'मिश्र काफी' के नाम से भी जाना जाने लगा है। यह अधिकतर हमें उपशास्त्रीय संगीत में अथवा लोक संगीत में प्रयुक्त होता प्राप्त होता है। किन्तु उपरोक्त लिखित स्वरलिपि हमें काफी के पहले प्रकार में ही निबद्ध प्राप्त होती है। इसमें से काफी के प्रथम प्रकार का स्वरूप निम्नलिखित है –

आरोह – सा रे ग, सा रे प, म प, ध प, नि ध प, सां नि ध प, ग रे, रे ग रे म, रे सा।

पकड़ – सा सा रे रे ग ग म म प।

मंगल गान राधावल्लभ सम्प्रदाय में नित्यप्रति समाज संगीत में गाया जाता है। मुख्यतः यह पूर्णरूप से मंगल गान बैसाख सुदी एकादशी को श्री हितहरिवंश प्राकट्योत्सव के उपलक्ष्य में चैत्र सुदी पूर्णमासी से मंगल बधाई रूप में गाया जाता है।

रचयिता – श्री सेवक जी[24] ताल – रूपक राग – सूहौबिलावल

स्थायी

1	2	3	4	5	6	7	1	2	3	4	5	6	7
			नी	–	नी	–	सां	–	–	नी	ध	–	रेंगं
			जै	ऽ	जै	ऽ	श्री	ऽ	ऽ	ऽ	ऽ	ऽ	हरि
ग			2		3		ग			2		3	
नीसां	–	–	प	–	ध	नी	सां	नी	सां	ध	नी	ध	प
वंऽ	ऽ	ऽ	श	ऽ	ऽ	ऽ	व्या	ऽ	स	कु	ऽ	ऽ	ल
ग			2		3		ग			2		3	
ग	प	म	–	–	गरे	गम	प	–	–	ग	गम	ध	–ध
मं	ऽ	ऽ	ऽ	ऽ	ऽऽ	ऽग	ल	ऽ	ऽ	ऽ	रसि	क	ऽअ
ग			2		3		ग			2		3	
नी	ध	धनी	धप	–	–	नीसां	–	–	–	प	पसां	सांनी	धप
न	ऽ	ऽऽ	ऽन्य	ऽ	ऽ	निऽ	ऽ	ऽ	ऽ	ऽ	मुख्य	गुरु	ऽऽ
ग			2		3		ग			2		3	
पध	पम	पध	ग	म	प	ध	ध	नीध	सांनी	धप	–	नी	नी
ऽऽ	ऽऽ	ऽऽ	ज	न	म	प	खं	ऽऽ	ड़ऽ	नऽ	ऽ	श्री	वृं
ग			2		3		ग			2		3	
नीसां	–	–	–	–	नीध	नीसां	रेंगं	सां	–	प	–	ध	नी
दाऽ	ऽ	ऽ	ऽ	ऽ	ऽऽ	बन	वाऽ	स	ऽ	ऽ	ऽ	ऽ	ऽ
ग			2		3		ग			2		3	
सां	नी	सां	नीध	–	नी	धप	प	म	ग	–	गरे	ग	–म
रा	ऽ	स	रऽ	ऽ	ऽ	सऽ	भू	मि	ऽ	ऽ	ऽऽ	ऽ	ऽज
ग			2		3		ग			2		3	

फूलडोलोत्सव राधावल्लभ सम्प्रदाय में चैत्रमास में मनाया जाता है। इस उत्सव में राधावल्लभ लाल जी को फूलों से सजाया जाता है।[25]

रचयिता – रूपलाल ताल – रूपक राग – राईसौ

स्थायी

1	2	3	4	5	6	7		1	2	3	4	5	6	7
											रे	म	नी	धप
											फू	ऽ	ऽ	लन्
											2		3	
ग	म	–	ग	–	रेसा	रे		प	–	–	–	–	ग	ग
कुं	ऽ	ऽ	ऽ	ऽ	जऽ	गु		ला	ऽ	ऽ	ऽ	ऽ	ऽ	ब
ग			2		3		ग			2		3		
पधनीसां	पनी	धप	म	धध	ध	–नी		नी	धप	म	मपध	प	पधनी	–सां
कीऽऽऽ	ऽऽ	ऽऽ	ऽ	बन	क	ऽब		नी	ऽऽ	ऽ	अऽऽ	ऽ	ऽऽऽ	ऽति
ग			2		3		ग			2		3		
नी	–	धप												
सो	ऽ	हैऽ												
ग			2											

अन्तरा

1	2	3	4	5	6	7		1	2	3	4	5	6	7
				रें	–	रेंरें		सां	–	–	–	–	नी,धप	नीसां
				फू	ऽ	लन		सों	ऽ	ऽ	ऽ	ऽ	ऽ,ऽऽ	बैऽ
				2		3		ग			2		3	
रे	–	–	–	–	सां	सां		नी	–	धप	ध	–	प	–
ठी	ऽ	ऽ	ऽ	ऽ	ऽ	प्रि		या	ऽ	ऽऽ	ला	ऽ	ल	ऽ
ग			2		3		ग			2		3		
ग	–	–	म	–	–	–		ग	–	रेसा	रे	–	सा	–
त	ऽ	ऽ	हां	ऽ	ऽ	ऽ		जो	ऽ	ऽऽ	है	ऽ	ऽ	ऽ
ग			2		3		ग			2		3		
नी	–	धप												
ऽ	ऽ	ऽऽ												
ग														

राधावल्लभ सम्प्रदाय में अष्टयाम सेवा के दूसरे चरण में श्रृंगार सेवा की जाती है। जिसमें उबटन सेवा, ऋतु अनुसार जल सौं विधिपूर्वक स्नान आदि भी शामिल है।

राधावल्लभ लाल जू कौं स्नान पद को स्वरलिपिबद्ध यहाँ प्रस्तुत कर रही हूँ –

गायक– श्री किशोरीशरण 'अलि' (रचयिता – चाचावृन्दावनदास)

राग – सूहा बिलावल ताल – धमार

स्थायी

1	2	3	4	5	6	7	8	9	10	11	12	13	14
										ग	ग	रे	सा
										म	णि	म	य
										3			
रे	–	–	–	ग	म	प	ध	ग	–	–	म	रे	सा
चौ	ऽ	ऽ	ऽ	ऽ	ऽ	कि	आ	ऽ	ऽ	ऽ	ऽ	न	बि
ग					2		0			3			
रे	म	–	प	ध	नी	सां	नीध	प	–	प	–	प	ध
छा	ऽ	ऽ	ऽ	ऽ	ऽ	ऽ	ऽऽ	ई	ऽ	ता	ऽ	प	र
ग					2		0			3			
ध	सां	–	नी	नी	ध	नी	ध	प	–	रे	ग	म	प
न	ऽ	ऽ	व	ल	ऽ	कु	वं	री	ऽ	को	ऽ	ऽ	वै
ग					2		0			3			
ग	म	रे	सा	–									
ठा	ऽ	ई	ऽ	ऽ									
ग													

अन्तरा

1	2	3	4	5	6	7	8	9	10	11	12	13	14
					मग	रेसा	रे	–	–	–	ग	म	पध
					सिर	पर	सौ	ऽ	ऽ	ऽ	ऽ	ऽ	धौस
										3			
ग	–	–	–	म	रे	सा	रे	म	–	प	ध	नी	सां
र	ऽ	ऽ	ऽ	ऽ	स	स	गा	ऽ	ऽ	ऽ	ऽ	ऽ	ऽ
ग					2		0			3			
नीध	प	प	प	प	–प	ध	ध	सां	सांरें	नी	ध	–	नी

योऽ	ऽ	तो	उ	ब	ऽट	न	अं	ऽ	ऽऽ	ग	ऽ	ऽ	ऽ
ग					2		0			3			
ध	प	–	रे	ग	म	धप	म	ग	रेसा				
अं	ऽ	ऽ	ऽ	ऽ	ऽ	गक	रा	अ	योऽ				
ग					2		0						

पद –

"आजु तौ जुवति तेरौ वदन आनन्द भरयौ,
पिय के संगम के सूचत सुख–चैन।। 1।।
आलस–वलित बोल सुरंग रंगे कपोल,
विथकित अरूण उनींदे दोऊ नैन।। 2।।
रूचिर तिलक लेश किृत कुसुम केश,
सिर सीमंत भूसित मानौं तैं न।। 3।।
करूणाकर उदार राखत कछू न सार,
दरस–वसन लागत जब दैन।। 4।।

राग – .... ताल – कहरवा

1	2	3	4	5	6	7	8	1	2	3	4	5	6	7	8
ग	ग	ग	रे	सा	रे	नि़	सा	म	म	म	म	ग	रे	ग	म
आ	जु	तौ	ऽ	जु	व	ति	ते	रौ	व	द	न	आनं	द	भर	यौ

इस पंक्ति को चार बार लेंगे हाँ की टेक के साथ

ध	ध	धप	ध	पध	सांनी–	ध	–	प	ध	प	म	प	गम	रे–	सा
पि	य	के		संऽ	गऽऽ	मऽ	ऽ	के	सू	ऽ	च	त	सुख	चैऽ	न

इसी पंक्ति को कुछ अलग तरह से लेंगे –

ध	ध	धप	ध	पध	सांनी–	ध	–	मपनीध	प	म	प	ग	म	रे	सा
हाँ	पिय	के	ऽ	संऽ	गऽऽ	मऽ	ऽ	केऽऽऽ	सू	ऽ	च	त	सुख	चैऽ	न
ग				0				ग				0			

दूसरी पंक्ति को दो बार दोहराकर दुगुन में लेकर प्रथम द्वितीय दोनों पंक्ति को एक साथ दुगुन में गाते हैं। अब तृतीय पंक्ति ठाह में लेते हैं।

ग	–	म	ध	प	म	ग	रे	ग	म	मम	गग	रेरे	गग	म	–
आ	ऽ	ल	सऽ	व	लि	त	ऽ	बो	ल	सुरं	गऽ	रंगे	ऽऽ	कपो	ल
ग				0				ग				0			

इसी पंक्ति को तीन बार दोहरायेंगे एक बार मुखिया दोबारा अन्य समाजी।

ध	ध	धप	धसां	–सां	सां	नि	सां	रें	रें	सां	रें	सारें	गंगं	रें–	सां–
आ	ल	सऽ	ऽऽ	वऽ	लि	त	ऽ	बो	ल	सुरं	गऽ	रंगें	ऽऽ	कपो	लऽ
ग				0				ग				0			

दोबारा इसी पंक्ति को कुछ बदलाव के साथ गायेंगे।

ध	ध	धप	धसां	–सां	सां	नि	सां	रें	रें	सां	रें	सारें	गंगं	रें–	सां–
आ	ल	सऽ	ऽऽ	वऽ	लि	त	ऽ	बो	ल	सुरं	गऽ	रंगें	ऽऽ	कपो	लऽ
ग				0				ग				0			

सां	सां	सां	सां	नी	सां–		नीध	म	प	ध	–	पम	ग	म	रे	सा
हाँ	वि	थ	कि	त	अरू		णऽ	उ	नींऽ	दे	ऽ	दोऊ	नै	ऽ	न	ऽ
ग				0				ग				0				
सां	सां	सां	नी–	सारें	सा	–	नी	ध	म	प	ध–	पम	ग	म	रे	सा
वि	थ	कि	तऽ	अरू	ण	–	ऽ	उ	नींऽ	दे	ऽ–	दोऊ	नैं	ऽ	न	ऽ
ग				0				ग				0				

इस पंक्ति को दुगुन में गाकर इसके पूर्व की पंक्ति व इस पंक्ति को दुगुन में दो बार गाते हैं। इसके पश्चात् प्रथम पंक्ति दो बार गाकर सारी पंक्ति को दुगुन में गाकर प्रथम पंक्ति पर समाप्त करते हैं।

अब ऊपर की दो पंक्ति को दुगुन में चार बार गाकर एक बार प्रथम पंक्ति को दुगुन में गाकर सारी पंक्ति को दुगुन में गाकर प्रथम पंक्ति को आधा दुगुन में गाकर समाप्त करेंगे।

पद –

> ''प्यारे बोली भामिनी आजु नीकी जामिनी,
> भेंट नवीन मेघ सौं दामिनी।। 1।।
> मोहन रसिक राइरी माई तासौं जु,
> मान करै ऐसी कौन कामिनी।। 2।।

व्याख्या– आज श्री राधा मानवती होकर निकुन्जान्तर में विराजमान है और श्रीहित सजनी प्रियतम की विकलता देखकर दोनों के सुखमय मिलन की सफल चेष्टा करते हुए श्री राधा जू को समझा रही है कि आपके प्रियतम मदनमोहन तो रसिक शिरोमणि हैं। ऐसी कौन सी कामिनी है जो उनसे मान कर सके। उपर्युक्त वचनों को सुनकर गजगामिनी श्री राधा अपने प्रियतम श्री राधारमण से मिल गईं।

राग – कल्याण ताल – तीनताल

1	2	3	4	5	6	7	8	9	10	11	12	13	14	15	16
	सां	नी	ध	पमप	मगम	प	प	रे	ग	रे	ग	नि़	रे	सा	नि़रेसा
	प्यारे	बो	ली	भाऽ	मिऽ	नी	ऽ	आ	जु	नी	की	जा	मि	नी	ईऽऽ
–	–	नि़ध़	नि़	रे	ग	–	ग	पम	रे	–	ग	–नि़	रे	नि़रे	सा
–	–	भेऽ	ट	न	वी	ऽ	न	मेऽ	घ	ऽ	सौ	ऽदा	ऽ	मि	नीऽ
ग				2				0				3			

उक्त दोनों पंक्तियों को 4 से 6 बार गाते हैं फिर हाँ की टेक लेकर फिर आगे की पंक्ति गाते हैं फिर पुनः राधे की टेक लेकर इसी पंक्ति को दो बार दोहराते हैं। किन्तु इनकी स्वरलिपि में थोड़ा–थोड़ा अन्तर होता है।

सां	सां	–	नी	–	ध	–	पमप	मगम	प	प	म	प	रेगरे	नि़रेसा
प्यारे	बो	ली	भाऽ	मीऽ	नी	ऽ	अऽऽ	जुऽऽ	नी	की	जा	ऽ	मिऽ	नीऽऽ
ग			2				0				3			

दूसरी पंक्ति

म	म	ग	–	म	ध	नी	ध	निरेंसां	–सां	सां	सां	नि	रें	सां	सां
हाँ	ऽ	मो	ह	न	ऽ	र	सि	कऽ	राइ	री	ऽ	मा	ऽ	ई	ऽ
म	म	ग	–	म	ध	नि	ध	नी	ध	नि	रे	गं	रें	सां	सां
मो	ऽ	ह	न	ऽ	र	ऽ	सि	क	रा	ई	री	ऽ	मा	ऽ	ई
ग				2				0				3			

यहाँ पर पंक्ति को आधा–आधा तोड़कर एक पंक्ति का आधा भाग दूसरी पंक्ति के आधा भाग को लेकर गाया गया है।

सां	सां	नी	–	ध	पमप	मगम	प	–	प	रे	ग	नि़ध	नि़रे	–	नि़रेस
ता	सौ	जु	मा	न	करै	ऐऽसी	ऽ	ऽ	कौन	ऽ	ऽ	काऽ	ऽऽ	मि	नीऽऽ
(सां)	नीध	नी	–	ध	पमप	मगम	प	–	प	रे	ग	नि़ध	नि़रे	–	नि़रेसा
(ता)	सौं	जु	मा	न	करै	ऐऽसी	ऽ	ऽ	कौन	ऽ	ऽ	काऽ	ऽऽ	मि	नीऽऽ
ग				2				0				3			

इसके पश्चात् मोहन रसिक से ऐसी कौन कामिनी पंक्ति तक दुगुन में दो बार गाते हैं एक बार मुखिया दूसरी बार अन्य समाजी उसे ही दोहराते हैं। इसी प्रकार ठाट में प्रथम पंक्ति को गाते हैं। 'हे आली' की टेक लेकर एक बार धीमे पुनः सारी पंक्तियों को दुगुन में गाकर प्रथम पंक्ति पर समाप्त करते हैं।

राग कल्याण का संक्षिप्त परिचय

राग कल्याण का नाम हमें प्राचीन ग्रन्थों में भी प्राप्त होता है जो कि आज यमन नाम से अभिहित है। यमन राग नाम हमें मध्यकालीन ग्रन्थों में प्रथमतः प्राप्त होता है। आधुनिक ग्रन्थों में राग यमन एक

सम्पूर्ण जाति का राग माना गया है, लेकिन वास्तव में अधिकतर विद्वान आरोह में पंचम का प्रयोग न कर अवरोहात्मक रूप से पंचम का प्रयोग करते हैं। आज के समय का यह बहुप्रचलित राग के रूप में प्राप्त होता है जिसे बड़े से बड़ा कलाकार गाता बजाता है तो संगीत शिक्षा का आरम्भ भी इसी राग द्वारा किया जाता है। गन्धार, निषाद इसके वादी–सम्वादी स्वर हैं। इसका वर्तमान स्वरूप है –

> ''आरोह – नि़ रे ग, म ध नि सां।
> अवरोह – सां नि ध प, म ग, रे सा।
> मुख्य चलन– नि़ ध़ नि रे ग रे सा, (प)म ग रे, नि़ रे सा।''[26]

राधावल्लभ सम्प्रदाय में इसका स्वरूप सम्पूर्ण स्वर वाला प्राप्त होता है।

पद –

> ''प्रात समय दोऊ रस लंपट,
> सुरत–जुद्ध जय जुत अति फूल।। 1।।
> श्रम–वारिज घन बिन्दु वदन पर,
> भूषण अंगहि अंग विकूल।। 2।।

राग – अल्हैया बिलावल ताल – तीन ताल

सां	सां	सां	ध	नी	प	प	रे	ग	म	प	–	स	रे	सा	सा
प्रा	त	स	म	य	दो	ऽ	ऊ	ऽ	ऽ	ऽ	र	स	लंऽ	प	ट
सां	सां	सां	ध	नी	प	प	रे	ग	म	प	सनि़रे	सा	सा	सा	सा
प्रा	त	स	म	य	दो	ऽ	ऊ	ऽ	ऽ	र	सऽऽ	लंऽ	प	ऽ	ट
ग				2				0				3			

इसी पंक्ति को चार बार गाते हैं जिसमें पंक्ति के अन्त में स्वरलिपि में परिवर्तन ज्ञात होता है।

सां	सां	सां	ध	नी	प	प	रे	ग	म	प	ग	म	रे	स	रेसा
प्रा	त	स	म	य	दो	ऽ	ऊ	ऽ	ऽ	र	स	लं	ऽ	प	टऽ
सां	सां	सां	ध	नी	प	प	रे	ग	म	प	रे	ग	म	नी	धपध
हा	प्रात	स	म	य	दो	ऽ	ऊ	र	ऽ	ऽ	सऽ	लंऽ	ऽ	पऽ	टऽऽ
मम	म	म	ग	प	प	नी	ध	सां	–	रें	सां	नीसां	धनी	पध	नीसां
सुर	त	ऽ	ऽ	जु	द्ध	ज	य	जुत	अ	ति	फू	ऽऽ	ऽऽ	ऽऽ	ऽऽ
म	मम	म	ग	प	प	नी	ध	सां	–	रेंग	सां	सां	नीसां	धनी	पध
हाँ	सुर	त	ऽ	जु	द्ध	ज	य	जुत	अ	ति	फू	ऽ	ऽऽ	ऽऽ	ऽऽ
ग				2				0				3			

दूसरी पंक्ति को दो बार और गाकर प्रथम, द्वितीय दोनों पंक्ति को साथ गाकर पुनः प्रथम पंक्ति एक बार गाकर तीसरी पंक्ति उठायेंगे।

रें	–	पनी	रें	रें	रें	गं	रें	सारेंसां	–	नी	ध–	रेंसां	–रें	गरें	सांनीध
हाँ	ऽ	श्रम	वा	रि	ज	घ	न	ऽऽऽ	बि	ऽ	न्दु	वद	नऽ	पए	ऽऽऽ
पनी	रें	रें	रें	गरें	सारेंसां	–	नी	ध–	रेंसां	–	रेऽ	गमं	गरें	सां	नीध
श्रम	वा	ऽ	ऽ	रिज	घऽ		न	बिऽ	न्दु	ऽ	ऽऽ	वद	नऽ	प	रऽऽऽ
ग				2				0				3			

अन्तिम पंक्ति भूषण –

म	म	म	ग	प	प	नी	ध	सां	सां	गं	रें	सां	नि	धप	नीधसां
भू	ष	ण	ऽ	अं	ग	हि	अं	ऽ	ग	ति	कु	ऽ	ऽ	ऽऽ	ऊलऽ
ग				2				0				3			

इसके बाद श्रम वारिज से सभी पंक्ति दुगुन में कहेंगे। इसे दो बार कहेंगे। भूषण पंक्ति के समान इसके अन्य अन्तरे भी गाये जाते हैं। अन्त में शुरूआत से सभी पंक्ति को दो बार दुगुन में गाकर अन्त में प्रातः समय दोऊ कहकर समाप्ति करते हैं।

राग अल्हैया बिलावल संक्षिप्त परिचय– प्रस्तुत स्वरलिपि हमें राग अल्हैया बिलावल में प्राप्त होती है। यह राग हमें प्राचीन ग्रन्थों जैसे कल्पद्रुमांकुरे, चन्द्रिकायाम, चन्द्रिकासार आदि कई ग्रन्थों में भी प्राप्त होती है। पूर्व के कालों में यह राग बिलावल नाम से ही अभिसंज्ञित थी। किन्तु आधुनिक काल में बिलावल से तात्पर्य अल्हैया बिलावल राग ही प्राप्त होता है। इस राग को बिलावल थाट जन्य राग माना जाता है। इसकी जाति शाडव सम्पूर्ण है। इस राग में सभी स्वर शुद्ध लगते हैं। ध ग वादी सम्वादी है। इस राग में निषाद व गन्धार वक्र गति से प्रयुक्त होते हैं। इसे आरोह में जब मध्यम वर्जित किया जाता है और अवरोह में किंचित् कोमल निषाद लेते हैं, तब गुणीजन इसे अल्हैया–बिलावल नाम देते हैं। इसका स्वरूप है –

''आरोह –स, रे, ग, म, प, ध, नि सां।

अवरोह – सां नि ध, प, ध <u>नि</u> ध प, म ग, म रे सा।

मुख्य स्वरूप – ग रे ग प म ग, ग प ध नि ध प, ध म ग, रे ग प म ग, रे ग, ग प म, रे सा।''[27]

इसमें ध म ग और ध ग संगति महत्वपूर्ण है।

पद – 8

''आजु प्रभात लता मन्दिर में,
सुख बरसत अति हरखि युगल वर।। 1।।
गौर श्याम अभिराम रन्नभरे,
लटकि–लटकि पग धरत अवति पर।। 2।।
कुच–कुमकुम रंजित मालावलि,
सुरत नाथ श्री श्याम धाम धर।। 3।।

राग – ललित ताल – तिलवाड़ा

1	2	3	4	5	6	7	8	9	10	11	12	13	14	15	16
											नि़	सा	म	ग	रे
											आ	ऽ	ज	ऽ	प्र
नि	ऽ	सा	म	म	म	म	ध	प	म	प					
भा	ऽ	त	–	ल	ता	मं	दि	र	में	ऽ					
ग				2				0				3			
म	ध	म	ध	सां	सां	सां	सां	नि	सां	रें	रें	सां	नी	ध	म
सुख	ब	र	स	ऽ	त	अ	ति	ह	र	खि	यु	ग	ल	व	र
नि़	ऽ	स	म	म	म	म	ध	प	म	प					
प्रभा	ऽ	त	–	ल	ता	मं	दि	र	में	ऽ					
											नि़	सा	म	ग	रे
											आ	ऽ	ज	ऽ	प्र
नि़	ऽ	सा	म	म	म	म	ध	प	म	प					
भा	ऽ	त	–	ल	ता	मं	दि	र	में	ऽ					
ग				2				0				3			

इसके पश्चात् सुख बरसत पंक्ति एक बार गाकर दोनों पंक्तियों को एक साथ जोड़ कर एक बार गाएंगे।

अगली पंक्ति –

ध	म	ध	सां	–	सां	सां	(सां)	नि	रें	सां	नी	ध	म	म	ग
गौ	ऽ	र	ऽ	श्या	ऽ	ऽ	मऽऽ	अ	भि	राम	म	र	न्न	भ	रे
ध	म	ध	सां	सां	सां	नि	सां	रें	रें	सां	नी	ध	म	म	म
गो	ऽ	र	ऽ	श्या	ऽ	ऽम	ऽ	अ	भि	रा	म	र	न्न	भ	रे
ग				2				0				3			

सारे	ग	मग	रेनि़	स	म	म	–	म	ध	प	म	गम	धमध	म	म
लट	क	ईऽ	ऽऽ	ल	ट	कि	प	ग	ध	र	त	ऽअ	वऽ	नी	पर
ग				2				0				3			

इसके पश्चात् गौर श्याम पंक्ति को दो बार दुगुन में लेकर गौर श्याम व लटकी पंक्ति को भी दुगुन में एक या दो बार लेते हैं, पुनः है प्रथम पंक्ति दुगुन में गाकर ठाह की लय में प्रथम पंक्ति लेकर गायेंगे। यद्यपि यह स्वरलिपि कुछ–कुछ राग ललित का आभास हमें दिलाती है।

राग ललित का संक्षिप्त परिचयः

प्रस्तुत पद की स्वरलिपि हमें राग ललित में निबद्ध प्राप्त होती है।

''द्वै मध्यम कोमल रिखब पंचम सुर बरजोइ।
सम संवादी–वादि तें ललित राग शुभ होई।।'' [28]

– चन्द्रिकासार

ललित राग मारवा ठाठ से उत्पन्न होता है। पंचम वर्ज्य होने के कारण इसकी जाति शाडव मानी जाती है। वादी स्वर म और सम्वादी सा है। इस राग में दोनों मध्यमों का प्रयोग होता है। ध म ध म म, यह स्वर समुदाय बार–बार इसमें दिखाई देता है। इस स्वर–समुदाय से तथा नि रे ग म, म म ग, इन स्वरों से यह राग तत्काल पहचानने में आ जाते हैं। कहीं–कहीं यह राग तत्काल पहचानने में आ जाते हैं। कहीं–कहीं यह राग कोमल धैवत युक्त भी प्राप्त होता है, किन्तु प्रस्तुत स्वरलिपि हमें बहुप्रचलित शुद्ध धैवत वाले ललित राग में ही प्राप्त होती है।

राग स्वरूप –

आरोह	–	नि़ रे॒ ग म, म म ग, म ध, सां।
अवरोह	–	रें॒ नि ध, म ध म म ग, म रे सा।
मुख्य स्वर समूह	–	नि़ रे॒ ग म, ध म ध म म, ग।[29]

रे	–	रे	रेसा	सारे	ग	रे	सा	ग	–	ग	ग	रे	सा	रे	ग
वा	ऽ	सी	ऽऽ	हऽ	म	स	ब	ते	ऽ	रे	ई	हा	ऽ	थ	बि
ग				2				0				3			
रे	सा	सा	–	सा	–	सा	–								
का	ऽ	ने	ऽ	मा	ऽ	ई	ऽ								
ग				2											

राग हंसध्वनि का परिचय

राधावल्लभ सम्प्रदाय के उपरोक्त पद कुछ–कुछ साम्यता राग हंसध्वनि से रखता प्रतीत होता है। यह राग कर्नाटकी पद्धति से हिन्दुस्तानी में अपनायी गयी राग है। यह बिलावल थाट में रखी जाती है। धैवत वर्जित होने से जाति औडव–औड़व है। षड्ज वादी और पंचम सम्वादी है। कोई–कोई गन्धार को वादी मानते हैं।

इसका स्वरूप है –

''आरोह – स रे ग प ग रे, ग प नि सां।

अवरोह – सां नि प ग रे सा।

मुख्य चलन – स रे ग सा, ग प ग रे, ग प नि, प नि नि सां, रें सां, रें गं रें सां, नि, प नि रें सां नि, ग रे ग प नी नि, रें गं रें सां।''[30]

इसमें म, ध वर्ज, वादी सा, सम्वादी ग यह राग रात्रि प्रथम प्रहर में गायी जाती है। बहुत स्पष्ट रूप से हम हंसध्वनि का स्वरूप प्रस्तुत स्वरलिपि के अन्तर्गत हमें नहीं प्राप्त होता है किन्तु यह हंसध्वनि से काफी साम्यता अवश्य रखता है।

राधावल्लभ सम्प्रदाय में भाद्रपद शुक्ल 8 को श्री राधा जी का जन्मोत्सव मनाया जाता है। इस अवसर पर गाये जाने वाले पद की स्वरलिपि मैं यहाँ प्रस्तुत कर रही हूँ –

रचयिता – हरिराम व्यास [31] ताल – तीन ताल राग – अज्ञात हंसध्वनि

स्थायी

1	2	3	4	5	6	7	8	9	10	11	12	13	14	15	16
								सा	–	रे	ग	ग	–	रे	सा
								आ	ऽ	ज	ब	धा	ऽ	ई	ऽ
								0				3			
सा	–	रे	ग	रे	सा	सा	–	सा	सा	सा	सा	सा	–	ऩी	सा
है	ऽ	ब	र	सा	ऽ	ने	ऽ	कुं	व	र	कि	सो	ऽ	री	ऽ
ग				2				0				3			
रे	रे	रे	रेसा	सारे	ग	–	रेसा	ग	–	ग	ग	रे	सा	रे	ग
ज	न	म	लिऽ	योऽ	ग	–	सब	लो	ऽ	क	ब	जे	ऽ	स	ह
ग				2				0				3			
रे	सा	सा	–	सा	–	सा	–								
दा	ऽ	ने	ऽ	मा	ऽ	ई	ऽ								
ग				2											

अन्तरा

1	2	3	4	5	6	7	8	9	10	11	12	13	14	15	16
								प़	प़	सा	सा	–	सा	ऩी	सा
								क	ह	त	नं	ऽ	द	वृ	ष
								0				3			
रे	–	रे	रेसा	सारे	ग	रे	सा	ग	–	ग	ग	रे	सा	रे	ग
भा	ऽ	न	राऽ	ऽऽ	य	सां	ऽ	औ	ऽ	र	बा	ऽ	त	को	ऽ
ग				2				0				3			
रे	सा	सा	–	सा	–	सा	–	प़	प़	सा	सा	सा	–	ऩी	सा
जा	ऽ	ने	ऽ	मा	ऽ	ई	ऽ	आ	ऽ	ज	भै	या	ऽ	ब्र	ज
ग				2				0				3			

राग – जनसम्मोहिनी ताल – तिलवाड़ा

1	2	3	4	5	6	7	8	9	10	11	12	13	14	15	16
गग	पध	सांसा	निऽ	धऽ	गंगं	निध	प	गरे	नि	ध़	सा	–	ग	रे	सा–
आऽ	जऽ	निऽ	कुंऽ	जऽ	ऽऽ	मंऽ	जु	मेंऽ	ऽ	खे	ऽ	ल	त	ऽ	ऽऽ
ग				2				0				3			

प्रथम पंक्ति दो बार –

ग	ग	प	प	ध	ध	–	ध	पध	सांनि	नि	सां	ध	ध	प	प
न	व	ल	ऽ	ऽ	कि	शो	ऽ	ऽऽ	रऽ	ऽ	किषे	ऽर	कि	शोऽ	री
ग				2				0				3			

दोनों पंक्ति एक साथ एक बार फिर प्रथम पंक्ति एक बार –

ग	ग	प	ध	सां	सां	सांनि	सांगं	गं	–	सां	नि	ध	ध	प	प
अ	ति	अ	नु	प	म	अऽ	नुऽ	रा	ग	प	र	स्प	ऽ	र	ऽ
ग				2				0				3			
ग	ग	प	ध	सां	सां	सां	सांनि	सां	गं	रेंसां	नि	ध	ध	प	प
सु	न	अ	भू	त	भू	त	लऽ	ऽ	ऽ	पर	जो	ऽ	ऽ	री	ऽ
ग				2				0				3			
ग	ग	प	प	ध	ध	–	ध	पध	सां	नि	नि	सांध	ध	प	प
हाँ	न	व	क	पूं	ऽ	र	ऽ	परा	ऽ	ग	न	थोऽ	ऽ	ऽ	री
ग				2				0				3			

दोनों पंक्ति को इसी लय में दोहरायेंगे। ऊपर की तीनों पंक्ति को इसी लय में दोहरायेंगे। फिर प्रथम पंक्ति दो बार दुगुन में फिर प्रथम से अन्तिम पंक्ति तक दुगुन में लेंगे। इन पंक्तियों के बाद सभी पंक्ति समान ही है। अन्त में हेरी, हाँ हाँ जै जै जै हित हरिवंश गाकर समाप्त करेंगे।

मुझे राग जनसम्मोहिनी का ग्रन्थों में प्राप्त नहीं हो सका है। किन्तु इस राग का कुछ स्वरूप मुझे श्री राजेन्द्र बनर्जी जी से प्राप्त हुआ है। वह प्रस्तुत है–

आरोह – स ग प ध नी सां

अवरोह – सां नी ध प, ग रे नि ध़ सा

राग कलावती के साथ अवरोहात्मक रूप से ऋषभ का प्रयोग किया गया राग कलावती के काफी पास है ये राग। कलावती में आरोह–अवरोह दोनों में ऋषभ का प्रयोग है किन्तु इसमें अवरोहात्मक रूप से ही ऋषभ को लिया गया है।

राग – आसावरी ताल – तिलवाड़ा

मात्रा – 16 विभाग – 4

प्रथम पंक्ति दो बार

रे	म	प	सां	ध	ध	प	प	म	म	पध	मप	गग	रे	सा	–
कौ	ऽ	ऽ	न	जु	व	ऽ	ऽती	ऽ	प्रि	यऽ	ऽऽ	जा	ऽ	हि	ऽ
ग	ग	रे	सा	–	–	रे	म	प	मप	ऽऽ	ऽऽ	निसां	नि	ध	प
–	मि	ल	त	ऽ	ऽ	ला	ऽ	ल	चोर	है	र	ऽऽ	न	ऽ	ऽ
ग				2				0				3			

दोनों पंक्ति साथ में गायेंगे ।

म	प	ध	नि	सां	नि	रें	सां	नि	सां	रें	सां	नि	ध	ध	प
दु	र	व	त	क्यों	ऽ	व	ऽ	दु	रै	ऽ	प्या	ऽ	ऽ	रे	ऽ
प	गं	गं	रें	गं	रें	सां	नि	नि	सां	रें	सां	नि	ध	प	प
रं	ग	में	गा	हि	ले	ऽ	ऽ	चै	न	में	नै	ऽ	ना	ऽ	ऽ
ग				2				0				3			

चारों पंक्ति को दुगुन में लेंगें।

रे	म	प	सां	ध	ध	प	प	म	म	पध	मप	ग	ग	रे	सा	–
उ	र	न	ख	ऽ	च	ऽ	न्द्र	वि	रा	ऽऽ	ऽऽ	ने	ऽ	प	त	ऽ
ग				2				0				3				

ये प्रथम पंक्ति दो बार गायेंगे।

ग	ग	रे	सा	–	–	रे	म	प	मप	ध॒	ध॒	निसां	नि॒	ध॒	प
अ	ऽ	ट	ऽ	प	टे	ऽ	ऽ	से	बैऽ	ऽ	ऽ	नऽ	ऽ	ऽ	ऽ
ग				2				0				3			

ऊपर की दोनों पंक्ति दोहरायेंगे दो बार उसी लय में।

म	प	ध॒	नि॒	सां	नि॒	रें	सां	नि॒	सां	रें	सां	नि॒	ध॒	ध॒	प
जै	श्री	हि	त	ह	रि	वं	श	र	सि	क	ऽ	रा	धा	प	ति
प	गं॒	गं॒	रें	गं॒	रें	सां	नि॒	नि॒	सां	रें	सां	नि॒	ध॒	ध॒	प
प्र	ऽ	म	ऽ	थि	त	मैं	ऽ	ऽ	ऽ	ऽ	ऽ	नाऽ	ऽ	ऽ	ऽ
ग				2				0				3			

पहले दुगुन में दोनों पंक्ति फिर दुगुन में चारों पंक्तियों को लेंगे।

शुरूआत की पंक्ति को दो बार गाकर पूरा पद दुगुन में गायेंगे। फिर प्रथम पंक्ति पर समाप्त।

इस राग का परिचय भी इसी अध्याय में पूर्व में दिया जा चुका है।

राग – अहिर भैरव ताल – तिलवाड़ा

8 वीं मात्रा से शुरू –

1	2	3	4	5	6	7	8	9	10	11	12	13	14	15	16
							गं	गं	मं	रें॒	सां	ध	नि॒	रें	रें
							अ	ति	ही	अ	रू	ण	ते	रे	नै
ग				2				0				3			

दो बार इस पंक्ति को गायेंगे।

रें	रें	गं	गं	मं	मं	मं	मं	मं	गं	रें॒	गं	मं	रें	सां	ध
न	न	न	लि	न	री	ऽ	अ	ति	ही	ऊ	रू	ण	ते	रे	नै
ग				2				0				3			

इस पंक्ति को दो बार गायेंगे। प्रथम पंक्ति को बार पुनः गायेंगे।

नि	रें	रें	रें	गं	गं	मं	मम	ध	नि	सां	सां	सां	ध	नि	रे
न	न	न	लि	न	री	ऽ	आऽ	ल	स	जु	त	ऽ	ऽ	इ	त
रें	रें	गं	मं	रें	रें	सांसां	रेंरें	रेंसां	नि	सांरेंसां	नि	ध	प	ध	प
रा	त	रं	ग	भ	ऽ	गेऽ	भऽ	यऽ	नि	शीऽऽ	जा	ऽ	ग	र	ऽ
ग				2				0				3			

पध	सांनि	ध	प	धप	गप	म									
मखि	नऽ	म	लि	नऽ	रीऽ	ऽ									
ग				2				0				3			

दोनों पंक्ति को दुगुन में चार बार गायेंगे।

							गम	पम	ग	रे	सा	ध	नि	रें	रें
							षिऽ	थिऽ	ल	प	ल	में	उ	ठ	त
रें	–	गं	गं	मं	मं	–									
गो	ल	क	ग	ति	ऽ	ऽ									
							मम	ध	नि	सां	सां	सां	ध	नि	रें
							बिऽ	ध	यौ	मो	ह	न	ऽ	मृग	स
रें	रें	रें	गं	मं	रें	रें	सांसां								
क	त	ऽऽ	च	लि	न	ऽ	रीऽ								
ग				2				0				3			

उपरोक्त दोनों पंक्ति दो बार दोहरायेंगे –

							मम	ध	नि	सां	सां	सां	ध	नि	रें
							जैऽ	श्री	हि	त	ह	रि	वं	ऽ	श

रें	रें	रें	गं	मं	रें	रेंसां	गम	पम	ग	रे	स	ध	नि	रें	रें
ऽ	ह	स	क	ल	गा	मिनि	संऽ	भ्रऽम	ऽ	ऽ	दे	ऽ	त	ऽ	भ्र
ग				2				0				3			
रें	–	गं	गं	मं	मं	–									
म	र	न	अ	लि	न	री									
ग				2				0				3			

राग –अहिर भैरव का परिचय

गमौ रिसौ रिगौ मपौ मगौ।

मरी सोऽपि सदाही भैरवो मध्य मांशकः।।

–अभिनव रागमंजर्याम्।। 87।।

राग अहिर भैरव एक भैरव–प्रकार है। यह सम्पूर्ण जाति का है। इसके पूर्वांग में भैरव और उत्तरांग में काफी का मिश्रण है। अर्थात् उत्तरांग में शुद्ध 'ध' और 'नि' कोमल प्रयोग होता है। परन्तु भैरव अंग प्रधान होने से यह भैरव ठाठ में सम्मिलित किया जाता है। इसका वादी स्वर मध्यम और संवादी शड़्ज है। गायन समय प्रातःकाल। परस्पर भिन्न अंग वाले भैरव और काफी का मिश्रण होने से इस राग में बड़ा ही वैचिफय आ जाता है। आरोह में क्वचित् तीव्र ऋषभ ग्रहण करना भी पाया जाता है। इस राग में माध्यम पर विश्रान्ति बड़ी शोभनीय होती है। 'रागलक्षण' नामक ग्रन्थ में 'अहीरी' नामक राग रागिनी बताई है, वह इस राग से बहुत भिन्न है।

राग स्वरूपः–

ग, म, रे॒, सा, रे॒ ग, म, प, ध नि॒ ध, प, म प, म ग, म रे॒, सा। म म रे म, प प म प, प प म प, प म प ध, नि॒ ध प ध, म प ग म, रे॒ रे॒, ग म, प ग रे॒।

राधावल्लभ सम्प्रदाय के समाज संगीत में प्रयुक्त रागों का शास्त्रीय विवेचन

समाज गायन का विश्लेषण– राधावल्लभ सम्प्रदाय का समाज संगीत का आधार शास्त्रीय संगीत है जो इस अध्याय के पूर्व अध्याय में हम बता चुके हैं। यह भी हमें ज्ञात हो चुका है कि इस सम्प्रदाय के प्रत्येक पद किसी न किसी राग में स्वरबद्ध है जैसे बसन्त, टोड़ी, ईमन, बिलाउल या बिलावल इत्यादि। एक पूर्ण पद सम्भवतः एक ही राग में गाया जाता है। अनेक स्थान पर यह दिखता है कि पद गायन करते–करते ताल परिवर्तन होती है परन्तु राग परिवर्तन नहीं होती है।

इस सम्प्रदाय के समाज गायन में पद की पंक्ति को विभाजित कर गाने की पद्धति देखी जाती है। यहाँ पर मुखिया जैसा गाता है उसे ही अन्य समाजी दोहराते हैं। समाज गायन में मुखिया सर्वप्रथम पूर्ण पंक्ति को गाता है और समाजी वही दोहराते हैं। फिर उसी पंक्ति को मुखिया भिन्न प्रकार से गाता है जैसे एक पंक्ति के अर्द्ध भाग को एक आवर्तन में गाया। उसे ही दोहरा दिया फिर कभी दीर्घ पंक्तियों के होने से ताल के एक आवर्तन में तालबद्ध करने के लिए पंक्ति को अर्ध या इससे अधिक भागों को विभाजित कर बार–बार आवर्तन कर गाते हैं। इन पंक्ति के दोहराव के समय समाज में कई प्रकार के शब्दों की टेक ली जाती है। जैसे – ऐ हाँ, हाँ, एरी, री अली, सखि, राधे ऐसे शब्दों के साथ गाते हैं। समाज में एक पंक्ति को अनेक बार या 6, 8, 10 बार गायन अनेक आवर्तन में करने के पश्चात् लय बढ़ाकर वही पंक्ति गाने के बाद पुनः विलम्बित लय से अगली पंक्ति का गायन करते हैं। इस प्रकार शनैः–शनैः गायन करने से एक पद पूर्ण होने में बहुत समय लगता है। इसीलिए समाज गायन की एक बैठक दो–तीन घंटे से भी अधिक समय तक चलती है।

पद की दीर्घता से अन्तरे की धुन में कोई परिवर्तन नहीं होता है प्रत्येक अन्तरा एक ही राग में स्वरबद्ध होता है। इसके साथ ही जिस

प्रकार प्रथम पंक्ति ली गई है ठीक उसी प्रकार अन्य पंक्तियाँ भी उतनी ही बार दोहराई जाती है, उसी प्रकार उतनी ही बार गायन के पश्चात् ठेके की लय बढ़ती है, या उसी प्रकार विलम्बित कर गाते हैं। पुनः पूर्ण पंक्ति को गाकर अगली पंक्ति लेना इत्यादि, जो विशेष गायन पद्धति है वह पूरे गायन में समान रहती है। इसीलिए पदों के रागबद्ध होने के बाद भी समाज गायन शास्त्रीय राग गायन जैसा नहीं प्रतीत होता है और लोक संगीत के बहुत करीब इसीलिए नहीं है क्योंकि यह गायन विलम्बित लय में बँधा होता है। लोक संगीत के समान पद की भाषा अवश्य ही होती है कहीं–कहीं कुछ धुनें भी लोक संगीत से साम्यता रखती प्रतीत होती है किन्तु समाज गायन की अपनी स्वतन्त्र शैली इसे शास्त्रीय व लोक संगीत से एक अलग स्थान पर स्थापित करती है जिसमें दोनों शैली की विशेषताएँ विद्यमान है।

राधावल्लभ सम्प्रदाय के समाज गायन का महत्व ऐतिहासिक दृष्टि से भी है क्योंकि जिस समय यह परम्परा (इसका विस्तार पूर्व अध्याय में किया जा चुका है) आरम्भ हुई उस समय इसको संरक्षित करने के लिए संगीत की स्वरलिपि पद्धति नहीं थी न ही टेप–रिकॉर्डर आदि ही उपलब्ध थे जिससे इसे संरक्षित किया जा सके। पदों का संकलन व लिपिबद्ध करना लिपि के कारण अवश्य हो गया था किन्तु गायन को संरक्षित करने के लिए एक व्यवस्थित पद्धति की आवश्यकता थी। इसीलिए राधावल्लभ सम्प्रदाय में 'समाज पद्धति' ने अस्तित्व धारण किया जिससे इसे संरक्षित व सुरक्षित किया जा सके। इसी विशिष्ट प्रयास के कारण यह समाज परम्परा क्रमबद्ध रूप से पीढ़ी–दर–पीढ़ी एक से दूसरे समाजी को निरन्तर हस्तान्तरित हो आज भी कायम है। हम यह नहीं कह सकते कि यह परम्परा बिना किसी परिवर्तन के प्राचीन स्वरूप में ही पूर्णतः विद्यमान है किन्तु इतना अवश्य स्पष्ट हो जाता है कि समाज परम्परा में कोई भी परिवर्तन प्रयत्नवश नहीं किया गया होगा। इसकी पुष्टि हमें समाजियों द्वारा प्राप्त साक्षात्कार व साहित्यावलोकन के द्वारा हो जाती है।

सम्प्रदाय की समाज पद्धति को देखकर यह पता चलता है कि इसका या ध्रुपद शैली जिसके आधार पर यह पद्धति निर्मित है उसका प्राचीन स्वरूप क्या रहा होगा। सामान्यतया इस गायन में एक पंक्ति एक आवर्तन में ही गाने का प्रयत्न किया जाता है। किन्तु पंक्ति की दीर्घता के कारण इसे विभाजित कर गाना ही श्रेयस्कर है। समाज में कई बार पंक्ति खण्डित कर, आलाप द्वारा आवर्तन की पूर्ति होती भी प्राप्त होती है।

प्राचीन ध्रुपद–धमार गायन शैली के दर्शन हमें समाज गायन में हो जाते हैं। इससे यह प्रतीत होता है कि प्राचीन समय सामूहिक रूप में गाने की शैली है क्योंकि इसमें राग–विस्तार करने के लिए अवसर नहीं होता। इसी प्रकार समाज गायन में भी राग–विस्तार के लिए अवसर नहीं है। स्वर–तालबद्ध निश्चित ढाँचे में बँधा यह गायन है। आज के समय में ध्रुपद–धमार शैली में विभिन्न लयकारियाँ ही प्रदर्शित की जाती है जिससे श्रोता इसमें बँधा रहे और समाज गायन में उन्हीं शब्दों को इसीलिए अधिक प्रधानता दी जाती है जिससे समाजी पद के भाव में आसानी से डूब कर श्री राधावल्लभलाल से जुड़ जाता है वहीं यदि पद गायन में कलात्मकता व लयकारिता आ जायेगी तो वह उसमें एकीकृत नहीं हो पाएगा उसका ध्यान इन कलात्मकताओं में चला जायेगा।

समाज संगीत को सुनने के पश्चात् हमें यह ज्ञात हो पाता है कि समाज गायन में प्रयुक्त पदों पर उल्लिखित राग अपने आज के स्वरूप से कहीं–कहीं भिन्नता रखती है। जैसे अधिकतर समाज में राग भैरव रे ध कोमल ही प्राप्त होता है किन्तु कभी–कभी इसके स्वरूप में रे कोमल धैवत शुद्ध किन्तु चलन भैरव जैसा ही प्राप्त होता है। इसी प्रकार के कई उदाहरण हमें समाज संगीत में और प्राप्त होते हैं।

सम्प्रदाय के पदों में तत्कालीन लोकप्रिय एवं अधिक प्रचलित रागों की भी जानकारी मिलती है जो आज अप्रचलित प्राप्त होती है जैसे –

राग माँझै, राग खेमटा, राग रेखता, राग राछरौ, राग जोगिया आसावरी, राग सौंसी, राग देवगन्धार, राग आरसा, राग वरबी, राग पंचम, राग दण्डक, राग देसी तोड़ी, राग चैती गौरी, राग पर्ज हेली, राग फिरौ, राग माँझ, राग टेर लून, राग नाट, राग मेवारौ धनाश्री, राग लूम, राग झंझौटी जंगला, राग खमायची, राग मलार सोरठ, राग देवस, राग गौरी गोधनी, राग तोड़ी सारंग, राग खमाच पर्ज, राग मालव, राग विलावल सूहौ, राग आशीष, राग जैजैवंती भैरों, राग हेरी, राग मधु माधव, राग झंझौटी गौरी, राग चर्चरी, राग सुघराई, राग गूजरी आदि रागों के नाम प्राप्त होते हैं।

इसी प्रकार तत्कालीन लोकप्रिय एवं अधिक प्रचलित रागों की भी जानकारी मिलती है। जैसे – विभास, राग टोड़ी, राग आसावरी, राग बसन्त, राग सारंग, राग मलार (जो आज मियाँ मल्हार कहलाती है), राग गौड मलार, राग कल्याण, राग कानरो, राग केदारो, राग संकराभरन, राग विलावल, राग धनाश्री, राग गौरी, राग, विहाग, राग परज, राग काफी, राग खम्माच (जो खमाज कहलाती है वर्तमान में), राग दरबारी कान्हरो (दरबारी कान्हड़ा), राग हमीर, राग पूर्वी, राग भैरों (भैरव), राग ईमन (यमन), राग रामकली, राग हमीर, राग श्री, राग गौड़ सारंग, राग अड़ाना, राग मेघ, राग जैजैवन्ती, राग मालकोश, राग माँझ इत्यादि रागें आधुनिक समय में प्रचलित तथा पदों पर भी उल्लिखित प्राप्त होती है।

इन प्रचलित अप्रचलित रागों के अतिरिक्त पदों पर उल्लिखित हमें कुछ और रागों के नाम प्राप्त होते हैं जिनके स्वरूप का तो नहीं पता किन्तु उनके नाम से यह आभास होता है कि रसिकवर समाजियों ने भावावेष में आकर पदों की रचना इन अलग रागों में कर दी होगी। जिस प्रकार की उनकी भावना रही होगी उसी ने राग का स्वरूप ग्रहण कर लिया। इस प्रकार की नाम वाली रागें हमारे शास्त्रीय संगीत शैली में प्राप्त नहीं होती अर्थात् निम्न रागें भावों का ही संप्रेक्षण

मात्र है। जैसे – राग कवित्त – इस राग के नाम को देखने से ऐसा प्रतीत होता है जैसे कभी काव्य रचना करते–करते उसे ही राग कवित्त नाम दे दिया गया होगा। इसी प्रकार राग गजल सम्भवतः किसी गजल के स्वरूप से प्रभावित हो इसकी रचना की गई हो सकती है। ऐसे ही राग चित बलोवन, राग निकुन्ज टेर इन भावों से उद्भित हुई होगी। राग आशीष किसी को आशीष देने के समय निर्मित हुई होगी इसीलिए सम्भवतः इसका नाम आशीष पड़ा होगा इसी प्रकार कुछ अन्य राग के नाम भी प्राप्त होते हैं राग जैजैवंती भैरों इन दो राग का मिश्रण होगा, राग मेवारौ या तो मेवाड़ी संस्कृति अथवा वहाँ के धरा पर निर्मित होने के कारण इसका यह नाम पड़ा होगा। इसी प्रकार मधु माधव राग माधव के अनुपम छवि में स्वयं को विस्मृत कर इसकी रचना की गई होगी।

यहाँ पर हम कुछ बहु–प्रचलित रागों का संक्षिप्त परिचय दे रहे हैं जिनका स्वरूप हमें संगीत शास्त्र में प्राप्त हो जाता है तथा हमने ऐसी रागों को छोड़ दिया है जिनका स्वरूप प्राप्त नहीं होता है। इसका कारण यह है कि इस सम्प्रदाय में जो परम्परागत गायन प्राप्त होता है उनके समाजी ने ये समाज संगीत सुनकर ग्रहण किया है तथा इन्होंने शास्त्रीय संगीत की शिक्षा ग्रहण नहीं की है इसलिए इन्हें वंशानुगत रूप से केवल वो गायन आता है किन्तु राग के विषय में उन्हें कुछ नहीं पता। समाज संगीतज्ञों से लिये गये साक्षात्कार में उन्होंने यह बताया कि यह गायन उन्होंने सुन–सुन कर सीखा है इसलिए उन्हें इस विषय पर सांगीतिक दृष्टि से कोई जानकारी नहीं है। यह समाज संगीत किसी को सिखाया नहीं जाता है वे स्वयं सीख लेते हैं। इसलिए कई बार राग के स्वरूप में कुछ परिवर्तन दृष्टिगत होता है। वह सम्भवतः इसलिए होगा कि एक ने कुछ हल्का–सा ऊपर नीचे का स्वर ले लिया आगे आने वाली पीढ़ी ने उसी को ग्रहण किया और वही स्वरूप अगली पीढ़ी को हस्तान्तरित किया। किन्तु इसका यह अर्थ नहीं निकलता कि इस संगीत में प्रत्येक राग या स्थान में

विकृति प्राप्त होती है ऐसा बहुत कम स्थान पर प्राप्त होता है जैसे कल्याण में कई बार तीव्र मध्यम नहीं प्राप्त होता है।

आधुनिक समय में प्रचलित रागों के संक्षिप्त परिचय निम्नवत् है –

राग पंचम का संक्षिप्त परिचय

"सब बसंत के सुर जहाँ, चढ़त रिखब नहिं लाग।
सम संवादी–वादी तें कहियत पंचम राग।।" [32]

– राग चन्द्रिकासार।। 116।।

"यह राग भी आज अप्रचलित हो चुकी है। इसके दो प्रकार प्रचार में प्राप्त होते हैं। एक पंचम वर्जित (षाडव) व दूसरा सम्पूर्ण, ये दोनों प्रकार ही ललितांग के हैं। वादी–सम्वादी इस राग का म, स है। दोनों उत्तरांग होने के कारण उत्तर रात्रि में ही गाये जाते हैं। राधावल्लभ सम्प्रदाय के समाज गायन में इसके दोनों प्रकार प्राप्त होते हैं। शाडव प्रकार में हिंदोलांग है।"[33] कोई इस प्रकार में रे का दुर्बलत्व भी मानते हैं।

प्राचीन ग्रन्थों में यह राग भैरव थाट में माना गया है।

षाडव प्रकार

उठाव

म ध, सां, नि ध, म ध, म ग, रे॒ सा, सा म, ग, म ध, नि ध, नि म ध।

चलन

म ध सां, सां, सां नि ध, म ध म ग, म ग रे॒ सा, ऩि सा म, म, म ग, म ध सां, नि ध नि म ध।

सम्पूर्ण प्रकार

उठाव

"ग, रे॒ सा, ऩि रे॒ ग, म, प, म ध, म ग, रे॒ सा।[34]

चलन

ग, म ग, रे सा, म, म, म ग, प, म ध म म, म ग, म ध सां, सां,
रें सां, रें नि ध, म ध म ग ग, रे ग, म ग रे सा ।"

राग गौरी संक्षिप्त परिचय

"मालवगौडके मेले गौरी शास्त्रेषु वर्णिता।
आरोहे धगहीना साववरोहे समग्रिका।। 77।।
ऋषभ स्यात्स्वरो वादी संवादी पंचमो भवेत्।
गानं सुनिश्चितं तस्याश्चतुर्थप्रहरे दिने।। 78।।
आदिशान्ति पुनः केचिदत्र तीव्रमयोजनम्।
सायंगेये स्वरूपेऽस्मिन् भाति में न विसंगतम्।
कलिंगांगा मता गौरी पूरियांगा तथैव च।। 79।।
मतं त्विदं प्रसिद्धं स्यात्सर्वत्र लक्ष्यवर्त्मनि।। 80।।
मन्द्रस्थस्य निषादस्य वैचिफयमद्भुत मतम्।
श्रोतारः प्रायशस्तत्र कुर्वन्ति रागनिर्णयम्।। 81।।

— श्रीमल्लक्ष्यसंगीते (द्वितीया, पृ. 120—121)[35]

राधावल्लभ सम्प्रदाय के कई पद हमें राग गौरी में गाये जाते या रचित प्राप्त होते हैं। वैसे तो राग 'गौरी' के बहुत से प्रकार है किन्तु इस सम्प्रदाय में राग कालिंगड़ा और श्री राग के मिश्रण से उत्पन्न राग का स्वरूप में गायन होता है। यह भैरव ठाट से उत्पन्न राग है। इसके आरोह में गन्धार और धैवत स्वर वर्ज्य होते हैं। अवरोह सम्पूर्ण है। यह सायंगेय राग है इसमें कोई—कोई तीव्र मध्यम प्रयुक्त करते हैं। इसका वादी—सम्वादी, रे – ध है। इस राग में मन्द्र सप्तक का निषाद विशेष रीति से लिया जाता है साथ ही इसी स्वर पर विश्रान्ति की जाती है। इसकी यही विशेषता इसी गौरी के अन्य प्रकारों से अलग लाकर स्थापित कर देती है।

उठाव

सा नि़ ध़ नि़, रे ग रे म, ग रे सा रे नि़, सा।

मुख्य स्वरूप

स नि़ ध़ नि़, रे ग रे म, ग रे सा रे, नि़ नि़ सा, म़ ध़ नि़ सा, ध़ नि़ सा, म म रे ग, रे सा; म प ध प म, रे ग, रे रे सा, नि़, सा, म प ध प म, ध प म, रे ग, रे सा।

राग धनाश्री का संक्षिप्त परिचय

"चढत रिखब धैवत नहीं, सब कोमल सुर जान।
स–प संवादी–वादि तें धनासिरी पहिचान।।
–राग चन्द्रिकासार।। 47।।"[36]

राधावल्लभ सम्प्रदाय के काफी सारे पद हमें राग धनाश्री में बद्ध प्राप्त होते हैं। धनाश्री राग, काफी ठाठ से उत्पन्न होता है। इसमें ऋषभ व धैवत आरोह में वर्ज्य है। इसका एक प्रकार भैरवी मेलजन्य भी प्राप्त होता है किन्तु समाज गायन में हमें काफी मेलजन्य धनाश्री का प्रकार ही प्राप्त होता है।

धनाश्री राग में रे, ध का दौर्बल्य तथा शड्ज पंचम व क्वचित् मध्यम का प्राबल्य व 'प ग' स्वर–संगति प्राप्त होती है। प, स स्वर वादी संवादी है। इसका उठाव साधारणतः निषाद से होता है और पंचम पर न्यास होता है।

काफी मेलजन्य धनाश्री

उठाव

"नि सा, ग म प, ध प, नि ध प, ग, प ग, रे सा।

चलन

ध, प ग, प ग, रे, सा, नि सा, [म]ग, म प, प, ध प, नि ध प, म ग, म प ग, [म]ग, रे, सा, नि सा ग म प।[37]

राग सारंग का संक्षिप्त परिचय

इस राग में भी काफी पद हमें समाज गायन में प्राप्त होते हैं। भारत के कई प्रान्तों के लोक संगीत में भी सारंग का स्वरूप दिखाई देता है, जिससे अनुमान किया जा सकता है कि सारंग के शास्त्रीय स्वरूप की उत्पत्ति लोक संगीत से ही हुई होगी।

कुछ ग्रन्थों में शुद्ध सारंग को ही सारंग के नाम से सम्बोधित किया गया है, लेकिन अन्य कुछ ग्रन्थों में और प्रचार में भी सारंग और उनके कई प्रकारों को काफी थाट के अन्तर्गत माना जाता है। इसके विपरीत शुद्ध सारंग में दो म दो नि का प्रयोग किया जाता है, जो काफी थाट के अन्तर्गत न होने और इसमें सारंग का शुद्ध अंग और स्वरूप न दिखाई देने से इसको शुद्ध सारंग के नाम से ही सम्बोधित किया जाता है।

वैसे ही कुछ ग्रन्थों में मध्यमादि सारंग को ही मुख्य सारंग माना गया है जो राग के स्वरूप को देखते हुए सही भी लगता है क्योंकि मध्यमादि में सिर्फ कोमल नि ही लिया जाता है जिससे प्रत्येक दो स्वरों की जोड़ी – सा रे, म प, नि सां में – सा रे, सा रे, सा रे, का समान अन्तर दिखाई देता है और सा म, रे प, म नि, प सां में भी जिस प्रकार षड्ज–मध्यम भाव से स्वरसम्वाद दिखाई देता है, वैसा समान स्वरान्तर और स्वर सम्वाद बहुत कम रागों में दिखाई देता है किन्तु प्रचार में जो वृन्दावनी सारंग है वह सारंग के अन्य प्रकारों से सरल, रंजक, लोकप्रिय और अधिक प्रचलित है। अतः गुणीजनों द्वारा वृन्दावनी सारंग को भी कई विद्वान सिर्फ सारंग के नाम से सम्बोधित करते हैं।

"सा, नि़ सा रे, सा रे' इतने स्वर रागवाचक हैं। फिर नि शुद्ध हो या कोमल। इतने स्वरों से सारंग बन जाता है अन्य किसी राग के बनने की सम्भावना नहीं है। इसके अतिरिक्त 'सा, म रे, प म रे, नि प म रे, रे म प म रे, सा रे नि सा, नि़ प़, नि़ सा रे, इत्यादि स्वरसंगतियों से सारंग स्पष्ट हो जाता है।"[38]

राग मल्हार का संक्षिप्त परिचय

राग मल्हार के शुद्ध स्वरूप के बारे में कोई निश्चित व आधारभूत स्वरूप दिखाई नहीं देता है। फिर भी मल्हार का प्रचलित स्वरूप जो 'सा, रे, म, प, ध, सां' यानि दुर्गा राग के स्वरूप के समान ही है। प्रचार में बहुत कम सुनने में आता है। इसके बारे में साधारण तथा कोई मतभेद दिखाई नहीं देता है। तात्पर्य यह है कि बहुधा यह सर्वमान्य है। लेकिन लोचन पण्डित ने अपने 'हृदय कौतुक' ग्रन्थ में मल्हार का जो स्वरूप बिल्कुल भिन्न यानि "सा, रे, प, म प, नि॒, नि सां, नि॒ प, नि॒ प, म म म रे सा" इस तरह का है और प्रचलित स्वरूप से अधिक प्राचीन मालूम होता है। यह दोनों स्वरूप ग्राह्य है क्योंकि मल्हार के प्रकार के जो राग प्रचार में है इनमें इन दोनों में से एक अंग अवश्य दिखाई देता है।

"सा, रे, प, म प, नि॒ नि सां" वाला शुद्ध मल्हार का प्रकार आज प्रचार में दिखाई नहीं देता है। सम्भावित है कि आरोह में धैवत वर्ज्य करके दोनों निषाद एक साथ लेकर गाने में कठिनता मालूम पड़ती होगी और शायद इसमें ग, ध लेकर मियां मल्हार प्रचार में आया होगा जो गाने में इससे अधिक सरल और रंजक होने से यह राग प्रचार में से लुप्त हो गया होगा।

मल्हार का मुख्य स्वरूप

मल्हार के खास अंग अथवा मल्हार की स्वर संगति को देखें तो –

"[म] रे म [म] रे म, '[म] रे प', अगर [रे] म रे, [रे] प, 'म रे', इत्यादि स्वर संगति, बार–बार दिखाई देता मुक्त मध्यम, मध्यम पर 'म प म म –' ऐसा एक विशिष्ट तरह का खटका 'नि॒ प', 'नि॒ म प' और [सां] नि॒ [सां] नि॒, सां नि॒ नि॒ –, प' इस तरह कणयुक्त दोहराया हुआ निषाद, आन्दोलित गन्धार, इत्यादि से एक मल्हार प्रकार है ऐसा ख्याल तुरन्त ही आ जाता है।"[39]

राग सोरठ का संक्षिप्त परिचय

राधावल्लभ सम्प्रदाय के कुछ–कुछ राग सोरठ में बद्ध प्राप्त होते हैं।

"द्वै निखाद कोमल मध्यम, चढ़ते ध–ग न लगाइ।
परि संवादी–वादी तें, सोरठ गुणियन गाया।
– राग चन्द्रिकासार।। 88।।"[40]

"सोरठ, खमाज ठाठ से उत्पन्न होने वाला एक औड़व–सम्पूर्ण राग है। खमाज ठाठ के रागों के दो मुख्य वर्ग हैं – 1. वे राग, जिनमें गन्धार प्रबल होता है। 2. वे राग, जिनमें ऋषभ प्रबल होता है।"[41]

"सोरठ के आरोह में गन्धार और धैवत वर्ज्य होते हैं। अवरोह में भी गन्धार स्वर दुर्बल ही रहता है। इसका किंचित् प्रयोग मध्यम से ऋषभ तक आने वाली मीड़ में किया जाता है। यह मीड़ सोरठ के लिए जीवभूत अंग ही है। इस राग का 'क्रमिक पुस्तक मालिका' के तीसरे भाग में आये हुये देस राग से बहुत साम्य है। कम से कम गन्धार के प्रयोग से इसे देस से अलग किया जाता है तथा ध म रे स्वर संगति से यह 'देस' से काफी दूर हो जाता है। रे–ध, इसका वादी–सम्वादी है। गायन समय रात्रि का द्वितीय प्रहर है।"[42]

राग नट का संक्षिप्त परिचय

"कोमल मध्यम तीरव सब, उतरत ध–ग न लखाइ।
स–म संवादी–वादिते, नट, छवि देत दिखाइ।।"[43]
– रागचन्द्रिकासार

राग नट में रचित पद भी हमें राधावल्लभ सम्प्रदाय में प्राप्त होते हैं। राग नट अथवा 'नाट' बिलावल ठाठ से उत्पन्न होता है। इसके अवरोह में धैवत और गन्धार स्वर वक्र होते हैं। आरोह सम्पूर्ण होता है। अवरोह में कहीं–कहीं कोमल निषाद का प्रयोग होता है।

म, स इसके वादी–सम्वादी स्वर है। इस राग में मध्यम स्वर गन्धार की संगति में खुलकर जोरदार लगता है। उदाहरण के लिए 'सा, ग म, म, म प म, ग म', आदि। साथ ही उक्त स्वर–समुदाय और 'रेगमप सारेसा' राग वाचक भी है।

उठाव

सा, ग, म, प ग म, रे ग म प, म ग, म रे, सा।

चलन

सा, ग, ग रे म, म, प म, ग, ग, म, प, सां ध नि प, म ग, रे, ग, म प, सा रे सा।

'नट' एक स्वतन्त्र राग स्वरूप है। जिससे मिलकर पता नहीं कितने राग उत्पन्न हुए हैं, जैसे – पट बिहाग, कामोद नाट, केदार नाट इत्यादि।

राग – सोरठ

आरोह – सा रे, म प नि सां ।

अवरोह – सां, रें, नि ध, म प ध, म रे, नि, सा

मुख्य चलन – सा, रे, म प, नि, सां, रें, नि ध प, ध म रे, रे प म रे रे, रे सा ।

रे, प, म प ध, म रे, नि, ध, म रे, रे म प नि, सां, रें, नि ध, म रे, प, म रे, रे नि सा।

राग देवगन्धार का संक्षिप्त परिचय

"आज शास्त्रीय संगीत में यह राग प्रचलन में नहीं है या ये कहें कि अप्रचलित। इसके दो प्रकार प्राप्त होते हैं, परन्तु दोनों ही प्रकार आसावरी थाट जनित हैं। प्रथम प्रकार में आरोह में ऋषभ व धैवत वर्जित है तथा पूर्वांग में धनाश्री तथा उत्तरांग में आसावरी का स्वर

लिया जाता है। दूसरा प्रकार आसावरी अंग का है इसके आरोह में केवल निषाद वर्जित कर दोनों गन्धार का प्रयोग किया जाता है। शुद्ध ग आरोह में और कोमल ग अवरोह में।''[44]

इसके दूसरे प्रकार में ही हमें सम्प्रदाय की रचनाएँ प्राप्त होती है।

''राग देव गन्धार आसावरी थाट जनित षाडव सम्पूर्ण जाति का राग है। इसमें दोनों ग तथा ध नि स्वर कोमल व अन्य स्वर शुद्ध लगते हैं। ध, ग स्वर, वादी–सम्वादी है। गायन समय दिन का दूसरा प्रहर है।''[45]

''आरोह –स रे म प, ध सां।

अवरोह –सां नि ध, प, ध म प, सा रे ग म प ग रे सा।

मुख्य स्वर समूह – सा ध ध प ध म प ग रे सा रे ग म प ग रे सा नि ध सा, रे म प ध ध प।''[46]

राधावल्लभ सम्प्रदाय की साहित्यिक भावभूमि

विभिन्न संग्रहालयों से प्राप्त पद संग्रह

गोस्वामी श्रीहितहरिवंश जी व अन्य राधावल्लभ सम्प्रदायाचार्यों द्वारा रचित हस्तलिखित पाण्डुलिपियों का जिन्हें शोध–कर्त्री द्वारा अवलोकन व अध्ययन भी किया गया है। इस दौरान जो पद संग्रह देखने में आये हैं, उन सभी का विवरण नीचे पंक्तियों में दिया जा रहा है।

श्री संजय शर्मा म्यूजियम एवं शोध संस्थान, जयपुर द्वारा प्राप्त पद संग्रह (पाण्डुलिपियाँ) –

हितहरिवंश	ग्रन्थ सं. 23	पृ.सं. 105
हित अनूप	ग्रन्थ सं. 765, 782/3	पृ.सं. 129, 324
हित अलि	ग्रन्थ सं. 746, 765	पृ.सं. 121, 138
श्री हित	ग्रन्थ सं. 747	पृ.सं. 137
श्री वंशी	ग्रन्थ सं. 423/19	पृ.सं. 311
वृन्दावन हित	ग्रन्थ सं. 14, 724/1, 724	पृ.सं. 47, 129, 214

राधावल्लभदास	ग्रन्थ सं. 421/31	पृ.सं. 4
हित घनष्याम	ग्रन्थ सं. 720	पृ.सं. 125
हित धुनु	ग्रन्थ सं. 777/2	पृ.सं. 123
हित ध्रुव	ग्रन्थ सं. 766, 782/3	पृ.सं. 128, 323
हित मकरन्द	ग्रन्थ सं. 765	पृ.सं. 129
हितराम/हितरामराय	ग्रन्थ सं. 797, 939/11	
हितरूप/हितरूप लाल	ग्रन्थ सं. 724/2, 746	पृ.सं. 137, 291
हितहरिवंश	ग्रन्थ सं. 421/22, 423/16, 423/19, 722, 727, 728/1, 729/2, 741, 746, 741/3, 744, 746, 764, 766, 777/3, 782/1, 782/3, 783, 796, 939/8	पृ.सं. 43, 112, 124, 126, 128, 129, 133, 134, 135, 136, 137, 138, 238, 255, 286, 311, 323

राजस्थान सरकार राजस्थान प्राच्य विद्या प्रतिष्ठान, जयपुर शाखा द्वारा प्राप्त पद संग्रह (पाण्डुलिपियाँ):

1. क्रमांक 364, ग्रन्थांक – 4043, ग्रन्थ का नाम – वर्षोत्सव, कर्ता एवं टीकाकार – चन्द्र सखी, पत्र सं. 98 लिपिकाल अपूर्ण (अर्थात् लिपिकाल वाले पृष्ठ अप्राप्त है इसलिए लिपिकाल निश्चित करना सम्भव नहीं है।) प्रथम पत्र अप्राप्त कुल 19 पद प्राप्त हुये हैं।

2. क्रमांक 357, ग्रन्थांक – 2464, ग्रन्थ का नाम – पद संग्रहकर्ता एवं टीकाकार हितहरिवंश, पत्र सं. 11, लिपिकाल – 19वीं शताब्दी, प्रथम दो पत्र अप्राप्त।

3. क्रमांक 346, ग्रन्थांक – 2366, ग्रन्थ का नाम – पद संग्रह, कर्ता एवं टीकाकार – हितहरिवंश, पत्र सं. 6, लिपिकाल – पूर्ण, 19वीं शताब्दी राग बद्ध।

प्रयाग संग्रहालय द्वारा प्राप्त श्री हितहरिवंश द्वारा रचित पद संग्रह– प्रयाग संग्रहालय में हमें श्री हितहरिवंश जी द्वारा रचित प्रति संख्या 38/2/5 चौरासी पद, अत्यधिक जीर्ण तथा पुरानी

अवस्था में प्राप्त होते हैं। जिसमें पदों में निम्नलिखित राग–रागिनियाँ प्राप्त होती हैं –

विभास – 1, ललित – 5 पद, बिलावल – 7 पद, तोड़ी – 4 पद, आसावरी – 2, धनासिरी – 7, बसंत – 2, गुर्जरी – 7, सारंग – 16, मलार – 5, गौरी – 9, कल्याण – 6, कान्हरो – 9, केदारो – 4, कुल 84 पद (हित चौरासी) प्राप्त होते हैं। 84 पदों के कारण और हित जी द्वारा रचित होने के कारण इस ग्रन्थ को 'हित चौरासी' नाम प्राप्त हुआ। यह प्रति सम्पूर्ण है।

1904 मिति सावन बदी 5 में इस ग्रन्थ का प्रतिलिपिकरण हुआ है। यह कुछ ठीक–ठाक अवस्था में प्रति संख्या 85/216 के अन्तर्गत प्राप्त होती है। जिसमें पदों का विभाजन रागों के अन्तर्गत किया गया है किन्तु इसमें से 6 पद में रागों के नाम प्राप्त नहीं होते हैं यह कुल 84 हैं। इसमें सवैया, छप्पय, कुंडलिया आदि के पश्चात् कुछ फुटकर पद भी प्राप्त होते हैं। जिनमें रागों के नाम प्राप्त होते हैं। इस प्रति का लिपिकरण काल 1845 प्राप्त होता है।

इन संग्रहालयों के अतिरिक्त ''श्री राधावल्लभ मन्दिर ट्रस्ट, वृन्दावन श्री जयेश खण्डेलवाल जी का राधावल्लभ पाण्डुलिपि संग्रहालय, वृन्दावन इत्यादि संग्रहालयों से हमें इस सम्प्रदाय के पद प्राप्त होते हैं।

निष्कर्ष:– 'राधावल्लभ सम्प्रदाय के समाज संगीत में प्रयुक्त रागों के शास्त्रीय विवेचन' के अन्तर्गत मैंने राधावल्लभ सम्प्रदाय की उपासना पद्धति 'समाज संगीत' गायन के पदों को स्वरलिपिबद्ध करने का प्रयत्न किया है। जिसके अध्ययन से प्राप्त निष्कर्ष निम्नवत् हैः–

जब मैंने इन पदों को सुना तो ऐसा प्राप्त हुआ कि ये पद हमारे भारतीय संगीत की प्राचीन रागों में बद्ध हैं। चूंकि राधावल्लभ सम्प्रदाय की परम्परा काफी प्राचीन है इसीलिए मैंने जब पदों को सुना तो मुझे जो रागों का स्वरूप प्राप्त हुआ वो वर्तमान कुछ रागों से साम्य तो

अवश्य रखता है किन्तु कुछ रागों के हमें नाम परिवर्तित प्राप्त होते हैं तो कुछ में स्वरूप परिवर्तन व कुछ तो आज प्राप्त ही नहीं होती, कारण वे आज अप्रचलित रागों की श्रेणी में आ गई है। किन्तु इतना अवश्य कहा जा सकता है कि जो स्वरलिपि हमें प्राप्त हुई है वे रागों के प्राचीन स्वरूप से साम्य रखती है। यहाँ पर एक पहलू और विशेषतः सामने आता है कि जो रागें हमारी शास्त्रीय संगीत जगत में अप्रचलित रागों की श्रेणी में रखी जाने लगी हैं वे रागें 'राधावल्लभ सम्प्रदाय' में अप्रत्यक्ष रूप से संरक्षित है। अर्थात् कहने का तात्पर्य यह है कि हमारे शास्त्रोक्त रागों की अमूल्य निधि को हम अप्रचलित कह देने मात्र से झुठला रहे हैं। वहीं अमूल्य निधि इस सम्प्रदाय की 'समाज संगीत' परम्परा में आज तक बनी हुई है। कहीं न कहीं हमारे शास्त्रीय संगीत के प्राचीन स्वरूप इसके मूल के संरक्षण में 'राधावल्लभ सम्प्रदाय' की अप्रत्यक्ष रूप से महत्वपूर्ण भूमिका संलग्न है।

सन्दर्भ ग्रन्थ सूची

1.
2. श्री राधावल्लभ, अष्टयाम, पृ. 40
3. गर्ग, डॉ. लक्ष्मीनारायण, संगीत विशारद, पृ. 303
4. वही
5. चौरासी वैष्णवन की वार्ता, पृ. 254
6. श्री राधावल्लभ, अष्टयाम, पृ. 15
7. श्री हित सुधा सागर, पृ. 335
8. गर्ग, डॉ. लक्ष्मीनारायण, संगीत विशारद, पृ. 303
9. हिन्दुस्तानी संगीत पद्धति, 'क्रमिक पुस्तक मालिका', पृ. 355
10. वही
11. श्री हित सुधा सागर, पृ. 352
12. रातंजनकर, श्री कृष्णनारायण, अभिनव गीतमंजरी, पृ. 37
13. गर्ग, डॉ. लक्ष्मीनारायण, संगीत विशारद, पृ. 275,276
15. श्री हित चतुरासी, पद सं. 27

15. श्री किशोरीशरण 'अलि', हस्तलिखित प्रति से उद्धृत पद (यह छूट का पद है जिसे समयानुसार किसी भी राग में गाया जा सकता है।)
16. गर्ग, डॉ. लक्ष्मीनारायण, संगीत विशारद, पृ. 275
17. श्री किशोरीशरण 'अलि', हस्तलिखित प्रति से उद्धृत, पृ. 17
18. गर्ग, डॉ. लक्ष्मीनारायण, संगीत विशारद, पृ. 315
19. श्री हित चतुरासी, पद संख्या 47, पृ. 107
20. संगीत पारिजात, पद संख्या 359, पृ. 98
21. वही
22. वही, पद संख्या 358, पृ. 96
23. श्रृंगार रस सागर, प्रथम भाग, पद संख्या 55, पृ. 176
24. 'रागतरंगिणी', 'चतुदण्डिप्रकाशिका', 'रागलक्षण', 'रागविबोध', 'स्वर मेलकलानिधि', 'रसकौमुदी', 'संगीतसारामृत', ग्रन्थों में दिए गए 'श्री' मेल के स्वर भी उत्तर भारतीय संगीत के काफी थाट से पूर्णतः मेल खाते हैं। 'रागलक्षण' नामक ग्रन्थ में राग काफी को 'खरहरप्रिया' मेल से उत्पन्न बताया गया है। जिसमें गन्धार–निषाद कोमल व शेष स्वर शुद्ध ही बताये गये हैं। 'भातखण्डे संगीतशास्त्र' (चतुर्थ भाग), पृ. 51
25. श्रृंगार रस सागर (भाग–प्रथम), पद 1, पृ. 427
26. वही
27. गर्ग, डॉ. लक्ष्मीनारायण, संगीत विशारद, पृ. 313
28. गर्ग, डॉ. लक्ष्मीनारायण, संगीत विशारद, पृ. 323
29. गर्ग, डॉ. लक्ष्मीनारायण, संगीत विशारद भाग–2, पृ. 647
30. वही
31. गर्ग, डॉ. लक्ष्मीनारायण, संगीत विशारद, पृ. 891
32. व्यासवाणी, पद 357, पृ. 382
33. क्रमिक भाग–6, पृ. 76
34. वही, पृ. 77
35. वही
36. वही, पृ. 126
37. वही, पृ. 127
38. त्रिशाह, जयसुखलाल, विनय, सारंग के प्रकार, पृ. 1, 2
39. त्रिशाह, जयसुखलाल, विनय, मल्हार के प्रकार, पृ. 5, 6, 7

40. क्रमिक पुस्तक मालिका, भाग–5, पृ. 281
41. वही
42. वही
43. वही, पृ. 169
44. झा, पं. रामाश्रय, अभिनव गीतांजलि, भाग–2, पृ. 193
45. वही
46. वही

6

राधावल्लभ सम्प्रदाय के सन्त, कवि एवं संगीतकार

सम्प्रदाय प्रवर्तक श्री हितहरिवंश जी का जीवन परिचय

जन्मकालीन परिस्थितियाँ

श्री हितहरिवंश जी का जन्म सोलहवीं शताब्दी के प्रारम्भिक काल में हुआ जिसे मुगलकाल के नाम से जाना जाता है। यह काल हिन्दू जनता के लिए वेदनाओं तथा कष्टों से परिपूर्ण था। उन पर मुगलों द्वारा भिन्न–भिन्न प्रकार के अत्याचार किये जाते थे। इनमें से कुछ जजिया करारोपण, मन्दिर तथा मूर्तियों का खण्डन, अत्सिक स्वतन्त्रता का हनन इत्यादि अत्याचार सम्मिलित थे। यह काल सिकन्दर लोदी के क्रूर शासन का साक्षी था।

श्री हितहरिवंश की जन्मकालीन परिस्थितियों पर यदि दृष्टि डालें तो प्राप्त होता है कि उस समय अल्पकाल में शासकों के गद्दी परिवर्तन के फलस्वरूप युद्ध और संघर्ष का क्रम सतत् चल रहा था। जिसके परिणामस्वरूप वह वातावरण धार्मिक अभ्युत्थान के लिए स्वभावतः घातक था। इसलिए ऐसे काल में धार्मिक क्षेत्र में उच्चकोटि का मनन–चिन्तन साधारणतः सम्भव नहीं था, किन्तु आश्चर्य का विषय

यह है कि मध्ययुगीन भक्ति–काव्य के उत्कर्ष पर पहुँचने का काल या भक्ति का स्वर्णयुग यही काल था।

देश में व्याप्त ऐसी प्रतिकूल परिस्थिति में भी भक्ति पंथ के ज्ञाताओं ने विचलित न होकर धर्म के दीप को और अधिक प्रज्वलित कर दिया था। सम्राट अकबर के शासन काल में मुस्लिम नीति में कुछ परिवर्तन के प्रमाण प्राप्त होते हैं किन्तु अकबर का शासन काल श्री हितहरिवंश जी के निधन के बाद प्रारम्भ होता है।

जन्मकालीन सामाजिक परिस्थितियाँ: श्री हितहरिवंश जी की जन्मकालीन सामाजिक परिस्थिति पर विचार करते समय हिन्दू रीति–रिवाज, वर्णाश्रम, धर्म की मर्यादा का प्रश्न हमारे समक्ष सर्वप्रथम आता है। इस युग में फैली अराजकता ने हिन्दू समाज की वर्ण व्यवस्था पर गहरा आघात किया था, धार्मिक कट्टरता दिन–प्रतिदिन बढ़ती जा रही थी। साम्प्रदायिकता, हठधर्मिता व धर्मान्धता का जोर था। कुछ मेधावी और समर्थ लोग नवीन धार्मिक सम्प्रदायों के द्वारा हिन्दू जनता को ईश्वर की ओर ले जाने के लिए प्रत्यनशील थे, तो वहीं वैरागी साधुओं ने गृहस्थ धर्म की निन्दा कर और वैराग्य का हिन्दू समाज में प्रचार–प्रसार किया। जिसका प्रभाव कुछ अकर्मण्य और निष्क्रिय जनसमुदाय पर पड़ा। जिसके कारण सामाजिक मर्यादाओं के पालन में भी शिथिलता दृष्टिगोचर होने लगी साथ ही चारित्रिक दुर्बलताएँ भी दृष्टिगत होने लगी थी। ऐसी स्थिति में कुछ मनस्वी सन्तों ने अपनी उर्जस्वी वाणी द्वारा समाज में फैली सामाजिक मान्यताओं को स्थिरता प्रदान करने का महान कार्य किया।

श्री हितहरिवंश जी ने अपने स्वतन्त्र दृष्टिकोण से गृहस्थ धर्म को श्रेयस्कर बताते हुए गृहस्थाश्रम में ही भक्ति पथ के अनुगमन का उपदेश दिया और जनता को बाहरी वैराग्य और कठोर तपस्या के मार्ग से हटाया। वैराग्यवाद के युग में गृहस्थ धर्म का उपदेश सचमुच में एक साहसिक कार्य था। यदि उस समय हितहरिवंश व कुछ अन्य

सन्तों द्वारा गृहस्थ धर्म का विधिवत् उपदेश देकर जनता का पथ प्रदर्शन न किया जाता तो सम्भवतः अकर्मण्यता, कुण्ठा और निष्क्रियता, भाग्यवादिता से देश और अधिक पतन की ओर चला जाता।

साहित्यिक जन्मकालीन और धार्मिक परिस्थितियाँ

साहित्यिक और धार्मिक दृष्टि से श्री हितहरिवंश जी का उद्‌भव काल विशेष महत्व रखता है। यह काल इसलिए महत्वपूर्ण है क्योंकि इस काल में जो भी विचारधाराएँ प्रवर्तित हुई उसके लिए साहित्य को ही माध्यम बनाया गया। वैसे तो पूर्व में भी धार्मिक भावनाओं की अभिव्यक्ति वाणी के माध्यम से होती रही है परन्तु इस काल में रचित वाणी साहित्य अपनी सरसता के कारण उस कोटि तक पहुँची जिसे रससिद्ध साहित्य की संज्ञा प्राप्त होती है। इस काल में धर्म और साहित्य पृथक–पृथक वस्तु न रहकर इतने अधिक समीप आ गये थे कि इनमें पार्थक्य (पृथकता) सम्भव नहीं रहा। इस समय उत्तर भारत में रामानन्द और वल्लभाचार्य की धार्मिक परम्परा और शिष्य परम्परा का प्रारम्भ हितहरिवंश जी से पूर्व में प्रारम्भ हो चुका था, कारण यही था कि हितहरिवंश जी का जन्म इससे बाद में हुआ है। इसी कारण हितहरिवंश जी की भक्ति–भावना पर माधुर्य की गहरी छाप है, इस तथ्य का प्रमाण है कि 'उज्जवल नीलमणि' और 'हरि भक्ति रसामृत सिन्धु' के तात्विक विश्लेषण का उन्हें पूरा–पूरा बोध था और राधा–कृष्ण के प्रणय–व्यापार के वर्णन में उनके अन्तर्मन पर इन ग्रन्थों का प्रभाव रहा होगा। यह माना जा सकता है कि उन्होंने अपने स्वतन्त्र भावों की स्थापना में अनेक मौलिक सिद्धान्त से अपना पार्थक्य रखा किन्तु इनके प्रभावों का वे सर्वथा परिहार नहीं कर सके थे। ब्रजभाषा की साहित्यिक चेतना भी उन्हें पूर्ववती भक्त कवियों में अवश्य उपलब्ध हुई होगी। उनकी मातृभाषा तो ब्रज नहीं थी और उनका शैशव भी ब्रज में व्यतीत नहीं हुआ था। अतः ब्रज आगमन के बाद उन्होंने ब्रजभाषा को स्वीकार किया और इसमें अद्‌भुत क्षमता प्राप्त कर चमत्कार कर दिखाया।"[1]

श्री हितहरिवंश जी का जन्म काल साहित्य की दृष्टि से अत्यन्त महत्वपूर्ण है यही वो काल है जिसमें ब्रज में रचित ब्रज भाषा साहित्य को सौन्दर्य के चरम उत्कर्ष पर पहुँचने का सुअवसर प्राप्त हुआ। सूर, तुलसी, अष्टछापी कविगण, निम्बार्की कवि राधावल्लभ सम्प्रदायी कवि आदि अनेक कवियों की वाणियाँ लोक भाषा में या यों कहें की जनसामान्य की भाषा में होने के कारण सम्पूर्ण ब्रज प्रदेश में अत्यन्त प्रचलित व प्रचारित हुई।

श्री हितहरिवंश जी की जन्मकालीन परिस्थितियों पर सूक्ष्मावलोकन करने से निष्कर्षतः यह प्राप्त होता है कि आपका जन्मकाल राजनीतिक संघर्ष, सामाजिक उत्कर्ष, धार्मिक और साहित्यिक उत्कर्ष का संक्रान्ति काल था।

श्री हितहरिवंश जी की वंश परम्परा और पूर्वज

"आपकी वंश परम्परा उत्तर प्रदेश के सहारनपुर जिले के देवबंद (प्राचीन देववन) नामक कस्बे में यजुर्वेदीय माध्यंदिनी शाखावर्ती कश्यप क्षेत्रीय एक सभ्रान्त गौड़ ब्राह्मण परिवार चिरकाल से निवास करता था। इस परिवार में श्री व्यास मिश्र नाम के महानुभाव का धन–धान्य एवं वैभव–सम्पन्न होने का वर्णन तथा तत्कालीन राज दरबार में सम्मानपूर्ण पदों पर प्रतिष्ठित होने का उल्लेख परवर्ती साम्प्रदायिक वाणी–ग्रन्थों में प्रचुर परिमाण में उपलब्ध होता है किन्तु कोई ऐसा ऐतिहासिक प्रमाण नहीं मिलता जिसे इस परिवार की वंश परम्परा तथा ख्याति का प्रामाणिक आधार माना जाए। देववन्द में व्यास मिश्र के वंशधरों के पास जो सामग्री उपलब्ध है उसके आधार पर भी कोई प्रामाणित वंशावली उपस्थित नहीं की जा सकती। अतः गुणानुवाद–परक भक्त अनुयायियों की वाणी को ही वंश परम्परा की जानकारी के लिए प्रमाण स्वरूप स्वीकार किया जाता है।"[2]

यदि इस परिवार के व्यक्ति किसी ऐसे उच्च पद पर आसीन होते जो राजनीतिक महत्व की दृष्टि से उल्लेख होता तो तत्कालीन किसी

इतिहास ग्रन्थ में, किसी न किसी महानुभाव का वर्णन होता, किन्तु ऐसा कोई उल्लेख हमारे देखने में नहीं आया। श्री हितहरिवंश जी ने ही यथार्थ में इस कुल को विख्यात किया है। इस सम्प्रदाय में वंशावली के रूप में प्रसिद्ध दो–तीन विभिन्न प्रकार की वंशावलियाँ हमारे देखने में आई है। 'श्री हित चरित्र' लेखक गोपाल प्रसाद शर्मा, रैसलपुर ने अपने पुस्तक में जो वंशावली दी है उसे हम यहाँ अविकल रूप में प्रस्तुत कर रहे हैं किन्तु प्राचीन वाणियों की परम्परा से इसमें बहुत भेद हैं।''[3]

श्री अतिवल्लभ जी रचित 'श्री मन्त्रध्यान हित पद्धति भाषा' नामक वाणी ग्रन्थ' में वर्णित वंश परम्परा को प्राचीन होने के कारण कुछ अधिक प्रामाणिक माना गया है।

वंश परम्परा का प्रमाण

श्री अतिवल्लभ जी की वाणी श्री मन्त्रध्यानहित पद्धति भाषाः–

''अवतारी अंसन को अंसी, रस माधुर्य वलित प्रसंसी।
नव किशोर नागर वंशीवर, वेद रिचन को दियो धर्मवर।
तब उपासना परकट भई, श्री नारायण विधि को दई।
श्री धाता नारद स्यों कही, श्री नारद व्यास प्रति सही।
श्री व्यास श्री शुकदेव प्रति, श्री शुक प्रकट करी सन्तन हित।
श्री शुक के कश्यप ऋषि शिष्य, धरम अनन्य दिया लखि मुख्य।
और गुरु भ्राता बहुज्ञाता, गौड़पाद आदिक विख्याता।।''

इसके अतिरिक्त अन्य कई अलग वंशावलियों का वर्णन डॉ. विजयेन्द्र स्नातक जी की पुस्तक ''राधावल्लभ सम्प्रदायः सिद्धान्त और साहित्य'' पृ. 81 से 85 तक पुस्तक में प्राप्त होता है। जैसे गोपालदास शर्मा जी ने श्री केसोदास को श्री हरिवंश जी का पिता लिखा है जो किसी भी वाणी में स्वीकृत नहीं है। श्री बलदेव उपाध्याय की ''भागवत् सम्प्रदाय'' में अतिवल्लभ जी द्वारा स्वीकृत वाणी परम्परा का उल्लेख

है वहीं अहमदाबाद में भी एक वाणी बताई जाती है किन्तु यह हमें उपलब्ध नहीं हो सकी।

श्री अतिवल्लभ जी, उत्तमदास जी, हरिदास व्यास जी, सेवक जी, चतुर्भुजदास जी आदि भक्त कवियों की वाणियों में श्री हितहरिवंश जी के पिता व्यास मिश्र का संकेत दिया है। कई स्थान पर व्यास मिश्र के वैभव का वर्णन प्राप्त होता है। कई विद्वानों ने इसे काल्पनिक भी बताया है किन्तु प्राप्त प्रमाणों से इतना अवश्य ही स्पष्ट हो जाता है कि भले ही ये (व्यास मिश्र) अत्यधिक वैभवशाली न रहे हो परन्तु वंशानुगत विद्वत्ता, श्री सम्पन्नता आदि के कारण समाज में समादृत (सम्मानित) अवश्य ही थे। निम्नलिखित दोहे व चौपाई से प्रमाणित करते प्राप्त होते हैंः–

दोहा –

काश्यप नाप ऋषि भये, कश्यप की सन्तान।
योग धारण करि तिनहि, बहु दिन राखे प्रान।
हरि आराधन अति कियो, तप बल मन को जीति।
ब्याह करौ आज्ञा भई, संतति हितनिज रीति।
ऋषि बोले, प्रभु विषयते, मन न रहेगो हाथ।
भक्ति जायगी छूटिकै, हों प्रभुनाथनि नाथ।

चौपाई –

तब श्री हरि की आज्ञा भई, तुत कुल भक्ति अचल हम दई।
तिनके अचलेश्वर रिषि भये, अचल भक्ति करि ते निरभये।
राधा कृष्ण उपासन जिनके, जुगल मन्त्र जाप साधन जिनके।
अच्युतेश्वर तिन सुत जानो, तिनके श्रीधर–श्रीधर मानो।
तिनके हलधर अति बढ़ ज्ञाता, पाणिधर तिनके विख्याता।
गंगाधर रिषि गंगाधर सम, विजय भट्ट मारग वेदागम।
भट्ट कुलाजित तिनके पुत्र, जिनके विद्याधर सुपवित्र।

तिनके जालप मित्र गरिष्ठ, सेवे राधावल्लभ इष्ट।
समय जानकै राज अरू भोग, अर्पण करत सकल प्रभु जोग।
सेवा में अति ही मन दीनौ, भाव भावना में तन कीनौ।
तिनकै मिश्र प्रभाकर अति बढ़, मिश्र उमाकर उच्चरित बहु जड़।
जीवद मित्र भये जग पावन, तिनके हिमकर तपत नसावन।
तिनकै सुतनव, नव जोगेश्वर, तिनमति व्यास व्यास अखिलेश्वर।
तिनकै सुत भये श्री हरि आप, वंस रचहि जस मति अमित प्रताप।
—श्री अतिवल्लभ जी कृत वाणी से उद्धत।

वाणी – रचनाकाल सम्वत् 1780 के लगभग। लिपिकाल सम्वत् 1894 (आसाढ़ वदी एक सोमवासरे लिपि कृत हरिदासेन श्री वृन्दावन धामे श्री जमुना तटे।)

'श्री हित चरित्र' गोपाल प्रसाद शर्मा कृत वंशावली (संलग्न परिशिष्ट सं.2) (शतपथ ब्राह्मण)

इनके पिता का उपनाम हरिराम शुक्ल तथा माता का नाम तारावती था। 'मित्रबन्धु 'विनोद' प्रथम भाग, प्रथम संस्करण, पृ. 284, इनके पिता का उपनाम हरिराम तथा माता का नाम तारावती था। मिश्रबन्धु 'विनोद', प्रथम भाग, चतुर्थ संस्करण, पृ. 240

देववन नगर प्रसिद्ध विराजै, व्यास मिश्र द्विज कुल मधि राजै।
गौड़ सुविद्यावान शुभ जाति, यजुर्वेद तिनकौ विख्यात।
माध्यंदिनी प्रखर है शाखा, कश्यप गौत्र सुनो सभिलाषा।
पंडित गुन अपार न प्रमाण, हय, गय सम्पति नृपति समान।
देश–देश मधि सुयश अपारौ, पश्थ्वीपति लौं जाय प्रकासौ।
बहु आदर सों बोलि पठाये, नश्प को मिलन मिश्रा जी आये।
मिलै नारियल लैकै चारि, एक–एक गुन प्रतिज्ञु विचारि।
ज्योतिष आगम वैदिक वेद, सुस्मृति पुरानन हूँ के भेद।
तब नरिन्द पूछी सब बात, अचरच गुननि जानि हरषात।

तब सब गुननि परीक्षा लीनी, चार हजारी की निधि दीनी।
बड़ी समृद्धि भई इन ठौरी, पातशाह संग रहै निशि भोरी।
बहुरि विदाहै के घर आये, गज तुरंग बहु सम्पत्ति लाये।

(श्री उत्तमदास जी कृत रसिकमाल हस्तलिखित प्रति के श्री हरिवंश चरित–प्रकरण से उद्धत।)

जन्म सम्वत

श्री हितहरिवंश जी के जन्म सम्वत् के सम्बन्ध में प्राचीन वाणियों में अनेक स्थानों पर उल्लेख मिलता है। जिसके अनुसार आपका जन्म ब्रज के बाद ग्राम नामक स्थान पर विक्रम सम्वत् 1559 में प्राप्त होता है किन्तु बीच में कुछ विद्वानों ने जन्म काल 1530 ठहराने का प्रयत्न किया था। इन दो जन्म सम्वत् को लेकर सम्प्रदाय के रसिकगणों में अलग–अलग सम्वत् के समर्थक पैदा हो गये। जिसके फलस्वरूप जन्म सम्वत् विवाद का विषय बन गया।

''मिश्रबन्धु–विनोद' के प्रथम संस्करण में श्री हितहरिवंश जी के सम्बन्ध में जो कुछ लिखा गया वह सर्वथा प्रामाणिक न होने पर भी जन्म सम्वत् की दृष्टि से अवश्य ठीक था। किन्तु बाद के संस्करणों में जहाँ अन्य श्रुतियों का परिहार किया गया वहाँ जन्म सम्वत् को बदलकर अशुद्ध कर दिया गया।''[4]

''इस विवाद का मुख्य कारण लेखक गोपाल प्रसाद शर्मा द्वारा लिखित 'श्री हित चरित्र' पुस्तक है, जिसमें जन्म सम्वत् 1530 ठहराया गया था।''[5]

वहीं रामचन्द्र शुक्ल द्वारा रचित पुस्तक 'हिन्दी साहित्य का इतिहास' में 1530 जन्म सम्वत् ना मानते हुए इन्होंने लिखा है कि ''राधावल्लभी सम्प्रदाय के प्रवर्तक गोसाई हितहरिवंश जी का जन्म सम्वत् 1559 में मथुरा से 4 मील दूर दक्षिण में बाद ग्राम में हुआ था। राधावल्लभी सम्प्रदाय के पण्डित गोपाल प्रसाद शर्मा ने जन्म सम्वत्

1530 माना है जो कि सब घटनाओं पर विचार करने से ठीक नहीं जान पड़ता।''[6]

(रामचन्द्र शुक्ल, 'हिन्दी साहित्य का इतिहास', पृ. 202)

श्री अतिवल्लभ जी, जयकृष्ण जी, उत्तमदास जी आदि ने भी सम्वत् 1559 को ही बिना किसी सन्देह के प्रामाणिक किया है। वहीं यदि गणित ज्योतिष का आधार लिया जाए तो वैशाख सुदी एकादशी–सोमवार, पन्द्रह सौ उनसठ सम्वत् में ही है। 1530 में शनिवार आता है, सोमवार नहीं। राधावल्लभ मन्दिरों में गायी जाने वाली बधाईयाँ गायी जाती है उनमें भी 1559 तिथि का ही संकेत प्राप्त होता है साथ ही स्वामी हरिदास जी व स्वामी श्री हरिराम व्यास भी हमें हरिवंश जी के सम्वत् 1559 के प्राकट्य का संकेत देते हैं। इसके अलावा श्री भगवद मुदित लिखित रसिक माल में श्री जन्म काल संकेत है –

''पन्द्रह सौ उनसठि संवतसार, वैसाखी सुदि ग्यास सोमवर।
तहाँ प्रगटे हरिवंस हित, रसिक मुकुट मनिमाल।
कर्म, ज्ञान, खंडन करन, प्रेम भक्ति प्रतिपाल।''

इसी तरह 'श्री मायाशंकर याज्ञिक' की प्रति में भी हित चरित्र वर्णित है जिसमें जन्म सम्वत् भी प्राप्त होता है –

''पन्द्रह सै उनसठि सम्वतसार, वैसाखी सुदि ग्यास सोमवर।
तहाँ प्रगटे हरिवंस हित, रसिक मुकुट मनिमाल।

इन सभी प्रस्तुत कुछ प्रमाणों से श्री हरिवंश जी का जन्म हमें 1559 ठहराना ही उचित प्रतीत होता है और यही प्रमाणित भी होता है।

जन्मस्थान

''श्री व्यास मिश्र अपनी धर्मपरायणता के कारण 'ऋषिराज' नाम से जाने जाते थे। आप अपनी वैभव सम्पन्नता के कारण राजा के

समान तथा धर्मशीलता के कारण ऋषि के समान समाज में समादृत थे। धन–धान्यादि सम्पन्न होने पर भी व्यास मिश्र को पुत्र का अभाव था। पुत्र के अभाव में व्यास जी तथा उनकी पत्नी श्रीमती तारारानी मन ही मन खिन्न रहते थे। उनके मन के संताप को देखकर एक दिन उनके अग्रज श्री नृसिंहाश्रम जी (पूर्व नाम – केशवदास मिश्र) ने भविष्यवाणी द्वारा यह सूचित किया कि निकट भविष्य में उन्हें पुत्र प्राप्ति का योग है और इसी वर्ष उनके घर में वंशोद्धारक पुत्र उत्पन्न होगा। व्यास मिश्र इस भविष्यवाणी को सुनते ही अपने भाग्योदय पर प्रमुदित हो पत्नी सहित ब्रज यात्रा का निश्चय कर, बसंत पंचमी के शुभ दिन, बन्धु–बान्धव, नौकर–चाकर, रथ–गज आदि साधन सहित घर से निकल पड़े।''[7]

इनकी यात्रा अवश्य ही किसी दिव्य प्रेरणा के कारण हुई थी तभी श्री हरिवंश जी की माताश्री तारारानी के अन्दर एक प्रकार का आलौकिक उत्साह था। तारारानी को यात्राजन्य कष्ट का लेशमात्र भी अनुभव नहीं हुआ और आनन्द के साथ उन्होंने यात्रा की। ब्रजक्षेत्र की यात्रा के दौरान मथुरा के निकटवर्ती 'बाद' ग्राम में तारारानी के आसन प्रसवा होने के कारण इसी ग्राम भूमि में पड़ाव डालने का निश्चय किया। कुछ समय बाद इन्हें एक अत्यन्त सुन्दर पुत्ररत्न की प्राप्ति हुई। जिसका नाम इस दम्पति ने हरिवंश रखा।[8]

वर्तमान समय में राधावल्लभियों ने श्री व्यास मिश्र के रूकने के स्थल पर मन्दिर का निर्माण करवा लिया है जहाँ आज भी सम्प्रदाय के रसिक जन श्री जी की पूजा–सेवा करते हैं। इसके अतिरिक्त एक–दो कुटिया भी यहाँ पर बनी हुई है। मन्दिर के आस–पास की रमणीयता, प्रेम सरोवर के अवशेष, वट वृक्ष की स्थिति का अनुमान प्राप्त दृश्यों अवशेषों से किया जा सकता है।

आप ब्रजभूमि से कोई सम्बद्ध न रखते थे किन्तु दिव्य पुत्र की प्राप्ति व उसमें विशेष गुणों के संचार हेतु आपको ईश्वरीय प्रेरणा हुई

जिसके फलस्वरूप आप ब्रज क्षेत्र में आए दिव्य पुत्र प्राप्त कर पुनः अपने आवास स्थल पर लौट गये। अधिकतर ग्रन्थों व सन्तों ने इनका जन्म स्थान बाद ग्राम ही माना है किन्तु आश्चर्य का विषय यह है कि मिश्र बन्धुओं ने आपका जन्म स्थान आपकी पितृभूमि देवबन्द को ही माना है। सम्भवतः इस मत का कारण सिर्फ इतना है कि उन्होंने कदाचित् ब्रजभूमि में जन्म को विशेष महत्वपूर्ण विषय नहीं समझा। अतः अपने पूर्वजों के वासस्थान को ही इनका भी जन्म स्थान लिख दिया है।

इस त्रुटि का संकेत हमें श्री वियोगी हरि जी की पुस्तक 'ब्रज माधुरी सार' ग्रन्थ में मिलता है।

इस ग्रन्थ में इसका स्पष्टीकरण करते हुए बाद ग्राम को ही इनकी जन्मभूमि ठहराया है। निष्कर्षतः इनका जन्म स्थान मथुरा के निकट स्थित बाद ग्राम ही है।

शैशव काल में अलौकिक चमत्कार

छह मास बाद ग्राम में निवास करने के पश्चात् श्री व्यास मिश्र जी अपनी पत्नी और नवजात शिशु सहित देववन वापस चले गये। श्री हितहरिवंश जी के विषय में प्रचलित है कि ब्रजयात्रा के समय आप अबोध बालक ही थे किन्तु प्रचलित किंवदन्ती के अनुसार उसी अल्पायु में आपके श्री मुख से संस्कृत भाषा में 'श्री राधासुधानिधि' का प्रादुर्भाव हुआ। यह चमत्कारिक घटना 'श्री नृसिंहाश्रम जी' के सामने घटित हुई थी और इन्होंने ही इस ग्रन्थ को लेखनी प्रदान की थी। ऐसी चमत्कारिक घटना का उल्लेख अतीव श्रद्धाभक्ति के साथ बाद के महात्माओं ने किया है। जिस प्रकार से अनेकानेक धर्म प्रवर्तकों सन्तों के विषय में विलक्षण, चमत्कारिक और अद्‌भुत घटनाएँ श्रद्धालुओं द्वारा वर्णित की जाती है। सम्भवतः यह किंवदन्ती भी अनुश्रुति परम्परा से इस सम्प्रदाय में प्रवर्तित होती चली आ रही है। इस चमत्कार के विषय का विस्तारपूर्ण वर्णन हमें 'मीठा भाई' कृत 'अष्टक' में प्राप्त होता है।

"राधा रस सुधा निधि शण मास में बुखान्यौ।
बीठल सुजान्यौ सान्यौ हियो सुख सार है।
ज्ञानू और छबीलदास आस करि आये पास,
दियो दरसाय वृन्दाविपिन विहार है।
व्यास महल आँगन में अलिबेलि भाँति डोलै,
डोलै संग माधुरी की उझल अपार है।
अंध्रि कंज मंजु पुंज रसन अमन्द सार,
हित मकरन्द मिष्ट दृष्टि को आधार है।[9]

बाद ग्राम से व्यास दम्पत्ति देववन पहुँचे। हितहरिवंश के जन्म से आपके जीवन में परिवर्तन हुआ। आप सांसारिक वैभव से विरक्त हो भगवद् भक्ति और सेवा पूजा में ही लीन रहने लगे। किन्तु जब हितहरि की बाल सुलभ क्रियाएँ करते देखते तो शिशु में ही ईश्वर की दिव्य शक्ति की छठा निहारने लगते।

बाल्यकाल में बालक श्री हितहरिवंश जी की क्रिड़ाओं में भगवद्भक्ति के सिवाय और कोई खेल ना होता। बालक ज्ञानू और छबीलदास आपके बचपन के अनन्य सखा थे, जिन्हें आपने बाल्यकाल में ही 'वृन्दाविपिन विहार' का व्यक्त दर्शन कराया था। श्री हितहरि के बाल्यकाल का सुन्दर वर्णन हमें 'चाचा वृन्दावन दास' जी के ग्रन्थ 'श्री हितहरिवंश सहस्त्रनाम' में प्राप्त होता है –

पाँच वर्ष के भये जबहि श्री व्यास दुलारे।
तव उपवन चलि जाय खेल नाना विस्तारे।
पिता बाग मधि कूप तहाँ श्री विग्रह जान्यौ।
धाई परै जल कूद आपुसौ भुज भरि आन्यौ।
प्रभु श्री रंगीलाल स्वामिनी गादी थोपी।
रीझि लडैती कुँवरि आपनी पद्धति ओपी।[10]

–108 से 112 तक

तीसरी चमत्कारपूर्ण घटना है श्री रंगीलाल जी का प्राकट्य। राधावल्लभ सम्प्रदाय में ऐसी मान्यता है कि पाँच वर्ष की अल्पायु में ही आपको आलौकिक ज्ञान–चक्षु प्राप्त हो गये थे। जिनके बल से आपको अन्दर–बाहर और अभ्यन्तर रहस्यों का उद्घाटन होने लगा था। ऐसे में ही एक रात्रि को स्वप्नदशा में आपको श्री प्रिया जी से प्रेरणा प्राप्त हुई कि आपके घर के निकट वाले बाग के कूप में श्री रंगीलाल जी का विग्रह विद्यमान है जिसे प्रकट करके जगत् के समक्ष प्रस्तुत करने का आदेश आपको हुआ था। फलस्वरूप बालक श्री हरिवंश ने उस कूप से श्री रंगीलाल जी को प्रकट कर सबको आश्चर्य में डाल दिया। जहाँ श्रद्धालुओं के मन में यह घटना दिव्य शक्ति का संकेत देती है वहीं आज के बुद्धिजीवी लोग इस वैज्ञानिक तर्क–परायण युग में इसे केवल काल्पनिक चमत्कार से अधिक कुछ नहीं समझा जाएगा।

मिस्त्र बाग में कूप निहारौ, तामै द्विभुज स्वरूप हमारौ।
सुन्दर श्याम बाँसुरी लिए, मम गादी सेवहु मन दिये।[11]

एक और चमत्कारिक घटना श्री हितहरिवंश के विषय में प्रचलित है। आपको बाल्यकाल में ही इष्टदेवी राधा जी से 'निज मन्त्र' (साम्प्रदायिक द्वादशाक्षर दीक्षा मन्त्र) की प्राप्ति हुई थी। आपको मन्त्र की प्राप्ति भी श्री जी की प्रेरणा से हुई थी। उन्होंने आपके अन्तर्मन में प्रेरणा जाग्रत की कि घर के बाहर पीपल के वृक्ष के अरूण वर्ण के पत्ते पर एक मन्त्र अंकित है, तुम उसे अपने दीक्षा मन्त्र के रूप में वृक्ष पर चढ़कर ग्रहण करो। इस प्रकार से आपके विषय में कुछ अन्य किंवदन्तियाँ भी प्रचलित हैं किन्तु उनका कोई ऐतिहासिक आधार प्राप्त न होने के कारण इस चमत्कारिक वर्णन को अनावश्यक समझते हैं।

एक दिवस सोवत सुख लहनौ, श्री राधे सुपने में कहनौ।
द्वार तिहारे पीपर जो है, ऊँची डार सबन में सो है।
तामे अरून पत्र इक न्यारौ, जामै जुगल मन्त्र है भारौ।
लेहु मन्त्र तुम करहु प्रकास, रसिक जनन की पुजिवहु आस।[12]

इष्टदेवी और गुरु

जैसा कि पूर्व में हमने बताया है कि श्री जी ने श्री हितहरिवंश जी को 'निज मन्त्र' जिसकी प्राप्ति आपको पीपल के वृक्ष पर हुई थी, के द्वारा प्राप्त हुआ था। इस सम्प्रदाय के सभी ग्रन्थों में, प्राचीन वाणियों में इष्टदेवी और गुरु के रूप में श्रीराधा का ही नाम वर्णित प्राप्त होता है। श्री नागरीदास द्वारा रचित 'अष्टक' में श्रीराधा को श्री हितहरिवंश जी के गुरु के रूप में स्वीकार किया है।

– रसिक श्री हरिवंश सर्वशं श्री राधिका।
राधिका सर्वशं हरिवंश वंशी।
हरिवंश गुरु, शिष्य हरिवंश प्रेमावली,
हरिवंश धन धर्म, राधा प्रशंसी।।[13]

– श्री व्यासनन्दन व्यासनन्दन व्यासनन्दन गाइये।
जिनको हित नाम लेत दम्पत्ति हित पाइये।
तिनको पियनाम सहित मन्त्र दियो श्री राधे।
सत् चित् आनन्द रूप निगम आगम साधे।[14]

'श्री हितहरिवंश सहस्त्रनाम' नामक ग्रन्थ श्री चाचा वृन्दावनदास जी द्वारा रचित है। जिसमें वर्णन प्राप्त होता है कि श्रीराधा ने आपसे प्रसन्न होकर माहिली (अतरंग) बनाया और दीक्षा दी।

'कृपा करि श्री राधा प्रकट होय दर्शन दियो।
अपने हित को जानिकै हित सो मन्त्र सुनाथ दियौ।[15]

श्रीराधा का ही श्री हित जी का गुरु होना ऐसे भी प्रमाणित होता है कि स्वयं हितहरिवंश जी द्वारा रचित ग्रन्थों में गुरु स्तुति के सम्बन्द्ध में हित जी ने न तो किसी गुरु का स्तवन किया है और न ही आपने राधा के अतिरिक्त किसी और को अपने ग्रन्थों में कोई स्थान दिया है वरन् श्रीराधा को आपने प्रत्येक ग्रन्थ के प्रारम्भ में अपनी आराध्या इष्टदेवी के रूप में स्वीकार किया है। उदाहरणतः 'श्री राधासुधानिधि' नामक ग्रन्थ में भी आपने इसी प्रकार का वर्णन किया है –

लिखन्तु भुजमूलतो न खलु शंखचक्रादिकं
विचित्र हरिमन्दिरं न रचयन्तिभालस्थले,
वसतुलसिमालिकां दधाति कंठ पीठने वा
गुरोभंजन विक्रमात् क इह ते महाबुद्धयः।। [16]

इसी प्रकार श्री नाभा जी कृत भक्तमाल में हरिवंश चरित्र प्रस्तुत करने वाले छप्पय प्रियादास कृत भक्तमाल में, भगवत् मुदित आदि अनेकानेक ग्रन्थों में इनकी आराध्या गुरु सब श्रीराधा ही है ऐसा कई ग्रन्थों के वर्णन से प्राप्त होता है। निष्कर्षतः श्रीराधा ही आपकी आराध्या और गुरु भी हैं जिनके दिव्य प्रभाव से आपको दीक्षा प्राप्त हुई।

उपनयन संस्कार, विद्याध्ययन और विवाह

आठ वर्ष की आयु में आपका उपनयन संस्कार सम्पन्न हो गया था। आपकी बुद्धि आठ वर्ष की आयु में भी सामान्य बालकों से कहीं अधिक तीव्र थी। आपने धारणाशक्ति चमत्कारी साथ ही स्नेह तथा सौजन्य से शैशव में ही काफी बड़ा सखा मण्डल स्थापित कर लिया था। आपके खेलों में सदैव भगवत्भक्ति के खेल ही होते थे।[17] इसी अवस्था में आपसे महाप्रसाद माहात्म्य ठाकुर जी की सेवा पूजा, एकादशी व्रत आदि विलक्षण भाव व्यक्त किये थे। धीरे–धीरे आपकी भगवद् भावना, सेवा पूजा आदि सद्गुणों से प्रभावित होकर आपके पास रसपिपासुओं का आगमन होना प्रारम्भ हो गया था। इस आयु में भी आपने अनेकानेक चमत्कार किये जिनसे वाणी ग्रन्थ भरे पड़े हैं किन्तु उसे भावनापरक मानकर हमने इस प्रसंग को यहाँ उद्धृत करना आवश्यक नहीं समझा।

सोलह वर्ष की आयु में आपका विवाह रूक्मिनी देवी के साथ सम्पन्न हुआ।[18] आपने गृहस्थाश्रम में भी अपनी धार्मिक निष्ठा में परिवर्तन नहीं किया। आपने गृहस्थ में रहकर भक्ति की। जो समाज

को वैराग्यता से बचाने के क्षेत्र में एक बड़ा उदाहरण प्रस्तुत किया। श्रीमती रूक्मिनी देवी से आपको एक पुत्री और तीन पुत्र प्राप्त हुए।[19]

"सन्तति का जन्म सम्वत् प्राचीन वाणियों में इस प्रकार उपलब्ध होता है। ज्येष्ठ पुत्र श्री वनचन्द्र जी सम्वत् 1585, द्वितीय पुत्र श्री कृष्णचन्द्र जी सम्वत् 1587, तृतीय पुत्र श्री गोपीनाथ जी सम्वत् 1588 तथा पुत्री साहिब दे सम्वत् 1589 में उत्पन्न हुई। श्री हरिवंश जी की माता तारारानी का 1589 में तथा पिता श्री व्यास मिश्र का निकुन्जमान 1590 सम्वत् में हुआ। इसके पश्चात् आपकी इच्छा भगवान की लीलास्थली में जाकर ईश्वर भक्ति में लीन होने की हुई।"

"यह सम्पति श्री देवन भई, तब श्री श्यामा आज्ञा दई।
वृन्दावन कौ वेगि पधारौ, निज रस रीति अवनि विस्तारौ।
श्रवण सुनत उठि चले धाम को, तोषन हित श्री प्रिया श्याम को।
वरसि वयस वय क्रम जानो, प्रकट बास वन को मन मान्यौ।[20]

"सम्वत् 1590 में अपने माता–पिता के निकुंज गमन पश्चात् आपको आन्तरिक प्रेरणा हुई कि आप ब्रजभूमि में जाकर श्रीराधा की सेवा पूजा आदि करें। इस प्रेरणा को आदेश मानकर आपने अपनी पत्नी रूक्मिनी को भी साथ चलने को कहा किन्तु बच्चों के छोटे होने के कारण उन्होंने ब्रजयात्रा से मना कर दिया तो स्वयं आप ही चल पड़े। देववन से प्रस्थान के पश्चात् आपको स्वप्न में श्रीराधा जी ने आदेश दिया कि आगे मार्ग में तुम्हें चिरथावल नामक ग्राम में यदि कोई ब्राह्मण अपनी दो कन्याओं के साथ विवाह करने का प्रस्ताव रखे तो उसे तुम स्वीकार कर लेना। आपने ऐसा ही किया उधर ब्राह्मण को भी स्वप्न में श्रीराधा ने आपसे अपनी कन्या का विवाह करवाने का आदेश दिया। साथ ही आपको स्वप्न में ब्राह्मण द्वारा प्राप्त राधावल्लभ जी के विग्रह को ले जाकर वृन्दावन में एक मन्दिर में विधिवत् स्थापित करने का आदेश भी दिया। आपने इस विषय पर कई बार विचार किया क्योंकि आप पूर्व में विवाहित थे आपके साथ आए आपके मित्रों

या शिष्यों से भी सलाह ली तब उन्होंने आपको बोला कि जब आज तक आपने सभी कार्य श्रीराधा की आज्ञा से सम्पन्न किये हैं तो आज भी करें। उनके इस आदेश में भी कोई रहस्य व कारण ही होगा। आपने श्रीराधा जी के आदेश का सम्पूर्ण पालन पूरी मनोभाव व श्रद्धा से किया।''[21] ब्राह्मण देव श्री जी का विग्रह जो कि उन्हें प्राणों से अधिक प्रिय था उसका वियोग एक क्षण भी ना सह सके और अपने प्राण श्री जी को अर्पण कर दिये। श्री हित जी ने आपके अनेयष्ठी संस्कार को पूर्ण किया व अपना कर्तव्य पूर्ण किया।

ले प्रसाद पौढ़े सुखदाई श्री श्यामा सुपने में आई।
चिरथावल में द्विज सम्पन्न, प्रेम भक्ति जुत महा अनन्य।
द्वै कन्या सौ तुमको देहै, अपनो भाग्य आनि वह लैहै।
तिनको पानि ग्रहण तुम कीजो, भक्ति सहायक ही गनि लीजो।
तिही ठाँव एक और मम रूप, द्विज लै मिलहै परम अनूप।
ताको ले वृन्दावन जैहै, सेवन करि सबको सुख दैहै।[22]

ब्राह्मण की दो कन्याओं कृष्णदासी और मनोहरदासी के साथ विवाहोपरान्त कुछ समय चिरथावल में निवास करने के पश्चात् आपने वृन्दावन की ओर दोनों पत्नियों व राधावल्लभ जी के विग्रह के साथ प्रस्थान किया। सम्वत् 1590 की फाल्गुन की एकादशी को वृन्दावन पहुँचे। यहाँ पर आपने विश्राम हेतु मदनटेर नामक स्थान पर विश्राम के लिए डेरा डाला। यह आज भी वृन्दावन में प्रसिद्ध है। आपके दिव्य स्वरूप पर मुग्ध होकर ब्रजवासी, आस–पास के समीपवर्ती गाँवों में आपके आगमन पर आपके दर्शन हेतु आने लगे थे। ''एक किंवदन्ती है कि नरवाहन जी ने आपसे प्रार्थना की आप धनुष लेकर बाण चलाइये। आपका बाण जिस जगह तक पहुँचेगा वहाँ तक का प्रदेश हम आपको भेंट कर देंगे। कहते हैं कि हरिवंश जी ने ब्रजवासियों के अनुरोध पर बाण छोड़ा और वह बाण 'चीर घाट' नामक स्थान तक गया। फलतः मदनटेर से चीर घाट तक की भूमि श्री हरिवंश जी को उपहारस्वरूप प्रदान कर दी गई।''[23]

वृन्दावन आगमन और शिष्य–दीक्षा

1590 में वृन्दावन आगमन के कुछ समय पश्चात् आपने यहाँ रूकने का मन बना लिया। आपने कदाचित् उस समय के प्रचलित वैष्णव सम्प्रदायों का अनुशीलन किया होगा। उनमें व्याप्त विधि–निषेध के साथ कर्मकाण्ड का और ब्रह्माचार की अनेक परिपाटियों आदि का अध्ययन किया। उन्हें न स्वीकार करते हुए श्री हितहरिवंश जी ने स्वकीय (स्वयं द्वारा निर्मित) नूतन सम्प्रदाय का प्रवर्तन किया और अनेक विषयों में सर्वथा नवीन (अभिनव) शैली स्वीकार की। आपके द्वारा निर्मित सम्प्रदाय को राधावल्लभ सम्प्रदाय नाम प्राप्त हुआ। जिसके अन्तर्गत आपने प्रेम को रस के रूप में अपनाया। अतः यह रस मार्ग नाम से प्रसिद्ध हुआ। फलतः इस कारण जन सामान्य इस तरफ आकर्षित होने लगी। भक्ति और प्रेम के सुन्दर मार्ग से श्री जी की उपासना का सुयोग पाकर श्रद्धालु जनता एक साथ ही गोस्वामी हरिवंश जी द्वारा प्रवर्तित मार्ग पर चल पड़ी। दूर–दूर तक आपकी साधना पद्धति का प्रचार होने लगा। इसी समय आपने कई श्रद्धालु भक्तों को अपना शिष्य बनाया। जिनमें से कुछ नाम हैं –

भैंगांव के अधिपति नरवाहन, रेवाड़ी के श्री नवलदास और पूरनदास का नाम उल्लेखनीय है।[24]

श्री हरिवंश जी के सुन्दर रूप, गुण, शील पर मुग्ध होकर ब्रजवासियों ने आपको कृष्ण वंशी का अवतार माना और आपकी सरस वाणी को सरस वंशी के समान सारी गोपियों को मोहने वाला माना। अधिकतर वाणियों में आपको वंशी अवतार ही माना है किन्तु प्रियादास जी ने अपने भाष्य हरिवंश जी को हनुमान जी का अवतार माना है।

नरवाहन नामक शिष्य का इस सम्प्रदाय में विशेष रूप से वर्णन मिलता है। इस समय के व अन्य कुछ बाद के अनेकानेक आपके कई शिष्य हुए हैं जिनमें से कुछ जो प्रसिद्ध थे उनके नाम ही प्राप्त होते हैं।

चार सिद्ध केलि स्थलों का प्राकट्य

"वृन्दावन में निवास करते हुए श्री हरिवंश जी ने साधना के निमित्त चार 'सिद्ध–केलि–स्थलों' का प्राकट्य किया। मानसरोवर, सेवाकुन्ज, रासमण्डल और वंशीवट नाम से आज भी ये चार स्थान वृन्दावन में विख्यात है। इनमें से मानसरोवर, सेवाकुन्ज, रासमण्डल आज भी राधावल्लभ सम्प्रदाय के स्थल हैं। वंशीवट के विषय में यह प्रचलित है कि इसे किसी साधु ने निम्बार्क सम्प्रदाय के पास गिरवी रख दिया था। अतः वह स्थान सम्पत्ति निम्बार्क सम्प्रदाय के पास है। इन स्थलों पर वर्ष में यथा समय साम्प्रदायिक उत्सव आदि होते रहते हैं।

1. मानसरोवरः यह स्थल वृन्दावन से दो मील यमुना के उस पार है। वहाँ एक सरोवर है तथा श्री जी की नाम सेवा और रासमण्डल है। श्री वल्लभाचार्य जी की बैठक भी यहाँ स्थापित कर दी गयी है।

2. वंशीवटः यह स्थान वृन्दावन का पवित्र स्थल माना जाता है। राधावल्लभ सम्प्रदाय में यह स्थल श्री हितहरिवंश जी द्वारा प्रकट किया गया समझा जाता है। आजकल यह राधावल्लभ सम्प्रदाय के अधिकार क्षेत्र में नहीं है। कृष्ण बंशी बजाकर गोपियों को यहाँ बुलाते थे, ऐसा प्रसिद्ध है।

3. सेवाकुन्जः वृन्दावन के मध्य में लाल पत्थर के कोट से परिवेष्टित विशाल वन है जिसमें लता, गुल्म, तृण वीरूध की बहुलता है। इसमें एक ललिताकुण्ड तथा श्री जी का मन्दिर है। श्री हितहरिवंश जी ने इस स्थान पर अपना निवास स्थान बनाया था। यहाँ प्रथम पाटोत्सव 1591 में हुआ। यह आजकल भी वृन्दावन का प्रमुख तीर्थ एवं दर्शनीय स्थल माना जाता है। भक्तों की मान्यता है कि यहाँ आज भी नित्य प्रति रात्रि को दिव्य रासविहार होता है और श्री जी के कृपापात्र भक्त उसके

दर्शन के अधिकारी हैं। इस कुन्ज को वृन्दावन का प्राचीनतम स्थल माना जाता है। यहाँ नामसेवा विराजमान है।

4. रासमण्डलः यह स्थान चीरघाट या वर्तमान समय में प्रसिद्ध गोविन्द घाट के समीप स्थित है। यहाँ नाद वंश के विरक्त राधावल्लभीय नागाओं का अधिकार है। 'नामसेवा' स्थापित है। ऊँचे गोल चबूतरे पर सिंहासन बना है। यहाँ रासलीला प्रारम्भ से होती आ रही है।

इन चारों सिद्ध केलियों में सेवाकुन्ज का सबसे अधिक महात्म्य है क्योंकि वहाँ श्री हितहरिवंश जी ने राधावल्लभ जी के विग्रह की सर्वप्रथम प्रतिष्ठा की थी। 1591 सम्वत् में प्रथम पाटोत्सव इसी सेवाकुन्ज में सम्पन्न हुआ था। यह इसलिए भी सम्प्रदाय के लिए महत्वपूर्ण है क्योंकि इस स्थान पर पाटोत्सव का उल्लेख पुरातन वाणियों में विस्तारपूर्वक मिलता है। इसलिए ऐतिहासिक दृष्टि से उल्लेखनीय है कि इस तिथि के आधार पर ही अन्य साम्प्रदायिक तिथियों का निर्माण किया जाता है। इस स्थान के विषय में किंवदन्ती प्रचलित है कि यहाँ प्रतिदिन निशीथ (रात्रि) के समय श्री कृष्ण राधा तथा अन्य सखियों संग रास करते हैं। लगभग आधी शताब्दी तक इस स्थान पर राधा–कृष्ण का विग्रह प्रतिष्ठित रहा। सम्वत् 1641 में अब्दुर्रहीम खानखाना के विशेष आदेश पर साथी दीवान या खजान्ची सुन्दरदास ने लाल पत्थर का नया मन्दिर बनवाया जिसमें काफी धन लगाया गया। रहीम के इस आदेश का उल्लेख भगवत् मुदित रसिकमाल ग्रन्थ में प्राप्त होता है।[25]

मन्दिर में श्री राधावल्लभ जी का विग्रह सम्वत् 1726 तक विराजमान रहा किन्तु औरंगजेब के दुर्दान्त आक्रमण में मन्दिर का पार्श्व भाग तुड़वा डाला किन्तु सौभाग्यवश भक्तगण श्री राधावल्लभ जी के विग्रह को पहले ही उठाकर कामवन (भरतपुर स्टेट में) में ले गये

जिससे मूर्ति नष्ट होने से बच गई। जो कि कामवन में 115 वर्ष तक रहा। ब्रिटिश राज्य के सुदृढ़ हो जाने पर पुनः सम्वत् 1842 में श्री जी का पदार्पण श्रीवन में हुआ। एक नवीन मन्दिर प्रतिष्ठा के लिए निर्माण कराया गया जिसमें आद्यावधि श्री राधावल्लभ जी की मूर्ति विराजमान है।[26]

''बीच की अवधि में कई विद्वान व भक्तों ने श्री हिताचार्य की शिष्यता ग्रहण की जैसे 'कर्मणी बाई' नामक एक महिला श्री हरिवंश जी का यशोगान सुनकर वृन्दावन आई। यह महिला उच्चकोटि के भक्तों में विख्यात है। इसका उल्लेख भगवद् मुदित 'रसिक अनन्यमाल' में प्राप्त होता है।''[27]

> ''परमानन्द प्रबोध हित कही, सो विनती हित जू मन गही।
> ये सन्यासी हम हैं ग्रेही, मन की भाव धरौ जू सनेही।
> सेवन करि परतीत बढ़ाई, नित्य विहार की शिक्षा पाई।
> अस्तुति अष्टक करि शुद्धि करी, चितवृत्ति हरि चरननि धरी।
> सुन करूना करि रीति बताई, अभिलाषा पुजई मन आई। [28]

इनके अतिरिक्त कामवन निवासी दो भक्त महिलाएँ 'यमुनाबाई' और 'गंगाबाई' नामक महिलाएँ श्री हरिवंश जी की शिष्या हुई। श्री खरगसेन भी हरिवंश जी के अनुयायी हुए। जिसका वर्णन 'नाज्मा जी' कृत 'भक्तमाल' में मिलता है।

नाभादास जी ने अपने 'रसिक अनन्यमाल' में श्री हरिदास तुलाधार जी को भी प्रसाद–निष्ठा ख्याति प्राप्त सम्प्रदाय का शिष्य बताया है।[29]

''श्री हितहरिवंश जी ने बड़े समारोह से ''राधावल्लभ सम्प्रदाय में व्याहुला प्रथा का प्रवर्तन किया। अब अन्य वैष्णव सम्प्रदायों में भी व्याहुला का विपुल वर्णन मिलता है। इस विवाहोत्सव की परिपाटी का रस पद्धति से साँगोपाँग वर्णन का श्रेय निश्चय ही श्री हरिवंश जी को ही है। बाद में अनेक राधावल्लभीय महानुभावों ने अपनी सरस एवं

सुन्दर वाणी में 'व्याहुला' का वर्णन किया। ऐसा सुन्दर एवं मोहक वर्णन अन्य किसी वैष्णव सम्प्रदाय में उपलब्ध नहीं होता।

श्री हितहरि जी ने राधावल्लभ सम्प्रदाय की सेवा विधि लाने के निमित्त 'खिचड़ी की प्रथा' का प्रचलन किया। इसकी विशिष्टता यह है कि उस दिन राधावल्लभ जी का वेश एकदम साधारण होता है। तात्विक दृष्टि से विचार करने पर प्राप्त होता है कि श्री राधावल्लभ जी के सामान्य रूप, सहज परिधान का यही अर्थ होगा कि भगवान को सदैव विशेष परिधान साज–श्रृंगार ही अभिष्ट (प्रिय) नहीं वरन् उन्हें साधारण से साधारण वेश विन्यास (सजावट) भी उतना ही अधिक प्रिय है। कहा भी जाता है भगवान सदैव प्रेम का भूखा है धन सम्पदा आदि का नहीं। उदाहरणस्वरूप श्री कृष्ण ने दुर्योधन के मेवे को ठुकराकर विदुर जी के यहाँ छिलकों को प्रेमपूर्वक खाया। इन सबके अतिरिक्त रासमण्डल की स्थापना का श्रेय आपको जाता है।[30]

गोविन्द घाट का रासमण्डल प्राचीनतम है और इसकी स्थापना श्री हरिवंश जी ने की है। इस मत पर कई मतभेद प्राप्त होते हैं। कुछ का मानना है कि इसका रासमण्डल (रासलीला) का प्रवर्तन श्री धर्मण्डिदेव (निम्बार्क) को है कुछ का मत है कि गौड़ीय सम्प्रदायाचार्यों ने इसका प्रवर्तन किया है। लीलानुकरण तो पहले भी होता था किन्तु किन्हीं कारणों से वह लुप्त हो गया। इसे नवीन रूप देकर श्री हितहरिवंश द्वारा प्रवर्तित किया गया। इसका प्रमाण हमें 'राधावल्लभ सम्प्रदायः सिद्धान्त और साहित्य' में 'रासलीला अनुकरण' सप्तम् अध्याय में प्राप्त होता है।

सम्वत् 1598 में शरद् ऋतु में मनोहरी दासी नामक पत्नी से श्री मोहनचन्द्र नामक पुत्र उत्पन्न हुए।[31]

निकुन्जगमनः "प्राचीन वाणियों के आधार पर श्री हरिवंश जी के निकुन्जगमन की तिथि 1609 ठहरती है। अश्विन मास की शरद् पूर्णिमा के दिन आपने इहलोक लीला संवरण की। आपकी मृत्यु से

रसिक–समाज जिसको आपने संगठित किया था बिखर गया।[32] आपकी मृत्यु पर बहुत ही मार्मिक पद श्री हरिराम व्यास द्वारा रचित प्राप्त होता है।

"हुतौ रस रसिकनि को आधार।
बिनु हरिवंसहि सरस रीति कौ कापै चहिहै भार।
कौ राधा दुलरावै गावै वचन सुनावे चार।
वृन्दावन की सहज मुधुरी कहि है कौन उदार।
पद रचना अब कापै है, निरस भयौ संसार।[33]

आपके जन्म की भाँति ही आपकी मृत्यु के विषय में भी कुछ भ्रान्तियाँ प्राप्त होती है। जिसका निराकरण करना आवश्यक है। ऐसा प्रचलित है कि हरिवंश विरोधियों ने एक दिन मौका पाकर तलवार से आपका सिर काटकर वध कर दिया था। इस भ्रान्ति का मूल आधार बंग्ला का 'प्रेमविलास' नामक ग्रन्थ है। इस ग्रन्थ की प्रमाणिकता संदिग्ध है और युक्ति तर्क के अनुसार हम इसे 19वीं शताब्दी में नित्यानन्द द्वारा रचित मानते हैं किन्तु इसके प्रवर्तन काल के विषय में भी अनेक भ्रान्तियाँ प्रचलित है। इस ग्रन्थ में हरिवंश चरित्र सम्बन्धित तथ्य अप्रमाणित प्राप्त होते हैं जिसमें प्रारम्भ से अन्त तक भ्रामक और इतिहास विरूद्ध बातें लिखी गयी है।

इस ग्रन्थ के अतिरिक्त कुछ और मत प्राप्त होते हैं जिनके अध्ययनोपरान्त यह प्रतीत होता है कि इस प्रकार के वर्णन या तो कपोल कल्पना पर आधारित हैं या फिर गुरु भक्ति को, गुरु सिद्ध करने की भावना से सिर काटना और उनके द्वारा उद्धार करना भी साम्प्रदायिक पक्षपातपूर्ण संकीर्ण मनोवृत्ति का सूचक है। अध्ययन के पश्चात् हम इस निष्कर्ष पर पहुँचते हैं कि इनका निकुन्जगमन सामान्य रूप में ही तिथि 1609 में ही मानना उचित प्रतीत होता है।

श्री हितहरिवंश रचित साहित्य

गोस्वामी हितहरिवंश रचित दो हिन्दी, दो संस्कृत और दो गद्य–पत्र अद्यावधि उपलब्ध हुए हैं। हिन्दी ग्रन्थों में हित चौरासी और स्फुटवाणी है; संस्कृत ग्रन्थों में राधासुधानिधि तथा यमुनाष्टक है तथा विट्ठलदास जी को लिखे गये दो गद्य–पत्र हैं। उपरोक्त सभी ग्रन्थ प्रकाशित हो चुके हैं। उक्त ग्रन्थों का विस्तारपूर्वक वर्णन आगे के अध्याय में किया जाएगा।

गोस्वामी हितहरिवंश जी के दो प्रधान ग्रन्थ हैं –

1. राधा सुधानिधि (270 पद्य) – यह ग्रन्थ संस्कृत में रचित है। यह ग्रन्थ श्री राधा रानी की प्रशस्त (जिसमें किसी की प्रशंसा अथवा उसका वर्णन दिया गया हो) प्रशस्ति ग्रन्थ है। इस ग्रन्थ में श्री हितहरिवंश जी ने राधारानी के सौन्दर्य सेवाभाव तथा परिचर्या तत्व का मार्मिक रूप से वर्णन कर अपने प्रकृष्ट (उच्चकोटि की) भक्ति तथा काव्य प्रतिभा का पूर्ण परिचय दिया है।[34]
2. हित चौरासी (ब्रजभाषा में निबद्ध चौरासी पद) – अध्ययन करने पर हमें 'हित चौरासी' ग्रन्थ पर रचित कई टीकाएँ भी प्राप्त होती हैं। जैसे (क) हित धरणीधर की टीका 16वीं शती; (ख) गोस्वामी सुखलाल जी की 17वीं शती; (ग) लोकनाथ जी की; (घ) श्री जुगलदास की; (ड़) प्रेमदास जी की आदि। इसमें सिद्धान्त के पदों की विशेषता है तथा राधाकृष्ण की रूप–माधुरी तथा सेवा–माधुरी का उत्कृष्ट कवित्वमय वर्णन है।

इसके अतिरिक्त आशास्तव, चतुःश्लोकी, श्री यमुनाष्टक तथा राधातन्त्र ग्रन्थ भी इनके नाम से प्रसिद्ध हैं।

गोस्वामी श्री हितहरिवंश और संगीतः (सम्वत् 1590–1650)

श्री हितहरिवंश जी द्वारा रचित चार ग्रन्थ 'राधासुधानिधि', 'श्रीहित चतुरासी', 'स्फुट वाणी' तथा 'यमुनाष्टक' है। जिनमें से 'श्रीहित चतुरासी' और 'स्फुट वाणी' के पदों का ही गायन इस सम्प्रदाय के समाज गान में प्राप्त होता है। जिसकी प्रमाणिकता हमें 'श्री अनन्य अली' के कथन से प्राप्त होती है –

जब मैं आठ बरस कौ भयौ तब श्री जू के चरनैं शरनैं आयो, और तब ही श्री जी की श्री चौरासी में के पद चार कण्ठ किए एक पद गौरी में, 'वेनु माई बाजे वंशी वट'... और

राग बिलावल में–

''आजु नागरी किशोर भावन्ती विचित्र और कहा कहौ अंग अंग परम माधुरी'' आदि।[35]

'श्रीहितचतुरासी' नामक ग्रन्थ में कुल 84 पद हित जी द्वारा रचित संकलित है। ये सारे ही पद अलग–अलग रागों में बद्ध हैं। इसमें कुल 14 रागों में बद्ध पद प्राप्त होते हैं।

श्री हित जी ने राधा–कृष्ण के अनन्य प्रेम को व्यक्त करने के लिए संगीत को अपना आधार बनाया। संगीत के माध्यम से श्री हिताचार्य ने नित्य विहार, भक्ति भावना, प्रेम में मान विरह आदि भावों को सरलता से पदों में ढाल दिया है।

झूलनोत्सव के पद के अन्तर्गत राग मल्हार हित जी द्वारा रचित पद है जिसमें राधा–कृष्ण को राग मल्हार गाते हुए झूला झूलने को वर्णित किया गया है –

''प्रीतम दोऊ झूलत है संकेत। उतहिं कुँवर इत कुँवरि राधिका ललिता झोटा देत।। दोऊ मिलि मुदित परस्पर गावत अलापत राग मलार।''[36]

हित जी द्वारा रचित 'स्फुट वाणी में' भी हमें चार रागों में बद्ध पदों की प्राप्ति होती है। बिलावल राग में दो, धनाश्री में पाँच, गौरी में चार तथा कल्याण में चार पदों को बद्ध किया है। कई अन्य स्थान पर हित जी ने पदों के मध्य में ही रागों का नामोल्लेख कर दिया है –

"जुवतिनु मण्डल मध्य श्याम धन सारंग राग जमायौ।" [37]

इनके अतिरिक्त हित जी के पदों में अन्य सांगीतिक तत्व भी प्राप्त होते हैं जैसे – वाद्यों के नाम, सप्त सुर, श्रुति, राग–रागिनी इत्यादि सांगीतिक शब्दों की भी प्राप्ति हमें इनके पदों में होती है।

राधावल्लभ सम्प्रदाय के सन्त कवि अपने सम्प्रदाय के पूर्ववर्ती सन्त कवियों की वाणियों, मान्यताओं एवं परम्पराओं से पूर्ण रूप से प्रभावित रहे हैं। इसीलिए उन्होंने अपने गुरुजनों एवं गुणीजनों की परम्परा को आगे बढ़ाते हुए रस को प्रधानता देते हुए पदों की अनुपम रचनाएँ कर डाली। इस सम्प्रदाय में लगभग 330 से भी अधिक रसिक कवियों की संख्या प्राप्त होती है। इस शोध प्रबन्ध में उन प्रमुख सन्त कवियों के जीवन परिचय को सम्मिलित किया गया है। जिन्होंने अधिकतम ग्रन्थों एवं पदों की रचनाएँ की है तथा जिन्हें परम्परागत रूप से आज भी राधावल्लभ सम्प्रदाय से समाज गान के अन्तर्गत गाया जाता है।

श्री हितहरिवंश के पूर्वजों की वंश–परम्परा

(परिवर्ती वंशजों का वर्तमान काल तक क्रमिक उल्लेख)

यह वर्णन अतिवल्लभ जी व श्री जयकृष्ण की वाणी के आधार पर संकलित किया गया है।

"आदिपुरूष नित्यविहारी श्री राधावल्लभ लाल

□

श्री नारायण

□

ब्रह्मा, नारद, व्यास, शुक, कश्यप (अद्वैत वेदान्ती शाखा)

□

मरीचि, कश्यप, अचलेश्वर, अच्युतेश्वर, श्रीधर, हलधर, पाणिधर, गंगाधर

□

विजयभट्ट, कलाजित भट्ट, जालिप मिश्र, प्रभाकर मिश्र,
उमाकर मिश्र, जीवन मिश्र, हिमकर मिश्र, व्यास मिश्र

□

श्री हरिवंश (सम्वत् 1559 वि.)

□

श्री वनचन्द्र, श्री कृष्णचन्द्र, श्री गोपीनाथ, श्री मोहनचन्द्र
तथा पुत्री साहिब दे

□

(4 पुत्र) श्री सुन्दरवर, श्री राधावल्लभदास, श्री ब्रजभूषण,
श्री नागरवर जी, पुत्री किशोरी

□

श्री सुन्दरवर

□

श्री दामोदरवर जी

□

(2 पुत्र) श्री रामदास (रास वंश), श्री विलासदास (विलास वंश)

□

(3 पुत्र) श्री कमलनयन–निःसन्तान, श्री बृजलाल
को गद्दी सेवा–पूजा सौंपी

□

श्री विहारीलाल – बृजलाल
श्री कुंजलाल – (7पुत्र) श्री रूपलाल प्रख्यात हुए श्री बृजलाल

□

(2पुत्र) श्री सुन्दरलाल – श्री अनूप
(इसी समय गद्दी सेवा का विवाद उठा और छह मास के
लिए दो भागों में सेवा–पूजा का विभाजन हुआ)
श्री सुन्दरलाल

□

(3 पुत्र) श्री चन्द्रलाल, श्री ललितालाल, श्री दयाललाल

□

(3 पुत्र) श्री कीर्तिलाल, श्री मनोरथलाल, श्री जुगतिलाल

□

(2 पुत्र) श्री चतुशिरोमणि लाल, गोविन्दलाल

□

(2 पुत्र) श्री आनंदलाल, श्री लड़ैतीलाल

□

(3 पुत्र) श्री भजनलाल, श्री रंगीलाल, श्री ब्रजमोहनलाल

□

(2 पुत्र) श्री प्रेमलाल, श्री नन्द कुमार

(श्री सुन्दरलाल के समय से ही दूसरी बार अधिकार सेवा का प्रश्न उठा और श्री विलासदास की परम्परा में प्रथम अधिकारी श्री जीवनलाल हुए।)

□

(1 पुत्र) श्री मोहनलाल

□

(2 पुत्र) श्री लाड़िलीलाल, श्री चन्द्रलाल

□

श्री हरिलाल

□

श्री किशोरीलाल

□

श्री रूपलाल (वर्तमान अधिकारी)

□

श्री सुकुमारीलाल आदि।

टिप्पणीः– मन्दिर की सेवा–पूजा अधिकार के सम्बन्ध में विवाद होने पर सन् 1931 में सरकार की ओर से मन्दिर का रिसीवर नियुक्त हुआ था और सेवा–पूजा अधिकार का निर्णय किया गया था। सम्प्रति

सेवा–पूजा दोनों वंशों के गोस्वामी परिवारों में विभक्त है और नियत अवधि के बाद सेवा–पूजा का अधिकार बदलता रहता है।[38]

इसके अतिरिक्त गोपाल प्रसाद शर्मा, रैसलपुर में दी गई वंशावली प्राप्त होती है। इसके अतिरिक्त भी कई अलग–अलग लेखकों द्वारा अन्य कई वंशावलियाँ भी दृष्टिगत होती है। यहाँ पर मेरे द्वारा दी गई वंशावली को अधिकतर विद्वानों ने उचित माना है इसी कारण से मैंने यहाँ पर यह वंशावली दी है।

राधावल्लभ सम्प्रदाय के मुख्य समाजी (रसिक) गणों का जीवन चरित्र

समस्त वैष्णव सम्प्रदायों में से राधावल्लभ सम्प्रदाय के अन्तर्गत सबसे अधिक काव्य रचना हुई है। इस सम्प्रदाय के किशोरीशरण 'अलि' द्वारा सम्पादित पुस्तक (ग्रन्थ) 'साहित्य–रत्नावली' में कई सारे प्रसिद्ध कवियों और उनकी कृतियों के उल्लेख मिलते हैं, जिनमें से प्रस्तुत अध्ययन में निम्नलिखित प्रमुख कवियों को सम्मिलित किया गया है:–

1– श्री दामोदरदास (सेवक जी)

भक्त रसिकों में श्री दामोदरदास जी एक अलग स्थान रखते हैं। श्री हितहरिवंश जी की वाणियों के अन्तरंग मर्म को उद्‌घाटित करने वाले भक्तों (रसिकों) में आपका स्थान सर्वश्रेष्ठ है जिसका प्रत्यक्ष उदाहरण 'हित चौरासी' के रहस्यपूर्ण गूढ़ाशय को समझ कर उसको अपनी श्रेष्ठ वाणी द्वारा प्रकट करना है।

श्री दामोदरदास जी के सम्बन्ध में ऐतिहासिक प्रमाणों द्वारा समर्थित विशेष सामग्री उपलब्ध न होने के कारण इसे परवर्ती भक्तमाल या भक्त–जीवनियों में जो कुछ भी लिखा प्राप्त होता है उसी को आधार (प्रमाण) मानकर हमने इनके जीवनवृत का संकलन किया है। श्री भगवत मुदित ने 67 पदों में विस्तार से सेवक जी के

जीवन से सम्बन्धित घटनाओं पर प्रकाश डाला है किन्तु इनमें ऐतिहासिक आधार खोजना आसान नहीं है। ऐसे ही श्री उत्तमदास जी द्वारा लिखित चरित्र में भी 21 पदों में समस्त जीवनवृत्त लिख दिया गया है।

श्री भगवत मुदित ने लिखा है कि गोंडवाना प्रदेश (वर्तमान जबलपुर) में गढ़ा के एक पवित्र ब्राह्मण परिवार में श्री दामोदरदास जी (श्री सेवक जी का पूर्व नाम) का जन्म हुआ। सेवक जी अपने परिवार के श्री चतुर्भुजदास जी के प्रति बड़ा अनुराग रखते थे। आप दोनों में निश्छल प्रेम था। आप दोनों ही विनीत होने के साथ–साथ सज्जन, पण्डित, चतुर और कुलीन थे। किन्तु आप दोनों के जन्म के विषय में कहीं नहीं लिखा है। जन्म सम्वत् के निर्धारण हेतु हमने प्रियादास लिखित 'श्री सेवक चरित्र' का आधार लिया है। ऐसे देखा जाए तो जन्म सम्वत् प्रमाणित नहीं है क्योंकि प्रियादास जी ने परम्परागत अनुश्रुति को आधार मानकर एक स्वप्न लिखा है जिसमें सेवक जी का बाह्य रूप और आयु लिखी है जिसको आधार बना हमने जन्म सम्वत् 1577 के आसपास माना है। प्रियादास जी द्वारा लिखित स्वप्न –

''गौरवरन है, तीस–बत्तीस बरस की अवस्था है। स्वेत धोती है, स्वेत ही उपरना है। पालथी मारे आसन पर बैठे हैं। आगे चौकी है ताहू पर श्रीमद्गिराजू (चतुरासी) को गुटका है। तामै आरूढ़ दसा सौ लवलीन है रहे हैं और उनके सामुहीं हौं बैठो हौ। उन्होंने वा गहर में से निकसिकै मेरी ओर देख्यौ, तब मौसों कही कि सेवक जी को जन्म सावन सुदी तीज के दिना है तू दण्डवत करि – तब मैंने दण्डवत् करिकै आज्ञा सिर धरि लई।''[39]

''स्वप्न लिखने में प्रियादास जी ने उस अनुश्रुति का निर्वाह किया है जो सेवक जी के विषय में परम्परा से सम्प्रदाय में चली आ रही है कि सेवक जी युवावस्था में वृन्दावन आये थे और बहुत अल्पकाल तक (दस दिन मात्र) जीवित रहकर निकुन्जलीला में प्रवेश कर गये।

उनकी मृत्यु का सम्वत् 1610 माना जाता है जो कि श्री हरिवंश जी के एक वर्ष उपरान्त है।''[40] श्री सेवक जी स्वभाव से रसिक वृत्ति के भक्त थे और दैनिक कार्यकलाप से अवकाश पाते ही हरिसेवा में लगे रहते। आप अपनी भक्ति में इतने लीन हो जाते कि आस–पास का भान भी न रहता किन्तु इतना सब होने पर भी किसी गुरु से दीक्षित न होने से दुःखी रहते। आप सदैव गढ़ी में आने वाले महात्माओं से मिलने जाते और अपनी व्यथा व्यक्त करते। एक बार सुयोग से गढ़ी में कुछ महात्मा पधारे जिन्होंने रसोपासना पद्धति के अनुकूल समाज का आयोजन किया। इस पद्धति को देखकर आपको सन्तुष्टि मिली कि इस पद्धति के अनुसरण से आपको शान्ति मिलेगी। आपने साधुओं से उपासना प्रवर्तक के विषय में जानकारी प्राप्त की और मन ही मन में आपने श्री हितहरिवंश जी को गुरु मान लिया। सन्तों ने आपको वृन्दावन जाकर दीक्षा ग्रहण करने के लिए कहा आपने वृन्दावन जाकर दीक्षा ग्रहण करने का दृढ़ निश्चय किया किन्तु संयोगवश आप अविलम्ब वृन्दावन नहीं जा सके और इसी बीच आचार्यवर श्री हितहरिवंश जी इहलोक लीला संवरण करके निकुन्ज लीला में प्रवेश कर गए यह समाचार पाकर आप अत्यन्त दुःखी हुए। आपने यह निश्चय किया कि मैंने एक बार श्री हितहरिवंश को गुरु मान लिया है तो अब किसी अन्य से दीक्षा नहीं लूँगा। यदि मेरी निष्ठा मेरी भक्ति सच्ची है तो वे ही मुझे स्वयं आकर अशरीरी रूप से ध्यान में आकर दीक्षित करेंगे और यदि ऐसा नहीं हुआ तो मैं प्राण विसर्जन कर दूँगा। सेवक जी इसी निश्चय के साथ ध्यान में बैठ गए तब उन्हें स्वप्न में आकर श्री हित जी ने स्वयं मन्त्र प्रदान किया साथ ही साथ आपको वृन्दावन धाम के दर्शन भी कराये। इसके उपरान्त आपकी चित्तवृति इतनी परिष्कृत और उदात्त हो गई कि आपको 'चतुरासी' के प्रत्येक पद का गूढ़ातिगूढ़ मर्म स्वयं समझ में आने लगा। आपकी 'सेवक वाणी' को सुनकर लोग विस्मृत हो गए और शनैः शनैः यह वृन्दावन तक पहुँची जिसे सुनकर आचार्य वनचन्द्र जी ने इसको सुना तो यह

विज्ञप्ति कर दी कि 'चौरासी' जी को समझने, पढ़ने और जानने के लिए 'सेवक वाणी' का अध्ययन अनिवार्य है।

सेवक जी की वाणी का यह प्रभाव था कि जो भी वृन्दावन से गोंडवाना जाता उसी के द्वारा आपको वृन्दावन आने का निमन्त्रण भेजा जाता। आचार्य वनचन्द्र जी आपसे इतने मुग्ध थे कि आपने घोषणा कर दी कि आप जब भी वृन्दावन आयेंगे आप पर मन्दिर का समस्त वैभव लुटा दिया जाएगा। सेवक जी ने यह सुना तो उनके मन में संकोच उत्पन्न हुआ कि उनके कारण श्री जी का वैभव लुटाया गया तो अच्छा ना होगा। अतः आप भेष परिवर्तन करके श्री जी के दर्शनार्थ उपस्थित हुए। किन्तु आपकी श्री जी में तल्लीनता देखकर और दिव्य मुखाकृति से आपको कण्ठ से लगा लिया और वैभव लुटाने का आदेश दिया तब आपने बड़े ही विनीत और स्नेहित भाव से आचार्य से अनुरोध किया कि वैभव न लुटाकर प्रसाद का ही वितरण करें और प्रार्थना स्वीकार कर प्रसादी का वितरण हुआ।

आप दीर्घकाल तक वृन्दावन में वास नहीं कर सके आप सच्चे महात्मा थे दिन–रात भजन–पूजा में ही लीन रहते, आप में संसार के प्रति विरक्ति आ गई। एक दिन रासमण्डल में पीलू के पेड़ के नीचे ध्यानावस्थित दशा में बैठे–बैठे ही वे निकुन्ज लीला में प्रवेश कर गये।

श्री दामोदरदास (सेवक जी) रचित साहित्य

राधावल्लभ सम्प्रदाय में दामोदरदास रचित सेवक वाणी का धार्मिक दृष्टि से बहुत महत्वपूर्ण स्थान है। सेवक वाणी को हित चौरासी की पूरक वाणी माना जाता है और इन दोनों ही ग्रन्थों को आज एक–दूसरे का अभिन्न अंग माना जाता है। इस विषय पर एक पंक्ति भी हमें प्राप्त होती है – "चौरासी अरू सेवक वाणी, इक संग लिखत पढ़त सुखदानी।" इस वाणी के तैंतीस महानुभावों ने महात्म लिखा है। जिसके मुख्य तीन कारण हैं–

1. यह श्री हितहरिवंश द्वारा रचित 'हित चौरासी' मर्मोद्घाटन करने वाली सर्वप्रथम वाणी है।
2. द्वितीय कारण सम्प्रदाय की मूल भावना को उद्घाटित करना ही इसका चरम लक्ष्य है।
3. और तृतीय सीधी–सादी सरल भाषा शैली में पद रचना प्राप्त होती है जो सामान्यतया बहुत ही रसिक भक्त दृष्टिगोचर होते हैं।

'सेवक वाणी' कुल सोलह प्रकरणों में विभक्त है।

श्री दामोदरदास (सेवक जी) के पदों में प्राप्त सांगीतिक तत्व (समय सं.1670–1700 सम्वत्)[41]

श्री दामोदरदास जी ने 'सेवक वाणी' की रचना की है। इसका राधावल्लभ सम्प्रदाय में वही स्थान है जो 'श्री हितचतुरासी' का है। सेवक जी से प्रसन्न होकर हित जी के पुत्र वनचन्द्र जी ने 'श्री हितचतुरासी' और 'सेवक वाणी' दोनों को एक जगह सम्मिलित करने की आज्ञा दी – 'चतुरासी सेवक वाणी दोनों एक जगह सम्मिलित रहे तब ही से युगलवाणी प्रसिद्ध हुई।'[42] तब से यह दोनों वाणियाँ एक जगह सम्मिलित रहती है।

सेवक जी श्री हितहरिवंश जी के समकालीन थे। इनकी रचनाओं में केवल दो ही पदों के शीर्ष पर राग मारू और राग सूहा–बिलावल का उल्लेख है। परन्तु इसके अतिरिक्त पदों में कई स्थान पर सांगीतिक तत्वों का उल्लेख प्राप्त होता है। जैसे – रागों के नाम, स्वर, लय, ध्वनि, नृत्य के विभिन्न बोल तथा वाद्यों के नामों का उल्लेख भी प्राप्त होता है। उदाहरणस्वरूप –

> ''बहुत रचना करत रागरागिनी धरत।
> तान बंधान सब डान आनी।।''[43]
> ''रून्ज मृदंग उपंग धुन्ज डफ झाँझ ताल सुनि।''[44]

सेवक वाणी को देखने से यह ज्ञात होता है यद्यपि इनकी वाणी में दो पदों पर राग के नाम अंकित है किन्तु इनकी रचना में हमनें सांगीतिक तत्वों को उभारने का प्रयत्न किया है। सेवक जी द्वारा रचित 'मंगलयान' ग्रन्थ में रचनाएँ सुहा–बिलावल में बद्ध है। मध्ययुग से आज तक युगलवर की सेवा में नित्य गायन करने की परम्परा रही है वैसे इसके गायन का महत्व 'हितोत्सव' पर विशेष माना जाता है।

अध्ययनोपरान्त यह ज्ञात होता है कि दामोदर जी ने भी अन्य भक्त संगीतज्ञों की भाँति अपनी रचनाओं में संगीत को अधिक महत्व दिया।

2– श्री हरिराम व्यास

वृन्दावन में हरत्रयी नाम के तीन विख्यात महात्माओं के नाम प्राप्त होते हैं उनमें से एक व्यास जी भी हैं क्योंकि आपका नाम भी हरि से प्रारम्भ होता है। आपके जन्म सम्वत्, जन्म स्थान, दीक्षा गुरु, सम्प्रदाय तथा कविताकाल आदि में अनेक मतवाद प्रचलित रहे हैं।

मिश्र बन्धुओं ने सर्वप्रथम आपके विषय में जानकारी प्रस्तुत की थी किन्तु अज्ञानवश वे हरिव्यास देव और हरिराम व्यास को एक ही समझ बैठे। फलतः 'मिश्र बन्धु विनोद' में यह विवरण भ्रान्तिपूर्ण रूप में प्रकाशित हुआ।

व्यास जी से सम्बन्धित वर्णन (उल्लेख) हमें नाभा जी की भक्तमाल भगवत् मुदित के रसिक अनन्यमाल तथा उत्तमदास जी के रसिक माल में विशद् विस्तार के साथ मिलता है।

नाभा जी के 'भक्तमाल' में व्यास जी के परिचय में जो छप्पय दिया गया है। जिसके ऊपर 'श्री हरिवंश जी' के शिष्य व्यास जी यह शीर्षक है।

> ''काहू के आराध्य मच्छ कच्छ नरहरि सूकर।
> वामन, फरसा धरन सेतु बन्धन जु सैल कर।

एकन के यह रीति नेम नवधा सों लायें।
सुकुल सुमोखन सुवन अच्युतगोत्री जु लड़ायें।
नौ गुण तोरि नुपूर गुह्यौ महत समा मधि रास के।
उत्कर्ष तिलक अरू दाम को भक्त इष्ट अति व्यास के।''

—'भक्तमाल', नाभा जी, छप्पय सं. 92/122

इसी छप्पय की टीका में आपकी अन्य विशेषताओं का संकेत किया गया है।

''आये गृह त्यागि वृन्दावन अनुराग करि,
गयौ हियौ पागि होय न्यारो तासों खीझियै।
राजा लैन आयो ऐ पै जायवौ न भयो,
श्री किशोर उरझायौ मन सेवामति भीजियै।
चीरा जरकसी सीस चीकनौ, खिसिल जाय,
गये उठि कुन्ज सुधि आई सुख पुंज,
आये देखियौ बंध्यौ मंजु कही कैसे मोपै रीझियै।

जन्म स्थान और जन्म सम्वत्

श्री हरिराम व्यास का जन्म स्थान निर्विवाद रूप से बेतवा नदी के किनारे बसे हुए नगर ओरछा (टीकमगढ़) राज्य माना जाता है। राजा मधुकर शाह के शासन काल में ही आप वृन्दावन आये थे। आपके जन्म के विषय में दो मत है।

कुछ विद्वान आप का जन्म सम्वत् 1567 मार्गशीर्ष कृष्णा 5 बताते हैं।[45] किन्तु यदि आप 42 वर्ष की आयु में वृन्दावन आये थे और इसका प्रमाण कई स्थानों पर प्राप्त होता है तो इस अनुसार 'भगवत मुदित' रसिक अनन्यमाल को यदि प्रमाण माना जाये उसी के आधार पर स्वीकार किया जाये तो सम्वत् 1591 में कार्तिक मास में व्यास जी वृन्दावन आये तो आपका जन्म सम्वत् 1549 ठहरता है। आचार्य रामचन्द्र शुक्ल और वियोगी हरि जी ने आपका जन्म काल स्थिर नहीं

किया है वरन् सम्वत् 1620 के आसपास कविता काल लिखा है किन्तु इनके वर्णन में एक त्रुटि यह है कि श्री हरिराम व्यास जी की हितहरिवंश जी से दीक्षा का सम्वत् 1622 मानते हैं जबकि हित जी की मृत्यु विद्वानों के अनुसार 1609 में हो गई थी। सम्वत् 1591 में वृन्दावन आने पर कविता की ओर आपकी प्रवृति हुई उसके बाद आपने आजीवन काव्य रचनाएँ की।[46]

व्यास जी के पिता का नाम समोखन शुक्ल था। व्यास जी सनाढ्य ब्राह्मण परिवार में उत्पन्न हुए थे। वृन्दावन आने पर गुरु गद्दी पर आसीन होने के कारण गुसाई या गोस्वामी भी कहलाने लगे थे। व्यास जी ने अपने परिवार की परम्परा के अनुकूल शैशव में ही संस्कृत का अच्छा ज्ञान प्राप्त किया था बाद में आपको पुराण और दर्शनशास्त्र के प्रति अनुराग हुआ। वे बड़े विद्या–व्यसनी पण्डित थे। आप अपनी जिज्ञासा को शान्त करने के लिए काशी गए। विद्वानों से शास्त्रार्थ भी किया। यहाँ पर आपके शास्त्रार्थ–वृत्ति में परिवर्तन आया और आप शास्त्रार्थी पण्डित के स्थान पर भक्ति–भाव की ओर उन्मुख हुए। व्यास जी अपने पूर्व जीवन में विरक्त साधु नहीं थे। वे तो गृहस्थ थे। युवावस्था में आपका विवाह हुआ था उनकी पत्नी का नाम गोपी था। आपके परिवार में एक छोटा भाई, पत्नी, एक पुत्री तथा तीन पुत्रों की सूचना मिलती है।

व्यास जी द्वारा रचित ग्रन्थ

हस्तलिखित ग्रन्थों की खोज के पश्चात् हमें व्यास जी द्वारा रचित कुछ पद, दोहे, साखी आदि प्राप्त हुए हैं। व्यास जी संस्कृत भाषा के विद्वान थे। व्यास जी द्वारा रचित दो संस्कृत ग्रन्थ का भी उल्लेख प्राप्त होता है किन्तु अनुपलब्धता के कारण इनकी विषय वस्तु की मिमांसा करना सम्भव नहीं है।

व्यास जी द्वारा रचित ग्रन्थों के नाम निम्नलिखित हैं –

1. व्यासवाणी – 758 पद और 148 दोहे (प्रकाशित)

2. नवरत्न और स्वधर्म पद्धति (संस्कशत, अप्राप्य)
3. रागमाला (अप्रकाशित) –604 दोहे

'संगीतशास्त्र रागमाला' हिन्दी का एक संगीतशास्त्र का ग्रन्थ है जो कि आज भी अप्रकाशित है। इस ग्रन्थ के आधार पर श्री व्यास जी के संगीतशास्त्र विषयक ज्ञान का अनुमान लगाया जा सकता है कि आपको संगीत का भी अच्छा ज्ञान था।

श्री हरिराम व्यास जी के पदों में सांगीतिक तत्व

(समय सम्वत् 1549–1655)[47]

राधावल्लभ सम्प्रदाय में हित जी के पश्चात् संगीत संसार में श्री हरिराम व्यास जी का नाम बड़े सम्मानपूर्वक लिया जाता है। आपके द्वारा रचित रचनाएँ संगीत जगत में भी सम्मान की दृष्टि से देखी जाती है, जैसे – 'संगीत राग कल्पद्रुम' जैसे ग्रन्थ में आपके द्वारा रचित ध्रुपद प्राप्त होता है। जो स्वतः ही आपकी सांगीतिक विद्वता को प्रमाणित करता है।

> ''कबहुं नहि निरखत अष्टसिद्धि; नवनिद्धि पाऊं,
> एक एक संगीत प्रति लक्ष लक्षन करै औ
> एक निरत काली खंजरी समान गाऊं बजाऊं
> बिनवत व्यास कोऊ जानत नाहि
> जलाल्दीन महम्मद को आर्शीवाद देन नित आऊं'' [48]

आचार्य बृहस्पति जी ने भी ध्रुवपद और हिन्दी साहित्य, पृ. 198 में व्यास जी के विषय में लिखा है कि ''वह एक श्रेष्ठ कथावाचक थे। कथावाचक प्रायः वही कहा जा सकता है जिसको गायन कला का पूर्ण ज्ञान हो और कण्ठ सुरीला व मधुर हो। यह भी सम्भव हो सकता है कि व्यास जी ने श्री हितहरिवंश जी के शिष्य होने के पश्चात् अपनी संगीत शिक्षा उन्हीं के पास पूरी की हो क्योंकि श्री हितहरिवंश जी भी उच्चकोटि के गायक थे। डॉ. शरणबिहारी गोस्वामी जी ने कहा कि

व्यास जी संगीतशास्त्र के विद्वान थे। काव्य संगीत और अविचल आस्था के बल पर ही व्यास जी ने निकुन्ज रस का गान किया है।''[49]

श्री हरिराम व्यास जी के विषय में 'डॉ. विजयेन्द्र स्नातक जी' ने श्री 'हरिराम व्यास जी' को एक संगीतज्ञ बताते हुए कहा है – ''व्यास जी संगीतशास्त्र के पूर्ण ज्ञाता थे, यह बात उनकी 'रागमाला' नामक रचना से सिद्ध होती है। संगीत की छाप उनकी 'व्यासवाणी' के पदों पर भी स्पष्ट है क्योंकि प्रत्येक पद किसी न किसी शास्त्रीय राग के अन्तर्गत बँधा हुआ है। उसे पूरी तरह से गेय बनाने का आग्रह व्यास जी का रहा था।''[50]

''हरिराम जी द्वारा रचित हमें तीन ग्रन्थ प्राप्त होते हैं –

व्यासवाणी, रागमाला और नवरत्न और स्वधर्म पद्धति। जिसमें से रागमाला पूरी तरह से संगीतशास्त्र विषयक ग्रन्थ है जो अब तक अप्रकाशित ही है। आपके द्वारा प्रयोग की गई रागें हैं – सारंग, जैतश्री, गौरी, नट, देवगंधार, धनाश्री, कान्हरो, कामोद, केदारो, भैरव, बिलावल, विहागरौ, भूपाली, रामकली, सूहो–बिलावल, गूजरी, जिला गौड़मल्हार, शट, खट, भौंतिला, कल्याण, आसावरी, गन्धार, वसन्त, मलार, झंझोटी, श्यामगूजरी, मारू, मालव, बागेश्री, तोड़ी, पूर्वी, अड़ानों, श्री, विभास, सूहो।''[51]

इसके अतिरिक्त आपकी रचनाओं में अन्य सांगीतिक शब्दों की भी प्राप्ति होती है।

दीक्षा गुरु

व्यास जी के दीक्षा–गुरु के सम्बन्ध में व्यासवंशीय गोस्वामियों ने जो 'व्यासवाणी' प्रकाशित की है उसकी भूमिका में अपना अभिमत व्यक्त करते हुए लिखा है कि ''जब व्यास जी की अवस्था वैष्णव दीक्षा के योग्य हुई तो इनके पितृदेव ने अपने श्री गुरुदेव के आने पर उन्हीं से दीक्षा दिलाने का निश्चय किया, परन्तु व्यास जी की निष्ठा

पितृचरणों में अधिक थी। अतः आपने पितृदेव से प्रार्थना पर युगल–मन्त्र सविधि ग्रहण किया।''[52]

व्यासजी का चरित्र और स्वभाव

व्यास जी वैष्णव भक्तों के बीच में विशाखा सखी के अवतार रूप में जाने जाते हैं। आपका स्वभाव प्रेम, ममता, दया और वात्सल्य से परिपूर्ण है। ईर्ष्या, द्वेष, छल, कपट आपको छू भी नहीं सकते थे। व्यास जी हरिजनों और भक्तों को वे अपना प्राणधन या जीवन धन कहा है।

निकुन्ज गमन

व्यास जी की वाणियों को देखकर यह प्रतीत होता है कि आपने अपनी वाणियों में जिन समसामयिक साधु–सन्तों का वर्णन किया है उन सब के निधन के बाद व्यास जी ने निकुन्ज लीला में प्रवेश किया। सभी की मृत्यु पर शोकार्त्त होकर व्यास जी ने पद लिखे हैं। गुरु–शिष्य वंशावली के अनुसार व्यास जी का निधन तिथि सम्वत् 1689 ज्येष्ठ शुक्ला 11 सोमवार पड़ती है।

3– श्री चतुर्भुजदास

श्री चतुर्भुजदास जी के विषय में हिन्दी साहित्य के इतिहास ग्रन्थों में आपका जीवनवृत्त बड़े ही भ्रामक रूप में अंकित प्राप्त होता है। इस भ्रामकता का कारण मिश्रबन्धुओं की प्राप्त लेखनी है। मिश्रबन्धुओं ने राधावल्लभी चतुर्भुजदास की 'भक्ति प्रताप', 'द्वादश यश' और 'हित जू को मंगल', जैसी विख्यात रचनाओं को अष्टछापी भक्त चतुर्भुजदास के नाम से विनोद में लिखा है। डॉ. दीनदयाल ने इस विषय का सबसे पहली बार शोधपरक शैली से अनुशीलन किया और यह बताया कि उपर्युक्त तीनों ग्रन्थों के रचयिता राधावल्लभी चतुर्भुजदास है, अष्टछापी नही।[53]

जन्म स्थान और जन्म सम्वत्

नाभादास जी रचित भक्तमाल में हमें श्री चतुर्भुजदास के जन्म संकेत प्राप्त होते हैं –

गायौ भक्ति प्रताप सबहिं दासत्व बढ़ायौ।
राधावल्लभ भजन अनन्यता वर्ग बढ़ायौ।
मुरलीधर की छाप कवित अति ही निदूषन।
भक्तनि की अंध्रिरेनु बहै घाटी सिर भूषन।
सत्संग महा आनन्द में प्रेम रहत भीज्यौ हियौ।
हरिवंश चरन बल चतुरभुज गौड देश तीरथ कियौ। [54]

''श्री भगवत मुदित ने 'अनन्य रसिकमाल' में चतुर्भुजदास का चरित्र 175 पदों में लिखा है। प्रथम दोहे में स्पष्ट रूप से वर्णित है कि आप हरिवंश जी के अनुयायी थे तथा आपने वनमाली गोस्वामी से दीक्षा भी ली है। गोंडदेश में जन्म लिया और रसिक होकर जीवनयापन किया।

चरण कमल हरिवंश बल, वनमाली गुरु आस।
गोंड देश पावन कियौ, रसिक चतुर्भुजदास।। [55]

गौड़ देश में गढ़ा नाम प्रसिद्ध गांव है। इसी गाँव में आपका जन्म हुआ। श्री सेवक जी से आपके जीवन का वर्णन मिलता है। सेवक जी के समवयस्क होने के कारण आपका जन्म सम्वत् 1585 के आस–पास ठहरता है। 'द्वादश यश' नामक ग्रन्थ के द्वितीय यश में रचनाकाल इस प्रकार दिया है –

सम्वत् सोरह सौ चौरासी अधिक द्वै वरष सिरानी जू।
मुरलीधर बर भक्ति चतुर्भुजदास प्रताप बखानी जू।।

– धर्म विचार ग्रन्थ

इसी को यदि हम आधार मान लें चतुर्भुजदास का रचनाकाल सम्वत् 1686 निर्धारित होता है। यदि इसे अन्तिम रचना माने तो सम्वत्

1690 के आस–पास इनका निधनकाल होगा। श्री गोविन्द अली ने 'भक्त गाथा' में चतुर्भुजदास का चरित्र लिखा है साथ ही वैष्णवदास जी को इनका भाई बताया है जो कि निम्नलिखित छप्पय से स्पष्ट हो जाएगी –

"गोंड देश कियो भक्त, प्रेत, देवी, नृप माने।
चोर भोर भयौ साह विदित सब सन्त बखाने।।
व्यास सुवन सन्तन बसे हिये निरमले नीर।
सुनौ चतुर्भुज जस गिरा द्वादस विमल गम्भीर।।

– 'गोविन्द अली की वाणी' (हस्तलिखित प्रति)[56]

श्री चतुर्भुजदास जी के पदों में प्राप्त सांगीतिक तत्व

श्री चतुर्भुजदास जी द्वारा रचित रचनाओं में हमें सांगीतिक तत्व प्राप्त होते हैं जो यह स्पष्ट करते हैं कि ये संगीत के अच्छे ज्ञाता थे। इनकी रचनाओं पर रागों के नाम अंकित प्राप्त होते हैं। उदाहरणस्वरूप –

राग – गौरी

गोरी–गोरी गुजरिया भोरी सी, प्यारी तें मोहे नन्दलाल।
न्याज न्याय चतुर्भुज कौ प्रभु मोहौ, अधर सुधारस लाल।। [57]

राग – बसन्त

गावत चलीं बसन्त बधाये नन्दराय दरबार।
ताल मृदंग लियें श्रीदामा पहुँचे आय सहाई।। [58]

इसके अतिरिक्त इनकी रचना में अनेक सांगीतिक तत्व जैसे विभिन्न वाद्यों के नाम, सांगीतिक शब्द जैसे संगति, स्वर, ताल आदि भी प्राप्त होते हैं।

श्री चतुर्भुजदास द्वारा रचित ग्रन्थ

श्री चतुर्भुजदास के ग्रन्थ 'द्वादश यश' के नाम से प्रसिद्ध हैं।

इसकी कुछ हस्तलिखित प्राचीन पोथियाँ उपलब्ध है जिनमें से कुछ का प्रकाशन 1993 में सेठ मणिलाल जमुनादास शाह अहमदाबाद में करवाया था। इस ग्रन्थ के अतिरिक्त चतुर्भुजदास के फुटकर पद भी मिलते हैं जिनका एक विशाल संग्रह श्री बाबा वंशदास (हित आश्रम, वृन्दावन) के पास सुरक्षित है।

श्री चतुर्भुजदास जी की रचनाएँ ब्रजभाषा में है वैसे भी ब्रजभाषा का माधुर्य ही आपकी रचना का प्राण है किन्तु आश्चर्य तो तब होता है जब आपके ही द्वारा आपके अपने ब्रजभाषी ग्रन्थ की टीका आपने संस्कृत और वह भी सरल और प्रवाहपूर्ण संस्कृत में की है। यहाँ पर हम अवलोकनार्थ संस्कृत पद का एक उद्धरण प्रस्तुत कर रहे हैं–

''श्रीमद् व्यासकुले कलौ करूणयाः भृंगायमानान्सतः।
श्री राधापतिपादपद्य मधुरा भोदेव तीर्णरसम्।
वन्दे ध्रापयितुं निगूढ़तरमप्यात्मोप्ति रश्मिस्फुटम्।
दूराक्षिप्तसमस्त लोकतिमिरं वैयासिकभास्करम्।''[59]

उपर्युक्त श्लोक अथवा इस संस्कृत टीका के अनुशीलन से ऐसा प्रतीत होता है कि चतुर्भुजदास जी ने सर्वप्रथम संस्कृत का अध्ययन किया होगा तत्पश्चात् ब्रज में उन्होंने ब्रजभाषा सीखी (ग्रहण की, गृहीत की) और इसमें रचना की होगी। 'द्वादश यश' में अनेक पद पर जहाँ पुराण तथा शास्त्रों का ज्ञान छिपा होता है। इससे स्वतः स्पष्ट हो जाता है कि यह बिना संस्कृत भाषा के अध्ययन से सम्भव नहीं था।

'द्वादश यश' अर्थात् ऐसा ग्रन्थ जिसमें बारह यश का वर्णन हो। जिसके बारह भाग हैं, जो निम्नलिखित है–

1. शिक्षा सकल समाज यश
2. धर्म विचार यश
3. भक्ति प्रताप यश
4. सन्त–प्रताप यश

5. शिक्षा सार यश
6. हितोपदेश यश
7. मोहिनी यश
8. पतितपावन यश
9. अनन्य भजन यश
10. राधा सुप्रताप यश
11. मंगलसार यश
12. विमुख सुख भंजन यश

4– श्री ध्रुवदास

राधावल्लभ सम्प्रदाय के रसिकों (भक्तों) में से सम्प्रदाय के सिद्धान्तों का जैसा विवेचन ध्रुवदास जी की वाणी में उपलब्ध होता है वैसा किसी अन्य महानुभाव की वाणी में नहीं मिलता। जहाँ सेवक जी ने (वृत्तिकार........) का कार्य किया था वहीं ध्रुवदास ने स्वतन्त्र रूप से व्याख्या और भाष्य प्रस्तुत किये थे। राधावल्लभीय भक्ति तत्व को पूर्णतः हृदयंगम करने के लिए ध्रुवदास जी की वाणी का अनुशीलन अनिवार्य है। इसीलिए हमने अपने शोध कार्य में इनकी ही वार्णियों के उदाहरण श्री हितहरिवंश जी के बाद प्रमाणस्वरूप प्रस्तुत किये हैं।

जन्म सम्वत् और जन्म स्थान

हिन्दी साहित्य के इतिहास ग्रन्थों में श्री ध्रुवदास जी के जन्म सम्वत् के विषय में प्रामाणिक रूप से कुछ नहीं लिखा गया है। आपके जीवनवृत की जानकारी श्री भगवत मुदित और जतनलाल कृत 'रसिक अनन्यसार' में आपका जो परिचय प्राप्त होता है उसी के आधार पर ध्रुवदास जी का परिचय हमने यहाँ देने का प्रयत्न किया है। भगवत मुदित जी इनकी कथा के प्रारम्भ में लिखते हैं–

"काइथ कुल देवन के वासी परम्पराइ अनन्य उपासी।
श्री गोपीनाथ के शिष्यन श्रेष्ठ सेवत राधावल्लभ इष्ट।।"

वैष्णव–पद्धति, संस्कार से संस्कारित देवबन्द के कायस्थ–कुल में इनका जन्म हुआ था। इसी कारण आप जन्मजात वैष्णव उपासना से संस्कारित थे। शैशव से ही भक्ति पथ पर सहज रूप से चल पड़े।

''राधावल्लभ भक्तमाल' में आपका जन्म सम्वत् 1622 दिया है।''[60] किन्तु ध्रुवदास जी की रचनाओं के आधार पर यदि जन्म सम्वत् देखें तो 'रसानन्द लीला' ग्रन्थ का रचनाकाल दिया है –

'सम्वत् सोलह सै पंचासा, वरनत हित ध्रुव जुगल विलासा'

यदि इस ग्रन्थ को प्रारम्भिक रचना माना जाए तो इसकी रचना काल 1650 है। इससे कम से कम बीस वर्ष पूर्व इनकी जन्मतिथि माननी होगी। इस अनुमान आश्रित आधार पर इनका जन्म सम्वत् 1630 के आस–पास स्थित होता है। रचनाकाल के आधार पर ही यदि निधन निश्चित किया जाए तो 'रहस्य मंजरी' के बाद आपकी कोई रचना प्राप्त नहीं होती इसका रचनाकाल 1698 दिया है। सम्भव है इसके दो–चार वर्ष के भीतर ही आपने इहलोक लीला संवरण की हो अतः सम्वत् 1700 के आस–पास ही मानना चाहिए क्योंकि अन्तिम रचना 1698 की है। इस प्रकार सत्तर वर्ष की लम्बी आयु तक वे जीवित रहे। 'रहस्य मंजरी लीला' में रचनाकाल का इस प्रकार वर्णन है –

सत्रह सै कै ऊन अरू अगहन पछि उजियार।
दोहा चौपाई कहै ध्रुव इकसत ऊपर चार।

– 'रहस्य मंजरी लीला', दोहा सं0 1051

दीक्षा गुरु

श्री ध्रुवदास जी के विषय में आचार्य रामचन्द्र शुक्ल ने हिन्दी साहित्य के इतिहास में लिखा है कि ''आपने आराधना के बल पर स्वप्न में श्री हितहरिवंश से दीक्षा ग्रहण की थी किन्तु मर्यादा–रक्षा के विचार से इन्होंने हित महाप्रभु के तृतीय पुत्र श्री गोस्वामी गोपीनाथ जी से विधिवत् दीक्षा ग्रहण की थी। ध्रुवदास जी का गोपीनाथ जी से

दीक्षित होने का प्रमाण इनकी वाणी से प्राप्त होता है। जिसमें इन्हें आपने गुरु रूप में स्वीकारा है–

"श्री गोपीनाथ पद उर धरै महागोप्य रस सार।
बिनु बिलम आवै हियै अद्भुत जुगल विहार।" [61]

वृन्दावन वास

दस वर्ष की अल्पायु में विरक्ति भाव के कारण घर बार छोड़कर वृन्दावन आ गये उसके बाद एक पग भी ब्रज सीमा के बाहर नहीं निकाला। ध्रुवदास जी के विषय में ऐसी किंवदन्ती प्रचलित है कि (राधाकृष्ण) युगलकिशोर आपकी भक्ति भावना से इतने सन्तुष्ट थे कि जब सायं समय युगलकिशोर वनविहार को निकलते तो ध्रुवदास जी की कुटिया में विश्राम करते थे। भगवत मुदित ने इस घटना का वर्णन अपने 'रसिक अनन्यमाल' में इस प्रकार किया है–

"वन विहार कौं जब प्रभु जाते इनकी कुटी तहाँ ठहराते।
भोग आरती तहाँ जु करते तब निज इष्ट भवन अनुसरते।

स्वभाव और शील

ध्रुवदास जी बहुत ही नम्र, विनीत, साधु सेवा करने वाले सहनशील और गम्भीर प्रकृति के महात्मा थे। कई बार जब आपसे कोई कठोर वचन कह जाता तो आप उसे शान्त भाव से सुन लेते कभी उत्तर नहीं देते थे। शैशव काल से ही आपका युगलकिशोर की रसमयी लीलाओं की ओर आकृष्ट किन्तु गोप होने के कारण रसलीलाओं की रसमयी पद रचना करके गाने का साहस न था इस हेतु आप सर्वेश्वरी श्रीराधा से अनुज्ञा प्राप्त करने के लिए गोविन्दघाट के रासमण्डल पर राधा नाम जप करने में लीन हो गए। तीन दिन तीन रात निरन्तर समाधि में राधा जी ने अर्धरात्रि के समय में प्रसन्न हो दर्शन दिया और बहुत ही उल्लास के साथ आपको अनुमति प्रदान की।

श्री ध्रुवदास ग्रन्थ रचना

जैसा कि आप ध्रुवदास जी के जीवन परिचय में पूर्व में ही जान चुके हैं कि इष्टाराध्या श्रीराधा से वरदान प्राप्त होने के बाद श्री ध्रुवदास जी निरन्तर पद रचना में लीन रहने लगे। छन्दशास्त्र के अच्छे ज्ञाता और काव्यशास्त्र में नैसर्गिक रूचि होने के कारण आपकी वाणी विस्तार किसी एक विशिष्ट शैली तक ही सीमित नहीं थी वरन् उस समय की प्रचलित सभी शैलियों (पद्धतियों) का समावेश अपनी वाणी में किया था। आत्मा की भाषा ही इनकी काव्य–भाषा है और शुष्कता, रस–विहीनता, क्लिष्टता, दुरूहता आदि दोनों से दूर भक्ति–मार्ग की सरसता ही इनका उपास्य तत्व है। श्री ध्रुवदास जी ने स्वयं द्वारा रचित ग्रन्थ को 'लीला' नाम से (सम्बोधित) उल्लिखित किया है।

आपके द्वारा रचित 'बयालीस ग्रन्थों' को आज लीला नाम से ही जाना जाता है। आपके द्वारा रचित 103 पद फुटकर पद और प्राप्त होते हैं जिन्हें 'पद्यावली' शीर्षक से 'बयालीस लीला' में स्थान प्राप्त होते हैं।

आपकी रचना के विषय में भगवत मुदित जी लिखते हैं–

"आरष पौरूष ग्रन्थ निहारत। कुंजनि नित्य बिहार निहारत।।
श्रुति सुस्मृति पुरान मत भाषा। करि उपाइ जाननि अभिलाषा।।"[62]

ध्रुवदास जी के पदों में प्राप्त सांगीतिक तत्व

(समय सम्वत् 1650 से 1775)[63]

राधावल्लभ सम्प्रदाय में ध्रुवदास जी को प्रमुख संगीतज्ञों की श्रेणी में रखा जाता है। ध्रुवदास जी द्वारा रचित कुल 103 पद शास्त्रीय संगीत के रागों में बद्ध किया है। ध्रुवदास जी द्वारा रचित पदों में प्राप्त रागें निम्नवत् हैं –

विभास में –1, रामकली में –1, ललित में –2, आसावरी राग में –5, तोड़ी–2 सारंग में – 14, धनाश्री –4, काफी –2, सुघराई –1,

केदार –3, मारू –2, बिहागरो –20, बसन्त –1, गौरी –11, कान्हरौ –4, बिलावल –7, रायसौ –1, गूजरी –2, नट –5, भैरों –3, यमन –6, मलार –6। इन्होंने पदों की रचना न करते हुए 'बयालीस लीला' को दोहा, चौपाई, अरिल्ल, छप्पय, सवैया, कवित्त, कुण्डलियों आदि में लिखा है। जिस पर रागों के नाम अंकित नहीं है। किन्तु इनकी रचनाओं के अन्तर्गत सांगीतिक तत्वों का अनेकानेक उदाहरण हमें स्पष्ट रूप से देखने को मिलते हैं। जिनसे यह स्पष्ट हो जाता है कि ध्रुवदास जी संगीत का अच्छा ज्ञान रखते थे। उदाहरणस्वरूप–

"राग सुनि रागिनी हुं होत अनुराग बान मृदुताई......" [64]
"नागर कुलमनि तैसेई श्रोता सुन्दर ताल।।
तान सप्त स्वर सौं मधुर मधुर लेति कोकिल बैनी।।" [65]

ध्रुवदास जी ने रचनाओं में अनेक प्रकार के वाद्यों का भी वर्णन किया –

किंकिन धुनि मनो दुंदुभी बाजत है चहुं और।[66]
रितुराज पखावज लियै कर, बीना सरस प्रवीन। [67]

इसके अतिरिक्त इनकी रचना में नृत्य की विभिन्न मुद्राओं और रागों का भी उल्लेख प्राप्त होता है।

5– श्री (नेही) नागरीदास

नागरीदास के नाम से हिन्दी साहित्य में कई भक्त–कवि विख्यात हैं किन्तु राधावल्लभ सम्प्रदाय में नागरीदास जी का नाम 'नेही' उपाधि के कारण सबसे अलग हो जाता है जिससे इनके विषय में कोई संशय नहीं रह जाता है।

श्री भगवत मुदित ने 85 पदों में नागरीदास का चरित्र लिखा है। जिसमें इनसे सम्बन्धित सम्पूर्ण इतिवृत्त मिल जाता है।

धर्मो श्री हरिवंश के तिनकौ भयो जु संग।
रसिक नागरीदास उर चढ़ौ प्रेम कौ रंग।।

नागरीदास बेरछा रहते, हरिजन निरखि दौर पग परते।
पावन छत्री कुल जु पवार, चाहत गुरु कीनौ निरधार।
भागन चत्रभुज दास जु मिले, चरचा करि रस रंग में झिले।
संगति करि वृन्दावन आये, श्री वनचन्द्र के पग लपटाये।
भागमती भावज हू आई, दुहुन एक संग दीक्षा पाई।।[68]

"उक्त पदों में नागरीदास जी को पंवार क्षत्रिय कुलोद्धव तथा बेरछा गांव (बुन्देलखण्ड) का निवासी बताया गया है। नागरीदास जी शैशवकाल से ही हरि–भक्ति में विशेष रूचि रखते थे। एक बार सौभाग्य से नागरीदास जी का चतुर्भुजदास जी के साथ मिलना हुआ। आप इनकी कथावार्ता सुन कर बड़े प्रभावित हुए और सत्संगति का लाभ उठाकर उन्हीं के साथ घर बार छोड़ वृन्दावन वनचन्द्र जी से दीक्षा लेकर रस भक्ति को स्वीकार किया।"

चाचाजी ने हरिवंश सहस्त्र नाम में आपके विषय में लिखा है –

"नामामि श्री हरिवंश रीति रस प्रीति आगरी।
श्री हरिवंश सरोज चरन रतिदास नागरी।।"[69]

जन्म सम्वत्

नागरीदास जी के जन्म सम्वत् का निर्धारण समसामयिक भक्तों के उल्लेख से ही किया जा सकता है। चतुर्भुजदास जी के ये समकालीन थे, इसलिए ध्रुवदास जी के भी समकालीन रहे होंगे। चतुर्भुजदास जी सम्वत् 1610 के बाद गोंड देश वापस गये थे। वहीं से वापसी के समय चतुर्भुजदास जी 1615 के आस–पास बेरछा पहुँचे। इस समय नागरीदास जी की आयु की कल्पना की जाये तो सम्वत् 1590 में 25 वर्ष की होगी। इतना अवश्य ही निश्चित रूप से कहा जा सकता है कि विक्रम की सत्रहवीं शती के मध्य तक ये जीवित थे।

भक्ति भावना

आपके अन्दर हितवाणी और नित्य विहार की अनन्य निष्ठा थी।

आप हितवाणी में इतना लीन रहते थे कि आपको न बाहरी वस्तुएँ भाती थी न ही आपको आस–पास के वातावरण का भान रहता था। एक किंवदन्ती आपके विषय में प्रचलित है। एक बार भागवत् कथा न सुनने के कारण साथियों ने आपकी गुरुजी से चुगली कर दी। गुरुजी के पूछने पर आपने स्पष्ट रूप से कह दिया कि आपको हितवाणी के समक्ष कुछ नहीं भाता है। किन्तु गुरुजी मन–सन्तुष्टि के लिए दूसरे दिन आप भागवत कथा सुनने गए जिसमें धेनुकासुर के वध की कथा चल रही थी। ठीक उसी समय आप 'हित चौरासी' के 'चिबुक सुचारू प्रलोय प्रबोधन' पद की भावना में लीन थे। कहाँ एक ओर श्रीराधा और कहाँ वध प्रसंग। दोनों में तादात्म्य न होते देख कर आप खीझकर कथा के बीच से ही चले गये फिर कभी कथावार्ता में न जाने का मन बन गया। सदा के लिए इससे आपका मन उचट गया। तभी एकान्तवास की इच्छा से वृन्दावन छोड़ बरसाने चले गये।

नेहीनागरीदास जी की वाणी का प्रतिपाद्य

नेहीनागरीदास जी द्वारा काफी पद, दोहे आदि प्राप्त होते हैं, किन्तु इनमें से अभी तक प्रकाशित केवल 'अष्टक' ही हुई है। शेष रचनाएँ हस्तलिखित रूप में प्राचीन पोथियों में मिलती है। इनकी रचनाओं को क्रमवार रूप से निम्नलिखित प्रकार से वर्गीकृत किया जा सकता है –

1. सिद्धान्त दोहावली, 935 दोहे।
2. पदावली, 102 पद।
3. रस पदावली (स्फुट पद सहित), कुल संख्या 2321

सिद्धान्त दोहावली में भक्ति सिद्धान्त से सम्बन्धित 935 दोहे प्राप्त होते हैं। जिसमें अधिकांशतः दोहे हरिवंश जी की वाणी के यशोगान से ही सम्बन्धित हैं। नागरीदास जी की वाणी में सर्वत्र राधावल्लभ सम्प्रदाय के भक्ति सिद्धान्तों की स्थापना के विषय में अपनी दोहावली, पदावली और रस पदावली में सर्वत्र की है।

नागरीदास जी द्वारा रचित पदों में प्राप्त सांगीतिक तत्व

नागरीदास जी श्री राधावल्लभ लाल जी की लीलाओं में सदैव रसमग्न रहते थे। इनके द्वारा रचित पद भी रसभाव से परिपूर्ण प्राप्त होते हैं। इनकी रचनाओं में रागों का बहुत ही उचित समन्वय देखने को मिलता है।

राग कान्हरौ –

"गावत तान तरंग अनंगन रीझि कहत हो–होरी।
..निरखि नागरीदासि दंपति छबि विपुल प्रेम भई
भोरी।।4।।13।।"[70]

राग धनाश्री –फागुन बदी 15 अमावस्या कौ –

"वचन रचना सुर शब्द कै।। रंग.।।
मृग मन मोहे रसाल।। लाड़.।।3।।"[71]

इनके अतिरिक्त इनकी रचनाओं में हमें कई सांगीतिक शब्दों की भी प्राप्ति होती है।

6– श्री अनन्य अली

श्री अनन्य अली ने 'स्वप्न प्रसंग' नामक वार्ता ग्रन्थ में स्वयं अपने जीवनवृत्त के विषय में छोटे–छोटे पन्द्रह प्रसंग दिये हैं। जिनमें अनन्य जी ने शैशव से वृन्दावन आने तक की कतिपय प्रमुख घटनाओं का वर्णन किया है किन्तु इस ग्रन्थ का रचनाकाल न दिये जाने के कारण से इसका रचनाकाल निर्धारित (निश्चित) करना कठिन होता है।

अनन्य अली जी ब्रज–प्रदेश से बाहर के रहने वाले थे। आठ वर्ष की अल्पायु में ही श्री जी की शरण ग्रहण की। शैशवकाल में ही आपको हित चौरासी के चार पद कण्ठस्थ थे जिसे आप प्रत्येक समय गाते रहते थे। चाहे वह स्कूल हो, घर हो अथवा मित्र मण्डली हो।

आपने कुछ समय पश्चात् ध्रुवदास रचित 'वृन्दावन सत' कण्ठस्थ किया। इसी प्रकार दो–चार वर्ष व्यतीत हुए। तब एक बार स्वप्न में आपको ऐसा प्रतीत हुआ कि कोई आपको भगवानदास–भगवानदास नाम से पुकार रहा है और कह रहा है कि तू उठ और वृन्दावन चल। यह घटना माता को आपने जब बताई तो उन्हें ऐसा लगा कि उनका लड़का भक्ति के कारण पागल हो गया है।

"इसके बाद इनके भाई ने इन्हें हित चौरासी का अध्ययन कराया। 'चलहि किन मानिनि कुंज कुटीर' इस पद को छोड़कर शेष सब पद इन्होंने कण्ठस्थ कर लिये। यह पद बार–बार याद करने पर भी याद ना हुआ। उस समय इनकी आयु बीस वर्ष की थी। उसी साल इनके भाई का शरीर छूटा। भाई से श्री जी ने कृपापूर्वक प्रश्न किया कि क्या मरने से पूर्व भगवानदास (अनन्य अली) के लिए कुछ कहना है। तब भाई ने केवल यही कहा कि वह श्री जी का भजन करे। भाई के निधन के बाद फिर वृन्दावन जाने की प्रेरणा करने वाले स्वप्न दिखाई पड़े। तब स्वप्न में ही एक दिन श्री गोस्वामी गोविन्दलाल जी के दर्शन हुए और उन्होंने भगवानदास से कहा कि तुम विवाह के बन्धन में मत पड़ना। तुमको हम वृन्दावन ले चलेंगे। तब सम्वत् 1759 ज्येष्ठ वदी द्वितीया को वृन्दावन आये। उस समय मुगलों के उत्पात के कारण श्री राधावल्लभ जी का विग्रह वृन्दावन के मन्दिर से कामवन में राधा का विग्रह न देखकर आश्चर्य हुआ किन्तु दूसरे स्वप्न में गादी सेवा का रहस्य समझ में आया। फिर कामवन से वापस आकर गुरुजी के दर्शन करने गये। वृन्दावन में अपना निवास स्थान ध्रुवदास जी की कुटी के समीप बनाया। उस समय स्वप्न में अपने वाणिज्य–व्यापार का इन्हें ध्यान आने लगा। वाणिज्य–व्यापार से मन खिन्न हुआ तब गुरुजी से इन्होंने अपने मन का क्लेश कहा। गुरुजी ने अधिक सोने का निषेध किया रात्रि के समय ध्रुवदास जी रचित लीलाएँ गाते रहते और निद्रा से दूर रहने का प्रयत्न करते। एक दिन स्वप्न में दामिनी के समान प्रखर दीप्ति इन्हें दिखाई दी। उसकी चमक में इन्हें सब कुछ

प्रकाशमान भासित होने लगा। बाद में आपको प्रतीत हुआ कि यह राधा जी का साक्षात् दर्शन था। इसके बाद श्री 'राधासुधानिधि' के श्लोक कण्ठस्थ करने प्रारम्भ किये। दो सौ श्लोक तो स्मरण हो गए किन्तु बाद के सत्तर श्लोक कण्ठस्थ नहीं हुए। तब सावन की तीज को पुनः कामवन श्री राधावल्लभ जी के दर्शन की इच्छा से तीन दिन तक सघन वन में बैठ गये, जलपान तक न किया। राधा जी ने प्रसन्न होकर कहा कि हम तो तेरे हृदय में विराजती हैं तू उठ और प्रसन्नतापूर्वक प्रसाद ग्रहण कर। उसी समय उन्हें ढूँढते हुए सन्त–जन जंगल में आये और उन्हें साथ लिवा ले गये।[72] इसके बाद भी कई सारे स्वप्न प्रसंग का वर्णन श्री अनन्य अली जी ने अपनी रचना में किया है किन्तु इस शोध प्रबन्ध के अन्तर्गत कुछ अत्यन्त महत्वपूर्ण घटनाएँ ही वर्णित की जा रही है।

द्वादश स्वप्न में श्यामदास जी गुजराती के साथ कर्कश वचन बोलने का वर्णन है। श्यामदास गुजराती को बुरा–भला कहने पर स्वप्न में यम के दर्शन हुए। प्रातःकाल श्यामदास के पैर पकड़ कर क्षमा–याचना की और यम–दर्शन का संताप दूर हुआ। त्रयोदश स्वप्न–प्रसंग में श्रीराधा जी के दर्शन का वर्णन है। राधा जी ने प्रसन्न होकर ही अनन्य अली नाम दिया और तभी से आपने अपना पूर्व नाम भगवानदास छोड़कर अनन्य अली नाम स्वीकार किया।[73]

अनन्य अली जी द्वारा रचित 79 ग्रन्थ कहे जाते हैं। इनके ग्रन्थ अनन्य अली की वाणी के नाम से संकलित किये गये हैं। अनन्य अली जी के ग्रन्थों की प्रतिलिपि प्रियादास नामक व्यक्ति ने की है जिसमें 280 पृष्ठ हैं। यह हस्तलिखित प्रति वर्तमान में गोस्वामी मनोहरलाल जी अहमदाबाद के पास सुरक्षित है। लिपिकाल सम्वत् 1853 है। रचनाकाल 1759 से सम्वत् 1790 तक है। इसके बाद कोई ग्रन्थ प्राप्त नहीं होता। अनुमानतः इसके आस–पास ही इनकी निधन तिथि होनी चाहिए। श्री अनन्य अली जी की वाणियों को पढ़ने के उपरान्त यह

प्रतीत होता है कि वृन्दावन आने के बाद फिर कभी घर (जन्मस्थान) नहीं गये और निकुन्ज गति को प्राप्त हुए।

श्री अनन्य अली जी की रचनाओं में प्राप्त सांगीतिक तत्व

श्री अनन्य अली जी द्वारा रचित फुटकर अनेकानेक रचनाएँ प्राप्त होती है जो सांगीतिक दृष्टिकोण से भी श्रेष्ठ हैं। इनकी रचनाओं में अनेकानेक रागों के प्रयोग प्राप्त होते हैं, साथ ही अनेक सांगीतिक शब्दों की प्राप्ति भी हमें रचनाओं से होती है।[74]

श्री अनन्य अली की वाणी

श्री अनन्य अली जी द्वारा विपुल मात्रा में पदों की रचना की गई है। इनकी संख्या लगभग 6000 के करीब है। शोध कार्य के दौरान जितने पद ग्रन्थों, पुस्तकों में प्राप्त हुए हैं उनकी सूची निम्नवत् है –

क्र.सं.	नाम ग्रन्थ	पद संख्या
1.	स्वप्न विलास (गद्यवार्ता)	–
2.	जीव प्रकार	– 113
3.	मन विनती लीला	– 126
4.	आशा अष्टक	– 8 दोहे
5.	श्री हरिवंशाष्टक	– 8 चौपाई
6.	वृन्दावन वास की प्रथम अवस्था	– 103 दुपई
7.	वृन्दावन वास की द्वितीय अवस्था	– 109

श्री अनन्य अली ग्रन्थ

क्र.सं.	नाम ग्रन्थ	पद संख्या
क –	श्री हितजू के चरननि को नेम	– 8
ख –	श्री हितजू नाम को नेम	– 10
ग –	श्री हितजू वानी को नेम	– 10

घ –	श्री रसिक अनन्य संग को नेम	– 10
ड़ –	जीविका को नेम	– 4
च –	श्री राधावल्लभ सों नेम	– 7
छ –	श्री वृन्दावन के वास	– 15
	चतुर्थ अवलोकन अवस्था	– 100 दोहे–सवैया
क –	वसन्त ऋतु	
ख –	ग्रीष्म ऋतु	
ग –	फूल रचना	
घ –	गेंद – खेल	
ड़ –	प्रेम सरोवर क्रीड़ा	
च –	पावस ऋतु	
छ –	शरद ऋतु	
ज –	हित ऋतु –सिसिर ऋतु	
झ –	प्रार्थना	
7.	चरण प्रताप लीला	– 79 पद
8.	श्री क्रीड़ा सर खेल	– 111 दुपई–दोहे
9.	प्रतिबिम्ब लीला	– 118 दुपई–दोहे
10.	श्री लाड़िली जू की नामावली	– 127
11.	श्री लाल जू की नामावली	– 351
12.	श्री हितहरिवंश जू की नामावली	– 81
13.	वृन्दावन रंजधानी लीला	–
14.	वंशी विलास लीला	– 65 दोहे–चौपाई
15.	परिचर्या विलास लीला	– 44 दोहे
16.	षट् ऋतु लीला	– 6
17.	स्वप्न लीला	– 10
18.	रहसि वचन विलास लीला	– 43
19.	सुरतान्त विलास लीला	– 37

20.	मंगल विनोद लीला	—
21.	कुंज विलास लीला	—
22.	स्नान विलास लीला	—
23.	सिंगार विलास लीला	—
24.	जुगल सभा विनोद लीला	—
25.	राजभोग	—
26.	उत्थापन समय विलास	— 66
27.	संध्या समय विलास	—
28.	शयन समय विलास	—
29.	सज्जा समय विलास	—
30.	वसन्त ऋतु लीला	— 38
31.	ग्रीष्म ऋतु लीला	— 77
32.	पावस ऋतु लीला	— 120
33.	शरद ऋतु लीला	— 132
34.	सिसिर ऋतु लीला	— 40
35.	हिम ऋतु लीला	— 38
36.	फूल रचना विलास	— 20
37.	झीने चीर शोभा विलास	— 54
38.	चन्द्र चित्र	—
39.	महाशीतल विनोद विलास	— 36
40.	चंग खेल विलास	—
41.	जल नौका विलास लीला	—
42.	जल विहार लीला	— 104
43.	चरन अष्टक	— 8
44.	नवल जुगल विनोद लीला	— 20
45.	ब्याह विनोद लीला	— 89
46.	चौपर खेल लीला	— 74

47.	शतरंज खेल लीला	— 28
48.	थलनौका खेल लीला	— 8
49.	गेंद खेल लीला	— 132
50.	भड्डू खेल विलास लीला	— 8
51.	आंख मिचौली खेल (अपूर्ण)	— 32
52.	वचन विलास	— 10
53.	हास विलास	— 101
54.	विरह विलास	— 80
55.	मगन विलास लीला	— 104
56.	छवि चन्द्रावली लीला	—
57.	संजोग विलास	— 77
58.	लज्जा विलास	— 45
59.	मान विलास	—
60.	दान विनोद लीला	—
61.	रूप विलास	—
62.	सेवा विलास	—
63.	छवि लता विलास लीला	—
64.	ललिता लता विलास लीला	—
65.	माधुरी लता विलास लीला	— 97
66.	खमी लता विलास लीला	—
67.	लावण्य प्रभा विलास लीला	—
68.	कंचन लता विलास	—
69.	चन्द्र लता लीला	—
70.	मृदुता विलास लीला	— 72
71.	सुकुमारिता की सीमा	— 72
72.	मोहनता की सीमा	—
73.	नवल विलास लीला	— 28

74.	विमल विलास लीला	–
75.	सौरभ विलास लीला	– 40
76.	चातुर्य विलास लीला	– 31
77.	भारेता विलास लीला	– 71
78.	नेत्र विलास लीला	– 39
79.	दरस विलास लीला	– 88
	फुटकर दोहे	– 18 ''[75]

उपर्युक्त ग्रन्थों की तालिका श्री बाबा वंशीदास जी (हिताश्रम, वृन्दावन) के हस्तलिखित संग्रह के आधार पर तैयार की गई है। जिस ग्रन्थ में संख्या नहीं है वह ग्रन्थ अहमदाबाद और टोढ़ी वाली रानी के कुंज में उपलब्ध है। बाबा वंशीदास जी के संग्रहित पदों की संख्या 3456 है।[76]

7– रसिकदास

राधावल्लभ सम्प्रदाय के भक्त कवियों में पाँच व्यक्तियों का रसिकदास के नाम से उल्लेख प्राप्त होता है किन्तु यहाँ पर हमने जिन रसिकदास जी को समीक्षा के लिए चुना है उनकी रचनाएँ सर्वाधिक प्राप्त होती है साथ ही उनकी रचनाएँ, कृतियाँ इतनी समृद्ध है कि अन्य किसी की रचना उनके समक्ष नहीं ठहरती है।

जन्म सम्वत् और गुरु

श्री रसिकदास जी की कृतियों के अध्ययनोपरान्त (अध्ययन उपरान्त) यह विदित होता है कि श्री रसिकदास जी गोस्वामी धीरीधर के शिष्य थे। गोस्वामी धीरीधर का समय सम्वत् 1670–1760 तक है। अतः ये भी इसी काल में रहे होंगे। रसिकदास जी ने अपनी रचनाओं को लताओं का नाम प्रदान किया है। इन लताओं का रचनाकाल सम्वत् 1743 से 1753 तक है। अतः अठारहवीं शताब्दी का प्रारम्भ काल रसिकदास जी का जन्म सम्वत् माना जा सकता है। रसिकदास

जी द्वारा रचित 20 लताएँ और एक ग्रन्थ 'रसकदम्ब चूड़ामणि' उपलब्ध होता है। 1743 में रचित 'प्रसाद लता' में आपके गुरु का नाम भी प्राप्त होता है–

"धरि हित श्री धीरीधरहि चितरूप अवधारि।
श्री हरिवंश कृपा करें उपजै भक्ति विचारि।।1 "[77]

श्री रसिकदास की रचनाएँ देखने से ज्ञात होता है कि आप संस्कृत भाषा के भी धुरन्धर पण्डित थे। 'मनोरथ लता' नामक ग्रन्थ इसका प्रमाण है जिसमें आपने वर्णवश्क्षों की छटा संस्कृत छन्दशास्त्र के आधार पर रचित प्राप्त होती है और कहीं–कहीं तो संस्कृत पद रचना शैली को ही सर्वतोभावेन अपना लिया है। उदाहरणस्वरूप द्वितीय खण्ड अतिधशति छन्द में लिखते हैं–

एकान्ते सुकिशोर कामिनि कला कल्लोल कुशला कृते।
नाना केति विलास हास ललित लीला अपांगा गिंने।।

इस छन्द में यद्यपि अनेक स्थलों पर छन्दोभंग है जो या तो बाद में लिपिकार के प्रमाद से हुआ अथवा किसी अन्य कारण से किन्तु इतना अवश्य स्पष्ट है कि पद–रचना पर संस्कृत का पूर्णरूपेण प्रभाव है। केवल अनुस्वर के प्रयोग से ही संस्कृत भाषा नहीं बनती है अपितु तत्सम शब्दों का सुन्दर चयन भी किया गया है।

रसिकदास जी कृत रचनाओं में प्राप्त सांगीतिक तत्व

आपके पदों में शब्दों का बहुत ही सुन्दर चयन किया गया प्राप्त होता है। आपकी रचनाओं में भी रागों के नाम अंकित प्राप्त होते हैं। जिनके कुछ उदाहरण हम यहाँ प्रस्तुत कर रहे हैं–

पद – राग बसन्त

"छूटत मूक झूक सौरभ की नैन गुलाल उड़न्त।
कूजत मधुकर मंजीर कोकिला बाजे बजत अनन्त।।मच्चौ।। (है)"[78]
"रसिक दासि रीझि माँगत री प्यारी दै अब तें मान करौत।।12।।"[79]

इसके अतिरिक्त आपके पदों में अनेक स्थानों पर सांगीतिक तत्व भी प्राप्त होते हैं, जैसे –

राग – मलार छन्द

> "गान तान समान स्वर अति जील शील अथोर।
> मिले प्रेम मलार भेदन हंस कोकिल मोर।" [80]

रसिकदास जी की वाणी

क्र.सं.	नाम ग्रन्थ	पद संख्या
1.	प्रसाद लता (सम्वत् 1743)	– 117 पद
2.	मनोरथ लता (मात्रिक वृत्त)	– 34 छन्द
3.	मनोरथ लीला (वर्ण वृत्त)	–
4.	अभिलाषा लता	– 27 कुण्डलियाँ
5.	सौन्दर्य लता	– 142 दोहे
6.	माधुर्य लता (सम्वत् 1744)	– 101 दोहे
7.	सौभाग्य लता	– 47 दोहे, कवित्त सवैये
8.	विनोद लता	– 69 पद, 41 कवित्त, 8 दोहे
9.	तरंग लता	– 22 दोहे
10.	विलास लता	– 74 दोहे, चौपाई, कुण्डलियाँ
11.	सुखसार विलास	– 40 पद
12.	अद्भुत लता	– 57 पद
13.	कौतुक लता	– 90 पद
14.	रहस्य लता	– 46 पद
15.	रतन लता	– 45 पद
16.	अतन लता	– 27 पद
17.	रतिरंग लता (सम्वत् 1749)	– 34 पद
18.	हुलास लता	– 24 पद
19.	आनन्द लता	– 59 पद
20.	चारू लता	– 54 पद

21. सुकसारौ लता – 101 पद
22. रसकदम्ब चूड़ामणि (सम्वत् 1753) – 100 पद
23. रसकदम्ब चूड़ामणि (द्वितीय भाग) – 19 पद

आपकी रचनाओं पर संस्कृत का पूरा–पूरा प्रभाव है। केवल अनुस्वर के प्रयोग से ही संस्कृत भाषा नहीं बनायी है अपितु तत्सम् शब्दों का सुन्दर प्रयोग किया गया है।

8– श्री वृन्दावनदास (चाचाजी)

श्री चाचा वृन्दावनदास जी की राधावल्लभ सम्प्रदाय के भक्त कवियों में परिमाण (मात्रा) की विपुलता (समग्रता) और शैली की विविधता की दृष्टि से वाणी का जितना व्यापक विस्तार प्राप्त होता है उतना किसी अन्य कवि के साहित्य में प्राप्त नहीं होता।

जन्म सम्वत्

चाचाजी के जन्म सम्वत् के विषय में प्रामाणिक रूप से कोई साक्ष्य प्राप्त नहीं हो सका है। मिश्रबन्धु विनोद, 'ब्रजमाधुरी सार' और पं. रामचन्द्र शुक्ल के हिन्दी साहित्य का इतिहास में जन्म सम्वत् 1765 दिया है वहीं श्री लाड़सागर (प्रकाशित) की भूमिका में चाचा वृन्दावनदास जी की वाणी के आधार पर जन्म सम्वत् 1744 के आस–पास लिखा है। किन्तु वाणी का कोई प्रमाण प्रस्तुत नहीं किया गया है।[81]

श्री वृन्दावन द्वारा रचित रचना अष्टयाम (समय प्रबन्ध) है जिसमें प्रथम बार लेखनकाल सम्वत् 1800 कार्तिक शुक्ला एकादशी का उल्लेख हुआ है।

सम्भवतः इसके पूर्व आपके द्वारा रचित कोई ग्रन्थ प्राप्त नहीं होता है इसलिए यह कहा जा सकता है कि उक्त उल्लिखित ग्रन्थ प्रथम है और इसी को आधार बनाकर यदि आपका जन्म सम्वत् निकाला जाए तो मिश्र बन्धुओं के अनुमान के अनुसार सम्वत् 1750 से 1765 के

बीच में आपका जन्म हुआ होगा और यह अनुमान उचित भी प्रतीत होता है। 'सेवक परिचावली' आपकी अन्तिम रचना प्रतीत होती है क्योंकि इसके बाद रचित 'रसिक परिचयावली' अपूर्ण है जिसे पूर्ण करने से पूर्व आपका निधन हो गया। 'सेवक परिचावली' का रचना काल 1844 सम्वत् दिया है। अतः इसके आस–पास ही आपकी मृत्यु हुई होगी।

छाप या उपनाम

श्री वृन्दावनदास जी के उपनाम का प्रयोग कुछ विस्मयजनक अवश्य प्रतीत होता है किन्तु ऐसा नहीं है। यह संज्ञा आपको गोस्वामी परिवार की ओर से सकारण मिली थी। क्योंकि तत्कालीन गोस्वामी जी के पिता के गुरु–भ्राता होने के कारण गोस्वामी जी की देखा–देखी लोग भी आपको चाचाजी के उपनाम से जानने, पहचानने लगे। इसके अतिरिक्त भी आपकी तीन छाप प्राप्त होती है वृन्दावन हित रूप, वृन्दावन हित और केवल वृन्दावन।

जीवन यात्रा

आपने सम्वत् 1795 के आस–पास काव्य रचना करना प्रारम्भ किया। अनुमानतः यह कहना उचित ही प्रतीत होता है कि तभी से आपने पदगायन भी प्रारम्भ कर दिया होगा। चाचाजी स्वयं अपनी रचनाएँ नहीं करते थे इस हेतु आपके साथ सदैव एक लेखिया (लिपिक) रचता था जिनका नाम सर्वप्रथम लिखित रचना, अष्टयाम (समय प्रबन्ध) में भी केलिदास है। सम्वत् 1831 से 1836 तक आपको ब्रज भूमि के बाहर रहना पड़ा। राजा बहादुर सिंह के साथ रहकर कृष्णगढ़ में यह ग्रन्थ लिखा गया। 1833 में एकान्त के लिए आप पुष्कर भी गये। सम्वत् 1837 में वृन्दावन वापस आ गए और गुरुगृह में वास किया और 'ब्रजप्रेमानन्द सागर' लिखना समाप्त किया। 1839 में भरतपुर गए। वहीं रहकर प्रहेलिका में 'प्रेम पहेली' नामक रचना

की। पुनः 1840 में वृन्दावन वापस आ गए और गुरुगृह में वास करते हुए दो दिन में दो वेलियाँ लिखी। 1844 सम्वत् की रचना आपकी अन्तिम रचना थी इसके बाद की कोई रचना प्राप्त नहीं होती। यदि आपका जन्म सम्वत् 1760 माना जाए तो इनकी आयु 85 वर्ष के लगभग रही होगी। आर्त्तपत्रिका से यह स्पष्ट है कि आपको वार्धक्य का कष्ट भोगना पड़ा था और इन्होंने बहुत बड़ी आयु में शरीर त्याग किया।

चाचा वृन्दावन दास जी की रचनाएँ

ब्रज क्षेत्र के भक्ति सम्प्रदायों के अन्तर्गत जितने भी वाणीकार अथवा रचनाकार हुए हैं उन सभी महानुभावों में परिमाण की दृष्टि से चाचा वृन्दावन दास जी की रचनाओं की संख्या सर्वाधिक है।

राधावल्लभीय ग्रन्थ सूची 'साहित्य रत्नावली' (प्रकाशित) में इनके ग्रन्थों की संख्या 158 लिखी है। इसमें अष्टयाम गिनी जाती है (परिगणित होती है)। वैसे चाचा वृन्दावन दास जी की रचना के विषय में सवा लाख पद रचना की बात जनसाधारण में इतनी प्रचलित है कि इस विषय पर छानबीन किये बिना ही लोग इस पर अटूट विश्वास रखते हैं तो वहीं राधावल्लभ सम्प्रदाय के लोगों के मध्य चार लाख पद रचनाएँ करने की रही है। चौदह अष्टयाम लिखने की बात कही है –

"लीला साँवर गौर की यह सागर बिनु पार।
चौदह रतन प्रकट भये औरों भरे अपार।।
कढ़े जु कढ़ात कढ़ेंग मित कर सकै न कोय।
कृपा इष्ट गुरु की वली सो लावै जु टटोय।।"[82]

'श्री राधाचरण गोस्वामी' ने चार लाख पद रचना की बात लिखी है किन्तु उन्होंने अपनी बात की पुष्टि में न तो कोई प्रमाण प्रस्तुत किया था और न ही इस विराट सम्भावना का कोई कारण ही लिखा

था। अर्थवाद के आश्रय से प्रशस्ति के लिए चार लाख पद–रचना की बात कही गयी प्रतीत होती है।

"सरस मधुर अति ललित दिव्य कोमल पद श्रेणी।
चार लाख तें अधिक सकल जग विस्मय दैनी।।
पद पद भाव अपार सार ग्रन्थन को भारव्यौ।
परम विशद अति सूक्ष्य रूप हित कौ अभिलाख्यौ।।" [83]

अपने शोध कार्य के अन्तर्गत हमनें कई ऐसी हस्तलिखित पुस्तकें देखीं जिनके आधार पर सहज ही यह अनुमान लगाया जा सकता है कि चाचाजी अवश्य ही अपने दैनिक नित्य कर्म में वाणी–रचना उसी प्रकार करते थे जिस प्रकार से श्री राधावल्लभ लाल की सेवा–पूजा। कभी–कभी तो आप रात्रि में उठकर पद–गायन करने लगते थे। किंवदन्ती प्राप्त होती है कि आप जब कहीं बाहर घूमने निकलते थे तो लेखिया केलिदास जी को भी अपने साथ में ले जाते। मार्ग में आप पद रचना करते, साथ के साथ आप बोल–बोल कर उसे लिखवाते भी जाते थे।

चाचाजी द्वारा रचित साहित्य का न तो पूर्ण रूप से पता चला है और न ही ज्ञात साहित्य का अवगाहन ही हुआ है।

यहाँ पर हम आलोच्य ग्रन्थों की सूची के अन्तर्गत ऐसे ग्रन्थों की सूची प्रस्तुत कर रहे हैं जिन्हें हमने स्वयं देखा है इसके अतिरिक्त उपलब्ध ग्रन्थों की कालक्रमानुसार तालिका के अन्तर्गत स्वयं द्वारा देखी अथवा प्राप्त होने वाले ग्रन्थों को रखा है जिनके काल सम्वत् भी हमें प्राप्त होते हैं।

आलोच्य ग्रन्थों की सूची

1. लाड़सागर (प्रकाशित)
2. ब्रज–प्रेमानन्द सागर (हस्तलिखित) प्रतिकाल सं. 1948 श्री ब्रजवल्लभ जी मुखिया प्रेमगली, वृन्दावन से प्राप्त।

3. वृन्दावन जस प्रकास वेली
4. विवेक पत्रिका वेली (प्रकाशित)
5. कलि चरित्र वेली (प्रकाशित)
6. कृपा अभिलाषा वेली (प्रकाशित)
7. रसिक पथ चन्द्रिका (प्रकाशित फुटकर पद संग्रह)
8. जुगल सनेह पत्रिका (प्रकाशित)
9. श्री हित हरिवंश सहस्त्रनाम (प्रकाशित)
10. छद्म विनोद में संकलित (प्रकाशित)
11. आर्त्तपत्रिका (हस्तलिखित)
12. स्फुट पद (प्रकाशित तथा हस्तलिखित)

चाचा वृन्दावनदास ग्रन्थ सूची

क्र.सं.	*नाम ग्रन्थ*	*सम्वत्*	*छन्द संख्या*
1.	अष्टयाम समय प्रबन्ध	1800 कार्तिक शुक्ला एकादशी	180 छन्द (171 पद, 9 दोहे)
2.	हरिप्रताप वेली	1803 माघ वदी सातें	109 छन्द
3.	सत्संग महिमा वेली	1804 माघ कृष्णा त्रयोदशी	88 छन्द
4.	करूना वेली	1804 ज्येष्ठ कृष्णा पंचमी	66 छन्द
5.	ब्रज विनोद वेली	1804 माघ कृष्णा शुक्ला सातें	151 छन्द
6.	भक्त सुजस वेली	1804 माघ कृष्णा शुक्ला सातें	81 छन्द
7.	जमुना महिमा वेली	1804 पौष सुदी सातें	110 छन्द
8.	श्री वृन्दावन महिमा वेली	1805 माघ शुक्ला एकादशी	210 छन्द
9.	रसना हित उपदेश वेली	1805 पूष वदी एकादशी	101 पद, 5 दोहे
10.	मन उपदेश वेली पद बंध	1806 पूष सुदी दुतिया	126 पद, 13 दोहे
11.	भक्त प्रसाद वेली पद बंध	1809 पौष शुक्ला त्रयोदशी	176 पद, 8 दोहे
12.	अष्टयाम समय प्रबन्ध	1810 श्रावण सुदी तीज	160 छन्द (151 पद, 9 दोहे)
13.	अष्टयाम समय प्रबन्ध	1810 माघ बसन्त पंचमी	170 छन्द (165 पद, 5 दोहे)
14.	ब्रज प्रसाद वेली पद बंध	1811 माघ सुदी पून्यौ	216 पद 2 पद और कवित्त
15.	श्री राधा जन्मोत्सव वेली	1812 भादो सुदी	60 कवित्त पूर्वार्द्ध
16.	वृन्दावन अभिलाश वेली	1812 आषाढ़ शुक्ला एकादशी	165 छन्द
17.	श्री हरिवंश सहस्त्रनाम	1812 अगहन सुदी दुतिया (धनराज राठौर)	1066 छन्द

18.	मंगल विनोद वेली	1812 पौष शुक्ला एकादशी	112 छन्द
19.	कृपा अभिलाश वेली	1812 पौष शुक्ला एकादशी	112 छन्द
20.	राधा प्रसाद वेली	1812 माघ शुक्ला पंचमी	126 छन्द
21.	श्री कृष्ण सगाई अभिलाश वेली (राधा–लाड़सागर में प्रकाशित)	1812 फागुन शुक्ला एकादशी	350 छन्द
22.	श्री कृष्ण प्रति यशुमति	1813 चैत्र सुदी दुतिया	192 छन्द
23.	ज्ञान प्रकाश वेली	1813 चैत्र शुक्ला नवमी	84 छन्द
24.	बारहखड़ी भजनसार वेली	1813 चैत्र शुक्ला त्रयोदशी	152 छन्द
25.	हित प्रताप वेली	1813 माघौ कृष्ण त्रयोदशी	84 पद, 8 दोहे
26.	हरिकला वेली	1813	प्रारम्भ
27.	मन प्रबोध वेली	1813 श्रावण मास	87 छन्द
28.	अष्टयाम समय प्रबन्ध	1813 माह बदी पंचमी	156 छन्द (149 पद, 7 दोहे)
29.	मन चेतावन बारहमासी	1817 ज्येष्ठ शुक्ला तृतीया	19 छप्पै
30.	हरिकला वेली	1818 आषाढ बदी एकादशी (भरतपुर में)	191 छन्द
31.	जमुना प्रताप वेली	1817 कार्तिक बदी एकादशी (डीग)	109 छन्द
32.	श्री वृषभानुनन्दिनीश्री नन्दनन्दन ब्याह मंगल वेली (प्रकाशित लाड़सागर में)	1817 फागुन बदी एकादशी (कुशस्थली)	210 छन्द
33.	राधा जन्मोत्सव वेली	1818	121 छन्द
34.	अष्टयाम	1818 माघ बदी द्वितीया	142 छन्द (131 पद 11 दोहे)
35.	हित रूप चरित्र वेली	1820 चैत्र शुक्ला पूर्णिमा	462 छन्द
36.	दास–पत्रिका	1820 ज्येष्ठ शुक्ला पूर्णिमा	462 छन्द
37.	श्री कृष्ण गिरि पूजन वेली	1820 कार्तिक बदी दौजरविवार (कुशस्थली)	335 दोहे
38.	अष्टयाम समय प्रबन्ध	1823 सावन सुदी पष्ठी सोमवार	177 छन्द (156 पद, 21 दोहे)
39.	विमुख उद्धारन वेली	1821 चैत्र पूर्णिमा	164 छन्द
40.	सुबुद्धि चितावन वेली	1824 कार्तिक शुक्ला, 13 गुरूवार	54 पद, 5 दोहे
41.	वृन्दावन जस प्रकाश वेली	125 माधव शुक्ल पक्ष वृन्दावन	75 पद 6 दोहे
42.	(अ) अष्टयाम समय प्रबन्ध (प्रकाशित)	1826 मार्गशीर्ष बदी दशमी	241 छन्द
	(ब) अष्टयाम समय प्रबन्ध	1826 माघ बदी द्वितीया	212 छन्द (202 पद, 10 दोहे)

	(स) अष्टयाम समय प्रबन्ध	1830 माघ कृष्ण नौमी (कामवन)	180 छन्द (175 पद, 5 दोहे)
43.	जुगल प्रीति–प्रकाश	1829 फागुन सुदी सप्तमी	25 पद
44.	राधा नाम उत्कर्ष वेली	1831 अगहन बदी दौज रविवार (कृष्णगढ वृद्धि सिंह)	
45.	श्री कृष्ण विवाह उत्कण्ठा वेली (लाड़सागर में प्रकाशित)	1831 वैशाख बदी सप्तमी रविवार (कृष्णगढ वृद्धि सिंह)	129 पद 12 दोहे
46.	कृष्ण बाल केलि पच्चीसी	1832 अश्विन कृष्ण दशमी (कृष्णगृढ पुष्कर)	25 पद, 104 दोहे
47.	(अ) अष्टयाम समय प्रबन्ध (प्रकाशित)	1832 माघ सुदी पंचमी	150 छन्द
	(ब) अष्टयाम समय प्रबन्ध (प्रकाशित)	1833 पौष सुदी द्वितीया कृष्णगढ़	260 छन्द (250पद, 10 दोहे)
48.	आर्त्तपत्रिका	1835 माधौ एकादशी (कृष्णगढ़)	226 दोहे
49.	विवेकपत्रिका (प्रकाशित)	1835 आषाढ़बदी पंचमी (बहादुर सिंह)	226 दोहे
50.	लाड़िली की मंहदी छवि, उत्कर्ष शोड़सी पदबन्ध	1835 पौष शुक्ला एकादशी	16 पद
51.	प्रेमप्रकास शोडषी पदबन्ध	1835 पौष शुक्ला त्रयोदशी	16 पद
52.	राधा लाड़सागर	1835 माघ शुक्ला नौमी (बहादुर सिंह)	170 छन्द (5 दोहे, 154 पद, 11 दोहे)
53.	राधा गान शोड़षी	1836 माधौ शुक्ला तृतीय सोमवार	20 छन्द
54.	प्रिया रूप गर्व पच्चीसी	1836 ज्येष्ठ बदी सप्तमी	30 छन्द (25 पद, 5 दोहे)
55.	जुगल सनेह पत्रिका	1836 कार्तिक सुदी पंचमी (बहादुर घरे) प्रकाशित	161 छन्द (157माँझ, 7 दोहे)
56.	कृपा उधोताष्टक	1836 पौष कृष्णा एकादशी	8 पद, 2 दोहे
57.	चौदहों अष्टयाम समय प्रबन्ध	1837 कार्तिक सुदी सप्तमी (गुरुवार, वृन्दावन)	129 (119 पद, 10 दोहे)
58.	ब्रज प्रेमानन्द सागर	1838 (वृन्दावन)	67 लहरी
59.	प्रेम पहेली	1839 अगहन सुदी त्रयोदशी (भरतपुर मध्य)	142 छन्द
60.	भक्ति प्रार्थना वेली	1840 चैत सुदी साते	334 दुपई छन्द
61.	राधा रूप प्रताप वेली	1840 वैशाख कृष्णा सप्तमी	133 छन्द
62.	मन परचावन वेली	1840 भाद्रपद शुक्ला तृतीया रविवार (वृन्दावन में)	228 छन्द

63. राधा रूप नाम उत्कर्ष वेली	1840	
64. वृन्दावन प्रेम विलास वेली	1840 पौष शुक्ला सप्तमी (वृन्दावन मध्ये)	146 छन्द
65. कृष्ण नाम रूप मंगल वेली	1840 पौष शुक्ला दशमी गुरुवार	110 छन्द
66. इष्ट मिलन उत्कण्ठा वेली	1841 श्रावण शुक्ला द्वितीया	118 छन्द
67. हरि भक्ति गीता (प्रकाशित)	1842 चैत्र शुक्ला सप्तमी(प्रकाशित)	113 छन्द
68. लीला सार विचार (इष्ट पद वन्दना)	1843 पौष कृष्णा द्वादशी	
69. सेवक भक्ति	1844 कार्तिक शुक्ला त्रयोदशी गुरुवार	76 छन्द
70. सेवक जस विरदावली	1844, मार्गशीर्ष कृष्णा पंचमी, गुरुवार	73 छन्द
71. रसिक परिचयावली	अपूर्ण	246 छप्पय तक

इसमें सम्वत् नहीं हैः

1. गुरु परम्परा नामावली	छन्द – 60
2. कृष्ण चरणाष्टक	कवित्त – 9
3. जमुना स्तव अष्टक	छन्द – 9
4. कुशस्थली अष्टक	छन्द – 8
5. फल स्तुति सेवक वाणी	छप्पय – 22
6. स्वामिनी चरण प्रतापाष्टक	कवित्त – 9
7. प्रिया लाड़ अष्टक	छन्द –
8. बारहमासा बिहार वेली	छन्द –
9. कृपा मनोरथ पत्रिका	छन्द –
10. कुन्ज सुहाग पच्चीसी	कुल छन्द –32 (25 पद, 7 दोहे)
11. मथुरा प्रतापाष्टक	पद – 9
12. पुष्कर महात्म्य	पद – 4
13. करूणा (सिद्धान्त) पद	पद – 9
14. अभिलाष बत्तीसी	दोहा – 32
15. ललिता प्रेम कहानी हन्दबन्ध अष्टक	पद – 8
16. हित कृपा विचार सार वेली	पद – 84
17. तेरहो अष्टयाम	179 छन्द (175 पद, 4 दोहे)
18. स्वामी जी चरण सिंह प्रतापाष्टक	पद – 8

19. श्री कृष्ण चरण सिंह प्रतापाष्टक	पद – 8
20. श्रृंगाराष्टक	पद – 8
21. मंगल धोरी चढ़न	
22. गौनौचार (लाड़िली लाल कौ) (लाड़सागर में प्रकाशित)	124
23. कवित्त पच्चीसी	27 (14 कवित्त 13 सवैये)
24. हितकल्प तरू (चारों पुत्रों का वंश वर्णन)	458 छन्द दोहे चौपाई
25. भ्रमरगीत पदबन्ध	पद 72 खण्डित पोथी
26. छन्द शोड्षी (प्रकाशित)	16 लीलाएँ
27. जोगी लीला (प्रकाशित)	8 लीलाएँ

चाचा वृन्दावनदास जी के पदों में प्राप्त सांगीतिक तत्व (समय अनुमानिक आधार पर सम्वत् 1765 से 1844) [84]

राधावल्लभ सम्प्रदाय में सांगीतिक दृष्टि से मध्ययुगीन आचार्यों में ध्रुवदास जी के पश्चात् चाचा वृन्दावनदास जी को महत्व दिया जाता है। ''चाचा जी पदगायन में कुशल थे। रात्रि में या दिन में कभी भी तरंग उठने पर पद गायन करने लगते थे। इनकी संगीत में रूचि होने के प्रमाण 'राधावल्लभ भक्तमाल' नामक ग्रन्थ में भी पाये जाते हैं जिसमें बताया गया है कि इन्होंने रामचन्द्र जी के वात्सल्य पद गाये।''[85] ''इनके मुख्य ग्रन्थ में 'लाड़सागर' प्रकाशित है जिसकी रचना पदों में है दूसरा है 'ब्रजप्रेमानन्दसागर' जिसको दोहे और चौपाइयों में लिखा गया है और यह अभी अप्रकाशित है। इसमें से 'लाड़सागर' नामक ग्रन्थ गेय पदों में लिखा गया है। जो विभिन्न राग–रागिनियों में बँधे हुए हैं और शास्त्रीय संगीत पर आधारित होने से ये पद राधावल्लभ सम्प्रदाय के समाज में भी गाये जाते थे। जो आज भी मन्दिरों में गाये जाते हैं इस ग्रन्थ में राग भैरो, बिलावल, रामकली, आसावरी, सारंग, बिहागरौ, गौरी, पंचम, धनाश्री, परज, मारू, सोरठ, सूहौ बिलावल, काफी, हमीर, कैदारौ, कान्हरा, अड़ाना, विभास,

देवगन्धार, आसावरी, तोड़ी, पूर्वी जयजयवन्ती, ईमन, रायसौ, श्री आदि राग उल्लेखनीय है।''[86] ''चाचाजी का ग्रन्थ 'श्री राम छदम विनोद' भी प्रकाशित है। जिसमें कुल 42 लीलाओं का संग्रह है। इसमें लिखित सभी लीला रागबद्ध है। जिसमें राग काफी, गौरी, परज, सोरठ, धनाश्री, बिलावल, आसावरी, केदारौ, हमीर, कान्हरौ, बिहागरो, मालकंस, झंझौटी, पूरिया, कल्याण आदि राग उल्लेखनीय है।''[87]

इसी प्रकार इनका ग्रन्थ 'अष्टयाम' भी भिन्न–भिन्न रागों में बद्ध मिलता है, साथ ही इन पर तालें भी उल्लिखित हैं।

इस प्रकार चाचाजी द्वारा सम्प्रदाय में संगीत को दिया गया महत्व सहज ही स्पष्ट हो जाता है।

राधावल्लभ सम्प्रदाय के अन्य कुछ प्रमुख रसिकगणों का नामोल्लेख

काव्य के परिमाण की दृष्टि से राधावल्लभ सम्प्रदाय अन्य सभी वैष्णव सम्प्रदायों में से अलग व श्रेष्ठ स्थान रखता है। इसका श्रेय इस सम्प्रदाय के भक्त कवियों को जाता है जिन्होंने अपना पूर्ण सहयोग सम्प्रदाय के साहित्य वृद्धि में दिया। जिन्होंने समय–समय पर नवीन साहित्य रचना करके इसे पोषित किया। इन कवियों की रचनाएँ जितनी श्रेष्ठ हैं उतना ही श्रेष्ठ इनका जीवन चरित्र है। इस अध्याय में सर्वप्रथम मुख्य कवियों के जीवन चरित्र पर प्रकाश डालने का प्रयत्न किया गया है। जिनका जीवन चरित्र ही इनके द्वारा रचित श्रेष्ठ रचनाओं का आधार बनी। इन्होंने गुणीजनों, गुरुजनों से जो ग्रहण किया उसी से प्रेरित होकर अपनी रचना को कलमबद्ध किया। इस अध्याय के अन्तर्गत कुछ कवियों के परिचय व अन्य रसिकों के नाम उल्लिखित किये हैं क्योंकि सभी का परिचय देना मेरे शोध प्रबन्ध में सम्भव नहीं है। इस हेतु हम यहाँ पर मध्यकाल से आज तक के प्रचलित भक्त कवियों के नाम देने का प्रयत्न कर रहे हैं। पूर्व में कुछ

के जीवन परिचय देने का कारण हमारा मुख्य विषय का इससे भिन्न होना है।

राधावल्लभ सम्प्रदाय के अन्य भक्त कवियों के नाम इस प्रकार हैं। इनका श्रेष्ठ जीवन चरित्र अत्यन्त प्रेरणास्पद व इस सम्प्रदाय के ग्रन्थ रचना का आधार स्तम्भ है।

1. अलिमोहनदास जी
2. अतिवल्लभदास जी
3. अनन्य अली जी (पूर्वनाम भगवानदास)
4. अलिभगवान जी
5. अनन्यदास जी
6. अभयराम जी ब्रजवासी
7. अलबेलीशरण जी
8. अलबेलीदास जी
9. अनन्त भट्ट जी
10. आनन्दीबाई जी
11. आनन्दलाल जी गो.
12. इन्द्रमणि जी गो.
13. इच्छासखी जी
14. उदयलाल जी गो.
15. उत्तमदास जी (प्रथम)
16. उत्तमदास जी नागाजी (द्वितीय)
17. उत्तम नेह जी
18. कल्याणदास जी, पुजारी (प्रथम)
19. कल्याणदास जी छाप 'अलि कल्याण'
20. कन्हर स्वामी जी
21. कमलनयन जी गो.
22. (महारानी) कमलकुँवरि जी 'हितदासी'
23. कविरानी जी
24. कवीन्द्र जी
25. कान्हदास जी
26. किशोरीदास जी (प्रथम)
27. किशोरीदास जी (द्वितीय)
28. किशोरीदास सखी जी
29. किशोरीशरण जी
30. किशोरवल्लभ जी गो.
31. किंकर शिवप्रसाद जी
32. कीर्तिलाल जी गो.
33. कुँवरिअली जी
34. कुंजलाल
35. कुंजदास जी
36. कुंजदासी जी
37. कुन्दनदास जी
38. केलिदास जी
39. केलिलाल जी गो.
40. केवलराम जी (कृष्णचन्द्र जी गो.)
41. केशवदेव जी ब्रजवासी
42. कृष्णदास
43. कृष्णदास जी भावुक (द्वितीय)
44. कृष्णदास जी (तृतीय)
45. कृष्णदासी जी
46. कृष्णप्रसाद
47. कृष्ण अली जी
48. कृपालाल जी गो.
49. कृपा अली
50. कृपासिन्धुलाल जी गो.
51. (स्वामी) कृपाराम जी
52. खरगसेन जी
53. खुश्यालदास जी
54. खुश्यालवल्लभ जी गो.
55. खुशवख्तराय जी
56. खेमदास जी
57. गुलाब लाल जी गो.
58. गोविन्दलाल जी गो.
59. गोविन्द अली जी
60. गोपीनाथ जी गो.
61. गोपीलाल जी गो.
62. गोविन्द अली ली
63. गोपीनाथ जी गो.
64. गोपीलाल जी गो

65. गोपाल प्रसाद जी शर्मा
66. गोपालवल्लभ जी
67. गोपाल जी पण्डित
68. गोपालदास जी
69. गोस्वामी दास जी
70. गोवर्धनदास जी
71. गोवर्धननाथ जी
72. गोवर्धनेश जी
73. गोवर्धन लाल जी 'अधिकारी रास वंश'
74. गोवर्धन लाल जी गो. 'प्रेम कवि (बंगला वाले)
75. गंगाबाई और जमुनाबाई
76. गंगादास जी 'हितप्रसाद' (प्रथम)
77. गंगादास जी 'हितप्रसाद' (द्वितीय)
78. घनश्याम दास जी
79. स्वामी चतुर्भुजदास जी
80. चतुरअली जी
81. चन्द्रसखी जी (प्रथम)
82. चन्द्रसखी जी (द्वितीय)
83. चन्द्रलाल जी गो.
84. चतुरशिरामणिलाल जी गो.
85. चतुरसिंह गौड़ छाप'ललित शरण'
86. चेतनदास जी छाप'चितवन अलि'
87. छबीलेवल्लभ जी गो.
88. जदुवल्लभ जी गो. (द्वितीय)
89. जयकृष्णदास जी (प्रथम)
90. जयकृष्णदास जी (द्वितीय)
91. जतनलाल जी गो.
92. जयवल्लभ जी गो.
93. जयदासी
94. स्वामी जयदेव जी
95. जगदीशनारायण
96. जगदीशलाल जी गो.
97. जगन्नाथदास जी
98. जमुनादास जी
99. जनश्यामदास जी
100. जादौ रसिक जी
101. जुगलदास जी (प्रथम)
102. जुगलदास जी (द्वितीय)
103. जुगलदास जी (तृतीय)
104. जुगलवल्लभ जी गो.
105. जुगलकिशोर जी गो.
106. जोरीलाल जी गो.
107. झूँठा स्वामी जी
108. तुलसीदास जी
109. दम्पति किशोर जी
110. दम्पतिदासी जी
111. दम्पति अलि जी
112. दयासिन्धुलाल जी गो.
113. दयासखी जी
114. दयानिधि जी अथवा दयालाल जी गो.
115. द्वारिकादास जी
116. दीनदयाल जी दुलहिनिदासी जी
117. दौलतराम और मणिकचन्द
जीधरनीधर दास जी
118. धीरजदास जी
119. (हित) ध्रुवदास जी
120. नरवाहन जी
121. नवलदास जी
122. नवलसखी
123. नवनीतलाल जी गो.
124. नन्दकिशोर जी गो.
125. नन्दवल्लभ जी गो.
126. नरहरिदास जी गो.
127. नरोत्तमदास जी
128. (नेही) नागरीदास जी
129. नागरवर जी गो.
130. नाथ भट्ट जी
131. नारायणदास जी
132. नित्यानन्ददास जी
133. नित्यकिशोर
134. नित्यवल्लभ जी गो.
135. निकुन्ज अली जी
136. निर्मलदास
137. प्यारेलाल जी गो.
138. परमानन्द जी (प्रथम)
139. परमानन्द दास (द्वितीय)
140. परमानन्द जी गो. (तृतीय)
141. प्रबोधानन्द जी सरस्वती
142. प्रहलाददास

143. प्राणनाथ जी
144. प्रियालाल जी गो. (प्रथम)
145. प्रियालाल जी गो. (द्वितीय)
146. प्रियादास जी (प्रथम)
147. प्रियादास जी (द्वितीय)
148. प्रियादास जी (तृतीय)
149. प्रियादास जी (चतुर्थ)
150. प्रियादास जी (पंचम)
151. प्रियादास जी (षष्टम्)
152. प्रिया अली जी
153. प्रियादत्त जी
154. प्रीतमलाल जी गो.
155. प्रीतमदास जी
156. प्रेमदास जी (प्रथम)
157. प्रेमदास (द्वितीय)
158. प्रेमदासी जी
159. (महारानी) प्रेमकुँवरि जी
160. प्रेम पथ पथिक जी
161. फतेह सिंह जी छाप'हितराम'
162. बलीदास जी
163. वल्लभसखी जी
164. वल्लभदास जी (प्रथम)
165. (महंत) वल्लभदास जी'वल्लभसखी' (द्वितीय)
166. वल्लभदास जी (तृतीय)
167. बलदेव कवि जी
168. बनवारीलाल जी गो.
169. (स्वामी) बालकृष्णदास जी (प्रथम)
170. (स्वामी) बालकृष्ण तुलाराम जी'बाबरीसखी' (द्वितीय)
171. विटठ्लदास जी
172. बीठलदास जी
173. बीठलराय जी गो.
174. बुलाकीदास जी
175. ब्रजभूषण जी गो.
176. ब्रजपति जी
177 ब्रजलाल जी गो.
178. ब्रजदासी जी
179. ब्रजगोपालदास जी
180. ब्रजनिधिवल्लभ जी गो.
181. ब्रजमोहन जी गो.
182. ब्रजनाथ जी शास्त्री
183. ब्रजजीवनलाल जी
184. ब्रजभूषणलाल जी
185. बैजनाथ जी सक्सेना
186. भगवानदास जी
187. भजनदास जी
188. भागवतावंश जी
189. भोलानाथ जी 'भोरीसखी'(प्रथम)
190. भोलानाथ जी 'भोरीसखी' (द्वितीय)
191. मधुरानन्द जी
192. मथुरा हित जी
193. मनोरथ लाल जी गो.
194. मदनमोहनलाल जी
195. मन्नीलाल जी गो. प्रेमबन्धु
196. मनोहरदास जी
197. मनोहर अली जी
198. मनोहरवल्लभ
199. माधौरसिक जी
200. माधौदास जी
201. माधुरीदास
202. माखनलाल जी गो.
203. माखनचोरदास जी छाप 'चोर अली'
204. मीठा भाई जी छाप 'मिष्ट अथवा 'हित मकरन्द'
205. मुरलीधर जी
206. मुकुन्दलाल जी गो.
207. मुरलीसखी
208. मोहनदास जी गो. (मोहनचन्द्र जी गो.)
209. मोहनदास जी
210. मोहनमत जी
211. मोहन जी
212. मोहन लाल जी गो.
213. यज्ञेश्वर द्विज
214. रसिकलाल जी गो.
215. रसिकानन्दलाल जी गो.
216. रसिकदास जी (प्रथम)
217. रसिकदास जी 'रसिक सखी' (द्वितीय)
218. रसिक मुकुन्द जी

219. रतनदास जी
220. रसनभाई जी
221. रमनलाल जी गो.
222. रामदास जी
223. रामकृष्ण हित (प्रथम)
224. रामकृष्ण जी चौबे (द्वितीय)
225. राधिकाचरणदास जी 'ढोंगीबाबा'
226. राधिकादास जी (प्रथम)
227. राधादास जी या राधिकादास जी (द्वितीय)
228. राधिकावल्लभ शरण जी 'हड़िया बाबा'
229. राधावल्लभशरण जी 'पूर्वनाम –पं. रामनाथ'
230. राधिकाशरण जी या राधाशरण जी (प्रथम)
231. राधिकाशरण जी प्रसिद्ध नाम सन्तदास जी (द्वितीय)
232. राधालाल जी गो.
233. रासरंगीली दासी जी
234. राधाबालकृष्ण हित
235. राधामोहनदास जी (प्रथम)
236. राधामोहन जी माली (द्वितीय)
237. रूपअली जी
238. रूपदास जी
239. रूपनाथ जी गो.
240. रूपलाल जी गो.
241. रूपलाल जी गो. 'अधिकारी' (द्वितीय)
242. रंगीदास जी
243. रंगीलाल जी गो.
244. (सन्त) ललितसखी जी (छाप–ललितलता' ललितादिक' सन्त ललितसखी)
245. लक्ष्मीदास जी हित
246. ललिताशरण जी
247. लक्ष्मण भगत जी
248. लड़ैतीदास जी 'तालधारी'
249. लल्लू जी 'छाप–'राधाचरण'
250. ललितकिशोरी जी
251. लक्ष्मीनारायण जी दतिया वाले
252. (स्वामी) लालदास जी (प्रथम)
253. लालदास जी (द्वितीय)
254. लालदास जी (तृतीय)
255. लालसखी
256. लाड़िलीदास जी (प्रथम)
257. लाड़िलीलाल
258. लोकनाथ जी
259. वनमालीदास जी गो.(वनचन्द्र जी गो.)
260. (महारानी) बखतकुँवरि जी'प्रियासखी'
261. वंशीधर जी बरसानियाँ
262. वंशीलाल
263. विलासदास
264. विपिनदासी जी
265. विष्णुसखी
266. विमलादासी जी
267. विजय सु कवि गो.
268. वीरभाई
269. वेणी कवि
270. वैष्णवदास जी
271. वृन्दावनदास जी गो.(प्रथम)
272. (चाचाजी) वृन्दावनदास जी(द्वितीय)
273. वृन्दावनदास जी (तृतीय)
274. श्यामशाह जी तोमर
275. श्यामलाल जी गो.
276. श्यामदास जी ढाँढिन (प्रथम)
277. श्यामदास जी (द्वितीय)
278. श्यामसखी जी
279. श्यामदास जी
280. स्वामिनीशरण जी(पूर्वनाम–राधासर्वेश्वरदास)
281. सदानन्द जी गो.
282. सन्तदास जी
283. सहचरिसुख जी(छाप– 'सखीसुख','सुखसखी')
284. सदाशिवलाल जी(छाप–सुन्दरदास)
285. सर्वसुखराय जी(छाप–'सुखद', 'सुखदा', जनसुखद)
286. सर्वसुखदास

287. सनेही जी
288. सिंगारसखी जी
289. शीलसखी जी
290. सुजनसखी जी
291. सुन्दरदास जी (प्रथम)
292. सुन्दरदास (द्वितीय)
293. सुखसखी जी(सहचरिसुख–'सुखसखी' जी से पृथक)
294. सुखदान कवि
295. सुखलाल जी गो. (छाप–'सुख', 'सुखसजनी' 'सुखलाल')
296. सनेही जी
297. सिंगारसखी जी
298. शीलसखी जी
299. सुजनसखी जी
300. सुन्दरदास जी (प्रथम)
301. सुन्दरदास जी (द्वितीय)
302. सुखसखी जी (सहचरिसुख–'सुखसखी' जी से पृथक)
303. सुखदान कवि
304. सुखलाल जी गो.(छाप–'सुख' 'सुखसजनी', 'सुखलाल')
305. सुन्दरीशरण जी
306. सेवक जी (पूर्व नाम– दामोदरदास जी) सेवादास जी (प्रथम)
307. सेवादास जी (द्वितीय)
308. सेवासखी जी
309. सोमनाथ जी भट्ट
310. (महारानी) सोनकुँवरि जी
311. शंकराचार्य जी
312. शंकरदत्त जी कवि
313. श्री पतिशरण जी
314. स्वामी श्री हरिदास जी
315. हरिराम व्यास जी
316. हरिलाल जी गो.
317. हरिलाल व्यास जी
318. हरिवंशदास जी
319. हरिजीमल
320. हरीदास जी
321. हठी जी
322. हितअनूपअली जी
323. हित रघुनाथ जी
324. हितकिशोर जी गो.
325. हितलाल जी गो.
326. हितदासी जी
327. हितशरण जी
328. हितसुख जी
329. हितगोपाल जी
330. हितरसिक जी
331. हितनिधि जी
332. हितलड़ैती अलि जी
333. हीरादास जी
334. हीरासखी जी
335. हुलासलाल जी गो.

सन्दर्भ ग्रन्थ सूची

1. स्नातक, डॉ. विजयेन्द्र, राधावल्लभ सम्प्रदायः सिद्धान्त और साहित्य, पृ. 81
2. वही, पृ. 83
3. स्नातक, डॉ. विजयेन्द्र, राधावल्लभ सम्प्रदायः सिद्धान्त और साहित्य (वेदचतुष्ट्य – ऋग्वेद, यजुर्वेद, अथर्ववेद, सामवेद) पृ. 82,83
4. 'मिश्रबन्धु विनोद', प्र. भा. चतुर्थ संस्करण, पृ. 240

5. शर्मा, श्री गोपाल प्रसाद, रसैलपुर लिखित 'श्री हित चरित्र' (सम्वत्1976 में गोस्वामी ब्रदर्स कलकत्ता से प्रकाशित), पृ. 5–6
6. वही
7. Hari vansh was born inA.D.1502. His father being at that time a high official in the service of the emperor. –Encyclopedia of reglion & Ethics – edited by J.Hestings vol. X, p. 559
8. स्नातक, डॉ. विजयेन्द्र, राधावल्लभ सम्प्रदायः सिद्धान्त और साहित्य, पृ. 86, 87
9. मीठा भाई कृत अष्टक के बधाई, छन्द – हस्तलिखित प्रति से उद्धृत।
10. वृन्दावनदास, चाचा, कृत श्री हितहरिवंश सहस्त्रनाम, पृ. 11
11. उत्तमदास कृत 'रसिकमाल', हस्तलिखित प्रति से उद्धृत
12. रसिकमाल, उत्तमदास जी कृत, द्रष्टव्य – चाचा वृन्दावनदास कृत श्री हरिवंश सहस्त्रनाम पृ. 9,10,11 (प्रकाशित)
13. नागरीदास कृत अष्टक, पृ. 117
14. रूपलाल, गोस्वामी जी की वाणी, सम्वत् 1738–1801
15. जतनलाल कृत रसिक अनन्यसार हस्तलिखित।
16. राधासुधानिधि, श्लोक सं. 81
17. श्री जतनलाल जी कृत 'अनन्यसार', पृ. 14–15 (हस्तलिखित), द्रष्टव्य – श्री चाचा वृन्दावनदास जी कृत हरिवंश सहस्त्रनाम की भूमिका, पृ. 1–8 तक (प्रकाशित)
18. परम्पराई वास श्री देवन, रानी जग जानी श्री रूक्मिनी। द्रष्टव्य – चाचा वृन्दावनदास जी का हरिवंश सहस्त्रनाम (प्रकाशित), जयकृष्ण जी की वाणी।
19. श्री जयकृष्ण जी की वाणी, हस्तलिखित प्रति से उद्धृत।
20. वही
21. गोस्वामी, श्री ललिताचरण, अनन्यनिष्ठा (धार्मिक एकांकी नाटकों का संग्रह), वेणु प्रकाशन, वृन्दावन
22. उत्तमदास, श्री रसिकमाल, हस्तलिखित वाणी से उद्धृत।
23. राधावल्लभ सम्प्रदायः सिद्धान्त और साहित्य, पृ. 102
24. श्री नवलदास और पूरनदास के शिष्ट बनने का वर्णन श्री भगवत मुदित कृत रसिकमाल में विस्तार से मिलता है। द्रष्टव्य – रसिक अनन्यमाल, प्रकरण 7 तथा 10
25. द्रष्टव्य – भगवत मुदित 'रसिकमाल', प्रकरण 14 वाँ, सुन्दरदास का चरित्र।

26. वर्तमान मन्दिर भड़ौंच के किसी स्वर्णकार ने बनवाया था। मथुरा मैमॉयर्स में इसका उल्लेख मिलता है।
27. द्रष्टव्य – मीठीबाई का चरित्र, श्री भगवतमुदित लिखित।
28. द्रष्टव्य – श्री खरगसेन का चरित्र, नाभा जी 'भक्तमाल' पृ. 856, छप्पय – 752
29. द्रष्टव्य – श्री हरिदास तुलाधार का चरित्र – भगवत मुदित कृत 'रसिक' अनन्यमाल नाभाजी कृत 'भक्तमाल', पृ. 842, छप्पय – 733
30. स्नातक, डॉ. विजयेन्द्र, राधावल्लभ सम्प्रदायः सिद्धान्त और साहित्य पृ. 111, 112
31. श्री मोहनचन्द्र जी के जन्मोत्सव का वर्णन श्री जयकृष्ण जी की वाणी में पठनीय है।
32. स्नातक, डॉ. विजयेन्द्र, राधावल्लभ सम्प्रदायः सिद्धान्त और साहित्य, पृ. 113
33. हरिराम व्यास, 'व्यास वाणी, पद सं. 81
34. हिन्दी अनुवाद के साथ इसका प्रकाशन बाबा हितदास ने बाद ग्राम (पोस्ट बरारी, जिला मथुरा) से किया है।
35. स्नातक, डॉ. विजयेन्द्र, राधावल्लभ सम्प्रदायः सिद्धान्त और साहित्य, पृ. 354
36. स्नातक, डॉ. विजयेन्द्र, राधावल्लभ सम्प्रदायः सिद्धान्त और साहित्य, पृ. 112
37. 'अलि', श्री किशोरी शरण, श्री हितामृतनिधि टीकाकार, पृ. 86
38. ऊपर दी गई वंशावली का सन्दर्भ ग्रन्थ हमें सम्प्रदाय के सम्प्रदाचार्य द्वारा प्राप्त हुआ है जिसके पृष्ट फटे (अप्राप्त) होने के कारण यहाँ पद सन्दर्भ ग्रन्थ आधार के रूप में दे पाना अत्यधिक कठिन है।
39. श्री प्रियादास लिखित सेवक जू को चरित्र, पृ. 32 (हस्तलिखित प्रति श्री बाबा बंशीदास जी, वृन्दावन)
40. स्नातक, डॉ. विजयेन्द्र, राधावल्लभ सम्प्रदायः सिद्धान्त और साहित्य, पृ. 334
41. श्री ललिताचरण गोस्वामी, 'श्री हितहरिवंश गो. सम्प्रदाय और साहित्य', पृ. 463
42. प्रियादास शुक्ल, राधावल्लभ भक्तमाल, पृ. 256
43. अलि, श्री किशोरीशरण, श्री हितामृतनिधि (सेवावाणी) टीका, पृ. 59
44. वही, पृ. 128
45. गोस्वामी, वासुदेव, भक्त कवि व्यास जी, पृ. 39
46. वही, पृ. 52
47. स्नातक, डॉ. विजयेन्द्र, राधावल्लभ सम्प्रदायः सिद्धान्त और साहित्य, पृ. 354
48. व्यास, कृष्णानन्द, संगीत राग कल्पद्रुम सम्पादन – भाग–2, पृ. 108, 109

49. गोस्वामी, डॉ. शरणबिहारी, कृष्णभक्ति काव्य में सखी भाव, पृ. 528
50. सक्सेना, डॉ. राकेश बाला, मध्ययुगीन वैष्णव सम्प्रदायों में संगति, पृ. 139, 140
51. वही
52. श्री व्यासवाणी, प्रकाशक आचार्य श्री राधाकिशोर गोस्वामी, प्रकाशक प्राक्कथन, पृ. 71
53. गुप्त, डॉ. दीनदयालु, 'अष्टछाप और वल्लभ सम्प्रदाय', पृ. 278, 280
54. नाज्मा जी कृत 'भक्तमाल' छप्पय 123, पृ. 739 टीका वर्तिक तिलक
55. स्नातक, डॉ. विजयेन्द्र, राधावल्लभ सम्प्रदायः सिद्धान्त और साहित्य, पृ. 394
56. गोविन्द अली 'भक्तगाथा' (वृन्दावन निवासी बाबा ध्रुव अलि जी के पास की हस्तलिखित प्रति से उद्धृत)
57. वर्षोत्सव प्रथम खण्ड, राधावल्लभ सम्प्रदाय, पृ. 244
58. वही, पृ. 44
59. दास जी, श्री बाबा वंशी, द्वादश यश की संस्कृत टीका (हस्तलिखित प्रति), वृन्दावन की प्रति से उद्धृत।
60. शुक्ल, प्रियादास, राधावल्लभ भक्तमाल, पृ. 328
61. वही
62. स्नातक, डॉ. विजयेन्द्र, राधावल्लभ सम्प्रदायः सिद्धान्त और साहित्य, पृ. 415
63. गोस्वामी, श्री ललिताचरण, श्री हितहरिवंश गोस्वामी, सम्प्रदाय और साहित्य, पृ. 440
64. ध्रुवदास, 'बयालीस लीला' (पद्यावली), पृ. 3
65. वही, (निर्त विलास लीला), पृ. 310
66. वही, (रस विहार लीला), पृ. 186
67. वही, (पद्यावली) पद 77, पृ. 30
68. भगवत मुदित, अनन्य रसिकमाल कृत (हस्तलिखित प्रति से उद्धृत)।
69. वही, पृ. 125,126
70. वर्षोत्सव, प्रथम खण्ड, भाग– एक, पृ. 326
71. वही, पृ. 125, 126
72. स्नातक, डॉ. विजयेन्द्र, राधावल्लभ सम्प्रदायः सिद्धान्त और साहित्य, पृ. 474, 475
73. वही, पृ. 125, 126
74. वर्षोत्सव, द्वितीय खण्ड, भाग– एक, पृ. 65

75. स्नातक, डॉ. विजयेन्द्र, राधावल्लभ सम्प्रदायः सिद्धान्त और साहित्य, पृ. 479, 480, 481
76. वही, पृ. 482
77. स्नातक, डॉ. विजयेन्द्र, राधावल्लभ सम्प्रदायः सिद्धान्त और साहित्य, पृ. 485
78. वर्षोत्सव, प्रथम खण्ड, भाग–1, पृ. 63
79. वर्षोत्सव, द्वितीय खण्ड, भाग–1, पृ. 76
80. वही, पृ. 203
81. श्री लाड़सागर (प्रकाशित): प्रकाशक लाला जुगलकिशोर काशीराम, रोहतक, भूमिका, पृ. 4
82. वही
83. नवभक्तमाल राधाचरण गोस्वामी कृत छप्पय
84. स्नातक, डॉ. विजयेन्द्र, राधावल्लभ सम्प्रदायः सिद्धान्त और साहित्य, पृ. 496
85. शुक्ल, श्री प्रियादास, राधावल्लभ भक्तमाल, पृ. 433
86. सक्सेना, डॉ. राकेश बाला, मध्ययुगीन वैष्णव सम्प्रदायों में संगीत, पृ. 152
87. वही

उपसंहार

भारतीय संस्कृति सदैव से ही आध्यात्म पर आधारित रही है। आध्यात्मवाद का चरम उद्देश्य मोक्ष प्राप्ति है। इस उद्देश्य की प्राप्ति के साधन रूप में संगीत को राधावल्लभ सम्प्रदाय के आचार्यों ने स्वीकार किया है। मध्यकाल में जब यवनों ने भारतवर्ष को सम्पूर्ण विजित कर लिया था। अब प्रश्न सम्पूर्ण देश पर सांस्कृतिक आधिपत्य का था और सांस्कृतिक युद्ध संघर्ष से नहीं, प्रतिस्पर्धा से ही जीता जा सकता था। यवनों के पास कलाओं के क्षेत्र में कोई ऐसी विशेषताएँ विद्यमान नहीं थी जो भारतीय कलाओं में विद्यमान ना हो। भारतीय जनता सांस्कृतिक टकराव के कारण उनको व उनकी संस्कृति को हेय दृष्टि से देखती थी तथा उनके सांस्कृतिक मूल्यों को भी दमनार्थ ही माना। कुल मिलाकर हम यह कह सकते हैं कि हमारी भारतीय संस्कृति प्रभावित अवश्य हुई किन्तु काफी हद तक सुरक्षित रह सकी। हमारे संगीत के स्वरूप को सुरक्षा व संरक्षण प्रदान करने में प्रमुख भूमिका निभाई मध्यकालीन भक्ति संगीतज्ञों ने जिन्होंने न सिर्फ इसको संरक्षित किया वरन् इसे जन–जन में प्रसारित किया साथ ही इसे एक निश्चित उपासना पद्धति बना दूसरी पीढ़ी को हस्तान्तरित भी किया। जिसके कारण आज भी यह परम्परागत रूप से ब्रज मण्डल के मन्दिरों की उपासना पद्धति के रूप में आज भी संरक्षित है।

मध्यकालीन अनेकानेक सम्प्रदायों में राधावल्लभ सम्प्रदाय को एक विशेष स्थान प्राप्त है। इस सम्प्रदाय के रसिक भक्त संगीतज्ञों ने श्री राधावल्लभ–लाल (राधा–कृष्ण) की विभिन्न लीलाओं का वर्णन एवं

बाह्य दृष्टि से संगीत का प्रचुर प्रयोग किया और काव्य तथा संगीत को एक प्रकार से अपनी उपासना एवं भक्ति साधना का अंग ही मान लिया। देखा जाए तो उपासना और संगीत का मेल यह नवीन प्रयोग नहीं वरन् प्राचीन काल में सामगान के रूप में हमें प्राप्त होता है। यह इस बात को प्रमाणित करता है कि भारतीय संगीत सदा से ही आध्यात्म से अनुप्राणित रहा है दूसरे शब्दों में कहें तो संतों ने सदैव ही संगीत को अपनी धार्मिक चेतना की अभिव्यक्ति का साधन बनाया है। इससे यह स्पष्ट हो जाता है कि श्री हिताचार्य की अपनी वाणियों द्वारा की गई संगीतात्मक अभिव्यक्ति प्राचीन भारतीय परम्पराओं का ही प्रतिफल थी।

राधावल्लभ सम्प्रदाय में माधुर्य भक्ति को महत्ता प्राप्त है। इस सम्प्रदाय में श्री राधा को सर्वोपरिता प्राप्त है और श्री कृष्ण को उपासक का रूप प्राप्त है। इस सम्प्रदाय का प्रादुर्भाव वृन्दावन धाम की परम पूज्य भूमि पर हुआ था। इसमें कोई संदेह नहीं कि राधावल्लभ सम्प्रदाय में संगीत की प्रधानता का आधार प्राचीन परम्पराओं से अनुप्राणित था परन्तु यह निःसंदेह कहा जा सकता है कि मध्यकाल की राजनैतिक उठा–पटक व सामाजिक अस्थिरता भी एक कारण थी, प्रेरणा थी जिसके प्रयास स्वरूप सामाजिक नैतिक उत्थान करने की दृष्टि से श्री हिताचार्य ने अपनी उपासना पद्धति में संगीत को अति महत्वपूर्ण स्थान दिया। यही कारण था कि रसिक भक्तों ने अपने काव्य में गायन, वादन, नृत्य सम्बन्धित तथ्यों को राधावल्लभलाल की लालित्यपूर्ण लीलाओं का गुणगान व उपासना के माध्यम से राधा कृष्ण की भक्ति में डूबे रहने का मार्ग दिखाने के लिए प्रेरित किया।

राधावल्लभ सम्प्रदाय में उपासना हेतु समाज गान पद्धति प्रचलित थी जो कि ध्रुपद–धमार शैली पर आधारित थी। ध्रुपद–धमार शैली के अन्तर्गत पदों का गायन करते समय राधावल्लभ सम्प्रदाय में वास्तविक रचना के अतिरिक्त अपनी कल्पना शक्ति से उस पद का गायन करना दोषपूर्ण माना गया है। इस सम्प्रदाय के 6 समाज संगीत में प्रयुक्त

पदों के शीर्ष पर निर्दिष्ट ध्रुवपद सम्बन्धित तालों, नृत्य के बोल, मृदंग सम्बन्धित विभिन्न पाटाक्षरों के प्राप्त उल्लेखों से ध्रुपद–धमार शैली की प्रधानता सिद्ध होती है। धमार शैली के विषय में यह कहा जाता है, जिसे धमार ताल में गाया जाए वही धमार होता है किन्तु सम्प्रदाय में फागुन मास में गाये जाने वाले धमार जो अन्य तालों में निबद्ध होते हैं उन्हें भी धमार ही कहा जाता है। इसमें होली सम्बन्धित वर्णन प्राप्त होता है। होली के धूमधाम भरे वातावरण का प्रभाव सम्प्रदाय के फागुन मास के गायन में स्पष्ट नजर आता है। सम्प्रदाय में गायन द्वारा ऐसे वातावरण को लाने के लिए मृदंग के अतिरिक्त झांझ, ढफ, मंजीरे, रबाब, बीन आदि जैसे वाद्य भी बजाए जाते थे। इसी वातावरण के अनुकूल पदों का गायन भी हमें वातावरण के अनुकूल रागों को देखने को मिलता है जैसे – काफी, बसंत, सारंग, गौरी, आसावरी आदि। राधावल्लभ सम्प्रदाय में नित्य एवं नैमित्तिक सेवा में अनिवार्य तत्व है सेवा प्रधान संगीत जिसे इस सम्प्रदाय में 'समाज गान' के नाम से जाना जाता था। तब से आज तक यह सेवा पद्धति 'समाज गान' के नाम से ही प्रचलित है। राधावल्लभ सम्प्रदाय में परमोपास्य को पौराणिक पुरूष न मानकर नित्य किशोर माना है और इसलिए नित्य रास, नित्य फाग तथा नित्य व्याहुले के उत्सव मनाते हुए अधिकतर पद आज शब्द से प्रारम्भ होते हैं। समाज गान सम्प्रदाय में नित्य अर्थात रोज तो किया ही जाता है इसके अतिरिक्त उत्सव विशेष के लिए उक्त उत्सव के अनुरूप नैमित्तिक सेवा पर दूसरे पद का गायन किया जाता है साथ ही उन उत्सव विशेष पद को उत्सव के अनुरूप ही राग–रागिनियों में निबद्ध कर गाया जाता है। सेवा प्रधान संगीत होने के कारण सम्प्रदाय में समाजगान नित्य होना आवश्यक था। अक्षर प्रधान संगीत होने के कारण पदगायन में किसी प्रकार की लयकारी, तान, गमक, मींड आदि शास्त्रीय संगीत तत्वों का प्रयोग समाज संगीत में नहीं किया जाता है। इन तत्वों का प्रयोग इसलिए नहीं होता है जिससे शब्द प्रधान संगीत के अक्षरों को स्पष्ट रूप से

उच्चारित कर श्री लाडिलीलाल की विभिन्न लीलाओं का वर्णन कर उन्हें प्रसन्न किया जा सके। सम्प्रदाय में परम्परागत धुनों में बिना किसी मिश्रण के गायन कर लेना समाजगान की कठिन परीक्षा मानी जाती रही है। जिसमें सारंगी, तानपुरा, झांझ तथा मृदंग वाद्य से संगति की जाती है। परम्परागत रूप से ठेकों के साथ परन, लग्गी आदि लगाने का भी विधान रहा है परन्तु मृदंग वादक निपुण तभी माना जाता है जब वह मृदंग वादन के कारण समाजियों या श्रोताओं का ध्यान पद के अक्षरों से न हटा पाए अन्यथा यहां विधान भंग अथवा दोष माना जाता है।

राधावल्लभ सम्प्रदाय के रसिक भक्त संगीतज्ञों के पदों में हमें सांगीतिक पारिभाषिक शब्दों, रागों, तालों, वाद्यों एवं नृत्य का उल्लेख प्रचुर मात्रा में मिलता है। पदों की शब्दावली में निहित अर्थ को ध्यान में रखते हुए समय, ऋतु, रस व भावानुकूल रागों का चयन करना उनके कुशल संगीतज्ञ होने का परिचायक है। पदों के ऊपर व बीच–बीच में उल्लिखित प्रयुक्त अनेकानेक रागों के नाम उनकी संगीत विद्वता को सिद्ध करते हैं। उपयुक्त ताल का निर्धारण तथा शब्दों को भावात्मक व कलात्मक बनाने के लिए शब्दों में आवश्यक सांगीतिक भाषागत विशेषताओं से युक्त परिवर्तन किये हुए दिखाई पड़ते हैं जिससे भक्त संगीतज्ञों की साहित्यिक विद्वता का भी आभास हो जाता है।

इस सम्प्रदाय में 'समाज गान' के साथ ही साथ नृत्य विधान भी प्राप्त होता है। यह नृत्य विधान हमें राधाष्टमी व श्री कृष्ण जन्मोत्सव पर मुख्य रूप से देखने को मिलता है। इसके अतिरिक्त सम्प्रदाय के विशेष उत्सवों पर भी यह नृत्य होता है। जिसे 'ढाढी–ढाढीन' नृत्य के नाम से अभिसंज्ञात करते हैं। साथ ही नृत्य की महान प्राचीन परम्परा 'रासलीला' के अनुकरणकर्ता तथा महारास पुनः आरम्भकर्ता जो कि प्राचीन समय के बाद प्राप्त नहीं होता है। इसके पुनः उत्थान व प्रचार का श्रेय ब्रज मण्डल में विद्वजन श्री हितहरिवंश चन्द्र महाप्रभु को देते

हैं। साथ ही आपको ही श्री हरिदास आदि संतों के साथ मिलकर 'रासमण्डल' की स्थापना का श्रेय भी दिया जाता है। 'रासलीला' को इस सम्प्रदाय में विशेष महत्ता प्राप्त है इसलिए श्री राधावल्लभ सम्प्रदाय में नित्यरास की उपासना होने के कारण नित्य सेवा में रास के पद गाये जाने की परम्परा प्राप्त होती है। रास में होली के पदों के गान की विशेष महत्ता प्राप्त होने के कारण धमार गायन अति प्रचलित था।

मुझे राधावल्लभ सम्प्रदाय के सम्प्रदाचार्यों से भेंट वार्ताओं, समाजियों से व मुखिया आदि सम्प्रदाय के रसिकाचार्यों से साक्षात्कार करने से 'समाज संगीत' जानने को मिला। साथ ही राधावल्लभ जी के मंदिर व कुछ अन्य स्थान जहाँ पर राधावल्लभ सम्प्रदाय की ही 'समाज' परम्परा का निवर्हन होता है। इसी के माध्यम से उपासना होती है। मैंने ध्वनि मुद्रण किया उसके अवलोकन करने पर मुझे सम्प्रदाय में प्रचलित 'समाज संगीत' की पारम्परिक रचनाओं पर उल्लिखित रागों के स्वरूपों में आधुनिक कई रागों से भिन्नता प्राप्त हुई है। कई पद तो हमें गायक अथवा ग्रन्थ में उल्लिखित ऐसे प्राप्त होते हैं जो कथित राग में न होकर निकटवर्ती किसी अन्य राग में होते है। हमें कई ऐसे भी राग प्राप्त हुए हैं जिनका केवल नाम अपने निकटवर्ती राग से परस्पर बदल गया है। इसके अतिरिक्त ऐसा भी आभास होता है कि शिष्य परम्परा व मौखिक रूप से रचनाओं को कण्ठस्थ करने के कारण कहीं–कहीं उनकी स्वरलिपि में अनायास ही कुछ परिवर्तन आ जाने पर राग का नाम स्वरूप चलन एक होने पर भी क्रियात्मक रूप से उसके स्वरूप में परिवर्तन आ गए, जिसके कारण वह राग–स्वरूप आधुनिक रागों के स्वरूप से मेल नहीं खाते किन्तु पूर्व राग सम्बन्धित प्राप्त कुछ स्वरूपों से मेल करने से यह प्राप्त होता है कि ये रचनाएँ प्राचीन शास्त्रों से समानता स्थापित करती है एवं कुछ रचनाएँ ऐसी रागों में बद्ध प्राप्त होती है, जिनका स्वरूप आधुनिक शास्त्र समान ही है। इनके स्वरूप प्राचीन ग्रन्थों में प्राप्त हो जाने के कारण इस

सम्प्रदाय से संगीत की प्राचीन परम्परा सिद्ध हो जाती है। मध्यकाल से यह परम्परा शिष्य उसके शिष्य, प्रशिष्य के रूप में आज तक हस्तान्तरित होती आई है। इनमें से कई रचनाएँ ऐसी प्राप्त होती है जिनका नाम गायकों को ज्ञात नहीं किन्तु उनकी स्वरलिपि कर यह प्राप्त होता है कि ये आज की कई रागों से साम्य रखती है। साथ ही कई रचनाएँ हमें लोक संगीत से प्रेरित प्राप्त होती हैं। ये सभी रचनाएँ सम्प्रदायिक रचनाओं में संगीत के महत्व को दर्शाती हैं।

ध्रुपद, धमार शैली से प्रभावित होने के कारण ये रचनाएँ धमार ताल, चार ताल में मुख्यतः प्राप्त होती है किन्तु इनके अतिरिक्त कुछ अन्य तालों में भी रचनाएँ प्राप्त होती है जैसे तीव्रा, त्रिताल, सूलफाक्ता, झपताल, कहरवा आदि। राधावल्लभ सम्प्रदाय में त्रिवट ताल को 'मूल ताल' के नाम से जाना जाता है। इस सम्प्रदाय में ताल का कमाल दिखाने की अनुमति वादक को नहीं है किन्तु लय बढा घटा कर लग्गी लड़ी के प्रयोग से वादक 'समाज गान' में जीवन्तता, उल्लास भर देता है।

विश्लेषणात्मक रूप से अध्ययन करने के उपरान्त हम इस सम्प्रदाय के संगीत के विषय में यह कह सकते हैं कि राधावल्लभ सम्प्रदाय की उपासना पद्धति पूर्ण रूप से संगीत पर आधारित है और यह भी कि इस सम्प्रदाय के पद रागों के प्राचीन स्वरूपों में निबद्ध हैं या फिर आधुनिक समय में अप्रचलित हो चुकी कई रागों में बद्ध प्राप्त होते हैं। या फिर उनका स्वरूप आज प्रचलित रागों से मिलता प्राप्त होता है। मैंने इस प्राचीन परम्परा को स्वरलिपि के माध्यम से संरक्षित व सुरक्षित करने का प्रयास किया है जिससे ये प्राचीन परम्परा तो संरक्षित होगी ही साथ ही प्राचीन शैली व रागों के प्राचीन स्वरूप को भी सुरक्षित कर दूसरी पीढी तक हस्तान्तरित करने में सहायक होगी। इससे हमारी परम्परागत उपासना पद्धति को स्थायित्व प्राप्त होगा।

अतः हम यह कह सकते हैं कि राधावल्लभ सम्प्रदाय में संगीत का महत्वपूर्ण स्थान रहा है एवं वर्तमान में भी है।

सन्दर्भ ग्रन्थ सूची

आधार सामग्रीः–

1. अग्रवाल, रामनारायण (सन् 1981), ब्रज का रास रंगमंच, नेशनल पब्लिशिंग हाउस, दिल्ली।
2. अनन्य रसिकों का भजन मार्ग, वेणु प्रकाशन, बड़वाला मोहल्ला, वृन्दावन।
3. 'अलि' किशोरीशरण, (प्रथम संस्करण, वि.सं.2057) हिन्दी भक्ति काव्य में रस भक्ति धारा और उसका वाणी साहित्य, भाग–1,2, रस भारती संस्थान, 104, गली सेवाकुन्ज, वृन्दावन।
4. खण्डेलवाल, जयेश, (प्रथम संस्करण–1992), ब्रजजीवन और उनका कवित्त साहित्य, रस भारती संस्थान, 104, गली सेवाकुन्ज, वृन्दावन।
5. गोस्वामी, श्री हितहरिवंश, व्याख्याकार – गोस्वामी, श्री ललिताचरण (व्याख्या सहित), वेणु प्रकाशन, बड़वाला मोहल्ला, वृन्दावन।
6. गोस्वामी, कु. मन्जू, श्री राधिकाचरण दास जी वाणी (प्रथम खण्ड), रस भारती संस्थान, 104, सेवाकुन्ज गली, वृन्दावन।
7. गोस्वामी, श्री ललिताचरण, अनन्यनिष्ठा (धार्मिक एकांकी नाटकों का संग्रह), वेणु प्रकाशन, बड़वाला मोहल्ला, वृन्दावन।
8. तैयब जी, रैहाना, गोपी हृदय, काकासाहब कालेलकर, काकावाड़ी, वरधा।

9. नवललाल, गोस्वामी जी महाराज (बड़ी सरकार के कृपा पात्र – प्रियाशरण अग्रवाल) श्री हितहरिवंशचरित, आचार्य श्री वल्लभ गोस्वामी, श्रीवृन्दाविपिन प्रकाशन, घेरा श्री राधावल्लभ जी श्री धाम वृन्दावन, रतन प्रेस, वृन्दावन (उ.प्र.)
10. ब्रजजीवन, श्री हित, रस अहिक सत, रस भारती संस्थान, वृन्दावन।
11. लक्ष्मीनारायण, राजवैद्य,– सम्पादक (वि.सं.2028) श्री राधा सुधानिधि स्त्रोतम्, अन्वितार्थ सहितम्, प्रेमगली, वृन्दावन।
12. 'वाणी सेवा', हित जसअलिशरण, संकलन–सम्पादन (प्रथम संस्करण, वि.सं.2068) गोस्वामी श्री हित गोवर्द्धनलाल जी की वाणी, रस भारती संस्थान, वृन्दावन।
13. 'वाणी सेवा', हित जसअलिशरण, संकलन–सम्पादन, (प्रथम संस्करण, वि.सं.2070) श्री राधिकाचरण दास जी –'ढोंगी बाबा' की वाणी (प्रथम खण्ड), रस भारती संस्थान, वृन्दावन।
14. स्नातक, डॉ. विजयेन्द्र, प्रधान सम्पादक, शर्मा, प्रो. गोविन्द, (श्री राधावल्लभीय सम्प्रदाचार्य) पूज्य गोस्वामी श्री हित ललिताचरण जी महाराज, स्मृति–ग्रन्थ, गोस्वामी श्री हित ललितचरण स्मृति ग्रन्थ प्रकाशन समिति बड़वाला, वृन्दावन।
15. शर्मा, श्री ब्रजभूषण, श्री चतुर्भुजदास, सम्पादक, विद्या विभाग, कांकरोली।
16. हरिराम, गोस्वामी (संवत् 2005), चौरसी वैष्णवन की वार्ता, विद्या विभाग, नाथद्वारा।

हिन्दी ग्रन्थः–

1. अवस्थी, डॉ. देवीशंकर, अठारहवीं शताब्दी के ब्रजभाषा काव्य में प्रेमभक्ति, अक्षर प्रकाशन प्रा. लिमिटेड 2/36, अन्सारी रोड़, दरियागंज, दिल्ली–6

2. अग्रवाल, डॉ. पुरूषोत्तम दास, मध्यकालीन हिन्दी कृष्ण काव्य में रूप सौन्दर्य, अपोलो प्रकाशन, चौड़ा रास्ता, जयपुर (राज.)
3. अरूण, (प्रथम संस्करण–2010), धर्म है जीने की कला, विश्वभारती पब्लिकेशन्स, नई दिल्ली
4. उपाध्याय, बलदेव (प्रथम संस्करण–1954), भागवत सम्प्रदाय, (भारत वर्ष के मुख्य वैष्णव सम्प्रदायों का एक गम्भीर अध्ययन), हिन्दी विश्वविद्यालय, काशी (वाराणसी)
5. उपाध्याय, बलदेव, उपाध्याय, गौरीशंकर, (प्रथम संस्करण–1976), भारतीय दर्शन, चौखम्भा ओरियन्टालिया, वृन्दावन
6. कुमार, डॉ. राजेन्द्र, परवर्ती हिन्दी कृष्ण भक्ति काव्य, संगम प्रकाशन, 124, शहराराबाग, इलाहाबाद।
7. कुमार, अशोक, (प्रथम संस्करण–2007), संगीत और संवाद, कनिष्ठ पब्लिकेशन्स, दिल्ली
8. गोस्वामी, ललिताचरण, श्री हितहरिवंश गोस्वामी सम्प्रदाय और साहित्य, वेणु प्रकाशन, वृन्दावन (उ.प्र.)
9. गुप्ता, डॉ. मूलचन्द (प्रथम संस्करण–2001), हिन्दी कृष्ण काव्यः ब्रज संस्कृति और कला, शलभ पब्लिशिंग हाउस, मेरठ।
10. गुप्ता, उषा, (प्रथम संस्करण सम्वत् 2016 वि.), हिन्दी कृष्ण भक्ति कालीन साहित्य में संगीत, लखनऊ विश्वविद्यालय, दिल्ली।
11. घोष, डॉ. सरोज, (प्रथम संस्करण–2000), कानड़ा का उद्भव और विकास, राधा पब्लिकेशन्स, नई दिल्ली
12. चतुर्वेदी, परशुराम, (प्रथम संस्करण–1991 ई.), वैष्णव धर्म, संस्कृत सिरीज, बनारस।
13. जार्ज, एम. (प्रथम संस्करण–1978), भक्ति आन्दोलन और साहित्य, प्रगति प्रकाशन, आगरा–3

14. झारी, डॉ. कृष्णदेव, हितहरिवंश गोस्वामी, इतिहास शोध संस्थान, 33/1, भूलभूलैया रोड़, महरौली, नई दिल्ली।

15. झारी, डॉ. कृष्ण देव, मध्यकालीन कृष्णकाव्य, हिन्दी साहित्य संसार, दिल्ली पटना –4

16. तंवर, डॉ. प्रतिभा (प्रथम संस्करण–2014), भैरवी अंग के रागों का विश्लेषणात्मक अध्ययन, नवजीवन पब्लिकेशन्स, निवाई (राज.)

17. नाहर, डॉ. रतिभानु सिंह, भक्ति आन्दोलन का अध्ययन, किताब महल प्राइवेट लिमिटेड, रजिस्टर्ड ऑफिस, जीरो रोड, इलाहाबाद।

18. पलनीटकर, डॉ. अलकनन्दा, भारतीय संगीत में स्वामी हरिदास का योगदान, पूर्वाशा प्रकाशन, भोपाल (मध्यप्रदेश)

19. बनर्जी, डॉ. उषा, बन्द्योपाध्याय, (प्रथम संस्करण–2007) स्वर स्पन्दन, प्रधान सम्पादक कला वसुधा 'साँझी प्रिया', प्रकाशन, तेली बाग, लखनऊ।

20. भटनागर, डॉ. लाजवन्ती, (प्रथम संस्करण–1980), धर्म सम्प्रदाय और मीरा की भक्ति, वाणी प्रकाशन, दिल्ली

21. भातखण्डे, पं. विष्णुनारायण (मूल ग्रन्थकार), गर्ग, डॉ. लक्ष्मीनारायण, सम्पादक, (अगस्त, 2009), हिन्दुस्तानी संगीत पद्धति, क्रमिक पुस्तक मालिक, (भाग 1 से 6 तक), संगीत कार्यालय, हाथरस, (उ.प्र.)

22. मीतल, प्रभुदयाल, चन्द्रसखी का जीवन और साहित्य, साहित्य संस्थान प्रकाशन, मथुरा।

23. माथुर, नीता, हिन्दुस्तानी संगीत में होली गान, राधा पब्लिकेशन्स, नई दिल्ली

24. मिश्र, डॉ. लालमणि, भारतीय संगीत वाद्य, भारतीय ज्ञानपीठ, नई दिल्ली।

25. रूपनारायण, डॉ., ब्रज भाषा काव्य में माधुर्य भक्ति, नवयुग प्रकाशन, दिल्ली– 7
26. 'रामरंग', रामाश्रय झा, (चतुर्थ संस्करण–1999), अभिनव गीतांजलि, भाग 1, 2, 5, संगीत सदन प्रकाशन, 134, साउथ मलाका, इलाहाबाद।
27. व्यास, श्रीगोपाल प्रसाद, स्नातक, डॉ. विजयेन्द्र, सम्पादक, ब्रज विभव, दिल्ली हिन्दी साहित्य सम्मेलन।
28. वसंत (मूल ग्रन्थकार), गर्ग, डॉ. लक्ष्मीनारायण सम्पादक, (छब्बीसवाँ संस्करण, मार्च, 2007), संगीत विशारद, संगीत कार्यालय, हाथरस, (उ.प्र.)
29. विनय, जयसुखलाल, त्रि. शाह, (द्वितीय संस्करण– अप्रैल, 1994), कानड़ा के प्रकार (30प्रकार), शाह परिवार, बम्बई।
30. विनय, जयसुखलाल, त्रि. शाह, मल्हार के प्रकार (30प्रकार), शाह परिवार, बम्बई।
31. विनय, जयसुखलाल, त्रि. शाह (द्वितीय संस्करण – जनवरी2000), सारंग के प्रकार, (30प्रकार), शाह परिवार, बम्बई।
32. सिंह, डॉ. विजयपाल, रावत, डॉ. चन्द्रभान, नागरी प्रचारिणी सभा प्रकाशन, काशी (वाराणसी)
33. स्वरूप, डॉ. प्रेम, (प्रथम संस्करण–1969), हिन्दी वैष्णव साहित्य में रस–परिकल्पना, नेशनल पब्लिशिंग हाउस, दिल्ली–6
34. सौम्भी, नीलम, (प्रथम संस्करण–1994), चैतन्य सम्प्रदाय और संगीत, प्रिन्टवेल प्रकाशन, जयपुर।
35. सक्सेना, राकेश बाला, (प्रथम संस्करण–1990), मध्ययुगीन वैष्णव सम्प्रदायों में संगीत, राधा पब्लिकेशन, नई दिल्ली।
36. सिंह, डॉ. ब्रज किशोर, (संशोधित प्रथम संस्करण–2009), हिन्दी व्याकरण विमर्श, साहित्य रत्नालय, 37/50, गिलिस बाजार, कानपुर।

37. 'सरन', डॉ. गिरिराज, (अप्रैल, 2010), हिन्दी सौरभ, चित्रा प्रकाशन, इण्डिया प्राइवेट लिमिटेड, मेरठ (उ.प्र.)
38. सेन, अरूण कुमार, (प्रथम संस्करण–2005), भारतीय तालों शास्त्रीय का विवेचन, मध्यप्रदेश हिन्दी ग्रन्थ अकादमी।
39. शर्मा, डॉ. कृष्णदेव, (प्रथम संस्करण– 1973), भक्तिकालीन कृष्ण–काव्य का अध्ययन, रामचन्द्र गुप्त, रीगल बुक डिपो, अमीर चन्द्र मार्ग, दिल्ली–6
40. शर्मा 'सुरस', डॉ. मुरारीलाल, हिन्दी कृष्ण–काव्य परम्परा का स्वरूप विकास, प्रेम प्रकाशन मन्दिर, दिल्ली।
41. शर्मा, डॉ. प्रेम सुमन, (प्रथम संस्करण–1999), हिन्दी वैष्णव भक्ति काव्य में प्रगतिशील तत्व (16वीं से 18वीं शताब्दी तक), शिप्रा पब्लिकेशन्स, शक्करपुर, दिल्ली।
42. शुक्ल, डॉ. उमेश चन्द्र, (प्रथम संस्करण–2000), हिन्दी व्याकरण, वाणी प्रकाशन, नई दिल्ली।
43. शर्मा, प्रो. सत्यभान, (द्वितीय संस्करण–2011), पुष्टिमार्गीय मन्दिरों की संगीत परम्पराः हवेली संगीत, राधा पब्लिकेशन्स।
44. शर्मा, नीरा, (प्रथम संस्करण–2004), अष्टछाप संगीतः एक विश्लेषण, नवजीवन पब्लिकेशन, निवाई (राज.)
45. .... (प्रथम संस्करण–1996) ब्रज संस्कृति में संगीत, राधा पब्लिकेशन्स, नई दिल्ली

इतिहास ग्रन्थः–

1. जोशी, श्री उमेश, (सन् 1969), भारतीय संगीत का इतिहास, प्र. मानसरोवर प्रकाशन प्रतिष्ठान, फिरोजाबाद, आगरा।
2. डॉ. सत्येन्द्र, ब्रज साहित्य का इतिहास, प्र. भारती भण्डार, लीडर प्रेस, इलाहाबाद।
3. परांजपे, डॉ. शरदचन्द्र श्रीधर, (सन् 1969), भारतीय संगीत का इतिहास, चौखम्भा संस्कृत सीरीज आफिस, वाराणसी।

4. बृहस्पति, आ. कैलाशचन्द्र, (सन् 1974), मुसलमान और भारतीय संगीत, राजकमल प्रकाशन, दिल्ली।
5. मित्तल, डॉ. प्रभुदयाल, (सन् 1977), ब्रज की कलाओं का इतिहास, प्र. साहित्य प्रकाशन, मालीवाड़ा, दिल्ली।
6. मित्तल, डॉ. प्रभ्दुयाल, ब्रज का सांस्कृतिक इतिहास, प्रथम भाग, राजकमल प्रकाशन।
7. शर्मा, भगवतशरण, (सन् 1989), भारतीय इतिहास में संगीत, पं. रविशंकर शर्मा, 101, दुकानी स्ट्रीट, खुरजा।
8. शर्मा, एस. आर., (सन् 1954), भारत में मुस्लिम शासन का इतिहास, लक्ष्मीनारायण, आगरा।

शब्द कोषः–

1. गुप्त, दीनदयालु (निर्देशक), टंडन, प्रेम नारायण (सम्पादक), (प्रथम संस्करण सम्वत् 2007), ब्रजभाषा सूर कोश (प्रथम भाग), लखनऊ विश्वविद्यालय।
2. प्रसाद, कालिका (सम्पादक), पुनर्मुद्रण दिसम्बर, 2008, वृहत् हिन्दी कोश, ज्ञान मण्डल लिमिटेड, बनारस।
3. श्रीवास्तव, मुकुन्दीलाल, (सम्पादक), (द्वितीय संस्करण 2012 वि. व सप्तम् परिवर्धित संस्करण, सितम्बर, 1992, पुनर्मुद्रण दिसम्बर, 2008), ज्ञान शब्द कोश, ज्ञानमण्डल लिमिटेड, बनारस।

प्रयुक्त शोध प्रबन्धः–

1. शोध प्रबन्ध – जोशी, बागेश्री बसन्त, 'उत्तर हिन्दुस्तानी संगीत के विकासक्रम में विष्णुपदों की भूमिका, भाग–1,' देवी अहल्याबाई विश्वविद्यालय, इन्दौर।
2. शोध प्रबन्ध – मंटगे, श्रीमती छाया, 'मध्ययुग में भक्ति संगीत एवं दरबारी संगीत का विश्लेषणात्मक अध्ययनः सन् 1100 से 1800 तक', देवी अहिल्याबाई विश्वविद्यालय, इन्दौर।

3. शोध प्रबन्ध – दास, श्री रास बिहारी, 'राजस्थान के वैष्णव मन्दिरों में प्रयुक्त भक्ति संगीतः एक तुलनात्मक अध्ययन', वनस्थली विश्वविद्यालय, निवाई (राज.)।
4. शोध प्रबन्ध – तिवारी, प्रीति, 'ब्रज रास मण्डलियों का भारतीय संगीत को योगदान', वनस्थली विश्वविद्यालय, निवाई (राज.)।

प्रयुक्त पत्रिकाएँ व समाचार पत्रः–

पत्रिकाएँः–

1. कृष्ण, डॉ. विजय, (अगस्त, 2009), भक्ति आन्दोलन एवं संगीत, संगीत कला विहार (मासिक पत्रिका), अखिल भारतीय गांधर्व महाविद्यालय, मण्डल प्रकाशन, मुम्बई
2. पलनीटकर, डॉ. अलकनन्दा, (अक्टूबर, 2003), हरिदासी सम्प्रदाय में समाज संगीत परम्परा, संगीत मासिक पत्रिका, संगीत कार्यालय, हाथरस (उ.प्र.), पृ. 48–50
3. शर्मा, डॉ. रत्नाम्बरा, (2009), रास में संगीत की प्रधानता, संगीत कला विहार, अप्रैल अंक (मासिक पत्रिका), अखिल भारतीय गांधर्व महाविद्यालय मण्डल प्रकाशन, मुम्बई।
4. शुक्ल, गौरव (जून, 2013), निम्बार्क सम्प्रदाय का संगीतमय रास, संगीत मासिक पत्रिका, संगीत कार्यालय, हाथरस (उ.प्र.), पृ. 39–43
5. शुक्ल, गौरव (1987), निम्बार्क सम्प्रदाय में समाज में समाज गायन प्रथा, छायानट, त्रैमासिक पत्रिका, उत्तरप्रदेश संगीत नाटक अकादमी, पृ. 135

समाचार पत्रः–

1. जोशी, पं. बाबूलाल (रविवार, 5 मई, 2013), पुष्टि मार्ग के प्रवर्तक महाप्रभु वल्लभाचार्य, दैनिक भास्कर, जयपुर, पृ. 22

प्रयुक्त इन्टरनेट साइटः–

1. http://www.ignca.nic.in/coilnet/kvj0040.htm
2. www.radhavallabh.com/lagend.html
3. www.youtube.com
4. RADHAVALLABH SATSANG MANDAL-Maladmumbai@gmail.com.

साक्षात्कारः–

1. श्री श्याम बिहारी लाल खण्डेलवाल, समाज गायक (राधावल्लभ सम्प्रदाय)
2. श्री जयेश खण्डेलवाल (मुखिया) समाज गायक (राधावल्लभ सम्प्रदाय) विशेष सहयोग
3. श्री हित आनन्द लाल राधावल्लभ सम्प्रदाय (अध्यक्ष)
4. श्री कुन्ज बिहारी दास जी, समाज गायक (राधावल्लभ सम्प्रदाय)
5. श्री दयालदास जी (हरिदासी सम्प्रदाय समाजी)
6. श्री गोपाल सुलतानिया जी (पखावज वादक), अति विशिष्ट सहयोग।

शोध प्रबन्ध में प्रयुक्त सांकेतिक शब्दों की अर्थ–बोधिका

वाणी ग्रन्थ –

1. श्री ह.च. – श्री हरिवंश चरित्र
2. भ.मा.की टी.,प्रि.दा., – भक्त माल की टीका प्रियादास
3. हि.कु.शा. – हित कुल शाखा
4. ज.कृ.की वा., (हि.कु.शा.) – जयकृष्ण जी की वाणी
5. हि.प.व.प. – हित परिकर वन्दन पत्रिका
6. प्रा.ह.लि.प्र. – प्राप्त हस्तलिखित प्रति (बिना नाम की)
7. र.अ.मा., भ.मु. – रसिक अनन्य माल भक्ति मुदित
8. हि.भ.का. में र.धा.औ. उ.वा.सा. – हिन्दी भक्ति काव्य में रस भक्ति धारा और उसका वाणी साहित्य
9. प.प्र.मा. – पद प्रसंग माला
10. क.पु.की.वा. – कल्याण पुजारी जी की वाणी
11. हि.चौ.स., टी. – हित चौरासी संस्कृत, टीका
12. चा.वृ.दा., प्रा.ह.लि.प्र. – चाचा वृन्दावनदास द्वारा प्राप्त हस्तलिखित प्रति
13. से.च., प्रि.दा. – सेवक चरित्र प्रिया दास
14. स्फु.वा.गो.हि.ह. – स्फुट वाणी गोस्वामी हितहरिवंश
15. हि.रू.च.बे. – हित रूप चरित्र बेली
16. वृ.प्र.मा. – वृन्दावन प्रकाश माला
17. ब.प्र.,च.चा.वृ.दा. – बसन्त प्रबन्ध चाचा वृन्दावन दास
18. हि.शा. – हित शास्त्र

19. ह.मा.,प्रा.ह.लि.प्र. – हस्त मालक प्राप्त हस्त लिखित प्रति
20. श्री रा.का.व.(द्वि.ख.1) – श्री राधा काव्य वाणी (द्वितीय खण्ड – भाग–1)
21. ब्र.की रा.ली – ब्रज की रास लीला
22. व्या.वा. – व्यास वाणी
23. हि.ह.च.ली. – हित हरिवंश चरित्र लीला

शोध प्रबन्ध की पारिभाषिक शब्दावली

1. माधुर्य – मिठास, लावण्य, (काव्य) जिसमें माधुर्य गुण की प्रधानता हो।
2. वाङ्.मय – वाक्य समूह, ग्रन्थ, ग्रन्थ–समूह, साहित्य।
3. परिशोधन – पूर्णतया शुद्ध करने की क्रिया, संशोधन।
4. संक्रमण काल – प्रगति, भ्रमण, संक्रमित रोग की तरह जो उक्त काल में फैल जाता है।
5. उन्मेष – खुलना, खिलना, स्फुरण, प्रकाश, दीप्ति।
6. सुदृढ़ पीठिका – बहुत मजबूत, सुरक्षित।
7. विधि–निषेध – विधिपूर्वक की जाने वाली अथवा निश्चित सामग्री निश्चित समय पर की जाने वाली पूजा का निषेध।
8. ब्रह्मचार – ब्रह्म का उपासक, ब्रह्म प्राप्ति के लिए की गयी उपासना या मोक्ष के लिए।
9. उपास्य – जिसकी उपासना की जाती है।
10. उपासक – जो उपासना करती है।
11. मायावाद – माया को माध्यम बनाना।
12. स्वकीय – अपने लोग, अपना, निजी मिलन है विरह नहीं।
13. परकीय – पराये लोग, विरह का सुख है किन्तु मिलन नहीं।
14. अनुषंग – अर्थपूर्ति के लिए किसी वस्तु की प्रासंगिक चर्चा या शब्दादिकी आवृत्ति, सम्बन्ध, लगाव।
15. प्रत्युत – इसके विपरीत, बल्कि, वरन्।
16. समावृत – घिरे हुए।

17.	पाणिग्रहण	– अपनाने के लिए कहा।
18.	निर्गुण	– जो दिखाई ना दे ऐसा स्वरूप।
19.	सगुण	– जो दृश्य हो, ईश्वर का मूर्तिवत् रूप।
20.	सिद्ध–केलि–स्थलो	– साम्प्रदायिक सिद्ध उपासना स्थल जिसे राधावल्लभ सम्प्रदाय में 'सिद्ध केलि–स्थल' कहते हैं।
21.	द्वैत	– जोड़ा, युगल।
22.	अद्वैत	– एकीकृत रूप, ब्रह्मस्वरूप।
23.	मर्यादा भक्ति	– ऐसी भक्ति जो निश्चित सिद्धान्तों पर आधारित हो।
24.	नित्यार्चन	– नित प्रायः किया जाने वाला।
25.	विग्रह	– मूर्ति या उपास्य स्वरूप।
26.	सैव्य स्वरूप	– जिसकी सेवा की जाती है ऐसा स्वरूप।
27.	विपुल	– काफी अधिक मात्रा में।
28.	सर्वांगपूर्ण	– सम्पूर्ण, पूरा।
29.	रागबद्ध	– ऐसे पद या काव्य जो रागों में बंधे हो।
30.	नियोजन	– नियुक्त करने की क्रिया, किसी कार्य में प्रवृत्त करना।
31.	प्रसाधन	– श्रृंगार में प्रयोग की जाने वाली सामग्री, श्रृंगार।
32.	रसिक	– रस के माध्यम से उपासना करने वाले।
33.	अमोघ	– अचूक, अव्यर्थ, उदित और अस्त होने के बीच की सूर्य की किरण।
34.	प्रतिध्वनित	– गूँजा हुआ।
35.	प्रतिबिम्बित	– जिसका प्रतिबम्ब पड़ा हो, दर्पण आदि में प्रतिफलित।
36.	उद्दीपन	– अन्दर की भावना को जागृत करना।
37.	विच्छिन्न	– विभक्त, जुदा, अलग, विभिन्न रंगों से चित्रित।
38.	आद्य	– गन्ध, सुगन्ध।
39.	अखिलरसामश्त	– पूर्ण रस रूपी अमृत।
40.	मण्डलपरकता	– सामूहिक रूप।

41. अनुश्रुति – श्रुति–परम्परा से प्राप्त कथा या ज्ञान।
42. किंवदन्ती – लोक मान्यताएँ
43. अद्यावधि – आज भी
44. निज रूप – विभिन्न लीलाओं का अपनी अन्तःआत्मा द्वारा आभास करना।
45. विपुलता – अधिकाय मात्रा में।
46. किंवा – अथवा
47. स्वप्नादेश – स्वप्न आज्ञा
48. आलाप–संलाप – वार्तालाप

परिशिष्ट

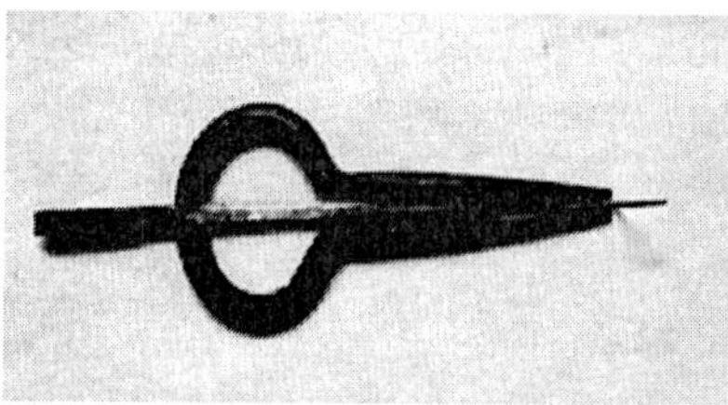

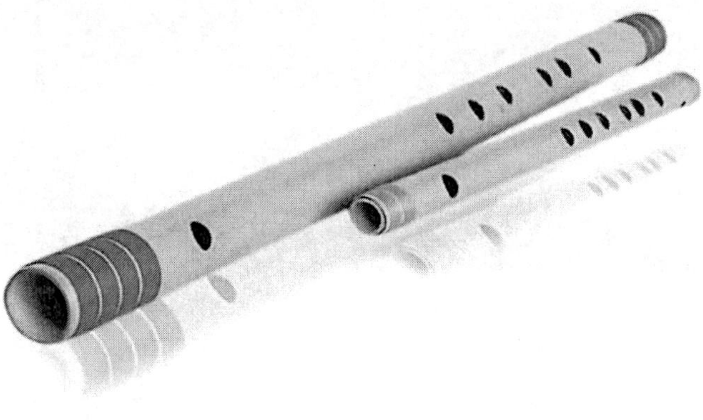

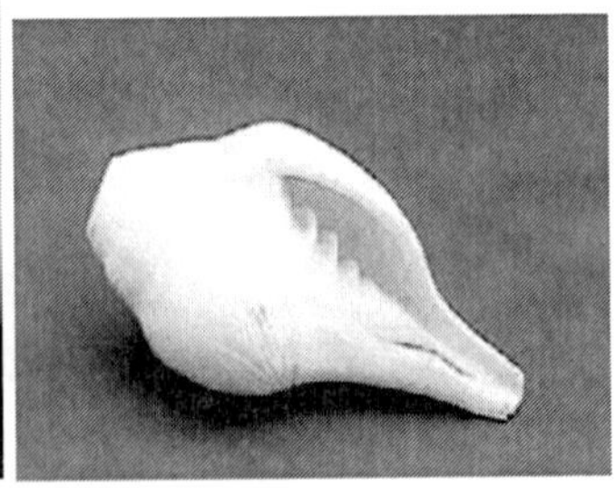

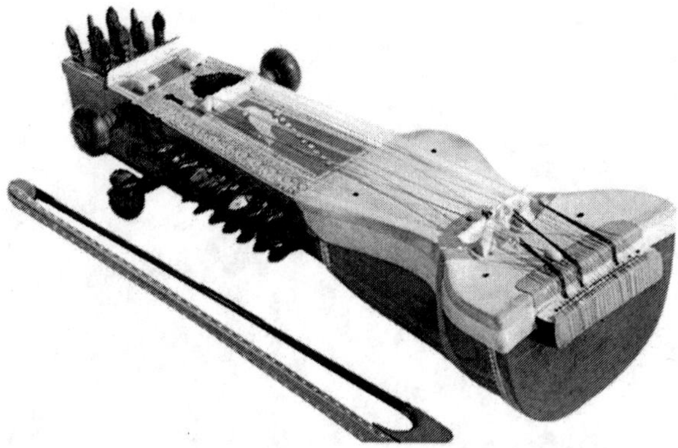

शिशु रूप में श्रीहरिवंश

रसावतार गोस्वामी श्रीहित हरिवंश महाप्रभु
प्राकट्य : सम्वत् १५३० वि० ✪ अन्तर्धान : सम्वत् १६०९ वि०

श्री कृष्ण की योगमाया के आश्रय-आवरण के कारण ही महारास की वह रात्रि ब्रह्म रात्रि बन गई थी; किन्तु गोपियों को ज्ञात नहीं हुआ। वन्य पशुओं से संसेवित वह रासस्थल गोपियों को महा रमणीक प्रतीत हुआ। गोपगणों को यह प्रतीत नहीं हुआ कि हमारी पत्नियाँ हमारे पास नहीं हैं। उन्हीं गोपियों को वह रमणीक रासस्थल पुनः कभी नहीं दिखाई दिया। [देखें—श्री म. भा. दशम स्कध, अध्याय २९, श्लो. १, अध्याय ३३, श्लो., ३८, ३९]

श्रीमद्भागवत पर आधारित
श्रीकृष्ण की ब्रज वृन्दावन लीलाओं के चार क्षेत्र

तनचन्द्र महाप्रभु के ढोल पर स्थिर

प्राचीन कालीदह घाट स्थित रास चौंतरा का दृश्य चित्र - 4

गो. हित हरिवंश महाप्रभु द्वारा प्रकटित सेवाकुंज में स्थित रास-मण्डल चित्र -

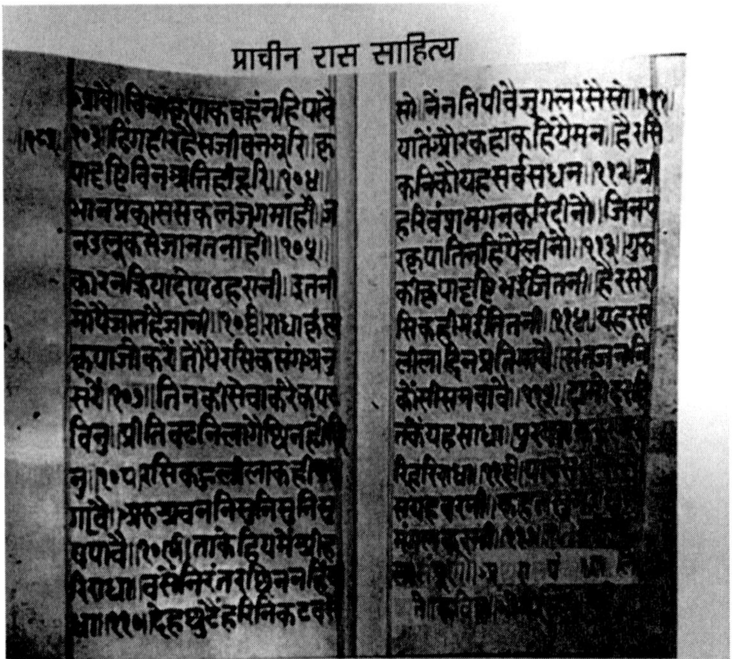

स्वामी दामोदरदास द्वारा जहाँगीर के काल में रचित रासपंचाध्यायी ग्रन्थ की प्रतिलिपि के प्रथम पत्र का चित्र
रत्न भारती संस्थान क. 153 चित्र-74

...कालीन संत प्रवर हरिराम व्यास जी द्वारा रचित रास पंचाध्यायी की प्रतिलिपि र. भा. स. क.1027
चित्र-76

श्री राधा श्री राधा श्री राधा श्री राधा श्री राधा श्री राधा श्री राधा श्री राधा श्री राधा

जै जै श्री राधावल्लभ श्री हरिवंश। श्री वृंदावन श्री वनचंद।।

श्री पिया जी की जनम बधाई

(राधाष्टमी पर गाये जाने वाले कतिपय विशिष्ट पद)

राधा प्यारी ने जनम लियौ है। श्यामा प्यारी ने जनम लियौ है॥
कुँवर किशोरी जनम लियौ है। नवल किशोरी जनम लियौ है॥
मोहन प्यारी ने जनम लियौ है। हरिवंश हृदय ने जनम लियौ है॥

(१)

बधाई श्री हित हरिवंश महाप्रभु जी कृत (राग सारंग)

चलौ वृषभान गोप के द्वार।
जन्म लियौ मोहन हित स्यामा आनन्द निधि सुकुँवार॥१॥
गावति युवति मुदित मिलि मंगल उच्च मधुर धुनि धार।
विविध कुसुम कोमल किसलय दल शोभित बंदन वार॥२॥
विदित वेद विधि विहित विप्रवर करि स्वस्तिन उच्चार।
मृदुल मृदंग मुरज भेरी डफ दिय दुंदुभि रवकार॥३॥
मागध सूत बंदी चारन जस कहत पुकारि पुकारि।
हाटक हीर चीर पाटम्बर देत सम्हारि सम्हारि॥४॥
चंदन सकल धेनु तनु मंडित चले जु ग्वाल सिंगार।
जै श्री हित हरिवंश दुग्ध दधि छिरकत मध्य हरिद्रा गारि॥५॥

(२)

बधाई श्री दामोदरदास जी कृत (राग देव गंधार)

श्री वृषभान जू कें आज बधाई।
आनन्द निधि शोभा निधि, गुन निधि, कीरति कन्या जाई॥१॥
फूले नर-नारी बरसाने, घर-घर बजी बधाई।
फूले नन्द जसोदा मन में, फूले कुंवर कन्हाई॥२॥
फूली आंगन नाचत जुवती, अंग-अंग छवि छाई।
फूले रसिक दामोदर हित अति, आनन्द उर न समाई॥३॥

(३)

बधाई नागरीदास जी कृत (राग काफी)

बाजे बधाईयां रे मंदे भौन दे दरबार।
हुई सुता मोहनी वे मनदी मोहनी सुकुमार॥
आई सब गोपियाँ वे झिलमिल पांव दी घुंघरियाल।
जुरे सब लोक मंगल दी सुनी जन धोल दे दैताल॥

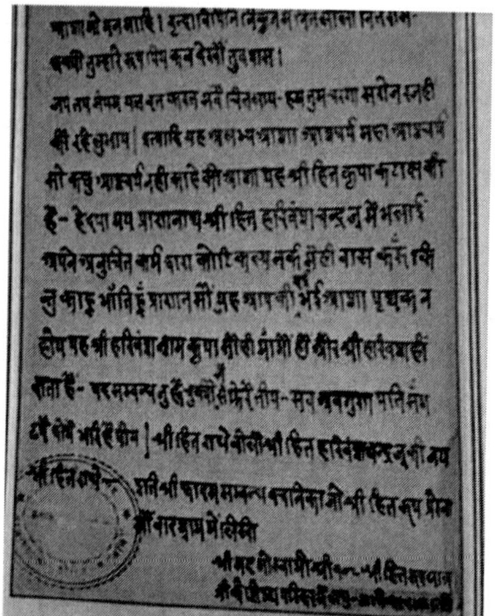

स्वयं वाणीकार के हस्ताक्षरों में उन्हीं की
रचना - 'द्वादश सम्बन्ध वचनिका' का अन्तिमांश
(रस भारती संस्थान, वृन्दावन क्रमांक १९७ के सौजन्य से)

स्वामी दामोदरदास द्वारा जहाँगीर के काल में रचित रासपंचाध्यायी ग्रन्थ की प्रतिलिपि की अन्तिम पुष्पिका
रस भारती संस्थान क. 153 चित्र-75

राधा सुधानिधि की अन्तिम पुष्पिका

लिपिकाल-वि०सं० १७१२

गोस्वामी नवललालजी, अहमदाबाद के सौजन्य से

राधा सुधानिधि की प्रारंम्भिक पुष्पिका

लिपिकाल-वि०सं० १७१२

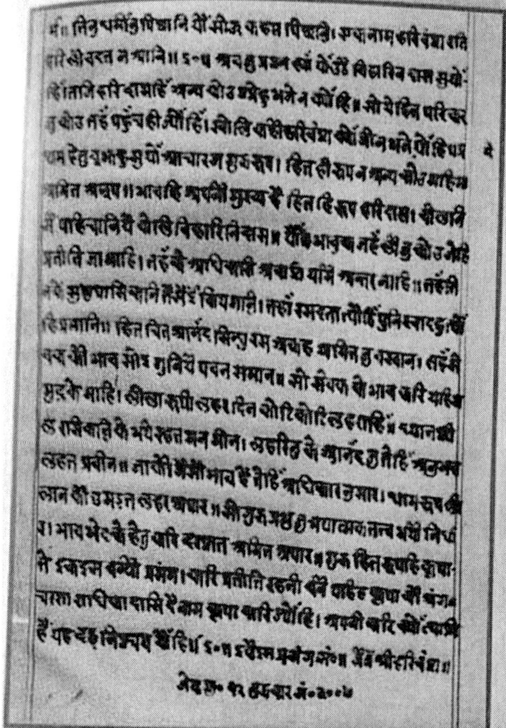

स्वयं वाणीकार के हस्ताक्षरों में उन्हीं की रचना- 'इकईस प्रसंग' का अन्तिमांश
२. भा. सं. वृन्दावन
क्र. ९८

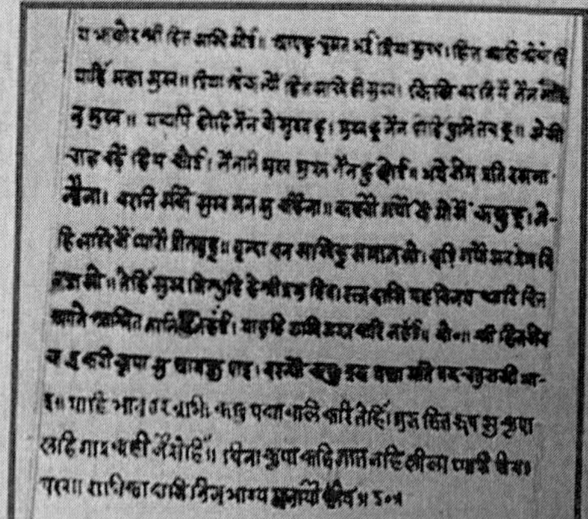

स्वयं वाणीकार के हस्ताक्षरों में उन्हीं की रचना- 'हित चतुरासी टीका' का अन्तिमांश
२. भा. सं. वृन्दावन
क्र. १७४

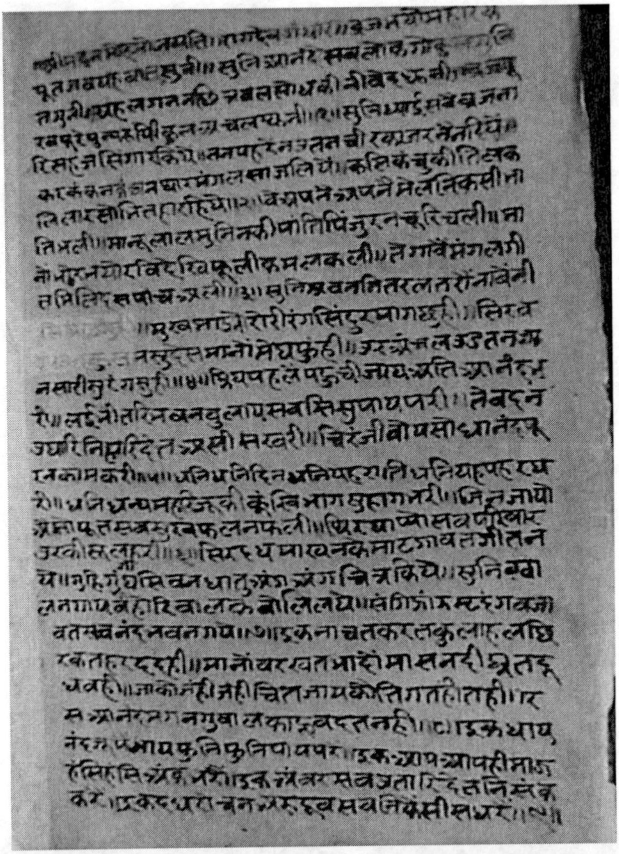

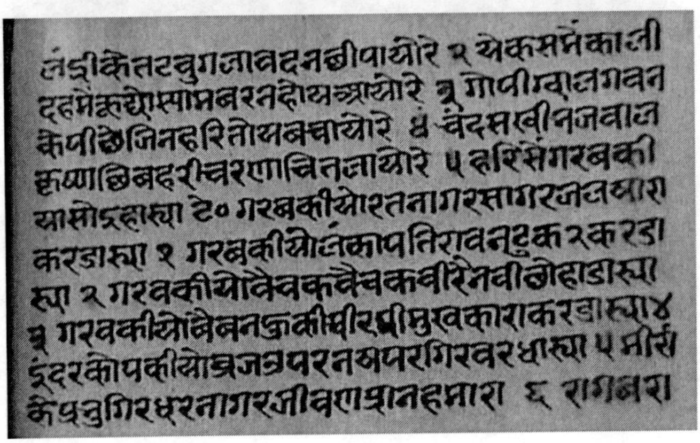

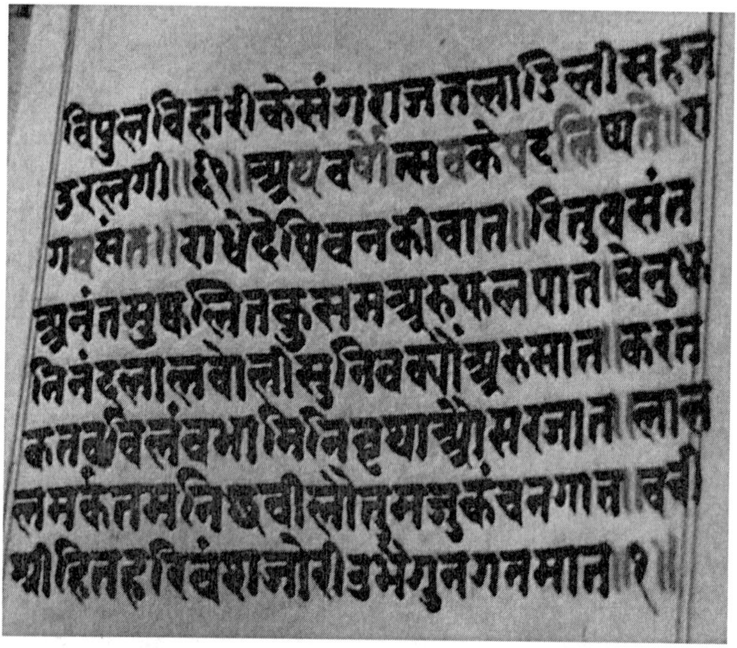

विपुलविहारीकेसंगराजतलाडिलीसहज
उरलगी॥१॥अथवणीसवकेपदलिख्यते॥रा
गबसंत॥राधेदेखिवनकीबात॥रितुबसंत
अनंतमुकलितकुसमअरुफलपात॥वेनुध
निनंदलालबोलोसुनिवकौंअरुकसात॥करत
कतवेलिलंबभामिनिवृयाऔसरजात॥लाक
लमकृतमनिछबीलौनुमजुकंचनगात॥वृं
श्रीहितहरिवंसजोरीउभेगुननगनमात॥१॥

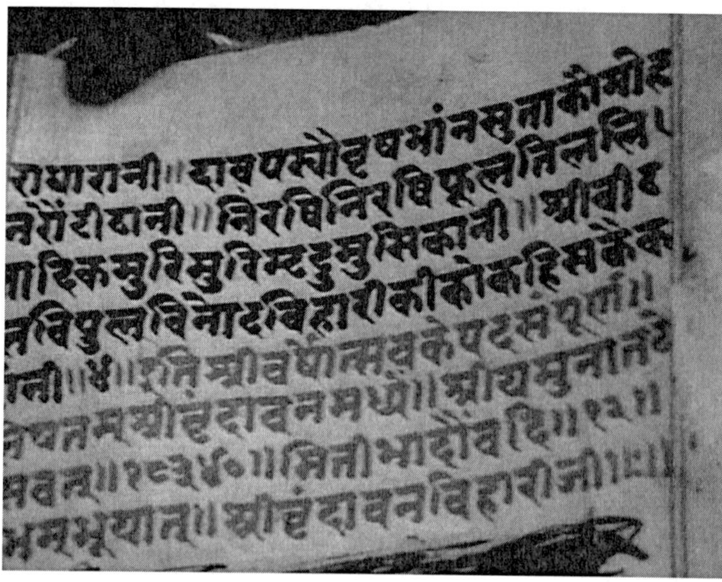

कौओह
राधारानी॥दावपसौहृषभांनसुताकौ...
नैरीदानी॥निरखिनिरखिफूलतिललि...
ारिकसुरिसुनिमृदुसुसिकानी॥श्रीवी
नविपुलविनोदविहारीकीकोकहिसकै
...ती॥४॥इति श्रीवणीसबकेपदसंपूर्ण॥
...लिखतमश्रीवृंदावनमध्ये॥श्रीयमुनातट
...संवत्॥१८३४०॥मितीभादोंवदि॥१२॥
...भनभूयात॥श्रीवृंदावनविहारीजी॥

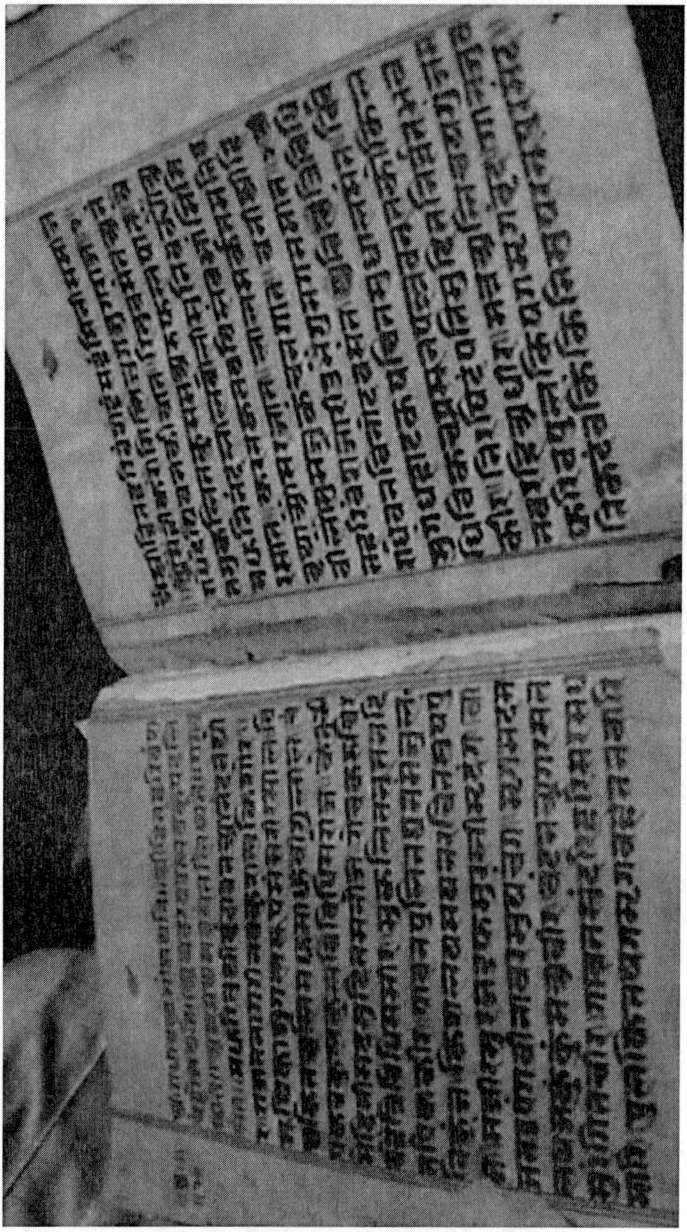

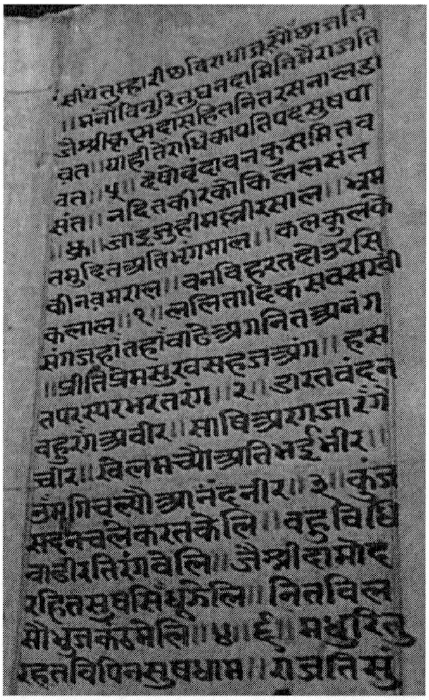

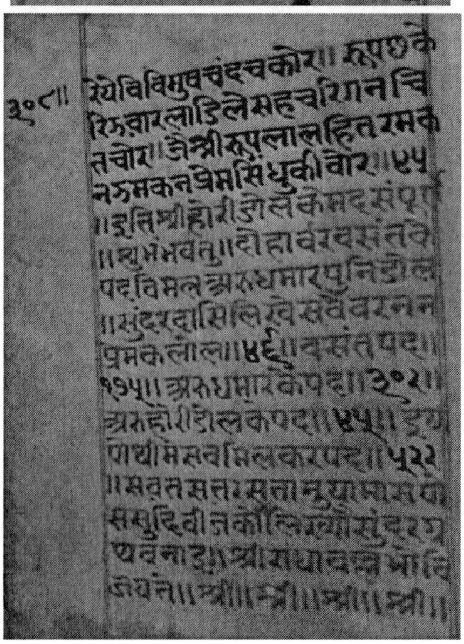

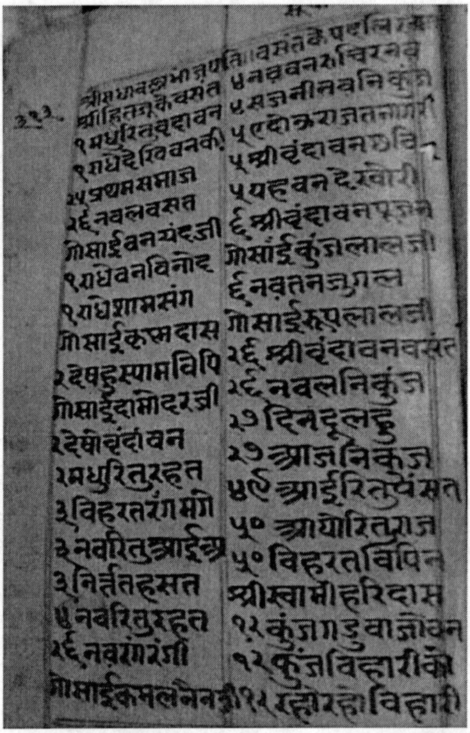

गोस्वामी श्रीहितहरिवंश महाप्रभु की बैठक तथा रास-मण्डल, राधाकुण्ड

श्रीहितहरिवंश धर्मार्थ औषधालय का मुख्य द्वार, बादग्राम (मथुरा)

ढोंगीबाबा की सेव्य निधि ठा. श्रीहितराधिकावल्लभलालजी महारा
एवं
सोलहवीं शती में आविर्भूत गो. श्रीवनचन्द्रजी महाराज के कृपापात्र
अनन्य रसिक श्रीझूँठा स्वामीजी महाराज के सेव्यस्वरूप
ठा. श्रीराधारसिकराय प्रभु

गोस्वामी श्रीहितहरिवंश महाप्रभु का प्राकट्यस्थल, बादग्राम (मथुरा)

रागाचार्य श्री रामस्वरूप शर्मा

गा।

—बाबा हितशरन

अनन्य रसिक श्रीहित राधिकाचरणदास जी 'ढोंगी बाबा'
(स्वर-साधना के माध्यम से हित मूर्ति श्यामा-श्याम को रिझाते हुए)
(आविर्भाव-वैशाख कृ. ९ वि.सं. १९४०, निकुंजगमन-आश्विन कृ. ५ वि.सं. २०१६)

बाबा किशोरी शरण अलि
(राधावल्लभ सम्प्रदाय के समाजगायक)

रासधारी श्री स्वामी हरिगोविन्द जी महाराज

—आचार्य राधावल्लभ गोस्वामी
सागर (मध्य प्रदेश)

गो.श्रीहित रूपलाल जी महाराज
टीकैत अधिकारी श्रीराधावल्लभ मन्दिर, वृन्दावन
(आविर्भाव-आषाढ़ कृ. ५ वि.सं. १९५७, निकुंजगमन-चैत्र शु. ६ वि.सं. २०११)

रासधारी श्री गोपालदास बाबा

गो० हितहरिवंशचन्द्र महाप्रभु के समक्ष उनके कृपापात्रों द्वारा किए गए समाजगान का एक प्राचीन दृश्य ।

राधावल्लभ सम्प्रदाय के समाजगायक दामोदर मुखिया समाजगान करते हुये

श्री हितहरिवंश गोस्वामी तथा श्री हरिरामव्यास जी के समक्ष
गायन करते हुये स्वामी हरिदास जी महाराज ।

तानपूरा लेकर मुखिया के रूप में समाज गान करते हुए श्रीहित राधिकाचरणदास जी

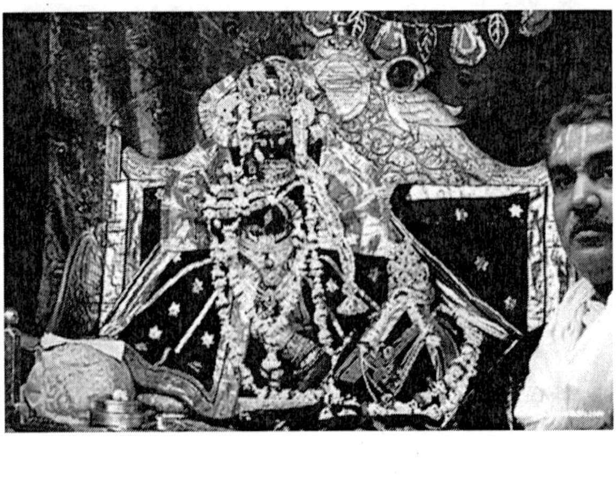